CB014221

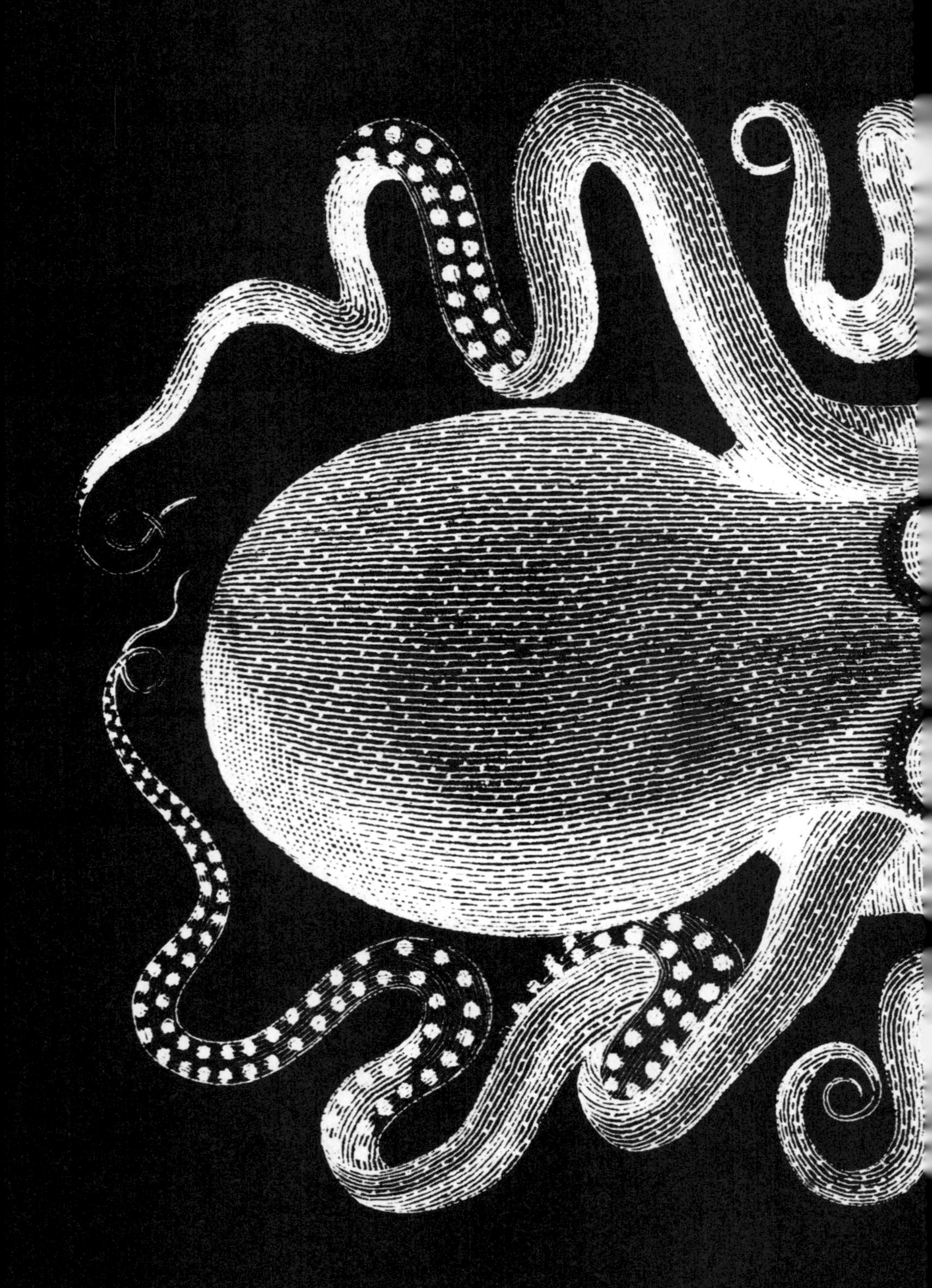

uma biografia de H.P. Lovecraft *escrita por* **W. Scott Poole**

DADOS INTERNACIONAIS DE
CATALOGAÇÃO NA PUBLICAÇÃO (CIP)
Jéssica de Oliveira Molinari - CRB-8/9852

Poole, W. Scott
Necronomicon: vida e morte de H.P. Lovecraft
/ W. Scott Poole ; tradução de Ramon Mapa.
— Rio de Janeiro : DarkSide Books, 2024. 384 p.

ISBN 978-65-5598-350-0
Título original: In the Mountains of Madness: The
Life and Extraordinary Afterlife of H.P. Lovecraft

1. Lovecraft, H. P. (Howard Phillips), 1890-1937
– História e crítica 2. Literatura norte-americana –
Crítica e interpretação I. Título II. Mapa, Ramon

23-1937 CDD 813.52

Índice para catálogo sistemático:
1. Lovecraft, H. P. (Howard Phillips), 1890-1937

Impressão: Gráfica Geográfica

IN THE MOUNTAINS OF MADNESS
THE LIFE AND EXTRAORDINARY
AFTERLIFE OF H.P. LOVECRAFT

Ph'nglui mglw'nafh Cthulhu R'lyeh
wgah'nagl fhtagn!

Fazenda Macabra
Reverendo Menezes
Pastora Moritz
Coveiro Assis
Caseiro Moraes

Leitura Sagrada
Gabriela Peres
Jade Medeiros
Maximo Ribera
Tinhoso e Ventura

Direção de Arte
Macabra e Retina78

Coord. de Diagramação
Sergio Chaves

Colaboradores
Jefferson Cortinove
Jessica Reinaldo

A toda Família DarkSide

MACABRA™
DARKSIDE

W. Scott Poole

tradução e notas | *Ramon Mapa*

MACABRA™
DARKSIDE

Para Em

Não é preciso ser uma Câmara —
para ser Mal-Assombrada —
Não é preciso ser uma Casa —
A Mente tem Corredores — que atravessam —
O Lugar Material

Muito mais seguro, um Encontro à Meia-Noite
Com um Fantasma Exterior
Do que seu Confronto interior -
Com aquele mais gélido Anfitrião

Muito mais seguro, por uma Abadia galopar
Por entre as lajes atravessar —
Do que Inerme se ver —
Em um Lugar ermo

Emily Dickinson

... o motor mascando todo um rolo de filme enquanto o flash corta furiosamente a predominância da escuridão, capturando enfim essa forma obscura sumindo por trás do fechar da porta...

Mark Z. Danielewski, *Casa de Folhas*

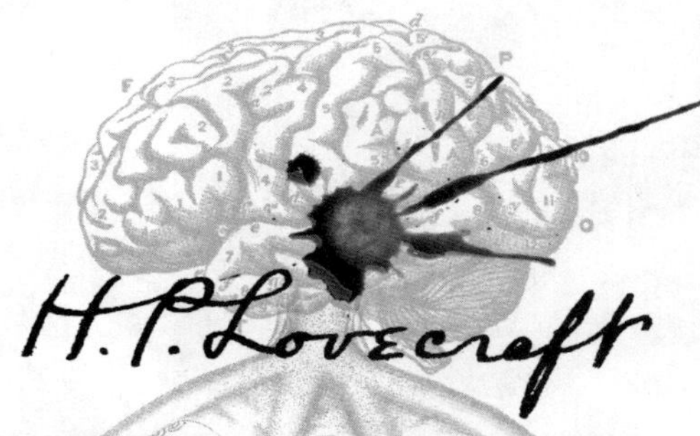

H.P.Lovecraft,
66 College St.,
Providence, R.I.

Tentáculos Pulsantes de H.P. Lovecraft

Prefácio à edição brasileira

Um dos pensadores mais importantes — e mais mal lidos — de toda a história, disse certa vez que "a tradição de todas as gerações mortas pesa como um *trasgo* sobre o cérebro dos vivos". Trasgo traduz, aqui, a palavra alemã *alp*. Outra tradução comum substitui trasgo por *pesadelo*. O termo original, na verdade, se refere a antigas crenças populares teutônicas a respeito de um demônio que se senta sobre o peito dos adormecidos, se alimentando do medo e da sensação de opressão que isso gera. Durante toda a sua vida, Howard Phillips Lovecraft foi oprimido pelo demônio de gerações mortas, com um peso tão intenso que moldou sua postura perante a vida e o mundo. Uma postura irrevogavelmente hostil. Não à toa, "contra o mundo e contra a vida" é o título de um dos mais provocantes ensaios sobre o autor norte-americano. Mas, por sua vez, o peso de Lovecraft moldou toda a cultura popular do século XX, de tal forma e com tal força que sua sombra esguia e recurvada nos alcança a todos, como o bafejar de um demônio noturno sobre nosso peito.

A presença de Lovecraft na cultura é tão massiva e constante que mesmo um leitor pouco experimentado pode pensar que não há o que se dizer sobre ele que não tenha sido dito antes. Que segredo uma nova biografia poderia revelar que as dezenas de outras já não revelaram? Há alguma pedra em R'lyeh que ainda não foi levantada? Algum fungo em Yuggoth não classificado? Algum sussurro na escuridão que permanece inaudito?

A biografia escrita por W. Scott Poole prova que, sim, ainda há muito a ser dito. Ela explora um Lovecraft quase que inteiramente desconhecido, aspectos seus que, até o momento, permanecem esquecidos ou conscientemente ignorados, para servir a uma imagem do autor que começou a ser construída por um círculo de amigos tão complexos quanto territorialistas. Sua obra é igualmente revisitada, com seus contos, mesmo os menos celebrados, sendo submetidos a um escrutínio profundo e necessário.

Necessário porque a complexidade de Lovecraft flui de sua vida para sua obra e de sua obra de volta para a sua vida. Uma espécie de clepsidra mórbida, uma máquina infernal em moto-perpétuo. Por isso, algumas das noções já plenamente aceitas sobre ele são demolidas por Poole, surpreendendo até aqueles que "conhecem tudo de Lovecraft".

A relação de Lovecraft com as mulheres, por exemplo. Alguns biógrafos mais famosos parecem querer ecoar a tão falada misoginia do autor e tratam as mulheres que passaram por sua vida com desdém e indiferença. Poole mostra o quanto Sarah Susan, a mãe de Lovecraft, e Sonia Greene, a esposa dele, foram decisivas para que Lovecraft pudesse ser Lovecraft. Outras mulheres, em graus variados, sua avó, suas tias, autoras que o inspiraram, também ajudaram a construir aquela estranha figura de Providence.

Sua relação com seus amigos, sobretudo os mais jovens, como Bobby Barlow e Robert Bloch, também ganha novas dimensões no texto de Poole. Lovecraft aparece aqui como sensível e afetuoso, um amigo, mais do que um mentor e ídolo. Mas mesmo essas amizades são repletas de nuances e detalhes, com Barlow e sua apaixonada e trágica história como o maior exemplo disso.

É claro que o mais controverso aspecto da personalidade de Lovecraft ocuparia um espaço considerável em um estudo crítico sobre o autor. É bem improvável que seu racismo já tenha sido abordado com o cuidado e a honestidade com que é abordado aqui. Poole não só não se silencia sobre as demonstrações mais perversas dos preconceitos de Lovecraft, como as enquadra, com sua formação de historiador, na estrutura histórico-social do mundo e da época em que elas tiveram lugar. Não para lançar sobre a mesa a carta marcada de Lovecraft como "produto do seu tempo", mas para lançar as bases para uma crítica real dos preconceitos de Lovecraft, para começar a tirar o "elefante" de dentro da sala.

Poucas coisas podem se revelar tão positivas para a obra de Lovecraft quanto isso. Algumas adaptações de sua obra — e de alguns de seus amigos também abertamente racistas, como Robert E. Howard, o criador do Conan — com o intuito de domesticá-la e diminuir o papel do racismo em sua estrutura, só podem ser lidas como uma violência contra o texto e contra o leitor, privado de conhecer o autor em seus equívocos e idiossincrasias, tendo contato apenas com uma versão adulterada daquela obra que não diz mais nada, nem de certo, nem de errado, nem de bom, nem de ruim.

Esse esforço para compreender o racismo de Lovecraft não é, por parte de Poole, uma tentativa de redimi-lo, como não é uma tentativa de condená-lo. É uma tentativa de resgatá-lo tanto dos que o desqualificam como apenas mais um racista e que, por isso, não deve ser lido, quanto daqueles que defendem cegamente o autor, erguendo como escudo a peneira do "ele foi um produto do seu tempo".

Uma boa parte do livro é dedicada a compreender como o cinema, os quadrinhos, os jogos de RPG e, principalmente, a literatura de horror do século XX são, quase que completamente, lovecraftianos. A ubiquidade de Lovecraft na cultura pop, em alguns momentos, como mostra Poole, chega a um nível tão assustador quanto o de suas próprias criações. É impressionante como uma obra, em essência tão áspera, tão dedicada a ferir o leitor ao obrigá-lo a encarar sua própria insignificância irremediável, tenha conseguido alcançar tantas formas de expressão diferentes, atingindo a todos, consciente ou inconscientemente, como um sonho de Cthulhu ou o ressoar abafado de Azathoth em seu rastejar caótico.

Lovecraft não suplantou seus medos e suas fraquezas, não conseguiu se livrar dos terrores noturnos que lhe oprimiam o peito. Ele os nutriu e acarinhou, até que se agigantassem, tomando primeiro Providence, depois os Estados Unidos e, por fim, o mundo, com tentáculos frios e indiferentes. Tão presente quanto inevitável, sua obra definiu a sua vida e a vida de muitos, erguendo em nossas cabeças cidades frias e ciclópicas habitadas por seres que não deveriam existir. Mas existem.

Ramon Mapa

A emoção mais antiga e
mais intensa da humanidade
é o medo, e o medo mais
antigo e mais intenso é
o medo do desconhecido.

H. P. Lovecraft

H.P. * PARTE.1

H.P.Lovecraft,
66 College St.,
Providence, R.I.

1

(Found Among the Papers of the Late Francis Wa

By H. P. Lovecraft

"Of such great powers or beings there may survival.....a survival of a hugely remote peri consciousness was manifested, perhaps, in shape since withdrawn before the tide of advancing hu of which poetry and legend alone have caught a called th[illegible] gods, monsters, mythical beings of kinds.....

[illegible]-Algernon Black

Terrores Noturnos

The most [illegible] world, I think, human mind to correlate all its contents. We live on ignorance in the mid[illegible] seas of infinity, an we should voyage fa[illegible]es, each ~~[illegible]~~ s direction, have hitherto ha[illegible] but some day the p dissociated knowled[illegible] up such terrifying v our frightful positio[illegible], that we shall either revelation or flee [illegible] the deadly light into the pe dark age.

COSMIC BIOGRAPHY
LIMITED EDITION
H.P. LOVECRAFT
NECRONOMICON
1890 1937
ARKHAM CTHULHU

Parte 1

H.P.Lovecraft,
66 Barnes St.,
Providence, R.I.

Theosop[illegible] have guessed at the awesome grande wherein our world and human race form transient inci at strange survivals in terms which would freeze the by a bland optimism. But it is not from them that th glimpse of forbidden aeons which chills me when I th when I dream of it. That glimpse, like all dread gli out from an accidental piecing together of separated old newspaper item and the notes of a dead professor

H.P.Lovecraft,
66 College St.,
Providence, R.I.

“Creio ter enlouquecido.” Howard Phillips Lovecraft escreveu essas palavras em sua mesa, sob a janela, no calor que rapidamente arrefecia no verão de 1917.

O roçar suave da caneta-tinteiro sobre o papel se mesclava com o ruído provocante da rua que penetrava pela janela do número 598 da Angell Street, em Providence, Rhode Island. O jovem esguio de 26 anos achava tais sons humanos excessivamente incômodos. Um declínio na fortuna da família o separara para sempre da pacata dignidade vitoriana que o dinheiro podia comprar. Às vezes, ele fantasiava sobre se tornar surdo, em se retirar para sempre para seus mundos interiores, reinos de beleza e horror sombriamente intoxicantes.

Ele possuía uma máquina de escrever Remington, de 1906, mas raramente a usava. O cair da noite assinalava o início de sua jornada de escrita. Convencera-se de que o som da máquina de escrever perturbaria seus vizinhos tanto quanto lhe perturbava. Pegou uma birra tão grande do ruído das teclas que algumas vezes chegou a abrir mão de publicar seus contos só para não ter que preparar uma versão datilografada deles.

Muitas histórias de Lovecraft não teriam vindo à tona, em formato nenhum, se alguns de seus assistentes não tivessem tomado para si o trabalho de datilografá-las em suas próprias máquinas. Isso veio a constituir um tema central no fenômeno Lovecraft. Admiradores fascinados assumindo um interesse obsessivo por seu trabalho impediram-no de cair para sempre no esquecimento das revistas pulp, uma perspectiva que ele, de alguma maneira um tanto bizarra, parecia desejar.

Não creio que sua fama atual teria sido de seu agrado. Teria odiado a enxurrada de livros sobre ele e as especulações ou assertivas sobre sua vida pessoal. Teria odiado o livro que você tem em mãos e o que ele lhe conta sobre os mundos interiores de um cavalheiro de Providence que consistentemente mentia sobre quem e o que ele era, realizando revisões mais radicais em sua vida do que as que se incomodava em fazer na ficção que o tornou famoso.

Em 1917, porém, ele vivia em uma obscuridade quase completa, uma obscuridade da qual não conseguiu escapar nem quando tentou. Os Estados Unidos entraram na Primeira Guerra Mundial em abril daquele ano e, para a surpresa de todos que o conheciam, Lovecraft, que completara 27 anos naquele verão, se voluntariou para o serviço militar. O exército o rejeitou quase que de imediato, muito por causa de sua mãe, Sarah Susan Lovecraft, que lançou mão das conexões da família para declará-lo clinicamente inapto.

Lovecraft se descreveu, em vários momentos da vida, como tendo um coração fraco, e também como nevrálgico, sofredor de terrores noturnos, um insone e, de maneira mais genérica, vítima de uma tendência nervosa. Nenhum de seus alegados males o afastariam do que, provavelmente, equivaleria a um serviço militar temporário. Em uma carta para seu companheiro de jornalismo amador, Reinhardt Kleiner, Lovecraft descreveu a mãe como "prostrada diante da informação" de que ele tinha esperança de se juntar ao esforço de guerra. Admitiu, um tanto envergonhado, que ela "ameaçara tomar todas as medidas, legais ou de outra espécie, se eu não revelasse todas as enfermidades que me incapacitavam para o exército".[1]

Howard Lovecraft, que caminhava com a postura de um idoso, mas que também podia ser visto pedalando vigorosamente pelos cemitérios decadentes e por trilhas escuras nas florestas da Nova Inglaterra, encarou sua tentativa fracassada de se juntar ao exército com o fatalismo costumeiro sobre a existência humana, uma amargura contra a vida tingida com um senso de humor peculiar. Somente os poucos que o conheceram melhor chegaram a experimentar completamente sua combinação improvável de pompa e capacidade para a autoparódia. Lovecraft, talvez mais do que qualquer outro escritor importante do século XX, sabia que a piada era ele.

Nos primeiros vinte e sete anos de sua vida, H.P. Lovecraft tinha visto o pai ser confinado em um hospital psiquiátrico e, posteriormente, morrer ainda muito jovem. Aos 14 anos, em um de seus longos passeios de bicicleta, o jovem Howard quase se afogou no rio Barrington. Largou a escola devido a uma misteriosa e inexplicada condição nervosa que praticamente o transformou em um recluso entre 1908 e 1913.

O crescimento do jornalismo amador na década de 1910 o demoveu daquilo que ele chamava de "estado vegetativo" e lhe deu um contato humano limitado, mas significativo, através de um vasto círculo de correspondência que replicava certos aspectos das mídias sociais contemporâneas. Nos anos que viriam, ele se casaria com a mulher mais improvável do mundo, mudaria para Nova York, se divorciaria (ou algo do tipo), seria *ghost-writer* de Harry Houdini, assistiria ao *Drácula* de Tod Browning em uma noite tropical em Miami, sem gostar muito do filme (nem da cidade em que o assistira), e escreveria histórias para as revistas pulp norte-americanas que transformariam o panorama da cultura popular de formas que ele não podia sequer imaginar.

Por um período de vinte anos, aos trancos e barrancos, Lovecraft criou uma coleção de histórias que tornou possível os trabalhos de Stephen King, Ramsey Campbell, Guillermo del Toro e John Carpenter. Ele sonhou com monstros e mundos fantásticos que criaram gigantes culturais como a San Diego Comic-Con. Seu imaginário exagerado e grotesco influenciou o heavy metal e inspirou a criação de mundos tanto em RPGs de mesa como *Dungeons & Dragons*, quanto suscitou adaptações diretas de seu próprio universo imaginativo. Sua obra aparece em videogames modernos extremamente populares como *Witchfinder, The Elder Scrolls* e a série *Dragon Age*.

Basta uma rápida busca on-line para encontrar centenas de camisetas e canecas lovecraftianas, além de artes de fãs e até mesmo versões de seus contos produzidas para programas de rádio do início do século XX. Hipsters fazem tatuagens dos monstros criados por ele. Em Manhattan, há um bar badalado chamado Lovecraft, que utiliza suas histórias no cardápio, enquanto no Boone's Bar, em Charleston, na Carolina do Sul, há uma ilustração dos tentáculos ameaçadores de Cthulhu, prontos para tentar agarrar os clientes enquanto eles conferem a longa lista de borbouns e scotches refinados. Abstêmio por toda a vida, Lovecraft ficaria atônito com isso, e também com uma cervejaria da Nova Inglaterra que vende uma linha de cervejas artesanais usando tanto a imagem dele quanto elementos de sua ficção.

Ele morreu aos 47 anos. No seu último dia de vida, sofrendo horrivelmente de um câncer intestinal que passou vários anos sem ser diagnosticado ou tratado, apesar dos inúmeros sintomas de alerta precoces, ele não tinha razão nenhuma para pensar que alguém um dia se lembraria de seu nome.

No verão de 1917, contudo, o ruído da rua começou a morrer com o fim da tarde, e o deslizar suave e oleoso da caneta no papel deu lugar a um rabiscar mais alto, quase insistente e desafiador. O estranho, doentio, enlouquecido, desajeitado, esquisito, impossível Howard estava prestes a se tornar H.P. Lovecraft. Ele podia ver o crepúsculo se espalhando por College Hill. A noite se aproximando ao fundo. E começou a erguer seus monstros dos abismos escuros.

A história começa com o narrador nos contando que é demente e sofre de vício em morfina. Drogado e insano, o contador de histórias afirma que algum horror marinho pré-cambriano veio de sua ilha no Pacífico até as ruas movimentadas de São Francisco para dar cabo dele.

O conto "Dagon" escorreu da pena de Lovecraft naquele verão de 1917, na Nova Inglaterra. O protagonista absurdamente azarado escapa de um submarino alemão que afundara seu navio mercante apenas para se ver náufrago em uma ilha que, no fim, não é uma ilha. Um turbilhão "de lodo escuro infernal" atola seu pequeno bote, e ele se vê em uma terra em que "uma erupção vulcânica sem precedentes... deve ter sido lançada à superfície, expondo regiões que por inumeráveis milhões de anos se mantiveram escondidas...".

* No verão de 1917, contudo, o ruído da rua começou a morrer com o fim da tarde, e o deslizar suave e oleoso da caneta no papel deu lugar a um rabiscar mais alto, quase insistente e desafiador (...) Howard estava prestes a se tornar H.P. Lovecraft

A paisagem lamacenta, dotada do odor asqueroso de decomposição, revela um antigo monólito entalhado com marcas ocultas e figuras que parecem uma junção de seres humanos e anfíbios. A pedra antiga o repele com pavor. Caindo em um sono agitado, ele desperta com um som terrível, outro tremor vindo do mar sombrio, que traz à tona uma monstruosidade escorregadia, gorgolejante e apneica que se arrasta para a terra e rasteja sobre o monólito, quase como se, de forma gosmenta, o sorvesse em uma cacofonia de ameaça borrachuda. Tal visão escancara ao narrador os abismos da loucura, e ele foge em uma "jornada delirante", durante a qual, enlouquecido de horror, gargalha, canta e cai inconsciente.

Ele não está "realmente assustado". O que tinha visto não o fez sentir o medo que podemos experimentar ao ouvir sons estranhos durante a noite. Também não sente aquele caos psicológico fatídico e mais complexo evocado por Edgar Allan Poe. O narrador desafortunado simplesmente perde a realidade, vendo-a escorregar por detrás das ondas de onde o horror vivo inicialmente surgiu.

O náufrago de Lovecraft desperta de seu terror em um hospital de São Francisco, descobrindo por meio de seus cuidadores as coisas estranhas e terríveis que murmurara em seu delírio. Não é de se surpreender que ninguém acredite em seu relato. Enquanto ele tenta se recuperar da experiência, as horas noturnas se transformam em um teatro de horrores, com a escuridão lembrando-lhe da Coisa e, ainda pior, do que a existência da Coisa significa. A morfina salva sua mente torturada, mas, por fim, acaba por abandoná-lo no escuro com horrores mais antigos do que qualquer concepção humana de tempo.

Ele ouve alguma coisa na janela.

Um dos elementos mais curiosos da leitura da história é a nossa confiança na descrição que o narrador faz do monstro surgindo do mar e do monólito que sugere civilizações insuportavelmente antigas na vasta escuridão aquática que antecede a humanidade e sobreviverá a ela e a suas experiências limitadas e, mais do que isso, estúpidas. Mas não confiamos no relato alucinado que o narrador sob efeito de drogas faz sobre essa Coisa vinda do mar surgindo no peitoril de sua janela na Califórnia. Nesse ponto, Lovecraft manifesta sua habilidade de nos fazer duvidar da experiência humana ao mesmo tempo que nos entrega uma pavorosa certeza da vastidão dos mundos inumanos para além do alcance de nosso conhecimento. Em uma de suas primeiras histórias, ele começa a nos convencer de que os seres humanos e suas ilusões são fúteis.

Contendo muitos dos elementos que aterrorizaram os leitores em seus contos posteriores, "Dagon" oferece aos curiosos um ingresso quase perfeito para a obra do autor. Os primórdios de seu universo maligno estão ali, não apenas devido à natureza do monstro da história, mas também devido à qualidade do medo que evoca. Você não se depara apenas com as origens de seu estilo particular. É possível observar a forma de suas obsessões emergindo à medida que os horrores anfíbios da história deslizam para fora do mar abalado pela guerra.

Lovecraft criou contos de horror e monstros sem precedentes. Em livros sobre Lovecraft, tornou-se comum descrever a influência de Poe ou tratar de sua leitura dos escritores na tradição da ficção weird, todos nomes poucos conhecidos como Dunsany, Crawford e Machen. Apesar de esses autores terem contribuído muito para a visão maligna de Lovecraft, nenhum deles exerce uma influência direta nos monstros que ele imaginou. Perseguir influências pode se tornar um jogo interminável que nos conduziria para longe dos pesadelos desse homem singular. Tais coisas vinham para ele em sonhos, assim como — depois de lê-lo — também vêm aos nossos.

Além de não ter bebido diretamente da fonte de nenhum desses mestres do passado, Lovecraft também parecia pouco comovido pela longa história das obsessões humanas com monstros. Os leitores vão buscar, em vão, pelas criaturas que rastejam sobre as ruínas de castelo, à maneira de Stoker ou Shelley, nos contos de Lovecraft. Aquelas que aparecem são alteradas de forma radical e notável.

Os monstros da ficção europeia que traçaram seu caminho no cinema de Hollywood são criaturas do folclore. Ao criar *Drácula*, o romance de 1897 que de fato se tornou a primeira edição de regras do comportamento vampiresco, Bram Stoker lidou com o folclore do Leste Europeu sobre os *Strigoi*. Essas criaturas dos Bálcãs, causadoras de pânicos morais variados no início da era moderna, quando não menos que três impérios disputavam o controle da região, por muito tempo foram parte do folclore e do mito. Morrendo de maneira equivocada, vieram de suas tumbas, sedentos por sangue e, o que talvez seja ainda mais perturbador, ansiando por se banquetear daqueles que mais amavam.

Strigoi são monstros de nossos desejos e de nossa ansiedade profunda acerca desses desejos. Afinal de contas, temos a tendência de nos banquetear daqueles que amamos, uma possível pista sobre o porquê de o "romance vampiresco" ter se tornado tão incrivelmente popular no início do século em que estamos, um gênero tão onipresente nos dias de hoje que uma livraria bastante esperta que visitei certa vez alocou tais histórias no que eles rotularam como a seção "Vampiro beijoqueiro".*

* *The Kissy Vampire*, no original. [Notas do Tradutor, daqui em diante NT]

A história dos lobisomens também é muito longa. Na Idade Média, canções e sagas sobre almas infelizes amaldiçoadas com a licantropia ocupavam um lugar importante nas tradições romanescas. Por volta do século XVI e no início dos julgamentos das bruxas na Europa, os lobisomens se tornaram servos de Satã, seres humanos diabólicos que faziam pactos com demônios. Segundo rezam as lendas especialmente comuns no sul da França, em troca de suas almas, Satã fornecia-lhes a receita de um unguento que lhes permitia se transformar em criaturas com poderes mágicos e de prazeres primitivos. O fato de a receita para o bálsamo místico incluir gordura de bebê dá uma certa indicação de como as pessoas do início da modernidade consideravam o licantropo como algo vil.

Nenhum desses monstros lendários de apelo popular no século XX intrigava Lovecraft. Seu interesse por deuses obscuros e horrores ancestrais, ideias nutridas por uma leitura juvenil dos mais sombrios mitos gregos e dos romances das *Mil e Uma noites*, carregaram-no para paragens estranhas. Em "A Casa Temida", de 1924, ele escreve uma espécie de conto de vampiro, mas um vampiro com pouquíssima conexão com o conde de Stoker. Lobisomens, ou ao menos algo parecido, fazem uma ponta em "A Casa Temida", e ao menos uma vez em sua poesia mais esquecível. Quando ele se pôs a examinar as linhas turvas que separam o mundo humano do inumano, criou uma visão bem mais selvagem do que aquelas surgidas antes no folclore ou no entretenimento popular sobre seres que mudam de forma.

A bruxa, especialmente o conceito moderno inicial de bruxas como parte de uma grande conspiração satânica contra a ordem e a estabilidade da civilização, aparece nas obras de Lovecraft, mesmo que de forma radicalmente alterada. Ele amava Salem e, com frequência, visitava a cidade para contemplar a vista de Gallows Hill. Talvez não fosse inesperado que o arquétipo duradouro da bruxa o assombrasse, um homem mais obcecado com a Nova Inglaterra do que qualquer outro escritor norte-americano, incluindo Hawthorne.

No início da década de 1920, Lovecraft leu *The Witch-Cult in Western Europe*, de Margaret Murray, e aceitou amplamente suas alegações tendenciosas. A crença de Murray em um verdadeiro culto às bruxas que perdurara em segredo desde os tempos pré-cristãos fascinava Lovecraft. Murray não acreditava em bruxas que lançavam feitiços e faziam bruxarias. Ela as imaginava como um culto religioso perseguido, centrado em rituais de fertilidade, que conseguiu sobreviver pelo menos até o início da era moderna. Lovecraft ficou fascinado com a ideia. Como nunca tinha lido nada da historiografia que surgia sobre os julgamentos das bruxas na Europa, ele aceitava as alegações de Murray e adicionava a elas um racismo bastante perverso que exercia um papel tanto em sua visão de mundo quanto em algumas de suas decisões mais questionáveis enquanto autor.

* A bruxa, especialmente o conceito moderno inicial de bruxas como parte de uma grande conspiração satânica contra a ordem e a estabilidade da civilização, aparece nas obras de Lovecraft, mesmo que de forma radicalmente alterada

À época em que Lovecraft começou a trabalhar em seus primeiros contos, duas outras criaturas tinham se tornado parte do panteão monstruoso do mundo ocidental. O romance *Frankenstein*, de Mary Shelley, publicado em 1818, tinha se tornado bem conhecido nos Estados Unidos, principalmente em razão das numerosas adaptações para o teatro. O icônico filme de 1931, dirigido por James Whale e estrelado por Boris Karloff, uma obra que Lovecraft considerava quase uma difamação contra Shelley, ainda que a apreciasse a seu modo, transformou o monstro e seu criador em nomes muito conhecidos.

No fim do século XIX e início do século XX, nos Estados Unidos, a ideia do cientista louco e do morto reanimado tornou-se tão prontamente reconhecível que aparecia em charges políticas com a mesma frequência com que surgia na cultura popular de entretenimento. No início de sua carreira como escritor, Lovecraft tentou a sorte com sua própria versão peculiar da história de *Frankenstein*, criando, no processo, aquilo que se tornou uma de suas obras mais conhecidas, a despeito da aversão que nutria por ela. Mais cedo ou mais tarde, ele acabaria encontrando usos bem mais peculiares para a metáfora do cientista louco, misturando-a com suas concepções sobre o oculto e o poder para abrir portais para outros mundos sombrios. As fantasias steampunk modernas que mesclam tecnologia e magia têm algumas de suas raízes nessa nova abordagem.

Na época de Lovecraft, as histórias de fantasmas tinham se tornado, provavelmente, a forma mais popular de ficção weird nos Estados Unidos e na Inglaterra, tanto que até mesmo figuras pomposas como Henry James se puseram a testar o potencial do gênero por sua complexidade psicológica. Ambrose Bierce aperfeiçoou a forma nos Estados Unidos por meio de contos como "An Occurrence at Owl Creek Bridge", cuja atmosfera era diretamente inspirada nos horrores históricos da Guerra Civil Americana.

M.R. James, F. Marion Crawford e Algernon Blackwood tornaram-se os literatos mais associados a contos fantasmagóricos e fantásticos. Às vezes, tais escritores se valiam dos aparatos góticos tradicionais, como castelos ancestrais e antigas ruínas, mas frequentemente experimentavam com cenários vitorianos de sua época que enfatizavam a figura do ente querido que morreu, o retorno da pessoa amada ou do renascido ancestral, honrado e muito benquisto, que passara a perambular trêmulo por aí, e dos horrores incrustados nas sepulturas.

Lovecraft nunca escreveu uma história tradicional de fantasmas, ainda que adorasse a atmosfera de horror criada pelos escritores que o fizeram. Ao experimentar com a forma, suas improvisações suplantavam as composições que lhe haviam servido de inspiração. Algumas de suas histórias mais interessantes, como *A Sombra Sobre Innsmouth* e *O Caso de Charles Dexter Ward* (e, em menor grau, "O Pântano da Lua") invocam ancestrais pavorosos. Mas os renascidos que assombram essas histórias tinham uma palpabilidade que os tornava algo muito mais aterrorizante que um fantasma. Em vez de saírem vagando pela noite, rompem todos os elos do espaço e do tempo. O passado solta as rédeas do presente, oprimindo-o, possuindo-o, abstraindo-o... e, de fato, ameaçando destruí-lo.

"Dagon" oferecia somente uma versão dos horrores que Lovecraft imaginara naquele verão. Ele escreveu outra história em 1917 chamada "A Tumba". O conto nos leva para um cemitério na Nova Inglaterra, assombrado por alguns dos terrores do tempo e da ancestralidade que atormentavam o próprio Lovecraft, e nos revela que ele havia lido diversas histórias de fantasmas, mas quando as reescreveu, as vítimas se punham a assombrar a si mesmas.

Jervas Dudley, protagonista de "A Tumba", admite que está confinado em "um refúgio para dementes" e que tem sido um "sonhador e um visionário" desde a mais tenra infância. Como em "Dagon", nosso narrador percorre os vales sombrios da loucura, nos contando sua história de dentro de um hospício enquanto nos assegura que acreditaremos nele uma vez terminada a narrativa. De fato, insiste que nos juntemos a ele em sua ilusão e que descubramos que ela não é, de forma alguma, uma ilusão.

Somos enganados por esse convite insidioso, um truque que Lovecraft nos aplica repetidas vezes. "Só pareço insano, tenho algo para lhe dizer, só escute por um momento..." e, repentinamente, estamos implicados na insanidade labiríntica do narrador e temerosos de termos tomado parte nela. Algumas de suas melhores histórias nos impelem por esse caminho, tanto obras bem conhecidas como "O que Assombra nas Trevas", quanto histórias imerecidamente menos famosas como "Hipnos".

Poe lançava mão de um conjunto similar de travessuras literárias, nos levando, contudo, para o interior de uma ratoeira de culpa e de dor tipicamente humanas, ao contrário do que fez Lovecraft, ao tratar nossa sanidade com o niilismo do estranho, o que o autor chama de "regiões não formadas do infinito, além de toda a natureza conhecida; domínios onde a mera existência mortifica o cérebro e nos entorpece com os vórtices sombrios e extracósmicos que se abrem perante nossos olhos arrebatados...".[2]

Dudley vivia distante do mundo de uma forma que espelhava a bem documentada alienação social do próprio Lovecraft. Assim como o autor, Dudley passou a juventude entregue "a livros antigos e pouco conhecidos e a perambular por campos e bosques" de sua região natal. E, novamente como Lovecraft, sua imersão no passado o confronta com os terrores do tempo, um desejo e um horror que formavam a substância tanto da ficção de Lovecraft quanto de sua consciência do mundo. A história encanta, em um espanto que se converte em terror e volta a encantar. Se ele pudesse ao menos viver no passado, e se do passado ao menos pudesse escapar.

"A Tumba" realmente é, em certa medida, um plágio de Poe? Tornou-se praxe na maioria dos grupos associar com firmeza Lovecraft a Edgar Allan Poe e apontar histórias como essa como exemplos. O elo entre os dois escritores é, com excessiva frequência, presumido sem ser explorado.

Lovecraft lia Poe desde seus 8 anos de idade. Em "A Tumba", seu aprendizado inicial sob seu estilo se revela. Em meados da década de 1920, Lovecraft escreveu um ensaio sobre a ficção weird intitulado "O Horror Sobrenatural na Literatura" que descreve o "protagonista típico" de um conto de terror de Poe como um "cavalheiro sombrio, belo, orgulhoso, melancólico, intelectual, altamente sensível, caprichoso, introspectivo, isolado e, por vezes, levemente insano, de uma família antiga e opulentas circunstâncias". Jervas Dudley parece ser a maioria dessas coisas e, notoriamente, o próprio Lovecraft era ao menos algumas delas.

Tal como um personagem de Poe (ou um jovem Lovecraft), o jovem Dudley se torna obcecado com um "jazigo... de granito antigo, marcado pelo tempo e descolorido pelas névoas e pela umidade de gerações". O ossuário pertence a uma família chamada Hyde, infame na região durante o século XVIII devido a "contos murmurados sobre rituais estranhos e folias ímpias" que teriam ocorrido em sua mansão, que fora incendiada por um relâmpago que a atingira como a ira divina. Tais contos levaram o narrador cada vez mais obcecado e instável a uma pesquisa genealógica, na qual ele descobre um tênue liame de conexão familiar com os Hyde. O jovem Dudley é incapaz de explicar seu desejo de invadir a tumba, simplesmente descrevendo sua estranha obsessão como uma resposta a uma "voz, que deve vir da hedionda alma da floresta".

"A Tumba" termina com a possessão de Dudley por Hyde, uma história de "possessão pelo ancestral" à qual Lovecraft retornaria em contos posteriores. Nessas narrativas, todas as fascinações históricas de Lovecraft correram sem freios, ou, quem sabe, apenas tenham atingido sua conclusão natural. O passado não ajuda a explicar o presente; o presente não explica o passado. O passado busca possuir o presente, invadi-lo e penetrá-lo. Lovecraft sugere que seus entusiasmos ancestrais não careciam de uma associação genealógica; precisavam de um exorcismo.

Vemos aqui a incerteza do próprio Lovecraft sobre seu antiquarismo devoto, sua sensação de que o presente poderia, de fato, tornar-se vítima do passado.

Estabelecer a Nova Inglaterra como cenário para "A Tumba" revela a habilidade de Lovecraft de conferir um lugar para o horror, um lugar bem norte-americano. Ele situou algumas das obsessões da nação, incluindo sua crença em seu próprio excepcionalismo, em um jazigo de horror.

Com esse interesse em uma história de horror e no horror da história, Lovecraft revela maior similaridade com seu conterrâneo Nathaniel Hawthorne e com Herman Melville do que com Poe. Poe tendia a localizar suas ruínas assombradas em uma Terra do Nunca, momentos a-históricos de terror psicológico tornados mais estranhos, mas também mais distantes, ao serem situados no mundo de um sombrio conto de fadas italianizado. Desde o início, Lovecraft já conferia um caráter histórico a suas histórias. Ainda que "A Tumba" não contenha o tipo de minúcia geográfica que se tornou tão central para suas histórias mais importantes, Lovecraft situa a provação de Dudley firmemente na Nova Inglaterra, uma Nova Inglaterra assombrada, onde sepulturas balbuciam com "o silabário tosco das primeiras colônias puritanas", que compete com a "retórica precisa" do século XVIII que Lovecraft acreditava representar um ponto alto racionalista.

Já desde o início, ele começou a criar o país Lovecraft; uma geografia do terror que viria a incluir a "Arkham assombrada por bruxas" e a "sombria Innsmouth", locais descritos por ele com tamanha minúcia que, por quase um século, era frequente que *ingénues** na obra de Lovecraft presumissem que poderiam encontrar tais lugares em mapas de Massachusetts e saíssem em busca deles.

Lovecraft escreveu uma nova história norte-americana e uma nova geografia para combinar com ela. E não é o tipo de lugar muito convidativo para se viver. E, ainda assim, todos nós gostaríamos de vivê-lo.

Escrevo esta biografia pouco ortodoxa de Lovecraft como um historiador. Descobri certas coisas sobre meu objeto de estudos que provavelmente lhe são desconhecidas, seja você um aficionado de Lovecraft ou simplesmente alguém que pegou este livro e quer entender o porquê de tanto burburinho sobre o autor e por que os tentáculos estão por toda parte.

Descobri algumas coisas estranhas sobre como Lovecraft tem sido descrito, defendido, lembrado, mercantilizado e alvo de obsessão, e todas elas constituem uma parte tão importante de sua história, talvez até mais, quanto as anedotas contadas por seu ciclo inicial de admiradores e que têm sido repetidas até os dias de hoje.

As prateleiras das bibliotecas envergam com os estudos críticos do mestre norte-americano do horror. A maioria deles foi escrita por um grupo bem diminuto de pessoas, algumas das quais têm vivido e respirado Lovecraft desde seus anos de adolescência, na década de 1970.

Tais lovecraftianos, e é difícil chamá-los de outra forma, são bastante territoriais acerca do autor, como ele é abordado, pelo que é lembrado, e levam isso muito a sério. Ao menos um dos estudiosos de Lovecraft me chocou ao interromper de forma bastante abrupta nossa correspondência quando começou a temer ter falado demais a

* Ingênuos, pouco experimentados. Do francês, no original. [NT]

um autor cujo livro poderia, em suas palavras, "denegrir" Lovecraft. Pouco depois, retomamos nossas conversas on-line com minha garantia de que, ainda que eu fosse contar uma história crítica sobre Lovecraft, também almejava acrescentar algo ao que sabemos sobre uma figura que ambos amamos e admiramos, mesmo que de maneiras distintas e complexas.

Então, deixe-me dizer de uma vez. Sou um fã de H.P. Lovecraft com tudo o que esse fanatismo implica. Já era fã ao me meter neste projeto e me tornei ainda mais depois de concluí-lo.

* Lovecraft escreveu uma nova história norte-americana e uma nova geografia para combinar com ela. E não é o tipo de lugar muito convidativo para se viver. E, ainda assim, todos nós gostaríamos de vivê-lo.

Mas nem sempre isso vai transparecer. Como historiador, vou destacar alguns aspectos da vida de Lovecraft que refletem e nos ajudam a compreender o espírito da época — da dele, da nossa e de todas as que vieram entre elas. Isso, com frequência, significa escrever sobre questões que fazem os fãs e os detratores de Lovecraft espumarem de raiva. Não espero que nenhum dos grupos encontre seus pontos de vista completamente representados aqui. É como se eu estivesse prestes a nadar até o Recife do Diabo em Innsmouth, onde Coisas que devem ser evocadas estão à nossa espera, não apenas para entender Lovecraft e sua ficção, mas se pretendemos entender também o mundo em que ele viveu e como tal lugar forneceu as matérias-primas para o mundo cultural em que habitamos.

Assim, tenho algumas coisas a dizer sobre a sexualidade do autor que foram baseadas tanto em fontes quanto, simultaneamente, em livre especulação a respeito de assuntos sobre os quais não temos como saber, mas sobre os quais podemos supor, de forma ponderada e respeitosa. Destaco também o papel que as mulheres exerceram na vida do autor e trato a questão de uma forma que nunca foi feita antes, se olharmos para as evidências dos biógrafos anteriores através de uma lente historiográfica. Faço ainda algumas afirmações sobre Lovecraft e sua relação com filmes, videogames, histórias em quadrinhos e televisão que, a meu ver, vão demonstrar que ele se tornou mais do que simplesmente uma influência importante. Ele é a raiz de nosso fascínio atual pelo fantástico em todas as suas formas, enquanto permanece, mesmo para os fãs de Lovecraft, uma equação desconhecida e, talvez, impossível de se conhecer.

Primeiramente, escrevi este livro para pessoas que conhecem Lovecraft e seus contos, mas apenas por meio de nuances, anedotas e histórias fragmentadas contadas boca a boca. Você ouviu falar dele. Leu "O Chamado de Cthulhu". Você quer mais. Quer entender por que o *Gawker* pode usar o adjetivo "lovecraftiano" para descrever um cheeseburguer cor de obsidiana vendido no Japão no outono de 2014. Ou por que aquele colega de trabalho tem um adesivo do Cthulhu no para-choque do carro. Ou quer saber qual é a graça da campanha de Cthulhu para presidente.[3]

Você também quer saber quais histórias deve ler, por onde começar. Dedicarei um tempo àquelas em que os novos fãs de Lovecraft provavelmente vão descobrir a genialidade do autor. Algumas delas são histórias bem famosas; de algumas você nunca ouviu falar. Não vejo motivo para escrever uma sinopse para a maioria delas, primeiro porque existe um monte de livros que já fazem isso e, segundo, porque não quero estragá-las para você. Assim como acontece com "Dagon" e "A Tumba", dedico mais tempo àqueles contos que são menos conhecidos.

Você não vai encontrar longas discussões sobre os contos que a maioria dos estudiosos e entusiastas consideram centrais para o cânone de Lovecraft — aquelas obras, em sua maioria escritas depois de 1926, que Michel Houellebecq, romancista francês e admirador de Lovecraft, chamava de "os grandes textos". Talvez você já os tenha lido e, se não for o caso, pequenas sugestões são o suficiente. Deixe Lovecraft lhe contar essas histórias.

Por fim, este livro não vai ignorar a questão racial, especialmente ao considerar Lovecraft como parte de uma época histórica, ou melhor, uma figura importante em várias épocas da história. Enquanto a luta dos afro-americanos por liberdade progredia na metade do século XX, os defensores e divulgadores de Lovecraft tentaram minimizar, até mesmo expurgar, o peculiar traço de racismo presente em seus registros. Escritos mais recentes, alguns no meio de toda a controvérsia, tentaram defender duas ideias, reunidas em uma tensão inconciliável: a noção de que, sim, ele teve atitudes racistas, mas elas não tinham tanta importância, já que ao demonstrar tais sentimentos ele era simplesmente um "produto de seu tempo".

Esse último argumento é risível para o historiador que existe em mim. O pensamento histórico nunca imagina o período em que uma pessoa vive como um corredor fechado de experiências, no qual é concebível que apenas certos pensamentos, sentimentos e ideias podem surgir. Nessa visão fleumática da compreensão histórica, mesmo mentes tão inquietas e curiosas como a de Lovecraft devem, inevitavelmente, cair nos preconceitos de sua época, vítimas desafortunadas de sua era e formação.

Infelizmente, o racismo de Lovecraft representava uma escolha consciente de sua parte e uma rejeição voluntária dos exemplos das conquistas dos afro-americanos, inclusive o tipo de conquista literária que Lovecraft admirava. O autor se manteve limitado a teorias raciais do século XIX, um período que ele, em outros aspectos, desprezava profundamente. Pior, chegou a flertar com a crescente onda de fascismo nas suas últimas duas décadas de vida, às vezes zombando de Hitler e dos nazistas, mas também os defendia, bem como aquilo que ele acreditava que fossem os seus objetivos, reiteradamente. Tudo isso enquanto mantinha amizade com pessoas que, na mesma época, tinham visões de mundo decididamente diferentes e que tentavam, com frequência, arrancá-lo do atoleiro de preconceito que feria sua perspicácia intelectual e maculava seus melhores trabalhos.[4]

Ignorar essas questões, ou até mesmo tentar escusar Lovecraft de tal comportamento, não traz bem nenhum. Em 2014 irrompeu uma controvérsia a esse respeito que merece nossa atenção, uma controvérsia que terá enorme peso na influência e na reputação de Lovecraft pelas próximas décadas, enquanto a ficção científica e literatura fantástica emergem em todo o mundo, com a África produzindo alguns dos materiais mais interessantes dos últimos anos.

Sexo, gênero, raça e estudiosos emocionalmente comprometidos em uma guerra para preservar o verdadeiro Lovecraft. Realmente parece um atoleiro. Se quisermos conhecer H.P. Lovecraft, porém, temos que adentrar esse bosque lamacento e emaranhado, iluminado tão somente pelo luar, que lança sombras peculiares no solo.

* Sua obsessão com um século XVIII artificial, construído em sua cabeça, parece nunca ter sido saciada. Suas "antiguidades" pareciam sempre decepcioná-lo e suas cartas estão repletas de lamentações

Lovecraft podia ser um péssimo historiador, mas se manteve, até o fim de seus dias, um antiquário decidido, obsessivo e indubitavelmente irritante; um membro daquela tribo que seleciona itens do passado como uma forma de transcender o presente, ou, na verdade, sublimar o presente. Quando começou a viajar, após a morte da mãe, ele sempre se dirigia a lugares em que podia encontrar "antiguidades". Começou suas perambulações em Boston, Marblehead e Salem, caminhando durante horas para fitar, com olhos arregalados, a arquitetura georgiana. Quando as viagens o levavam para mais longe de casa, com frequência se via em lugares onde a atmosfera se imiscuía com o passado colonial: Charleston, New Orleans, St. Augustine. No que se tornaria uma caligrafia cada vez mais ilegível, ele tecia julgamentos sobre o estado de preservação das residências, sepulturas e casas mercantis do século XVIII para um amplo círculo de correspondentes. Externava seu desgosto com cidades, tais como Miami, que não possuíam "antiguidades".

Uma das formas que essa obsessão com o passado tomou foi a de uma fixação duradoura e extremamente absurda com o século XVIII, principalmente um século XVIII imaginário com pensadores do Iluminismo, poesia augustiniana* e arquitetura georgiana. Tais interesses o conduziram para um estranho romantismo monárquico que cultivou pela maior parte da vida (ainda que como um fingimento autoconsciente em seus últimos anos). Ele se via como um cidadão do Império Britânico e não daquele inaugurado pela era eduardiana. Era leal à Casa dos Hanôver. Em uma história que podemos apenas esperar que seja apócrifa, Lovecraft certa vez teria dito a um correspondente que, na primeira vez que vira o monumento aos *Minutemen*,** de 1776, em Lexington, Massachusetts, causara certo furor ao gritar "Deus salve o rei!".

Sua postura conservadora também se manifestou em precoces preferências literárias. Mais tarde, ele descreveu sua profunda falta de interesse em ler "o lixo vitoriano padrão" e, em vez disso, na pré-adolescência, escavava o século XVIII com o auxílio de "tomos longos que se desmanchavam pela idade, de todos os tipos e tamanhos — *Spectator*, *Tatler*, *Guardian*, *Idler*, *Rambler*, Dryden, Pope...". Em outras palavras, o estilo e a poesia do século XVIII o envolveram junto a seu interesse pela ciência, "o romantismo árabe", sua leitura de Poe, e os sonhos de antigas ruínas plenas de sol e pesadelos de universos sombrios e proibidos oferecidos a ele por seu avô Whipple. É a mistura de tais elementos díspares, alguns mantidos em profunda tensão, que cria um H.P. Lovecraft.

* Poesia augustiniana se refere, no texto, ao estilo de poesia surgido na primeira metade do século XVIII, na literatura de língua inglesa, que se caracterizava por tratar de problemas existenciais de uma maneira filosófica ou com tons satíricos. Recebeu este nome devido ao reinado de George I, que se dizia um Augustus. O termo também pode se referir, em um contexto totalmente diferente, mas não estranho às leituras preferidas de Lovecraft, à poesia de Virgílio ou Horácio, poetas romanos da época do reinado de César Augustus. [NT]

** Os minutemen eram colonos que atuaram como guerrilheiros contra a Inglaterra, lutando pela independência das treze colônias norte-americanas. Há vários monumentos em homenagem aos minutemen na região de Massachusetts. [NT]

Sua obsessão com um século XVIII artificial, construído em sua cabeça, parece nunca ter sido saciada. Suas "antiguidades" pareciam sempre decepcioná-lo e suas cartas estão repletas de lamentações por se ver preso no século XX. A ficção weird ajudou Lovecraft a construir uma relação mais complexa com a história, e "A Tumba" traz algumas das primeiras evidências da intensidade dessa batalha interna. Como seu narrador inspirado em Poe, o autor ansiava por escapar para o passado, nem que essa fuga o levasse a descer pelas escadarias de um jazigo, iluminado por uma vela gotejante. Tal como o narrador de "A Tumba", ele ouvia os sussurros de ancestrais vindos de sepulcros do passado. Mas também compreendia que, como Jervas Dudley, ele brincava com a loucura e se arriscava a despertar algo que é melhor não incomodar.

Havia mais escorrendo da imaginação de Lovecraft do que o terror psicológico de Poe. Dudley sente o impulso para o jazigo oculto vindo das "hediondas vozes da floresta". Essa frase evocativa trata das forças primordiais e elementares que se tornaram a chave para os mitos de Lovecraft. Poe estaria bem mais propenso a fornecer uma leitura psicológica macabra de Dudley, com seus próprios fantasmas psíquicos conduzindo-o ao seu destino. Aqui, ele sugere poderes para além da compreensão humana, algo mais profundo do que as complexidades da culpa e do terror interno. Algo totalmente inumano.

Lovecraft começou a escrever "Dagon" pouco mais de um mês depois de terminar "A Tumba". Isso significa que, após completar uma história do passado da Nova Inglaterra abrindo caminho até o presente, ele criou um conto ambientado em um local distante de sua tão amada Providence e em lugares para os quais jamais iria. O horror de "Dagon" ocorre em meio a guerras mundiais e submarinos alemães, terrores reais arrancados das manchetes de jornais. Lovecraft tinha começado sua transação problemática com o passado, tanto o seu próprio quanto com o da História com "H" maiúsculo. Tinha começado a admitir para si mesmo, e para o diminuto círculo de leitores que esperava conquistar, que os mundos de sonhos de antiquário que ele criara podiam ocultar terrores mais profundos, e que o presente não teria como reunir as defesas contra os terrores do tempo, monstros tão infinitamente antigos e remotos que vieram bater à sua janela enquanto a lua minguava na noite de São Francisco.

"Dagon" também introduziu a noção que vem à mente da maioria das pessoas quando ouvem o termo "lovecraftiano". O viciado em morfina cujo terror abjeto vivifica a história "não pode pensar no mar profundo sem estremecer com a visão das coisas inomináveis que podem estar, neste exato momento, rastejando e chafurdando em seu leito enlameado, adorando seus antigos ídolos de pedra e entalhando seus detestáveis semelhantes em obeliscos submarinos de granito molhado". Coisas horrendas vindas dos abismos, dos abismos do mar, dos abismos do espaço e do tempo, esperando para invadir o momento dos homens no tempo. Coisas tão antigas que sua existência supera qualquer conceito humano de tempo. Coisas que, como Lovecraft escreve em "Dagon", "podem se erguer sobre os vagalhões para arrastar com suas garras apodrecidas os remanescentes de uma humanidade patética e exaurida pela guerra".

O passado, Lovecraft às vezes afirmava, oferecia um refúgio desse futuro. A História, para o autor, era a única coisa estável, o único refúgio possível do terror do tempo infinito. Ele afirmava que seu desejo de escapar de seu próprio século explicava sua falta de interesse no modernismo, a nova tendência literária, artística e arquitetônica, vista nos trabalhos de T.S. Eliot, Ezra Pound e Frank Lloyd Wright.

Porém, também o passado poderia se tornar uma Coisa na soleira da porta.* Ele dividia com muitos de seus contemporâneos modernistas a ideia do passado como um deserto de imagens quebradas, a terra devastada que despertou T.S. Eliot bem no frio da noite e, por fim, o fez fugir para os braços da Igreja, como o local de refúgio para os horrores de todos os tempos.

* Referência ao conto de mesmo nome, "The Thing on the Doorstep", no original. [NT]

Lovecraft, quase sozinho entre os maiores escritores de sua época, recusou o consolo da religião, do comunismo ou do fascismo, ou até mesmo das certezas do racionalismo científico — no qual ele acreditava, mas onde nunca poderia encontrar conforto. Via o poder irrevogável do passado oferecendo a possibilidade tanto do terror quanto do consolo, e alguns de seus conflitos mais pessoais e filosóficos surgiram da impossibilidade de se manter à superfície do que o seu conto mais famoso chamou de "mares sombrios de infinitude".

Contudo, ser profundamente antimoderno se alinhava perfeitamente com as sensibilidades literárias modernistas dos anos 1920. O modernismo surgiu, em parte, de uma repulsa nauseante perante a crise da civilização europeia ocasionada pelas brutalidades e insanidades da Primeira Guerra Mundial. Escritores modernistas, especialmente nos Estados Unidos, se preocupavam com um conjunto de condições que mudavam rapidamente, e que Lovecraft abominava por motivos não muito diferentes da maioria dos modernistas cujas obras ele condenava.

Willa Cather sugeriu, de forma mais poética que literal, é claro, que "o mundo se partiu em dois por volta de 1922". Ezra Pound começou a chamar 1922 de "Ano Um", com a publicação de *Ulisses*, de Joyce, e *A Terra Devastada*, de Eliot, distando apenas alguns meses uma da outra. Algo definitivamente havia mudado, embora, ao contrário de Cather e Pound, a maioria dos historiadores, poetas e críticos culturais não se incomodassem em colocar uma data naquilo que o mundo vitoriano havia se tornado e que naquele momento parecia seco, mumificado, e mais ou menos soterrado pela década de 1920.

Para muitos norte-americanos brancos, em especial para aqueles que viviam nas cidades do Nordeste e do Meio-Oeste, um influxo intenso de novos imigrantes constituía, talvez, a ansiedade social mais pungente. O medo sentido pelos protestantes brancos inaugurou uma onda de nativismo desconhecida desde a grande imigração de irlandeses na metade do século XIX. Revivida, a Ku Klux Klan se tornou, na época, uma espécie de organização aberta e respeitável. Seus membros continuaram empreendendo sua campanha de terror contra os afro-americanos, mas tentavam empobrecer, cada vez mais, os imigrantes do Leste Europeu e da Itália, tanto no Norte quanto no Meio-Oeste.

Uma migração maciça do interior para as cidades ao norte também teve início nessa época, frequentemente rotulada de "A Grande Migração". Famílias afro-americanas pegaram suas coisas e se dirigiram para centros industriais emergentes, como Chicago, Detroit e Nova York, fugindo da quase escravidão econômica e da penúria comum do Sul agrícola. É desnecessário dizer que esses concorrentes econômicos, que já eram vistos pelas lentes de estereótipos racistas cruéis, não tiveram uma recepção calorosa. As chamadas "revoltas raciais" explodiram pelo país, um termo da época usado para descrever ações em massa de pessoas brancas contra afro-americanos e as vizinhanças em que se alocaram, às vezes com a bênção ou mesmo com a cooperação da polícia local.

Enquanto isso, o *big business* e um evangelho da prosperidade se tornaram a religião norte-americana. Calvin Coolidge, presidente durante alguns dos anos mais prolíficos da escrita de Lovecraft, dizia que "o homem que constrói uma fábrica ergue um templo". O "Perigo Vermelho" que se seguiu à Revolução Russa de 1917 serviu como combustível para o clima *pro-business* enquanto norte-americanos se mostravam mais afeitos a uma revolução das corporações do que a uma do povo. De fato, em um movimento extraordinário ainda pouco discutido nos dias de hoje, os Estados Unidos realmente invadiram a nova União Soviética, em 1918-1919, em uma tentativa de esmagar no berço o novo regime comunista, dando início ao sentimento de profunda desconfiança que acabou conduzindo a meio século de Guerra Fria, que representava a ameaça constante de se tornar uma chama apocalíptica.[5]

Três administrações republicanas *pro-business* e bastante equivocadas dominaram a década após a Primeira Guerra Mundial e a presidência do democrata Woodrow Wilson, compreensivelmente impopular. Andrew Mellon, o Donald Trump daquela época (ainda que possivelmente um homem de negócios muito mais bem-sucedido), dirigia o Departamento do Tesouro.

Mellon, tecnicamente responsável por impor a Lei Volstead* (Ato Nacional de Proibição), à qual na verdade se opunha, dedicou a maior parte de seu tempo no Departamento do Tesouro a reduzir os impostos que incidiam sobre as corporações a níveis tão diminutos que só tornariam a ser vistos na década de 1980. Mellon reduziu os impostos sobre herança e doações, resguardando o lucro das corporações de formas novas e criativas. Leis antitruste se tornaram anacronismos aparentes enquanto a General Electric, a American Telephone and Telegraph (AT&T) e a Ford Motor Company dominavam seus respectivos mercados como suseranos medievais consolidando seus feudos. "O governo foi fundido aos negócios", o *Wall Street Journal* elogiou, com entusiasmo.

O mundo de Lovecraft em Providence, particularmente isolado na região leste de Providence, parecia muito distante da maioria dessas mudanças. É impossível escapar da modernidade, contudo, e o autor se tornaria cada vez mais consciente disso. Ele confrontaria tal noção tanto em sua vida quanto em sua política peculiar e em sua ficção de terror.

O verão de 1917 terminou com o arrepio de uma tumba aberta, a ameaça fria e escura do mar. Lovecraft escrevia tarde da noite enquanto sua amada Providence adormecia, tão tarde que ele temia que a polícia, como não era incomum nessas antigas vizinhanças em College Hill, pudesse aparecer e exigir que ele apagasse a luz. O policial nunca apareceu.

Os leitores se lembram de quando certos escritores entraram em suas vidas. As circunstâncias desse acontecimento permanecem conosco, assim como nos lembramos dos aspectos da luz em um cômodo na primeira vez que encontramos um amante ou tivemos uma ideia.

Não consigo me lembrar da primeira vez que tomei ciência de Lovecraft. Guardo, em uma estante do meu escritório em casa, uma antologia editada na década de 1980 que contém histórias selecionadas da

* A famigerada Lei Seca, que proibia a comercialização e regulava a produção das chamadas "bebidas intoxicantes". [NT]

revista pulp *Weird Tales*. Junto às obras do círculo de Lovecraft, autores como Clark Ashton Smith e August Derleth, que, à época, nada significavam para mim, surge uma história que Lovecraft escreveu no ano de 1925, intitulada "Ele".

É uma história apelativa em sua melancolia e absolutamente insatisfatória. O conto emergiu da época infeliz que o escritor passou na cidade de Nova York e, de fato, de seu infeliz casamento. "Minha vinda para Nova York foi um erro", afirma o narrador, que esperava encontrar a "maravilha pujante" na cidade, mas descobriu apenas "horror e opressão que ameaçavam me dominar, me paralisar e me aniquilar".

* O verão de 1917 terminou com o arrepio de uma tumba aberta, a ameaça fria e escura do mar. Lovecraft escrevia tarde da noite enquanto sua amada Providence adormecia

Quando estava no primeiro ano de ensino médio, não fiquei muito impressionado com o conto "Ele", de Lovecraft. Ainda penso na obra como um de seus maiores fracassos, apesar de sua descrição fiel da Greenwich Village de 1925 e de alguns poucos parágrafos finais que abrem panoramas de horror.

Se a história "Ele" representou uma primeira leitura pouco auspiciosa de Lovecraft, nunca considerei possível ou desejável desprezar ou evitar o autor. Como alguém que, assim como eu, passou anos lendo tanto horror e fantasia não poderia senti-lo espreitando nos porões da mente? Simplesmente, ele parece integrar a infraestrutura da imaginação coletiva do fantástico. Seu sobrenome, estranhamente agradável, sempre invocou, para mim, conhecimentos proibidos, rituais sombrios e deuses antigos recentemente renascidos. Dizer o nome em voz alta deixa na boca o mesmo gosto cru de dizer "Antigo Testamento" ou "Abraham Lincoln". O nome carrega uma solidez estabelecida, tanto que parece que nem precisamos saber muito mais sobre ele para compreender sua importância.

Curiosamente, no que diz respeito a Lovecraft, é impressionante que tenhamos tantas informações, resmas delas, sobre alguém que, na verdade, não conhecemos.

"Hoje, o mundo todo conhece Lovecraft. Hoje, a mitologia dos Deuses Anciões, dos Grandes Antigos, de Cthulhu, tornou-se o Panteão do Horror da leitura que a ficção científica e a fantasia fazem do cosmos." Esse "vamos entrando" digno de parque de diversões está escrito na contracapa de uma brochura de 1976 da DAW Books, intitulada *The Disciples of Cthulhu*, que também mora em minha estante, vizinha da coletânea da *Weird Tales*. Comprei em um sebo, um achado bastante fortuito em uma noite gelada de neve em Cambridge, Massachusetts, se não me falha a memória.

Essa empolgação exagerada na contracapa na verdade mais obscurece do que ilumina os tesouros presentes nas páginas do livro. Grandes nomes no mundo do horror e da fantasia, como Fritz Leiber, Ramsey Campbell e Brian Lumley, escrevem contos que se situam em um universo lovecraftiano bastante reconhecível, para não dizer significativamente reimaginado. Robert Bloch — o autor do romance *Psicose*,* que admirava Lovecraft o suficiente para assassiná-lo em um conto — escreve na introdução que os mitos de Cthulhu, Azathoth e os outros deuses maléficos de Lovecraft são dotados de um aspecto sacro, uma metafísica de horror passada entre os fiéis em segredo e que agora floresce tal qual uma flor noturna na cultura popular norte-americana. Ele escreve sobre o assunto como se fosse uma nova religião, um culto a Cthulhu na vida real, em vez de um fenômeno de fãs.

A influência de Lovecraft sobre a fantasia e o terror na literatura teria atingido seu ápice, aparentemente, na década de 1970. Mas esse não foi o caso. Sua obra logo se tornou a influência norteadora para um interesse mais generalizado pela fantasia e pelo terror na cultura popular.

* A adaptação para o cinema por Alfred Hitchcock, em 1960, eclipsou um pouco o romance de Bloch que, se não lida diretamente com elementos lovecraftianos, faz questão de manter certo ambiente que seria do agrado de Lovecraft. [NT]

Filmes baseados nos contos de Lovecraft surgiram na década de 1960, embora muitas vezes apenas tomassem emprestados nomes de personagens e títulos das histórias. Porém, tanto o *Alien, O Oitavo Passageiro* (1979) de Ridley Scott quanto *O Enigma de Outro Mundo* (1982) de John Carpenter fizeram uso dos temas e da imagética de Lovecraft, enquanto reproduziam seus horrores mais sutis de niilismo e o sentido de um cosmos indiferente às preocupações humanas.

O diretor Sam Raimi escreveu e dirigiu nada menos que três filmes nos anos 1980 e início da década de 1990, que, porquanto se utilizassem de um grau de humor grotesco e pastelão em dissonância com a maior parte da obra de Lovecraft, fizeram uso de seu ficcional *Necronomicon*. Tanto nas histórias de Lovecraft quanto nos filmes de Raimi, *Uma Noite Alucinante: A Morte do Demônio*, *Uma Noite Alucinante 2* e *Uma Noite Alucinante 3*, o livro abre portais para outros planos de existência, permitindo que diversas coisas sórdidas entrem no nosso mundo.

Durante esse mesmo período, Lovecraft se tornou importante para uma subcultura geek emergente, um fenômeno periférico destinado a chegar ao centro do entretenimento contemporâneo. Desfrutar da obra de Lovecraft, mesmo dos assim chamados "Mitos", contos baseados em seu trabalho, mas que não foram escritos por ele, significava desfrutar do cabedal de cultura nerd e se tornou um motivo de orgulho em porões de pais e nos fundos de lojas de quadrinhos por todos os Estados Unidos. Os jogos de RPG (*role-playing games*) de mesa baseados na ficção de Lovecraft começaram a surgir e foram logo seguidos pelos videogames para PC e consoles. O renascimento das graphic novels no fim da década de 1980 logo se apropriou da obra de Lovecraft. Figuras extremamente populares como Neil Gaiman, que fez com que ler fantasia se tornasse um fenômeno bastante difundido, descreveu Lovecraft como "onde começa a escuridão".

Trinta anos depois, vivemos na era de Lovecraft. *Revival*, o romance de 2014 de Stephen King, foi aclamado como um retorno à melhor forma do autor, talvez o nome mais famoso da escrita de terror e fantasia desde Poe. A influência de Lovecraft, conterrâneo de King na Nova Inglaterra, aparece com frequência em seu trabalho, datando já de seus primeiros romances na década de 1970. King situa suas abominações, humanas e de outro tipo, em uma Nova Inglaterra reconhecível, mas que chega até nós concretizada como a cidade ficcional de "Castle Rock" — bem semelhante à forma como Lovecraft nos deu sua cidade fictícia da Nova Inglaterra, Arkham, que parece atrair todos os horrores transdimensionais que vagam por planos cósmicos infinitos. O mais importante é que King, assim como Lovecraft, construiu um universo no qual partilhamos nossa existência física com todo o tipo de horrores que ameaçam não apenas a nossa vida, mas também a tênue manutenção de nossa própria razão.

O *establishment* literário nunca concedeu a King o reconhecimento crítico merecido, em grande parte, creio eu, por ele vender mais livros do que a maioria dos autores pode sequer imaginar. Mas *Revival* representa a virada de página definitiva, transbordando de temas lovecraftianos de conhecimento proibido e absolutamente centrado em uma alma inimaginavelmente atormentada em busca de um conhecimento que a conduzirá, e a todos que entrarem em contato com ela, à loucura.

King nos conduz, por fim, ao coração sombrio da visão de Lovecraft: "uma cidade vasta e arruinada... uma cidade morta de ciclópicos blocos de pedra". Como em Lovecraft, e ecoando diretamente sua linguagem, King força seus personagens desafortunados a visitar "um lugar repleto de cores insanas, geometria ensandecida e abismos sem fundo, onde os Grandes Antigos vivem suas infinitas vidas alienígenas e pensam seus pensamentos infinitos e maléficos". Em outras palavras, King evoca o universo de Lovecraft — onde as vidas humanas são objeto de indiferença, e as afirmações humanas sobre qualquer significado abrangente para as coisas são uma blasfêmia e um sarcasmo.

Revival faz mais do que se pautar diretamente por temas lovecraftianos. King, de fato, dedicou-o a Lovecraft, a seu círculo de influência e a suas influências. King destaca a importância que a perturbadora história de Arthur Machen, *O Grande Deus Pã* teve para ele, e, especialmente, agradece a August Derleth e a Donald Wandrei, dois homens amplamente responsáveis por manter Lovecraft sendo publicado por tempo o suficiente para que ele se tornasse uma obsessão cultural.

Derleth foi muito mais além do que simplesmente manter os contos de Lovecraft em circulação e criou o que ele chamou de "Os Mitos de Cthulhu". Essa é uma ideia extremamente controversa e alvo de muito escrutínio entre os intelectuais literários que dominam o campo dos estudos sobre Lovecraft.

Os Mitos de Cthulhu, uma denominação que o autor de Providence nunca usou, sustentam que Lovecraft e um pequeno círculo de colegas escritores criaram um universo mitológico autocontido com concepções claramente definidas sobre os Deuses Anciões e os Grandes Antigos. Seu universo compartilhado continha tomos proibidos que os humanos nunca deveriam abrir. Mais do que isso, uma terceira geração de admiradores, junto a eles, fez acréscimos aos mitos lovecraftianos, expandindo e preenchendo suas lacunas enquanto discutiam, às vezes de maneira absurda, sobre quais histórias de Lovecraft integram os mitos e quais não.

O conceito dos Mitos de Cthulhu se tornou tão influente que muitos fãs chamam a obra de Lovecraft simplesmente de "os Mitos". Por outro lado, o conceito se tornou tão desprezado entre os membros de um grupo de estudiosos de Lovecraft que eles travaram um embate de três décadas que desmantelou essa ideia nos estudos literários do autor, e talvez em toda a cultura popular. Derleth, um amigo de Lovecraft e o primeiro a publicar um livro com suas histórias, em 1939, tornou-se um personagem vilanesco em alguns meios — o homem que tentou roubar o legado de Lovecraft e que escondeu do mundo a face verdadeira do autor. Mas nem a controvérsia, nem os intricados e exagerados Mitos de Cthulhu são o que atraem a maioria dos entusiastas modernos de Lovecraft.

Jogos de RPG; curtas-metragens como os que estreiam na CthulhuCon, em Portland, e uma pilha enorme de romances, contos e graphic novels que se inspiram no universo de Lovecraft têm atraído fãs de todas as idades para os temíveis universos do autor. Stephen King oferece uma das principais formas pelas quais o público em massa se depara com os temas lovecraftianos. Os romances colossais e inquestionáveis de King, assim como seus contos bem elaborados, se tornaram um condutor primário para que o mundo conceitual de Lovecraft traçasse seu caminho na cultura norte-americana. Sua novela *O Nevoeiro** oferece uma imagem do que, à primeira vista, parece ser uma criatura lovecraftiana surgida das profundezas cósmicas para nos destruir, mas termina em um conjunto amargo e um tanto misantrópico de ironias que Lovecraft teria apreciado.

O conjunto da obra de Guillermo del Toro representa outro fenômeno da cultura pop que espalha o antievangelho de Lovecraft. Os filmes de Del Toro, que vão de terríveis contos de fadas sobre a Guerra Civil Espanhola em *A Espinha do Diabo* e *O Labirinto do Fauno* até adaptações do quadrinho popular (e lovecraftiano) *Hellboy*,** manifestam sua paixão de toda uma vida pelo autor que, em uma sombria ironia, teria considerado o cineasta mexicano como parte da horda de imigrantes que penetra, sem convite e sem ser desejada, a experiência norte-americana.

Del Toro ama Lovecraft mesmo assim. Um de seus maiores sonhos foi, e continua sendo, criar uma versão cinematográfica de *Nas Montanhas da Loucura*, a novela de Lovecraft que concebe uma origem secreta para o mundo, na qual os humanos não passam de ervas daninhas em um universo que tem coisas melhores com que se preocupar. O filme de Del Toro só não recebeu a autorização de um estúdio devido às similaridades com outra obra inspirada em Lovecraft, o filme de Ridley Scott, *Prometheus*, de 2013, que tem essencialmente a mesma narrativa de *Nas Montanhas da Loucura*, ainda que situe a história nos confins longínquos do universo e não nos desertos gelados da Antártida.

Del Toro, contudo, seguiu sua agenda inspirada em Lovecraft. *Círculo de Fogo* se destaca como um bom exemplo de Lovecraft na cultura de massa. Apesar de ter sido promovido como uma espécie de rinha de robôs gigantes nos mesmos moldes da série infantilizada de filmes de Michael Bay, o filme de Del Toro apresenta um mundo onde monstros das profundezas se erguem de seus sonos de éons e a humanidade contra-ataca.

* A novela já recebeu algumas adaptações audiovisuais e é considerada um dos usos mais explícitos dos temas lovecraftianos por Stephen King. [NT]

** Del Toro dirigiu dois filmes de Hellboy, o homônimo de 2004 e *Hellboy e o Exército Dourado*, lançado em 2008. [NT]

Um pouco mais otimista do que Lovecraft jamais se permitiria ser, Del Toro utiliza *Círculo de Fogo* para questionar o que aconteceria se Cthulhu e sua prole vinda das estrelas se erguessem das profundezas e a humanidade se recusasse a abandonar o palco.

É claro que, se "o mundo todo conhece Lovecraft", então, mais uma biografia de H.P. Lovecraft não é necessária. Ao contrário da maioria das figuras cultuadas que se tornaram ícones culturais, todos os acólitos originais do autor e a geração seguinte de fiéis preservaram e escrutinaram cada fragmento de material impresso que ele produziu. Tanto quanto possível, eles olharam para cada pedaço de papel que, ainda que de forma tangencial, se relaciona aos elementos obscuros da vida, da obra ou da personalidade do autor.

A proliferação de tais materiais, na verdade, pede por uma biografia, ao menos uma não ortodoxa, que se lance entre as manifestações contemporâneas de sua ficção, a história que ajudou na criação dela e a história contemporânea de seu papel na criação de uma cultura geek multibilionária tão triunfante. Apesar da atenção apaixonada dos devotos do autor, ou talvez por causa dela, às vezes Lovecraft soa como um segredo fortemente guardado. Os protetores da chama também se autodenominaram guardiões dessa chama quase no momento da morte dele.

O próprio Lovecraft quis alguém para ser o guardião de seu legado. Mesmo nunca tendo criado o documento legal necessário, ele claramente havia nomeado o seu jovem amigo, gay e intelectualmente problemático, R.H. Barlow, como seu executor literário. Problemas pessoais impediram Barlow de reagir quando August Derleth arrancou dele o legado de Lovecraft, no fim da década de 1930.

Derleth, um romancista de breve sucesso nos anos 1940, que também escreveu uma quantia considerável de ficção weird para as revistas pulp, se apresentou como herdeiro literário de Lovecraft. Ele se juntou a outro amigo e admirador do autor, Donald Wandrei, na criação de um projeto editorial chamado Arkham House. A editora buscava, ao menos em seu início, evitar que a obra de Lovecraft caísse no esquecimento. Até o fim de seus dias, Derleth dizia deter os direitos sobre a obra de H.P. Lovecraft.

ele é reconhecido como a maior autoridade sobre Lovecraft no mundo. Nesse papel, ele continua a liderar os ataques na luta pela importância literária de Lovecraft — uma luta vencida facilmente pelos seus esforços.

Os fãs de Lovecraft devem, indiscutivelmente, muito mais a Joshi do que a Derleth pelo resgate da reputação do autor. De fato, é improvável que fôssemos até mesmo capazes de ler Lovecraft como o autor gostaria de ser lido se não fosse pela intervenção de Joshi. Uma pesquisa volumosa em suas cartas e nos manuscritos originais permitiram a Joshi criar edições meticulosamente corrigidas da obra para a Penguin Classics, permitindo, essencialmente, que o lêssemos pela primeira vez como o autor desejava ser lido.

O intrigante, amigável, por vezes frustrante, mas sempre receptivo Joshi aceitou trocar e-mails comigo enquanto eu escrevia este livro. Concordou em falar comigo porque estava "sempre interessado em novos trabalhos sobre H.P. Lovecraft".

O interesse de Joshi, eu descobriria depois, vinha de uma afeição profunda por Lovecraft e um desejo sincero de ver trabalhos sobre ele florescerem. Surgiu, também, de uma insistência absoluta em resguardar a reputação de Lovecraft em alguns tópicos em particular. Ele não aceitaria discordâncias em relação a seus pontos de vista em tais questões, mesmo se essas arestas um tanto afiadas fossem amaciadas por uma personalidade genuinamente afável e um amor verdadeiramente encantador pelo homem que ele passou mais de quatro décadas investigando e explicando ao mundo.

De fato, Joshi pode parecer algum tipo de mago vindo diretamente de um conto de Lovecraft que, através de sua dedicação e erudição intricada e laboriosa, abriu um portal em nosso mundo para aquele de H.P. Lovecraft e seus monstros. Talvez isso não surpreenda, mas ele se vê tanto como um discípulo quanto como um estudioso de Lovecraft. Protetor, combativo e muito consciente de seu papel essencial em tornar Lovecraft acessível e respeitável, está sempre preparado para um debate. Ele tem poucas coisas boas a dizer sobre August Derleth: "É triste dizer, mas parece que foi necessária a morte de Derleth para chegarmos ao estágio seguinte dos estudos sobre Lovecraft".[6]

Joshi também critica Sprague de Camp, rotulando sua biografia de 450 páginas de "fragmentária e aleatória", e alegando que "ela é seriamente equivocada em sua própria concepção". Particularmente ofensivo para Joshi é o que ele chama de "psicanálise póstuma de meia-pataca" que Sprague de Camp teria feito de Lovecraft no livro e a ausência de interesse na visão de mundo filosófica do autor. Ele também admite sua própria tendência de atacar os esforços de autores contemporâneos em criar histórias baseadas no conceito dos Mitos de Cthulhu. Além do mais, podemos sempre contar com Joshi para aparecer — como um cavaleiro em uma justa — cada vez que uma controvérsia pública sobre Lovecraft irromper, normalmente em torno das bem documentadas visões racistas do autor.[7]

O mundo de Lovecraft, aquele que construiu para si e o que deixou para nós, parece desmedido em comparação a essas controvérsias. Joshi e seus aliados convenceram um *establishment* receoso de que Lovecraft merece sua reputação literária, que ele tem todo o direito de estar, como de fato está desde 2005, na Biblioteca da América, ao lado de Hawthorne, Twain, James, Melville e Poe. Michael Dirda, escrevendo no *The Times Literary Supplement* no início de 2015, argumenta que hoje ele está "atrás apenas de Edgar Allan Poe nos Anais da literatura sobrenatural norte-americana". Ele não é mais um "escritor cult", diz Dirda, mas um "ícone cultural". Leslie Klinger, responsável pela coletânea *The New Annotated H.P. Lovecraft* (2015), concebida e construída lindamente, disse ao *The Wall Street Journal*, em um artigo intitulado "Aqui está a razão de Lovecraft ser mais importante hoje do que nunca", que o ensino de sua obra em sala de aula será o próximo passo lógico e natural para o autor de ficção pulp, que, de acordo com o que ele mesmo pensava, nunca chegaria tão longe.

Mas o próprio nome passou a significar algo mais do que o sobrenome de um excelente escritor de terror, que já foi desprezado e ignorado pelo mesmo *establishment* literário que por vezes o celebra, ou pelo menos o aceita, ainda que a contragosto.

Mais do que um ícone literário, ele é um *omnibus* cultural que moldou um estilo de horror que conversou com os terrores do modernismo e antecipou o que viria a ser chamado de pós-moderno. Ele é o falso cavalheiro inglês que se tornou um pouco boêmio, o tradicionalista que ajudou a criar uma revolução nas histórias em quadrinhos e nos filmes B. Um provinciano autodeclarado que nunca foi a oeste do rio Mississippi, mas que ajudou a moldar parte da babilônia hollywoodiana que deve mais do que às vezes parece saber a esse homem definitivamente careta que, em certo ponto da vida, considerava inadequado sair de casa sem chapéu.

Ele também tinha concepções muito mais estranhas sobre o mundo do que a sua pose sugere. Alguns de seus melhores trabalhos vieram de seus sonhos; intensas jornadas psicológicas que o fizeram questionar as fronteiras entre o real e o irreal. Muitas vezes, elas eram experiências delirantes, psicodélicas em seu caleidoscópio de estranheza. Em suas terras dos sonhos, ele encontrou um local que considerava não menos real que o mundo físico, dimensões da imaginação que Poe nunca descobriu, nem mesmo com o auxílio da morfina, do ópio e da bebida.

Sentado sob o sol frio da Nova Inglaterra em 1893, Whipple Phillips, avô materno de Howard P. Lovecraft, rabiscava um desenho das ruínas de Pompeia. Fez a ilustração para o neto. Com 3 anos de idade, já inflamado pelas visões sombrias da mitologia clássica, via sátiros dançando no crepúsculo e Pã a tocar em uma floresta noturna. Do pai de Sarah Susan Lovecraft, ele tinha recebido um conjunto de sonhos e pesadelos que abriram paisagens de cidades perdidas, tempos retorcidos em formas terríveis e um desfile de goblins e carniçais que perambulavam e atacavam em meio a essas ruínas.

O gênio de Lovecraft para o horror começou a se manifestar muito, muito cedo. Suas obsessões enquanto criança assumiram a forma de pesadelo e poesia, da mesma maneira que o fizeram em sua vida adulta. Por volta de 1896, o garoto de 6 anos com aparência alienígena sofria com pesadelos terríveis ao mesmo tempo em que, durante as horas do dia, produzia resumos de Homero e Petrarca em heptâmetro iâmbico.

Whipple Phillips ajudou a dar ao jovem Howard tanto seu fascínio por cidades lendárias perdidas quanto seus piores terrores noturnos. Phillips viajara a negócios para a Inglaterra em 1889 e ficou um ano explorando a Europa, passando um tempo significativo desses meses na Itália. Seu fascínio pelo passado do antigo mediterrâneo fez com que o neto passasse seus primeiros anos cercado por estátuas no estilo greco-romano, imitações de figuras clássicas que inflamaram a imaginação do garoto.

Durante a infância, é verdade, Howard nunca teve um interesse passageiro por nenhum assunto. Ele tinha que se tornar, em certo sentido, a coisa que o encantava. Em um ensaio sobre religião que escreveu em 1922, no qual apresentava suas razões para rejeitar qualquer vocação religiosa, Lovecraft discorreu sobre como ler os mitos clássicos ao lado do avô o levou a dedicar parte de suas andanças pelas florestas à construção de "altares para Pã, Apolo, Diana e Atena". Ainda que ele zombasse dessas brincadeiras um pouco dramáticas dizendo que vinham de uma crença "quase sincera", Lovecraft acreditava que a maioria dos crentes religiosos adotava as afirmações de seus dogmas com mentes igualmente divididas, e talvez com menos sinceridade do que a que ele trazia para sua brincadeira infantil.

Um Lovecraft bem mais velho contou essa história sobre a idolatria que tinha pelo Panteão Grego, no contexto de uma polêmica contra a religião em geral. Isso não remove, contudo, a seriedade de um Lovecraft mais jovem acerca da religião, frequentemente ctônica e sombria, do mundo grego. Em 1897, foi levado pela mãe ou pelo avô, talvez por ambos, a uma exibição de antiguidades gregas que havia inaugurado pouco antes, na Escola de Design de Rhode Island. O passeio lhe pareceu, como diria mais tarde, "uma visita a uma gruta mágica". Ele logo seria levado a outros museus regionais, tais como o Museu de Belas-Artes de Boston, que continha, e ainda contém, numerosas obras-primas do mundo antigo. Ao se mudar para Nova York, na década de 1920, passava os dias vagando pelo Metropolitan, ainda que dissesse que suas maravilhas nunca tenham recriado para ele a profundidade de seu encontro com a glória helênica na Escola de Design.

Há aqueles que, atualmente, alegam que Lovecraft possuía um interesse secreto pelos arcanos da magia. Na verdade, alguns poucos chegam ao absurdo de dizer que ele realmente praticava um tipo de necromancia que lhe proporcionava experiências que eram refletidas em seus contos. Aqueles que desejam fazer de Lovecraft uma figura do oculto certamente podem se aferrar à sua construção de altares durante a juventude como prova de suas alegações. Mas só sabemos desse incidente em conexão com uma polêmica contra o sobrenatural.

Lovecraft defendeu, durante toda sua vida, que a ausência de dados empíricos representa a falácia central de todas as crenças religiosas. O poder da religião sobre os corações e mentes, acreditava Lovecraft, surgiu da influência cultural peçonhenta do cristianismo e da tendência dos indivíduos de apresentar experiências pessoais como evidências. "Certa vez", ele se lembra de seus dias erguendo altares para os deuses, "acreditei firmemente ter presenciado uma dessas criaturas silvestres [dríades] dançando sobre carvalhos outonais." Parece que ele falava sério; realmente teria encontrado com deuses em um momento de êxtase que talvez fosse reconhecível para adoradores no ano de 400 a.C. Entretanto, aqui está o polêmico empurrãozinho: "Se um cristão me diz que sentiu a realidade de seu Jesus ou Javé (Yahweh), posso responder que vi o ungulado Pã e as irmãs da hespérica Faetusa".*

Enquanto Lovecraft adorava no altar de Pã, sua mãe lhe permitia que escapasse da fundação religiosa tradicional de Providence, que mais tarde Lovecraft chamaria de "a venerável Primeira Igreja Batista", venerável para ele apenas porque seu edifício representava uma interessante antiguidade colonial, datada de 1775. Os Phillips foram batistas por gerações, remontando à época em que se estabeleceram em Rhode Island — uma colônia fundada pelo puritano renegado Roger Williams, geralmente visto como o criador da tradição batista nos Estados Unidos.

Na década de 1890, a identidade batista da família Phillips havia se tornado, na melhor das hipóteses, *pró*-forma. Whipple Phillips não parecia nutrir interesse algum por esse tipo de questão, e Sarah Susan Lovecraft reservou-se a um ceticismo religioso básico. Uma aversão a bebidas alcoólicas constituía as últimas brasas moribundas da

* Uma das ninfas. *Phaetusa* é também o nome de uma espécie exótica de borboleta. [NT]

fé pessoal ardente de Roger Williams na casa dos Phillips. Ainda assim, por uma questão de bom gosto e como a maior parte da aristocracia de Providence, os Phillips matricularam a criança da família na escola dominical.

Não restou nenhum registro da mulher que lecionava para as crianças pequenas na escola dominical da Primeira Igreja Batista de Providence em 1895. Quem quer que ela fosse, deve ter contado histórias sobre o estranho jovem Howard Lovecraft até o fim de seus dias. Aparentemente, Lovecraft atormentava a mulher que ele descrevia, de forma simpática, como uma "preceptora maternal e de bom coração" com uma série de perguntas, incluindo se ela não estaria usando o termo "Deus" da mesma forma que os pais usavam "Papai Noel". A comparação deve tê-la horrorizado, e é fácil imaginar que deve ter provocado lágrimas e lamentações entre as outras crianças de 5 anos da turma que descobriram, como Howard já havia deduzido, que nenhum elfo de bochechas rosadas descia com brinquedos pelas chaminés na véspera de Natal. Howard deu um passo a mais que fez parecer que, em idade pré-escolar, ele já havia lido em Feuerbach ou Freud que os adultos também haviam criado um Deus caridoso e providencial.

Não se sabe por quanto tempo ele ainda frequentou a escola dominical da Primeira Igreja Batista, mas suas memórias posteriores sugerem uma série de desastres, assim como um enorme desconforto para a professora e os colegas de classe. Seu amor pelos clássicos, por exemplo, transformara o mundo romano em uma fascinação profunda e permanente, e por isso ele se ressentia da representação que a escola dominical fazia dos romanos como vilões que perseguiam a Igreja em seus primórdios. "Eu achava que um bom pagão romano", lembrou mais tarde, "valia seis dúzias da escória servil que adotou uma crença estrangeira fanática, e francamente me lamentava que a superstição Síria não houvesse sido derrubada." Aparentemente, ele informou à sua sofredora professora da escola dominical que "em relação às medidas repressivas de Marco Aurélio e Diocleciano [dois imperadores que tentaram sufocar a fé crescente], eu simpatizava totalmente com o governo e não via um fiapo de utilidade para o rebanho cristão".

Dessa forma, sua experiência na escola dominical terminou bem rápido. Se foi convidado a se retirar ou se foi Sarah Susan Lovecraft que o tirou do programa, não se sabe, provavelmente foi um pouco dos dois. Lovecraft descreveu essa memória do fiasco na escola dominical muito depois de ter lido Nietzsche e, portanto, é quase certo que tivesse uma falsa lembrança em relação ao grau com que, aos 5 anos de idade, estruturara uma crítica sofisticada à tradição cristã. Mesmo assim, as evidências sugerem que ele causou mais do que um pequeno tumulto, já que a Primeira Igreja Batista de Providence implorou para a preeminente família do lado nobre de Providence que mantivesse seu herdeiro e suas noções desconfortáveis em casa.

O incidente na escola dominical merece alguma atenção extra por duas razões. Primeiro, se ocorreu por volta dos 5 anos de idade, a precoce rejeição de Lovecraft pela religião tradicional veio de seu próprio amor pelo fantástico, pelo místico e pela magia fantasiosa que estavam além das fronteiras das ortodoxias severas da batista Providence. Sarah Susan tinha acabado de comprar para o filho uma edição de *As Mil e Uma Noites* no mesmo ano em que o matriculara na escola dominical. Essas histórias, repletas de tesouros encantados, gênios aterrorizantes e mundos oníricos visitados através de recursos místicos, se tornaram para Lovecraft uma de suas muitas obsessões de infância. Ele arrastava a mãe por lojas de curiosidades em Providence procurando por itens que achava vagamente parecidos com algo "maometano", como as pessoas do fim do século XIX costumavam se referir a qualquer fenômeno associado à civilização islâmica.

Na época em que atormentava sua professora da escola dominical, ele ganhou uma fantasia artesanal de "árabe", que provavelmente insistia em usar em público e, acredito, talvez até na escola dominical. Sua mãe supervisionava esse novo interesse e, essencialmente, o tornou possível. Isso merece um destaque especial, já que a década de 1880 tinha se escandalizado com a tradução em vários volumes que Richard Burton empreendera dos contos de Scheherazade, que revelou que *As Mil e Uma Noites* continha muitos momentos de sexo entremeados às histórias de tesouros em cavernas e às aventuras de Simbad em alto-mar.

Assim, a primeira rejeição de Lovecraft da fé religiosa parece ter vindo muito mais de um anseio por terras mágicas além da estreita via da mítica geografia cristã do que de um materialismo científico que mais tarde se tornaria seu brado de guerra. Um Lovecraft mais velho o admitiria em seu ensaio "A Confissão de um Cético", em que descreve não apenas "o absurdo dos mitos que eu era exortado a aceitar" na escola dominical, mas também "o gris sombrio de toda a fé se comparada com a magnificência oriental...". Claramente, o jovem Howard havia subido em um tapete mágico e nenhuma lição tediosa na escola batista dominical poderia fazê-lo descer.

* O incidente na escola dominical merece alguma atenção extra por duas razões. Primeiro, se ocorreu por volta dos 5 anos de idade, a precoce rejeição de Lovecraft pela religião tradicional veio de seu próprio amor pelo fantástico

O papel de Sarah Susan Lovecraft nessa história foi quase totalmente ignorado. As autoridades médicas locais haviam alocado seu marido em um hospital psiquiátrico apenas dois anos antes do incidente da escola dominical. As fofocas pela cidade e em seu círculo social devem ter sido pestilentas. E, ainda assim, ela não teve receio em retirar o filho da escola dominical de uma das instituições mais prestigiosas de Providence, mesmo sob o risco de mais falatório sobre aqueles "esquisitões dos Phillips". Certamente, parte da história diz respeito à insistência de uma mãe amorosa para que seu filho não fosse obrigado a fazer nada que não quisesse. Mas sua coragem e falta de preocupação com o que os outros poderiam pensar também se destacam. Ela tomou tais atitudes em uma época em que a noção de respeitabilidade significava tudo quando se tratava de identidade de classe; de fato, era essa respeitabilidade que criava e fundamentava a identidade de classe. Foi de sua jovem, bela e estranha mãe que o jovem Howard herdou parte de seu desdém pelo "vitorianismo" como uma forma de ver o mundo.

Enquanto Sarah Susan Lovecraft ajudava o filho a explorar seu fascínio pelos deuses antigos, o vovô Phillips o apresentava ao mundo dos monstros. Há evidências de que, já aos 4 anos, ele lera *Os Contos de Fadas dos Irmãos Grimm*, possivelmente instigado pelo velho Whipple. Hoje, a maioria dos leitores provavelmente sabe que a coleção de contos folclóricos da Europa Central feita pelos irmãos Grimm, embora tenha sido diluída para seus leitores infantis, surgiu, na verdade, em 1812 como histórias assustadoras que envolviam criaturas sobrenaturais ansiosas por canibalizar os jovens, fracos e geralmente desafortunados. Já mais velho, Lovecraft se lembrou de que o avô o apresentara ao próprio conceito de histórias de terror e aparentemente lhe dava versões orais de alguns dos romances góticos do século XVIII que formavam a base dos apetites literários do próprio Whipple.

A influência de tais histórias se tornou uma parte mais palpável de sua geografia mental depois de seu primeiro encontro com a morte. No ano de 1896, sua avó Robie morreu, mãe de Sarah Susan e esposa de Whipple por quarenta anos. Essa apresentação à mortalidade, vinda na época em que seu pai descia cada vez mais fundo na dor e na loucura e que suas leituras o levavam a mundos fantásticos e místicos, teve sobre ele um efeito ainda mais profundo do que o primeiro encontro com a morte geralmente tem sobre as crianças. As tradições de luto vitorianas, mesmo que em alguns aspectos não sejam mais bizarras do que as práticas que a indústria funerária norte-americana contemporânea nos impôs, certamente enfatizavam a natureza trágica e irrevogável da morte. Muitos anos mais tarde, quando escreveu sobre essa experiência, Lovecraft se lembrou de que o fim da vovó Robie "mergulhou a casa em sombras" e que os trajes de luto de sua mãe e de suas tias, suas "vestes pretas", o aterrorizavam.

Howard buscou uma fuga para a tristeza, como ele fazia frequentemente, em mundos fantasticamente mais medonhos do que aqueles encontrados na vida real. Ele se deparou com uma edição de *Paraíso Perdido* contendo as ilustrações de Gustave Doré. Esses desenhos são mais conhecidos por retratar a queda de Satã e seus anjos, representados por Doré como figuras titânicas de proporções imensas, parecidos com os musculosos titãs da mitologia grega, tão familiares para Howard por conta de seus interesses mitológicos. Os desenhos também trazem imagens sombrias e taciturnas do rebelde Lúcifer,* lúgubre e amargurado, reunindo à sua volta hostes de demônios voadores para continuar sua invencível guerra contra Deus.

Lovecraft, pelo menos em algumas de suas correspondências, alegava que a combinação de Doré com a nuvem escura trazida pelo falecimento de sua avó deu início a suas lutas notívagas contra o que ele chamava de "os terrores noturnos". Tais criaturas infestaram seus sonhos aos 6 anos de idade e, de certa maneira, por toda sua vida, caindo sobre ele com asas de couro pretas, horrores gigantes de formato semelhante a de insetos, cuja pele borrachuda tinha aspectos do mundo anfíbio e aquático, começaram a aterrorizar aquele garoto de cidade portuária que dizia desprezar o gosto e o cheiro de peixe.

Mais tarde, ele se lembrou de que esses terrores noturnos "costumavam me lançar no espaço a uma velocidade nauseante, ao mesmo tempo em que me atormentavam e me espetavam com seus tridentes". Esses sonhos permaneceram com tanta força que mesmo quando já estava na casa dos 20 anos ele dizia que, ao adormecer, sentia repentinos "arrepios de medo" e a necessidade de tentar ficar acordado para manter esses terrores alados à distância.

Quando adulto, contou outra versão para a origem desses terrores noturnos. Na década de 1890, a casa no número 454 da Angell Street ficava nos limites da área residencial de Providence, oferecendo ao jovem Howard acesso ilimitado à área rural de Rhode Island. Isso lhe dava a oportunidade de erguer seus altares para as deidades da Grécia antiga e, de acordo com uma nota autobiográfica de 1933, de expandir sua concepção do fantástico ao meditar bem próximo do que ele descrevia como "a paisagem taciturna e primitiva" ao longo do rio Seekonk. Ele afirmava

* Quando de sua rebelião e queda, o anjo rebelde se chamava Lúcifer, mas após a queda o nome é alterado para Satã, em uma assunção clara de sua posição como inimigo de Deus, já que é esse, literalmente, o significado do termo satã: adversário. [NT]

que essas caminhadas assumiram "uma aura de estranheza que não deixava de estar mesclada a certo horror" que "figurava em meus sonhos — especialmente aqueles pesadelos contendo as entidades sombrias, aladas e borrachudas que eu chamava de terrores noturnos".

Não há nenhuma razão específica para se coletar esses relatos. Eles não são exatamente contraditórios e, de fato, apontam para uma verdade maior sobre o pequeno e estranho Howard. Ele vivia em um turbilhão de imagens que reuniam morte e fantasia, um jovem surrealista surgido uns bons 25 anos antes de a arte que combinava o belo e o grotesco ao escavar o subconsciente freudiano ter se tornado comum. Na imaginação de Lovecraft, terrores noturnos voavam com anjos caídos através de uma escuridão varrida pela ventania, enquanto dríades e gênios do deserto surgiam no crepúsculo. Os horrores extasiantes do cheiro da morte preenchiam a residência, mas os perfumes de um oriente mítico flutuavam vindos de uma onírica Bagdá.

Tudo isso aos 6 anos de idade. E ele ainda nem havia lido Poe.

O avô Phillips o ajudava a encontrar seus monstros. Nesse meio--tempo, seu pai moribundo e sua mãe complicada e fascinante providenciavam todo o material sombrio que moldaria sua vida interior, instada em sua obsessão com um passado repleto de promessas, maravilhas e terror. Na ausência do pai de Lovecraft, a mãe lhe garantia o espaço e o tempo para ponderar sobre essa escuridão, quando, especialmente à medida que ele crescia, tinha todos os motivos para crer que o filho poderia ajudar a sustentá-la, ou, ao menos, poderia sustentar a si mesmo.

Sua família o envolveu em escuridão, mas, para a sorte do pequenino e estranho Howard Lovecraft, ele a usou como uma crisálida e não como uma mortalha.

Ao que parece, Whipple Phillips se opunha desde o início ao casamento de Sarah Susan com Winfield Scott Lovecraft, um vendedor de prataria vindo de Nova York.

O velho Whipple, o rico patriarca de uma família bem estabelecida na aristocracia ianque do lado leste de Providence, parecia suspeitar de Lovecraft. Apesar de ter nascido em Rochester em 1853, Winfield

Lovecraft carregava no sotaque inglês de seus pais e, aparentemente, passava a má impressão para seu futuro sogro. O jovem obscuro contava com apenas uma gota de dândi britânico, uma atitude que não se adequava bem à sua profissão de "viajante comercial" (em outras palavras, um caixeiro-viajante), empregado da ourivesaria Gorham & Company. Ele parece, de fato, uma figura sombria, já que os detalhes de sua vida antes do casamento com Sarah Susan Phillips permaneceram obscuros até mesmo em pesquisas genealógicas incrivelmente detalhadas realizadas por entusiastas de Lovecraft. Nada disso ajudou Whipple a ter maior confiança na união.

Fosse rico ou não, pensava o velho Whipple, Sarah Susan Phillips parece ter finalmente desencalhado, ou ao menos estava disposta a algo novo, algo não vinculado a seu pai e ao lar paterno. No início de seus 30 anos quando se casou, Sarah Susan fora considerada, por muito tempo, uma espécie de beleza delicada em seu cantinho da Nova Inglaterra. Uma vizinha de longa data a descrevera como "muito bela e atraente com uma compleição bonita e extraordinariamente alva". A vizinha, uma conhecida de infância de Howard chamada Clara Hess que relatou suas lembranças sobre os Lovecraft na década de 1940, destacou que a maioria das pessoas acreditava que Sarah Susan mantinha sua pele de porcelana "ingerindo arsênico". A sabedoria popular vitoriana afirmava que o veneno, ingerido em pequenas doses, realçava a beleza e acalmava os nervos.

A maior parte dos que já escreveram uma palavra que seja sobre Lovecraft retrata Sarah Susan como uma influência maléfica. Ela o vampirizava desde a primeira infância, reza a lenda, e embora Lovecraft ainda criança sonhasse com o que chamava de "terrores noturnos", na verdade era com a Mãe Sombria de suas horas diurnas que ele deveria se preocupar. O fracasso do jovem Howard em seus anos iniciais foi colocado exclusivamente na conta de sua mãe.

Na verdade, não há nenhuma maneira, nem mesmo necessidade, de nos aproximarmos de suas esquisitices. Ela se encontrava sujeita a uma história e cultura que não eram de sua autoria e que lhe renderam seus traços comportamentais. Posições atuais sobre ela dependem de uma interpretação gerada pelo mundo vitoriano que a enclausurava. Ao olhar de volta para aquela época com uma distância de mais de um século, percebemos que ela merece um tratamento melhor.

À época do nascimento de H.P. Lovecraft, a classe média representava um fenômeno um tanto recente na história mundial. O termo em si só surgiu na metade do século XVIII, utilizado para descrever uma realidade nascida da revolução industrial. Essa transformação histórico-mundial, da relação de trabalho assalariado no trabalho supervisionado, criou a primeira classe de trabalhadores industriais dos Estados Unidos. Sobre eles se ergueu uma nova classe de supervisores, gerentes, banqueiros, vendedores, companhias de seguros e toda sorte de pessoas fazendo dinheiro a partir da infraestrutura dessa nova e vibrante forma de capitalismo.

A classe média enfatizava um novo conjunto de valores com o objetivo de assegurar sua legitimidade. A aristocracia depende do poder do nome e das terras e dos privilégios que o acompanham. Os aristocratas, ou ao menos os seus ancestrais, forjaram seu status com espadas. A nova classe média inglesa e norte-americana não tinha nomes históricos e seus ancestrais não tinham vencido nenhuma grande batalha. Ela precisava de algo além de dinheiro para estabelecer um direito a seus empreendimentos comerciais e às posições sociais e gerenciais que vêm com elas.

Dessa busca por legitimidade emergiu a ideia de "respeitabilidade", um conjunto de conceitos interligados que se tornou o distintivo que identificava o que seria a "classe média". Um membro respeitável da classe média exibia as virtudes da frugalidade, da autodisciplina e da pureza sexual. As duas primeiras eram virtudes apropriadas para uma força de trabalho disciplinada, e não é de se espantar que, por meio de esforços organizados como o movimento da temperança,* a burguesia

* Os movimentos de temperança são movimentos sociais que acontecem em vários países e criticam o consumo de álcool e pregam a abstinência dessa substância. Nos Estados Unidos, o movimento ganhou força, em um primeiro momento, entre agricultores e habitantes de pequenas cidades por volta da década de 1820. Posteriormente, o movimento repercutiu com bastante sucesso entre a classe média, com campanhas nacionais até meados do século XX. [NT]

Lovecraft disse em 1916 que "em abril de 1893, meu pai foi acometido por uma paralisia completa resultante de um cérebro sobrecarregado pelos estudos e preocupações com os negócios". É bem possível, é claro, e mesmo provável, que sua mãe, em conluio com o restante da família, tenha contado ao jovem que o pai havia sido levado embora simplesmente porque precisava de repouso.[10]

A história de que a exaustão por trabalho e atividade intelectual se tornara uma paralisia e conduzira, então, à precoce morte de seu pai pode ter deixado marcas na mente de Howard, que tinha 8 anos à época. A maior parte de nós herda da infância os delineamentos básicos do pensamento mágico, da lógica dos contos de fadas sobre as relações entre eventos aparentemente não relacionados que os adultos nos impõem em uma tentativa de nos proteger de diversas realidades duras. Absorvemos muitas de nossas mitologias adultas, tanto mundanas quanto transcendentes, de tais mentiras benevolentes: o avô morrendo em um leito hospitalar "está apenas descansando", ou um jovem amigo repentinamente tirado de nossas vidas por motivos incertos, e sendo levado à cova perante nossos olhos, "foi morar com os anjos". Em nossos primeiros anos, geralmente aceitamos esses cambalachos bem-intencionados sem pensar muito.

Mas nós não somos H.P. Lovecraft, — que, na época da morte do pai, ocupava seus sonhos com os "terrores noturnos", absorvia qualquer conhecimento que podia encontrar sobre o mundo clássico e o século XVIII e que logo embarcaria em um grande projeto de autodidatismo em química e na disciplina que se tornaria mais importante para ele em seus anos de infância: a astronomia. É claro, nenhum desses entusiasmos intelectuais sugere uma mundanidade precoce; e tem sido o hábito da maioria dos escritores que tratam de Lovecraft retratar essas "nerdices" como simples escapismo — um refúgio na literatura, ciência e fantasia que oferece evidências de uma profunda falta de consciência do mundo.

Ainda que eu não conteste o fato de ele ter encontrado uma fuga em suas buscas intelectuais precoces, não fica claro para mim como elas assinalam uma fuga maior do que o fascínio que os contemporâneos de Lovecraft nutriam por beisebol ou pela crescente paixão nacional, o futebol americano universitário. Além do mais, talvez crianças de 8 anos de idade com pais moribundos não deveriam ser convidadas a passar suas horas mirando o abismo. Por que a ele seria permitida tal fuga?

Mais do que tudo, se as antiguidades coloniais, os deuses gregos, as histórias de monstros de seu avô, a poesia augustiniana de Dryden e *As Mil e Uma Noites* distraíam Lovecraft de seu pai internado, ao mesmo tempo lhe abriam um mundo de narrativas mais amplo. Essas histórias sugeriam impulsos, motivações e consequências trágicas que diziam algo sobre o mundo que seria muito fácil de passar despercebido pelos garotos brincando nos terrenos baldios e parques, mas que Lovecraft absorveu de Bulfinch* e dos contos de *As Mil e Uma Noites*. Em suma, existem elementos que sugerem que Howard Lovecraft sabia da verdade, apesar dos melhores esforços de sua família para protegê-lo dela.

* Se as antiguidades coloniais, os deuses gregos, as histórias de monstros de seu avô (...) distraíam Lovecraft de seu pai internado, ao mesmo tempo lhe abriam um mundo de narrativas mais amplo

Há algumas evidências de que Lovecraft descobriu o significado da morte do pai. Howard se mostrou precoce a respeito de questões mais terrenas do que as augustinianas e as clássicas. Ele desenvolveu, apesar de afirmações frequentes de seus biógrafos sobre sua assexualidade supostamente sobrenatural, um interesse a respeito do que exatamente os adultos ocultavam sobre as possibilidades do que poderia acontecer entre homens e mulheres. Talvez tenha se deparado com algumas das passagens um tanto picantes em *As Mil e Uma Noites* na época da morte

* Thomas Bulfinch (1796-1867) foi um escritor norte-americano de imenso renome no século XIX. Impressionado, assim como Lovecraft, desde tenra idade pelas narrativas gregas, resolveu se dedicar ao estudo da mitologia. Seu trabalho mais famoso é *O Livro da Mitologia*, publicado pela primeira vez em 1855. [NT]

do pai, vítima de uma doença que, por toda a conversa ao seu redor, parecia ter uma origem misteriosa e cheia de culpa. Tudo o que conhecemos dele sugere que ele tentaria resolver o mistério do desaparecimento do pai. Não seria um passo grande demais inferir que o sexo exercera algum papel no sumiço bastante abrupto do pai da sua vida. Seja o que for que tenha despertado, aos 8 anos de idade, ele buscou conhecimentos sobre a sexualidade com a mesma prontidão com que tentava dar sentido à prosa e à poesia do século XVIII.

Nem é preciso dizer que perguntar sobre o assunto para a mãe dispersa e ansiosa seria culturalmente impossível no fim do século XIX. O vovô Whipple teria recebido seus questionamentos com uma expressão alarmada, apesar da boa vontade em apresentar o neto ao mundo da ficção weird. Então, o jovem Lovecraft fez aquilo que ele passaria a maior parte da vida fazendo: procurou por livros, com pouco direcionamento e orientação de outros que poderiam lhe dizer o que ele queria saber, e tentou ao máximo decifrar sozinho a questão.

A biblioteca da família continha ao menos dois volumes que lhe ensinariam fatos da vida, ou ao menos o que se entendia sobre esses fatos em 1898. Esses incluíam as obras ilustradas *Quain's Anatomy* e *Dunglison's Physiology*, guias para o corpo humano e suas possibilidades que tinham tanto apelo sexual quanto um manual para encanadores.

Lovecraft deu uma explicação curiosa para seu interesse no assunto, dado o contexto do falecimento do pai. Mais tarde, ele declarou que sua leitura sobre o tema surgiu "por conta da curiosidade e da perplexidade em relação à reticência estranha e ao constrangimento dos adultos ao abordar" o assunto. Mais uma vez, a escuridão sussurrava por trás de portas trancadas no número 454 da Angell Street. Outros sussurros vinham dos vizinhos quando a família passava pela rua. Conhecimento proibido que o jovem Howard precisava trazer à luz, um erro fatal cometido por praticamente todos os protagonistas de sua posterior ficção de terror.

Bem mais tarde, Lovecraft afirmou que sua leitura, "em vez de me instilar um interesse anormal e precoce por sexo... praticamente matou meu interesse no assunto. A questão toda foi reduzida a um mecanismo prosaico — um mecanismo que ou eu desprezava ou ao menos não achava nada glamoroso devido à sua natureza puramente animal...". Apesar de essa declaração de falta de interesse, até mesmo de repulsa, por todas as coisas libidinais ser frequentemente aceita de olhos fechados, há diversas razões para não agir assim. Não estamos ouvindo um menino de 8 anos de idade relatando seus sentimentos e aprendizados sobre as possibilidades do sexo e do orgasmo, ideias que mais tarde ele sugeriu terem se tornado uma fascinação indesejada durante uma adolescência quase perfeitamente adequada para frustrar qualquer esforço em realizar tais anseios. Pelo contrário, estamos ouvindo o relato de um homem tentando se tornar, na totalidade, o anacrônico velho cavalheiro de Providence H.P. Lovecraft, o personagem que ele interpretava para o pequeno grupo de amigos que serviu como sua audiência ao longo da vida.

Nenhuma evidência definitiva comprova que H.P. Lovecraft descobriu a razão da morte do pai. Na verdade, temos cartas que, aparentemente, deixam claro que ele não tinha descoberto. Essas negativas parecem exercícios de uma ingenuidade profunda, mas, apesar de como ele frequentemente é retratado, a ingenuidade não pode ser listada como um de seus defeitos. Portanto, é mais provável que tenha mentido a seus correspondentes a respeito da morte do pai, mentiras que, é claro, ele tinha todo o direito de contar às pessoas que não tinham necessidade — e certamente nenhum direito — de saber sobre a loucura sifilítica e a morte de seu pai se Lovecraft não quisesse que soubessem.

Por que a questão de ele conhecer ou não a história por trás da morte do pai é importante? Para o historiador cultural, se Lovecraft sabia da causa da morte do pai, isso certamente explica alguns aspectos enigmáticos de sua vida e ficção, lançando luz em alguns dos cantos mais sombrios do mundo interior de Lovecraft.

"O sexo, porém, não passa de sugestões sombrias, cópulas inomináveis, somente coisas desse tipo." Um detetive investigando um culto assassino de sexo e drogas na graphic novel de 2011, *Neonomicon*, de autoria do lendário Alan Moore, descreve a obra de Lovecraft dessa forma. A série em quadrinhos, construída em torno da ideia de que Lovecraft descreve verdadeiros monstros cósmicos contatados pelos devotos do culto, desenvolve a ideia de que as próprias repressões e silêncios sobre sexo na obra de Lovecraft sublinham, na verdade, a linguagem vulgarmente erótica que por vezes ele usa para seus horrores inomináveis. Outro detetive na série conta ao capitão que "Li os livros... talvez seja coisa da minha cabeça, mas parece que *tudo* é sobre sexo. Sabe? Os monstros e todo o resto? São como um monte de pintos e bucetas rastejando por aí".

Bem, muitos dos monstros de Lovecraft não chegam nem mesmo a lembrar genitálias. Uma análise completa de sua obra, mesmo por alguém inclinado a uma leitura freudiana das mais radicais e minuciosas, concluiria que, às vezes, um monstro marinho não passa de um monstro marinho. Ainda assim, Moore toca em um ponto aqui, e é provável que se possa seguir esse tema até os primeiros confrontos de Lovecraft com o sexo e o fato de ter descoberto seu significado na época em que via o pai enlouquecer e morrer agonizando de uma doença sexualmente transmissível. Não seria psiquiatria amadora presumir que tais coisas tiveram um profundo efeito sobre o hipersensível Howard e as histórias que ele nos contou, particularmente devido à natureza do contexto histórico no qual as escreveu.

Lovecraft retornou à relação entre sexo, morte e loucura tanto em suas ficções quanto em seus interesses intelectuais. Sua fascinação com Freud nas décadas de 1910 e 1920, às vezes beirando uma aceitação cuidadosa de algumas de suas ideias e, outras vezes, uma rejeição completa de todas elas, parece em descompasso com suas outras buscas intelectuais. Mas faz muito mais sentido se vista como um esforço em compreender a vida e a morte de seu pai. A maioria dos biógrafos de Lovecraft deixou de lado sua leitura, frequentemente simpática, de Freud, uma estranha curiosidade intelectual para um jovem conservador alérgico ao modernismo. Em parte, isso se deve às declarações bastante contraditórias sobre o valor da obra de Freud que o próprio Lovecraft fez para várias pessoas diferentes.

Um jovem conservador do lado leste de Providence escrevendo histórias de monstros. Mas e se Lovecraft representasse algo mais? E se ele tiver destrancado uma porta no início do século XX e deixado todos os anjos das trevas saírem, de uma maneira não muito diferente daquela do famoso psiquiatra de Viena — ele mesmo uma espécie de autor gótico que imaginava o ego em uma relação sadomasoquista a três com as regiões selvagens e civilizadas da mente e da cultura?

As influências literárias mais profundas de Lovecraft são, significativamente, mais difusas do que comumente se supõe. Há doses precoces de Hawthorne que se revelam na sua criação de atmosferas horripilantes, no jardim de Rappaccini transformado em mundos oníricos e dimensões de horror que o modelo original apenas sugeria. Ambrose Bierce pode ter apelado ao seu cinismo mais do que ele admitiu posteriormente. Poe e Dunsany se tornaram ídolos, mas o trabalho de Lovecraft, em vez de ter se valido dos dois autores como a mão guiadora, traz em si suas impressões digitais.

Na mente do próprio Lovecraft, apenas um predecessor importava de uma maneira definitiva. Edgar Allan Poe, ele insistia, sempre foi seu mestre.

Ele alegava ter lido Poe pela primeira vez em 1898. Isso não apenas representa, em seus próprios termos, um feito para uma criança de 8 anos, mas também revela como seus interesses diversos lhe concederam uma consciência de um panorama cultural mais amplo em idade ridiculamente baixa. Poe estava apenas começando a adentrar a consciência popular de forma significativa quando Lovecraft o leu pela primeira vez. O poeta francês Baudelaire, um favorito entre os bebedores góticos de absinto do século XIX, celebrava o trabalho de Poe, assim como o literato Mallarmé. Sua reputação aumentou de forma mais lenta nos Estados Unidos, embora, durante a década de 1880, duas grandes biografias de Poe tenham surgido em inglês.

Entre a respeitável classe média, isso não importava muito. Poe ainda trazia sobre si o bafejo da desonra, apesar e talvez até por causa da crescente adulação de sua obra pelos poetas franceses ultrajantes. O próprio Poe ajudou a criar a atmosfera de autodestruição taciturna que o cercava. No que ele mesmo descreveria como uma possessão repentina pelo "diabrete da perversão", Poe fez aquele que talvez tenha sido o seu pior inimigo, o reverendo Wilmot Griswold, seu executor literário. Poe e ele haviam se envolvido em interesses amorosos mútuos e em reputação literária, e o rancor que Griswold nutria por Poe goteja de seu anúncio (escrito sob um pseudônimo) da morte do autor, no *New-York Tribune* de 9 de outubro de 1849. "Morreu Edgar Allan Poe. Morreu nas ruas de Baltimore, anteontem. Este anúncio surpreenderá muitos, *mas poucos lamentarão por ele*. [o itálico assinalando ênfase pertence ao anúncio original]."

Tomar conta dos interesses literários de Poe rendeu a Griswold uma pilha de dinheiro e também lhe permitiu o prazer de espalhar histórias sobre a prodigiosa bebedeira de Poe, seus alegados vícios em ópio e morfina, e sobre sua decadência geral. Que algumas dessas histórias tivessem a vantagem de ser verdadeiras não foi algo que ajudou Poe aos olhos dos vitorianos. Além disso, ele tinha inúmeros detratores baseados somente em suas habilidades enquanto autor. A voz poderosa de Henry James condenava Poe e seus leitores em 1878, ao escrever que "levá-lo [Poe] a sério em algum grau é carecer, para si mesmo, de seriedade. Um entusiasmo por Poe é a marca de um estágio decididamente primitivo de reflexão".

Simplesmente, Poe ainda não havia se tornado o icônico escritor norte-americano que se tornaria no século XX, e certamente não tinha nada parecido com o nível de fama que atingiu nos anos mais recentes. Não sabemos como Howard o encontrou. O vovô Phillips pode ter apresentado Poe ao jovem Howard — ainda que os gostos do velho Whipple pela ficção weird corressem mais em direção aos romances góticos do século XVIII, de Walpole, Radcliffe e Reeves.

Seja como for que a criança tenha chegado à obra de Poe, a versão adulta de H.P. Lovecraft a encarava e representava como um momento divisor de águas em suas fascinações juvenis. Mais tarde, Lovecraft insistiu que as obras mais macabras de Poe tinham chegado a causar uma ruptura em seu interesse por história clássica e mitologia. Os contos de Poe se reuniram aos terrores noturnos para assombrar seus sonhos. "Foi minha perdição", declarou jocosamente sobre sua descoberta de Poe, "e aos 8 anos presenciei o firmamento azul de Argos e da Sicília escurecido pelas exalações miasmáticas da tumba!"

A menção das "exalações da tumba" e o próprio título da primeira tentativa madura de Lovecraft na ficção de terror em 1917 sugerem que os cânticos sombrios de Poe foram os responsáveis por arrastá-lo para o mundo do macabro. Mas talvez uma análise mais detida em Poe nos auxilie a compreender o que Lovecraft recebeu ou não dele.

Ainda que associado com os primórdios da literatura de terror, Poe escreveu em uma variedade de formas, incluindo comédia e aventura. Ele criou a ficção policial moderna com "Os Assassinatos na Rua Morgue", uma história que pode ter exercido uma influência parcial no que se tornaria o interesse de Lovecraft, na infância, pelos detetives da literatura. O Auguste Dupin de Poe também pode ter sido uma inspiração para, como veremos, a criação de Howard por algo semelhante a um RPG de agência de detetive.

A influência de Poe pode ter sido mais importante como um ímpeto inicial para o desejo de Lovecraft em escrever ficção. Após sua apresentação a Poe, ele ansiosamente começou a tentar a sorte em sua própria ficção weird. Não fica claro, contudo, se Poe definitivamente o levou a evocar pesadelos literários. Sua primeira tentativa, intitulada "The Noble Eavesdropper", na verdade, veio antes de ele ter lido Poe. Não existe nenhuma cópia do primeiro conto de terror de Lovecraft, mas temos sua descrição do enredo, que envolvia "um garoto que entreouve algum horrível conclave de seres subterrâneos em uma caverna". É bem provável que Lovecraft tenha falhado na execução do conto, mas certamente não tinha um conceito ruim.[11]

Mais contos juvenis surgiram nos anos que vieram logo depois, trazendo títulos como "The Mysterious Ship", "The Secret Cave" e "The Mystery of the Graveyard, or a Dead Man's Revenge" (que continha ainda mais um subtítulo, "A Detective Story").

A tendência dos entusiastas de Lovecraft de associá-lo tão diretamente a Poe vem, em grande parte, de um desejo de ver a reputação de seu ídolo crescer junto à de Poe na comunidade literária. Essa tendência passou para a comunidade de fãs do autor, onde mencionar Poe e Lovecraft ao mesmo tempo se tornou uma exigência se você quiser posar como um leitor sofisticado de ficção de terror.

Alguns dos melhores textos populares sobre Lovecraft têm, infelizmente, reforçado essa conexão que é, em grande parte, falsa. Jess Nevins, talvez o escritor de maior importância sobre o significado e a história dos quadrinhos lançados atualmente, escreveu dois ensaios publicados como apêndices de *Fatale*, uma edição em graphic novel de uma brilhante série de quadrinhos de 2013, de autoria de Ed Brubaker e Sean Phillips. *Fatale* consegue fundir a obra de Lovecraft com filmes noir de meados do século XX enquanto engendra uma crítica à misoginia na cultura popular. Os ensaios de Nevin no apêndice de *Fatale vol. 1* explicam a obra de Poe e de Lovecraft, interligando-as aos temas de *Fatale* e uma à outra.

O único problema é que não se acha Poe em lugar nenhum da série de Brubaker e Phillips. Ela é incrivelmente original, pegando o conceito lovecraftiano de cultos secretos e Deuses Anciões e mesclando-o com uma Los Angeles da década de 1950, cheia de policiais corruptos e crime organizado, na era de ouro de Hollywood. Brubaker e Phillips fazem parecer que o próprio Lovecraft escreveu aquelas histórias, e as ilustrações trazem algumas das fantasias mais sombrias de Lovecraft à vida. A arte da capa da série original, por si só, faz valer a aquisição por aficionados de Lovecraft. Você vai ter que procurar muito na cultura popular para achar um uso tão criativo de tentáculos e metralhadoras.

Mas, ao contrário do que os ensaios de Nevin sugerem, a influência de Poe não aparece em nenhuma parte dessa obra. Isso faz com que a tentativa de vincular os dois presentes no texto de Nevin, que, de resto, é excelente, seja simplesmente uma função de conexão feita entre Lovecraft e Poe que se tornou quase inevitável na imaginação popular.

Essa sobreposição parece tão inescapável que a primeira das empreitadas para se trazer Lovecraft para o cinema o ligava a Poe. Roger Corman, um empresário de filmes B, dirigiu uma versão do conto de Lovecraft, *O Caso de Charles Dexter Ward*, em 1963. Anunciado como *O Castelo Assombrado*, os executivos do estúdio insistiram que Corman adotasse o título completo de *O Castelo Assombrado de Edgar Allan Poe*, mesmo que o roteiro fizesse referência ao *Necronomicon*, a Cthulhu e a outras invenções lovecraftianas. Além do mais, o filme se passa em

Arkham, a cidade ficcional na Nova Inglaterra que Lovecraft criou, e, mesmo que não seja muito fiel à trama de *O Caso de Charles Dexter Ward*, é certamente uma interpretação reconhecível, ainda que inclua pedaços e trechos de "A Sombra Sobre Innsmouth" e "O Horror de Dunwich".

As razões pelas quais uma adaptação de Lovecraft se tornou uma adaptação de Poe são complexas, em parte relacionadas ao renascimento de Poe na década de 1960 e à popularidade de outros filmes de Corman, como *O Solar Maldito* e *A Mansão do Terror* (*House of Usher* e *The Pit and the Pendulum* em inglês, respectivamente), que pegavam emprestados títulos e temas de obras de Poe. Os executivos do estúdio simplesmente decidiram que Poe vendia bem. Quaisquer que fossem as motivações pecuniárias, mesmo no início do renascimento do próprio Lovecraft, Poe e ele eram colocados juntos como se fossem mestres gêmeos do terror norte-americano, de fato, até intercambiáveis.

E, realmente, quem pode culpar as fãs e os fãs, ou os estudiosos e artistas e a própria indústria do entretenimento? Lovecraft nutria a suposta conexão com Poe em seus ensaios e em suas correspondências. Poe se tornou essencial não apenas na representação de Lovecraft de si mesmo, mas em sua própria concepção pessoal. Ao tempo em que Lovecraft tentou convencer os outros da influência de Poe, o trabalho de sua vida se tornara escrever quase sem remuneração em um gênero altamente desrespeitado que os críticos literários ridicularizaram por décadas a fio depois da morte do autor. Poe representava uma chance de colocar sua obra dentro de um legado literário que, por volta da década de 1920, começava a se consolidar. A crescente influência de Poe ofereceu-lhe uma forma de aparecer como algo além de um escritor pulp de pouco sucesso.

Às vezes, o próprio Lovecraft deixava Poe fora da narrativa de suas influências. Em 1933, pediram que escrevesse uma breve autobiografia para ser publicada na *Unusual Stories* (que nunca publicou o texto), e Lovecraft não menciona sua primeira leitura de Poe como o gatilho para seu interesse em ficção weird e horror. Os terrores noturnos estão lá, bem como *As Mil e Uma Noites* e *A Balada do Velho Marinheiro*, as ilustrações oitocentistas de Gustave Doré para *Paraíso Perdido*, de Milton, e mesmo sua fascinação extrema pelo século XVIII. Sobre sua descoberta de Poe, silêncio. Mais à frente no texto, Lovecraft chega a mencionar Poe como um dos dois "principais modelos" para suas obras, mas apenas depois do ano de 1920. O escritor anglo-irlandês Lord Dunsany é mencionado como o outro... e em referência a um período em que suas histórias não pareciam em nada com nenhum desses "principais modelos".

A obra de uma luz menos conhecida na literatura norte-americana sugere outro elemento nas influências iniciais de Lovecraft que os biógrafos talvez tenham subestimado. Em um ensaio de 1921 que Lovecraft escreveu para seus amigos do jornalismo amador em defesa de seu interesse em "contos weird", ele chama Ambrose Bierce de "o maior ficcionista que os Estados Unidos já produziram, exceto por Poe". Se você nunca ouviu falar de Bierce, não se sinta sozinho. No mesmo texto, Lovecraft diz que "nove a cada dez pessoas nunca *ouviram* falar de Ambrose Bierce" [itálico no texto original], uma afirmação tão verdadeira hoje quanto na época.

* O trabalho de sua vida se tornara escrever quase sem remuneração em um gênero altamente desrespeitado que os críticos literários ridicularizaram por décadas a fio

A pesquisa de S.T. Joshi sobre a influência que Bierce exerceu sobre Lovecraft sugere que Howard não havia lido Bierce até 1919. Entretanto, Bierce começou a publicar ficção weird na década de 1870 e tinha uma coletânea de histórias, *Can Such Things Be?*, publicada em 1893 e que pode ter sido de grande agrado para Whipple Phillips. É bem possível que Lovecraft tenha ouvido versões orais resumidas de alguns dos contos de Bierce de seu avô contador de histórias. Se esse não for o caso, é notável que Joshi tenha localizado evidências incontestáveis de que Lovecraft leu Bierce por conta própria em 1919, justamente no limiar de um dos seus primeiros períodos produtivos de escrita enquanto adulto.

A misantropia de Bierce, na verdade sua amargura perante o universo em si, teria se infiltrado na consciência de um jovem Lovecraft se ele apenas tivesse escutado uma versão oral de alguns contos do antigo oficial da Guerra Civil. Bierce lidava com o sobrenatural como se fosse um baralho de truques com que o universo joga com a humanidade, empilhando ironias sombrias umas sobre as outras. Em seu conto mais famoso, "Um Incidente na Ponte Owl Creek", um enforcamento se torna uma ocasião para alguém ser assombrado por seu próprio fantasma, assim como uma parábola sobre o que Bierce via como o destino miserável de toda a vida.

O divertido e amargurado *Dicionário do Diabo*, de Bierce, define "ração para vermes" (do original "worm's meat") como o "produto final do qual somos a matéria-prima".* Nuvens escuras ofuscaram a visão de mundo de Howard, ainda que na época ele só tivesse 8 anos de idade; conquanto um Lovecraft mais velho, escrevendo para August Derleth, na verdade se distanciasse um pouco do tipo de cinismo de Bierce. Por que ser cínico se você pode ser indiferente? Lovecraft se esforçou para atingir esse antigo sentimento romano de passividade perante os horrores da vida, mas, se ele conseguiu ou não, é um ponto de vista que depende da suposição do triunfo do sofrimento sem sentido na experiência humana.

Essa crescente sensação de inquietude acabou fomentando alguns dos elementos mais interessantes, para não dizer perturbadores, da ficção de Lovecraft. E, assim como muitas coisas em sua psique, isso não se encaixa facilmente com outros elementos que parecem apropriados. Seu amor pelo fantástico floresceu enquanto as ervas daninhas do niilismo pululavam por toda parte. Algumas dessas tensões encontraram alívio no que viria a se tornar sua próxima obsessão. Em 1898, Howard Lovecraft descobriu a ciência, que ele acreditava ser sua futura carreira.

Em uma carta de 1918, Lovecraft dizia que seu interesse pela ciência começou com o *Webster's Unabridged Dictionary*. Dicionários se tornaram significativamente menos impressionantes nos últimos anos,

* E continua: "A ração para vermes em geral dura menos do que a estrutura que a abriga, mas 'isso também deve passar'. Possivelmente a obra mais tola em que um ser humano pode ser envolver é a construção de um túmulo para si mesmo. O propósito solene não apenas não dignifica como somente acentua por contraste sua sabida futilidade". (Carambaia, ed. 2016, tradução de Rogério W. Galindo) [NT]

devido a versões resumidas mais baratas e à Wikipédia, o que faz com que pareçam desnecessários. Talvez os bibliófilos propensos a adquirir a edição completa do *Oxford English Dictionary* em sua cópia física de vários volumes compreendam um pouco o que um dicionário ou uma enciclopédia significavam para Lovecraft na infância.

No fim do século XIX, um dicionário, frequentemente enriquecido com ilustrações detalhadas, abria mundos maravilhosos para aqueles com as predileções do jovem Howard. Depois de percorrer vários tipos de conhecimentos zoológicos, e provavelmente se sentindo um pouco enjoado ao se deparar com algum anfíbio, ele deu de cara com um artigo intitulado "Instrumentos Filosóficos e Científicos". Aparatos de química de todos os tipos o encantaram e ele sentiu um anseio desesperado por investigar os mistérios que eles traziam.

Sua tia Lillian partilhava de seu interesse e lhe deu um texto intitulado *The Young Chemist*, escrito por um amigo da família, um professor na Universidade Brown chamado John Howard Appleton. Sarah Susan Lovecraft e Lillian Phillips também se asseguraram de que, mesmo com grande risco para ele e para elas mesmas, o Howard de 8 anos de idade tivesse seu próprio aparato de química e permissão total para transformar o porão do número 454 da Angell Street em um laboratório de um jovem cientista louco.

O estatuário clássico do velho Whipple que decorava a sala de estar tremeu ao menos uma vez quando uma explosão bem alta resultou de um dos experimentos do jovem Howard com potássio. Ele também trabalhou com pólvora e pilhas de zinco-carbono. Certa vez, ele tentou um experimento em um campo aberto logo atrás da Angell Street que resultou em um breve incêndio na mata. Mais ou menos sem supervisão e com acesso a quaisquer compostos e instrumentos que uma família abastada pudesse providenciar, Lovecraft se dedicou à química com o mesmo fascínio que o levou a se perder na mitologia clássica, no orientalismo místico ou nas visões sombrias do macabro nas histórias de seu avô. Assim como em vários de seus *hobbies*, ele não podia simplesmente ter um breve interesse em química. Tinha que se tornar um químico. Somente a boa sorte o impediu de explodir o próprio rosto no processo, ou de queimar sua amada casa de infância.

O interesse de Howard pela química se expandiu para um interesse mais geral pela ciência e, mais especificamente, astronomia, um campo que tanto ele quanto sua família acreditavam que seria sua profissão. Por volta de 1902, ele descobriu, como colocou em um ensaio escrito vinte anos mais tarde para um jornal amador, "a miríade de sóis e mundos do espaço infinito" — um encontro que ele colocava lado a lado com sua descoberta dos mistérios da Grécia Antiga aos 6 anos de idade. O interesse pela química diminuiu rapidamente, em parte devido ao início da sua dificuldade em entender matemática, algo que o acompanharia pelo resto da vida. Mas, como acontece com tantas outras coisas, trombar com um monte de livros o colocou em uma nova trajetória, uma em que a matemática também aguardava por ele como um terror noturno.

Ele tinha que agradecer à sua avó falecida por sua obsessão permanente pela escuridão sem fim. Robie Phillips, cuja morte tingiu o mundo de Lovecraft de preto em 1896, indubitavelmente o influenciou mais do que ele parecia disposto a admitir em sua correspondência posterior sobre o assunto. Ela certamente encarnava a matrona vitoriana para a sanha empreendedora de Whipple Phillips, permanecendo em casa enquanto ele fazia suas longas viagens de negócios e as viagens de prazer para Londres e a Itália. Ela criou três filhas e era particularmente afeiçoada ao seu neto muito jovem.

Sabemos também que tinha um interesse especial pela astronomia, um dos vários fatos que sugerem que as mulheres na vida de Lovecraft nunca receberam o devido crédito. Os primeiros textos astronômicos de Howard vieram de uma coleção de tais materiais que havia pertencido à sua avó. Ao lado do contínuo interesse de Lillian por noções de química, que ela adquirira no internato em que estudou, a imagem que emerge revela o que as noções vitorianas de feminilidade considerariam como um interesse pouco convencional entre as mulheres da família Phillips pelas ciências dominadas por homens.[12]

Os livros de Robie sobre astronomia saciaram Lovecraft até 1903, quando a mãe e a tia começaram a providenciar uma abundância de novos textos astronômicos. Durante o mesmo período, a família começou a lhe dar telescópios para amadores, encomendando, por fim, um modelo profissional mais caro no ano de 1906. Aos 13 anos, ele daria uma palestra com uma apresentação de slides em sua casa, possivelmente apenas para membros mais próximos da família e alguns poucos amigos, sobre fenômenos básicos da astronomia. Os slides utilizados incluíam "manchas solares", "um eclipse solar total" e "o cometa de 1811".

A ciência se tornou para Lovecraft a própria fundação de sua visão filosófica do mundo. Os biógrafos destacam, com frequência, que um Lovecraft mais velho ligaria seus interesses pelas maravilhas e terrores "do espaço infinito" a seu gosto prematuro pela astronomia.

O fantástico, contudo, nunca se recolheu nas sombras, e precisamos nos lembrar de como ele era hábil em preencher esses "espaços infinitos" com monstros. Ele descobriu a química no mesmo ano em que descobriu Poe. Explorava química e depois a astronomia enquanto lia as aventuras pulp e continuava sua imersão imaginativa nos mundos de Hawthorne e em *As Mil e Uma Noites*. O interesse que teve nesse período pelas explorações científicas da Antártida pode ter uma leve relação com *A Narrativa de Arthur Gordon Pym* de Poe e, muito mais tarde, formaria a base para um dos mais ambiciosos contos de ficção weird de Lovecraft.

Um amor aparentemente contraditório pelo mundo da imaginação e pelo empirismo racional das ciências coexistiu na mente de Howard Lovecraft desde tenra idade. Não há evidências de que o que para nós possa parecer um conjunto incompatível de impulsos tenha sequer o confundido. De fato, ele os mesclava tão bem que se tornaram cruciais para sua compreensão do terror. De bom grado, deixava os terrores noturnos voarem pelos espaços infinitos. Muito antes de a visão de Hollywood sobre cientistas loucos nos fornecer a imagética, monstros já rondavam o laboratório secreto de Lovecraft.

Mais tarde, ele talvez tenha tratado 1898 como o ano em que descobriu Poe e a ciência simultaneamente. Ficou marcado com mais força, entretanto, como o ano em que seu pai faleceu.

Ele sabia que o pai tinha desaparecido tão irrevogavelmente quanto a avó Robie. Também presenciara plenamente o luto de sua mãe, uma sombra fria e obstinada que a perseguiu pelas duas décadas seguintes.

Anos mais tarde, descreveu 1898 como o primeiro de seus "quase colapsos nervosos" da juventude, uma expressão que ele empregava com frequência para descrever vários momentos críticos ao longo da vida.

Logo depois de ter sido iniciado no mistério sombrio e carregado de culpa da morte de Winfield Scott Lovecraft, ele se viu no que deve ter sido uma experiência excruciante para um garoto, a quem, na maior parte das vezes, se permitia viver em seus próprios mundos interiores. No outono daquele ano, ele começou a frequentar a Slater Avenue School de forma bastante irregular. Só ficou por lá até a primavera de 1899. Voltaria mais uma vez, brevemente, em 1902-1903. Anos depois, escreveu que achou sua formação "bastante inútil" no que dizia respeito ao ensino fundamental e acrescentou: "tentei frequentar a escola, mas não consegui suportar a rotina".

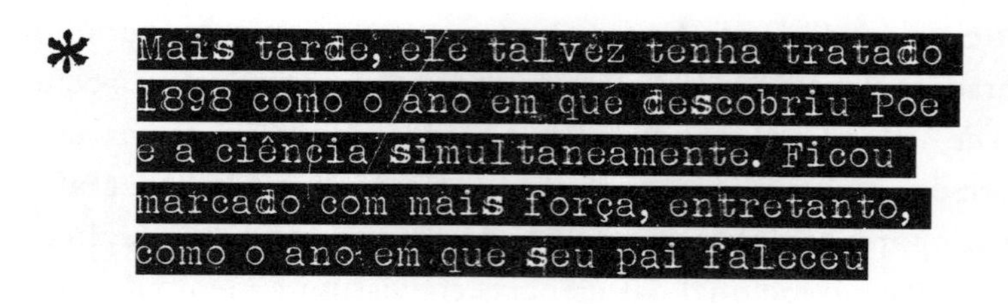

Então, é claro, Sarah Susan Lovecraft o tirou de uma situação que o desagradava. Há muitas razões para acreditar que parte de seu embate com a escola vinha não apenas da instrução "bastante inútil" que recebera. Ele era, como tudo que você leu até agora sugere, um garoto decidida e impenitentemente esquisito. Todas as lembranças do jovem Lovecraft fornecidas pelas crianças de sua vizinhança comentam sobre a sua intensa estranheza.

Seus colegas podem ou não ter lhe atormentado durante seu breve período na Slater Avenue, embora seja razoável presumir que alguns tenham ouvido histórias sobre a morte do pai dele na câmara de eco das fofocas sobre a questão que, seguramente, existia na parte leste de Providence. Lovecraft deve ter parecido uma coisa bizarra e exótica se materializando na sala de aula, como se uma girafa que entendesse de química e literatura do século XVIII aparecesse de repente para as lições básicas de ortografia e gramática. "Ele passava uma impressão esquisita, excêntrica" de acordo com Sprague de Camp, ou, como disse um dos colegas de classe, ele parecia um "doido varrido".[13]

O vovô Whipple sempre apareceu em relatos biográficos como uma figura paterna heroica para o jovem Howard. No fim das contas, ele agiu como um psicopompo para o futuro H.P. Lovecraft no mundo dos terrores noturnos e provavelmente o conduziu a Poe, talvez até mesmo a Hawthorne e Bierce. Pode ter havido um outro lado nesse relacionamento, especialmente depois de problemas nos negócios e quando a influência crescente de todas as mulheres Phillips se tornou a força que moldava a vida de Howard. O velho Whipple temia que o neto não se tornasse viril o bastante.

A masculinidade se tornou uma obsessão cultural nos Estados Unidos da virada do século. As escolas públicas, inicialmente as do Meio-Oeste, estabeleceram os primeiros programas de educação física entre 1892 e 1899. Esse desenvolvimento coincidiu com o surgimento do futebol americano universitário como uma nova obsessão nacional, ainda que não chegasse nem perto do fervor intenso direcionado ao beisebol. Theodore Roosevelt, presidente dos Estados Unidos, proferiu um famoso discurso em 1899 intitulado "The Strenuous Life" (A vida extenuante), celebrando as conquistas masculinas no esporte, na caça e nos exercícios físicos. Pouco antes da Primeira Guerra Mundial, as escolas públicas da Filadélfia obrigaram os alunos do sexo masculino a usar medalhas de primeiro, segundo e terceiro lugar que os separavam de acordo com seu desenvolvimento físico.

"Esses foram acontecimentos catastróficos para os nerds", escreve Benjamin Nugent, autor do livro *American Nerd*, que detalha a genealogia da "nerdice" desde seu início humilde até o seu triunfo cultural atual. Esses acontecimentos certamente tiveram um efeito nocivo sobre garotos como Howard Lovecraft, que sempre nutriu uma aversão aos esportes. Ele não podia ser chamado de sedentário, já que, por volta dos 10 anos, parecia já ter pedalado o equivalente a todo o estado de Rhode Island e caminhava quilômetros todos os dias, levando à exaustão qualquer um que se juntasse a ele. Mas nenhuma dessas atividades se encaixava no fascínio por halteres e por socar ou arremessar pedaços de couro que estava em voga na virada do século. Pedalar o ajudava a pensar. E ele caminhava para apreciar a arquitetura colonial.

A preocupação de Whipple Phillips de que seu neto manifestasse traços mais masculinos começou cedo. Em 1894, por exemplo, ele reclamou que Sarah Susan Lovecraft deveria ter feito o menino começar a usar calças bem mais cedo. Whipple insistiu para que o neto ganhasse uma bicicleta no ano de 1900, para que ele fizesse alguma atividade física e tivesse menos tempo para explosões no porão. Durante um breve período entre 1899 e 1900, provavelmente por insistência do avô, Howard fez o esforço completamente inimaginável, e condenado ao fracasso, de participar das atividades da Associação Atlética de Providence. Não existe nenhuma informação sobre discussões da família acerca desse plano mal ponderado. Lovecraft, talvez em sua primeira visita à Associação, teve o que posteriormente descreveu como um "episódio de desmaio" e nunca mais precisou voltar. Muito provavelmente Sarah Susan se recusou a permitir que ele retornasse e, sem dúvida, o jovem Howard concordou alegremente.

As mães dos jovens jogadores de futebol, e os pais igualmente entusiasmados, apenas meneariam a cabeça diante disso, sentindo pena de Howard e desdém pelas habilidades maternais de Sarah Susan. Talvez, porém, a maior parte dos meus companheiros geeks que estejam lendo estas palavras se juntaria a mim para invejar a infância de Lovecraft. Não importa quão inúteis e comercialmente inviáveis se tornassem seus interesses, Sarah Susan os tornava possíveis.

Isso não faz dela uma espécie de "mãe helicóptero" da era vitoriana, essa figura tão familiar nos subúrbios norte-americanos contemporâneos. Tipicamente, a filosofia paterna da geração X encoraja o mesmo tipo de narcisismo que Sarah Susan Lovecraft incentivava no filho, sem, contudo, exibir sua singular graça salvadora; ela insistia para que Lovecraft investisse em qualquer hobby, fosse algo esquisito ou absolutamente inútil, que despertasse o interesse dele. A mãe de Howard nunca fez uma coisa sequer para garantir que seu único filho se tornasse algo além de um indolente criativo e interessante.

Ela pode ser acusada de coisas piores e já foi. Ela não o ensinou a amar, pode não ter lhe ensinado a pensar em si mesmo como alguém digno de amor, apesar de permanecer uma pergunta sem resposta se esse tipo de coisa pode, enfim, ser ensinada e quão bem alguém pode aprendê-la. Algumas vezes, ela o afastou de experiências que, talvez, poderiam ter feito dele um escritor melhor. Fora inoculada com pudicícia vitoriana suficiente para sofrer um choque mental com a morte do marido que parece tê-la aleijado emocionalmente. Em outras palavras, o mundo que a moldava a castigava, e também castigava Howard Lovecraft.

Mas e daí? Sarah Susan Lovecraft fez algo que os pais modernos de millennials privilegiados nem imaginam conseguir. Ela lhe deu liberdade ilimitada para realizar praticamente qualquer coisa que ele quisesse e, no processo, falhar absolutamente em todas as tentativas de ganhar dinheiro. Ela abriu para ele mundos mágicos de fantasia e tornou possível sua introdução à ciência. Ela atrapalhou os esforços do patriarca da família para transformá-lo em um "All-American boy"* e lhe deu tempo para se tornar um dos autores mais influentes do século XX.

Pensar sobre o peculiar jovem Howard nesse período inicial de sua vida não nos rende nenhuma resposta definitiva sobre como ele veio a se tornar H.P. Lovecraft. Demasiado escrutínio sobre suas "influências" pode, na verdade, nos levar a perder alguns dos segredos essenciais sobre o que significava se tornar H.P. Lovecraft, o esforço que isso exigia dessa jovem criança, e como outros — especialmente a mãe, o avô, e até mesmo o pai sifilítico e insano — ajudaram a moldar o autor de terror mais importante do século XX.

Talvez a explicação dada por um Lovecraft muito mais velho à sua primeira ideia para uma história, "um garoto que entreouve algum horrível conclave de seres subterrâneos em uma caverna", descreva melhor

* Termo usado para se referir aos rapazes de classe média que incorporam qualidades consideradas propriamente norte-americanas, como ser jogadores de futebol americano atléticos, populares no colégio e manter perante a sociedade uma imagem de estrita moralidade religiosa, acompanhada de fervor patriótico. Um exemplo de all-american boy seria o personagem Flash Thompson, que aparece nas histórias do Homem-Aranha criadas por Stan Lee e Steve Ditko. [NT]

o próprio jovem Howard. Ao se sentar para ler Poe em seu quarto no número 454 da Angell Street nos primórdios do século XX, ele entreouviria sussurros no aglomerado de sombras de um século que ninguém em 1899 imaginava que pudesse dar um salto tão repentino para dentro da escuridão.

"Parecia um negòcio tremendamente fútil continuar vivendo."

Esse é Howard com 14 anos. Ou melhor, um Lovecraft bem mais velho se lembrando da direção que seus pensamentos tomaram durante seu primeiro embate real com o pântano sombrio e sufocante da depressão. Em 1899, ele sofrera seu "quase colapso nervoso" que o levara a interromper os estudos. Em 1904, começou a ponderar a possibilidade de interromper a própria vida.

Um conjunto de circunstâncias espetacularmente terríveis, quase que perfeitamente adequadas para estraçalhar a psique de um jovem com a disposição de Howard, ajuda a explicar esse estado mental. A morte do pai de Howard gerou na mãe uma geleira de dor imensa e imperscrutável, um senso de perda agravado pela vergonha e pela raiva, e que envolvia questões sem respostas que ela provavelmente preferia deixar assim.

O velho Whipple, enquanto isso, fez um investimento desastrado em uma companhia de irrigação no Colorado, um investimento tão ruim que solapou o capital da família Phillips por anos. Uma grande enchente no início de 1904 causou a bancarrota da empresa. Embora já estivesse na casa dos 70 anos a essa altura, a tensão nervosa provocada pela falência provavelmente contribuiu para seu derrame e morte repentina em março do mesmo ano. O velho Whipple, cuja presença deve ter parecido a Howard tão sólida e certa quanto a de um monumento de pedra, desapareceu de sua vida para sempre.

Atravessando o terceiro grande ritual de luto da família com apenas 13 anos, Howard também se viu arrancado do lar familiar que ele tanto idealizara. Suas tias Lillian e Annie haviam se casado recentemente e se mudaram, deixando Sarah Susan e Howard sozinhos em uma casa que as dificuldades financeiras desesperadoras não os permitiam manter. Logo após a morte de Whipple, a família vendeu a casa 454 da Angell Street, e Howard e Sarah Susan se mudaram para o número 598 da mesma rua, dividindo o lado oeste de um duplex.

Lovecraft, já com mais de 40 anos, escreveu sobre a mudança em termos que dificultam a empatia. Diz ele que "pela primeira vez" veio a conhecer os horrores "de uma casa abarrotada e sem criados". Tais pensamentos são compreensíveis em um adolescente de 13 anos vindo da alta burguesia, mas espera-se que um homem de 44 anos tenha algum senso de ironia sobre eles. Uma leitura generosa sugere que, nessa carta, ele está se lembrando de um sentimento de perda mais generalizado que veio ao mesmo tempo da mudança para uma casa que ele descreveu, desdenhosamente, como tendo "cinco quartos e um sótão".

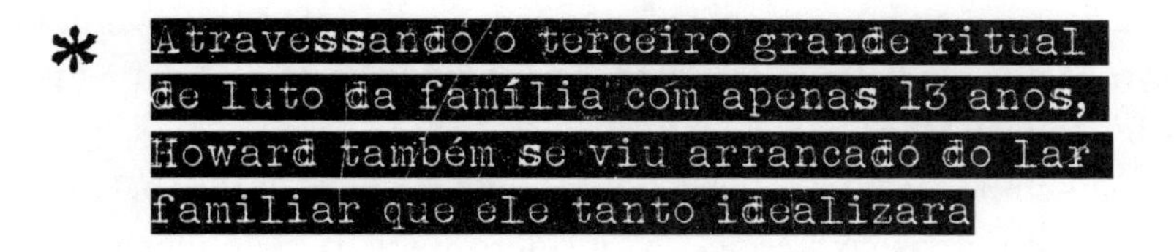

Para ele, a mudança representou bem mais do que uma mudança de casa. O "luto permanente" da mãe havia encontrado mais um foco com a morte do velho Whipple. O jovem Lovecraft tinha sido arrancado de um lar que, com seu laboratório no porão e seu sótão sem janelas, representava uma espécie de extensão material de sua vasta vida imaginativa interior. Para coroar essa tonelada de lamento existencial que desabou de repente sobre o garoto, seu amado gato fugiu.

Vamos ponderar sobre o bichinho de estimação que Lovecraft teve na infância. Por mais sem importância que a relação possa parecer, ela destaca um fardo que qualquer fã honesto que confronte Lovecraft carrega. Às vezes, Lovecraft parece intensamente amistoso, quase amável. Muito do que sabemos sobre ele vem das cartas brilhantes que trocava com outrem, nas quais aparece, como muitos de nossos contemporâneos nas redes sociais, como o herói de sua própria história. Lendo o que equivale a uma autobiografia contada em centenas de cartas, é fácil se apaixonar por sua modéstia e sua habilidade de se mover, sem esforço, entre a erudição que ele alcançou com empenho implacável e um tipo de linguagem de rua do início do século XX que ele tanto parodiava quanto utilizava para parodiar seu próprio tom formal de fala.

A coisa mais atraente nas cartas que trocava com o que se tornou um círculo enorme de correspondentes é que demonstram a capacidade de zombar de si mesmo, uma virtude que, todos sabemos, acoberta uma infinidade de pecados. Certamente, sua esquisitice desastrada parece charmosa na era de *The Big Bang Theory*, uma época em que parecemos não somente vivenciar a vingança dos nerds, mas sua hegemonia completa e absoluta.

Então, de repente, nossa afeição se converte em repulsa. Lovecraft se transforma em algo para além do detestável, parecendo, de fato, com um dos reptilianos de seu horror cósmico. Ao explorarmos sua juventude, uma das primeiras vezes em que nos deparamos com isso é quando descobrimos que ele batizou seu gato, seu companheiro de toda a infância, de "Nigger-Man".

S.T. Joshi comenta que o nome, especialmente para um gato, "não era considerado ofensivo à época". Considero instrutivo que Joshi tenha utilizado a voz passiva nesse ponto. *Quem* não achava ofensivo? Os brancos de classe média alta, como os Phillips de Providence, certamente não achavam. Muitos dos proletários brancos do norte urbanizado usavam o termo regularmente. Sulistas brancos transformaram o termo em fetiche e ele aparecia regularmente nas torturas públicas, linchamentos e fogueiras de que os afro-americanos eram vítimas, algo que se tornou comum nos Estados Unidos entre os anos de 1880 e 1940. Cinco mil desses espetáculos horrendos ocorreram em 1948, um número que não leva em conta o monstruoso recorde de assassinatos secretos, estupros e atos aleatórios de violência. O número também não abarca os incontáveis "linchamentos legais", uma expressão que se refere à quase impossibilidade de homens e mulheres negros receberem qualquer coisa próxima de um julgamento justo em uma época em que vários estados barravam sua participação em júris.

Em outras palavras, animais domésticos não recebiam esse nome em um vácuo social onde prevalecia o racismo casual da burguesia. Tais palavras estão entremeadas em uma experiência norte-americana que se tornou uma temporada de caça aos negros, homens que eram frequentemente descritos por políticos, pela imprensa e até mesmo por médicos e líderes religiosos brancos como "feras negras" programadas para estuprar e matar.

Alguns encontram razões para eximi-lo de culpa mesmo com todo esse hediondo registro histórico. Mas, como a história de como o racismo moldou a vida, o pensamento, a ficção e os relacionamentos de Lovecraft nos mostra, ele não é, simplesmente — como naquela frase verdadeiramente sem sentido e redundante — um "produto de seu tempo".

Lovecraft não simplesmente refletia a atmosfera dos primeiros anos do século XX, a despeito das alegações incessantes da maioria dos seus acólitos. Até mesmo L. Sprague de Camp, muitas vezes criticado por escrever assassinatos de reputação e não biografias, alivia a barra de Lovecraft quando se trata de suas atitudes raciais. "Naqueles dias", escreve, "o preconceito étnico era tão banal que parecia ser a ordem natural das coisas."[14]

Isso pode não ser completamente falso, mas ignora um movimento enorme que emergia nos Estados Unidos e logo resultou no começo de uma luta pela liberdade afro-americana. Na época em que Lovecraft chorava a perda de seu gato, uma geração de brâmanes da Nova Inglaterra* debutava em uma versão radical e antirracista do movimento abolicionista, que continuou a influenciar sua política nos anos que se seguiram à Guerra Civil Americana. Frederick Douglass se tornara um dos intelectuais mais reconhecidos do país, dando continuidade à luta pelos direitos civis dos negros e relacionando-a à luta sufragista das mulheres. Uma rede ampla de organizações políticas e sociais, muitas delas conectadas à fundação de faculdades historicamente negras como a Fisk University, a Universidade de Atlanta e as universidades Howard e Spelman, começou a se coligar para um século de lutas.

* Eram a elite do Estado, formada por um conjunto de famílias burguesas que mantinham hábitos da antiga nobreza inglesa e eram dotadas de enorme influência política. [NT]

W.E.B. Du Bois, o primeiro afro-americano a receber um PhD pela Universidade de Harvard, começara sua longa luta contra o racismo e a opressão estrutural de todos os tipos. Enquanto o jovem Howard pranteava a perda de seu gato em 1904, Du Bois tinha acabado de publicar *As Almas da Gente Negra*, um dos clássicos da literatura norte-americana e uma diatribe vociferante e sem concessões contra o racismo dos brancos em tons que prefiguravam o que seria a retórica inflexível de Malcom X quase sessenta anos depois.

Em suma, é uma negação deliberada de um contexto muito mais amplo na vida de Lovecraft se utilizar do argumento "naquele tempo, as pessoas pensavam desse jeito", o boato favorito daqueles que desejam providenciar um perdão retroativo para as atitudes e ações de uma figura histórica sobre raça, racismo e seus efeitos práticos sobre a vida de seres humanos reais no passado. Paul Roland, o biógrafo mais recente de Lovecraft, deixa esse ponto claro quando destaca que "enquanto possa ser verdade que o preconceito racial era endêmico no século XIX, muitos eram imunes a tais crenças repreensíveis... um bom número deles era consideravelmente menos instruído que Lovecraft".

Pode parecer que estamos atribuindo um peso excessivo ao nome de um gato. E, francamente, concordo que o nome de um animal de estimação poderia não ter tanto significado assim se raça não tivesse se tornado um tipo de obsessão pessoal para Lovecraft nos anos posteriores, aparecendo em seus ensaios, na sua ficção e em algumas de suas cartas mais constrangedoras. Com efeito, ele compôs um poema absurdamente ignorante, mesmo para um garoto de 15 anos, em 1905, que atacava a Proclamação da Emancipação, feita pelo presidente Abraham Lincoln, comparando afro-americanos a macacos e sugerindo que o fim da escravidão conduziria, inevitavelmente, à morte dos que antes eram escravizados, presumivelmente porque eles seriam incapazes de cuidar de si mesmos.[15]

O jovem Howard amava seu gato de nome ofensivo. Ele se convencera de que ambos partilhavam uma linguagem secreta. Ao longo dos anos, escreveu sobre o gato preto de pelo lustroso com afeto contínuo e duradouro, e seu "Os Gatos de Ulthar" e partes de sua noveleta *A Busca*

Onírica por Kadath são verdadeiros tributos ao seu companheiro animal. Ele se tornou amigo e cuidou de vários felinos ao longo da vida, adotando regularmente gatos de rua e desenvolvendo o que seus amigos viam como uma simpatia estranha e aparentemente mútua pelos próprios animais de estimação.

Mas, assim como em relação a muitas das pessoas em sua vida, Howard amava melhor de longe. De vez em quando ele fazia isso muito bem, dando não pouco prazer e alegria ao seu círculo familiar e de amizades e vivendo, bem satisfeito, com as imensas cavernas de solidão que a vida entalhara no interior de seu coração.

O que fazemos com o racismo quando ele é parte de uma atitude geral perante o mundo e seus habitantes, e não o tipo de opressão sistemática da maioria das sociedades na história humana desde o início da era moderna? O que ele significa quando é um sentimento e não uma alavanca de poder social e econômico?

Ele andava de bicicleta com fervor desde que o avô e a mãe a encomendaram para ele em 1900, quando tinha 10 anos. Ele a usava para saciar a sua sede pelos locais históricos de Providence, especialmente os de arquitetura georgiana que suscitaram a obsessão que durou toda uma vida. Pedalava pelas "clareiras soturnas" que, por anos, havia explorado a pé, chacoalhando por caminhos rústicos que, é provável, careciam de reparos frequentes naquele tempo anterior ao surgimento da mountain bike. Apesar dos rumores da preocupação implacável e exagerada de Sarah Susan pela segurança física do filho, ela permitia essas perambulações solitárias, ainda que, provavelmente, com alguma compreensível preocupação.

Durante um desses passeios de bicicleta, em 1904, tendo caído em um abismo de depressão, Lovecraft contemplou o suicídio. Ele frequentemente pedalava às margens do rio Seekonk e, inicialmente, cogitou se afogar ali.

Também tinha outros métodos à disposição. Sabe-se, por exemplo, que sua família permitia que ele brincasse com uma pistola calibre 22 desde que era muito novo, um outro aspecto de sua infância que vai contra a ideia de Sarah Susan ser uma mãe superprotetora. Em uma decisão que me sugere que ele pensava a sério sobre suicídio, Lovecraft decidiu por não usar a arma de fogo por não querer que a mãe encontrasse seus restos mortais naquele estado.

Chegou a concluir que, se fosse se afogar, o faria no rio Barrington, a sudeste de Providence, a fim de diminuir as chances de a família ter de passar pelo que ele via como um luto adicional pela busca do cadáver. Como era tão frequente no caso de Lovecraft, uma lógica fria se emparelhava no mesmo cérebro com a vontade de simpatizar com o número bastante diminuto de seres humanos que veio a conhecer com intimidade.

De forma típica, e profundamente reveladora, a sua decisão de não pôr fim à vida não tinha relação com os seus vínculos com outras pessoas, ou até mesmo com um sentimento tão simples quanto o efeito que sua morte teria sobre sua mãe. Ela, como muitos devem intuir, seria bem mais afetada pelo simples fato da morte do filho do que pela maneira como o corpo seria encontrado.

Lovecraft racionalizou consigo mesmo para desistir da ideia de suicídio. Concluiu que a cessação de sua consciência significaria o fim de sua busca intelectual. Ele abandonaria o que considerava uma existência extremamente amarga sem ter aprendido o bastante sobre o que ele queria e precisava saber.

"Muita coisa do universo me deixava perplexo", lembrou ele, "mas eu sabia que, se vivesse e estudasse por tempo o suficiente, seria capaz de encontrar a resposta nos livros." Esse não era um adolescente deprimido em busca do sentido da vida, uma vez que Lovecraft já havia chegado à conclusão de que ela não tinha nenhum sentido inerente. Em resposta às platitudes bem-intencionadas oferecidas nos dias de hoje sobre o suicídio ser "uma solução permanente para um problema temporário", Lovecraft provavelmente teria insistido que ele fornecia uma solução permanente para um problema obviamente permanente: o fardo da consciência que oferece um sofrimento tão intenso.

Assim, ele não se decidiu contra a autodestruição na esperança de que a vida pudesse lhe presentear com um sentido mais profundo ou com um sentido qualquer. Não ligou para as linhas de apoio e prevenção de suicídio porque elas ainda não existiam em 1904. Não aprendeu a olhar para o lado bom das coisas. Mas disse que, afinal, ainda não tivera a oportunidade de estudar geologia. Afirmava que, ao extinguir a chama de seu cérebro, estaria assegurando que nunca aprenderia mais sobre os segredos da Antártida enquanto novas expedições científicas continuavam a explorar aqueles desertos congelados que tanto o fascinavam. Mais do que isso, havia o que ele chamava de "lacunas tormentosas" em seu conhecimento de história, incluindo a história da Ásia e da África. Como ele poderia deixar para trás a consciência quando, junto a ondas de sofrimento, ela o presenteava com a possibilidade do conhecimento?

* Lovecraft racionalizou consigo mesmo para desistir da ideia de suicídio. Concluiu que a cessação de sua consciência significaria o fim de sua busca intelectual

A necessidade de saber das coisas o amarrou ao mastro da experiência humana. Mesmo que tenha contemplado a própria extinção, ele nunca renunciou a seu amor por revelar os segredos do "espaço infinito" e ser soterrado pelos seus mistérios incognoscíveis. Desde o fim de 1890, o jovem Lovecraft havia "publicado" uma série de ensaios e "volumes" (na verdade, panfletos) que parafraseavam o que ele aprendia em seus livros de química e traziam registros dos resultados de seus experimentos no laboratório do porão.

Em geral, ele os produzia para a família, e talvez para um pequeno círculo de adultos interessados, usando um processo conhecido como hectografia. A hectografia consistia em endurecer gelatina e glicerina em uma panela e confeccionar uma cópia matriz, feita ou com tinta especial ou com uma fita de máquina de escrever especialmente preparada para imprimir sobre a placa aquecida. O impressor pressionava a cópia matriz sobre a gelatina e, então, cerca de cinquenta cópias poderiam ser feitas em papel em branco.

Depois que Lovecraft descobriu a astronomia, uma enxurrada de publicações usando essa técnica emergiu da Angell Street. Uma "série em nove volumes" de panfletos surgiu em 1903-1904, trazendo títulos como "Ótica", "Sobre Saturno e seus Anéis", "A Lua" e "A Lua, Parte II".

No início de janeiro de 1903, o garoto de 13 anos começou a produzir o que ele, muito ambiciosamente, intitulou como *Rhode Island Journal of Astronomy*. Sabemos que ele imprimiu pelo menos 69 desses boletins semanais. O boletim chegou a um hiato abrupto durante o período mais severo de sua depressão, no ano de 1904, mas como as razões para que ele prolongasse sua jovem vida sugerem que ele faria, Lovecraft retomou o semanário em janeiro de 1905.

Os detalhes do estudo astronômico desempenharam um papel em sua ficção apenas algumas vezes, mas a concepção mais ampla de universo que o estudo lhe concedeu teve um papel decisivo tanto em sua visão de mundo em sua concepção *sui generis* do conceito de monstruosidade e do significado do horror. Em um escrito de 1922, ele alegou que, aos 13 anos, seus estudos em astronomia o tinham deixado "pouquíssimo impressionado com a impermanência e a insignificância do homem", e que, já nessa época, ele havia "formado em todas as suas particularidades essenciais meus pontos de vista pessimistas cósmicos atuais". Apesar de Poe, afirma Lovecraft, ter moldado sua vida fantástica, ele compreendia que o fantástico oferecia um conjunto de ilusões acerca da realidade, ainda que elas representassem um conjunto de ilusões esteticamente agradáveis.

Lovecraft decidira não dar cabo de sua própria vida e rapidamente decidira continuar seus experimentos com a consciência. Em sua jovem mente, a ciência, a história, os conhecimentos do mundo e um materialismo filosófico reuniam o empirismo com uma forma de pensar sobre o sentido — ou antes sobre a essencial e inevitável falta de sentido — do universo. Na mesma mente, sem muita tensão ou conflito, vivia o mundo do fantástico, de aventuras no irracional que cativavam o jovem depressivo. No conflito aparente entre o encanto puro do fantástico e o racionalismo duro das ciências que desencantaram o mundo por completo, temos o martelo e a bigorna que forjaram H.P. Lovecraft.

Em 1904, se recobrando de seu abatimento, o adolescente de 14 anos anunciou a fundação da Sociedade Astronômica de Providence com, é claro, H.P. Lovecraft como presidente. Ele não era, como o leitor poderia esperar, o único membro. Contrariando as expectativas de todos, incluindo as dele mesmo, Lovecraft ingressou no ensino médio e fez a primeira de suas muitas amizades masculinas sólidas.

Retirado da Slater Avenue School em 1898 por Sarah Susan após seu "quase colapso nervoso", ele voltara apenas brevemente por pelo menos parte do ano letivo entre 1901 e 1902. Entretanto, Lovecraft continuou seu longevo projeto de autoeducação. Sabemos que sua mãe contratou um tutor particular em algum momento, um estudante de teologia que Howard, um adolescente à época, enxergava com um misto de simpatia e desprezo. O tutor não deve ter lecionado por muito tempo, já que mais tarde Lovecraft se vangloriou de que seu paganismo juvenil afastara o jovem rapaz.

O ensino médio assomou no outono de 1904, e posteriormente Lovecraft se lembrou de que as poucas pessoas que o conheciam literalmente "predisseram um desastre" para ele, e, na verdade, para seus professores. Para a surpresa de todos, incluindo a sua própria, a Hope Street English and Classical High School não se tornou um suplício para todos os envolvidos. Os professores pareciam fascinados com seu conhecimento enciclopédico, que se estendia até coisas absurdamente obscuras. Ele manteve uma amizade formada anteriormente com dois irmãos, Harold e Chester Munroe, seus primeiros e únicos amigos de toda a juventude. Os irmãos pareciam um pouco encantados com os hobbies estranhos de Lovecraft e partilhavam ao menos um pouco de seu interesse pela ciência. Os dois, por exemplo, atuavam como seus assistentes de pesquisa e eram os outros únicos membros da Sociedade Astronômica de Providence.

Entretanto, seria um absurdo pensar que Lovecraft teve algo parecido com uma experiência normal com professores, colegas ou com a própria instituição. Os outros alunos geralmente o achavam inacessível. Alguns disseram mais tarde que tentaram fazer amizade com ele, mas tiveram seus esforços rejeitados. Ao menos um professor de inglês o acusou de plágio, uma acusação que ele respondeu mostrando que, de fato, havia copiado a tarefa — em essência, plagiando a si mesmo de um artigo que havia escrito sobre astronomia para um jornal local. Esse episódio provavelmente não o ajudou a cair nas graças dos professores.

Os registros do ensino médio de Lovecraft revelam que ele se provara, majoritariamente, um aluno medíocre, especialmente em matemática. Atingindo aprovações irregulares, ele conseguiu se tornar um habilidoso sabe-tudo, o garoto mal-amado que era mais inteligente que os professores e, ao mesmo tempo, desinteressado em se esforçar para tirar boas notas.

Em 1938, um ano após a morte de H.P. Lovecraft, Almina e Ernest Gygax trouxeram ao mundo Gary Gygax. Obcecado por xadrez e histórias de aventuras, Gygax e seus amigos criaram jogos ambientados em mundos de fantasia e ficção científica sobre os quais eles liam nas revistas pulp. Corriam por esgotos desativados e túneis de drenagem, encenando suas batalhas épicas contra alienígenas e monstros, geralmente escolhendo um dos amigos para ser o árbitro.

Na década de 1960, Gygax se tornou profundamente envolvido com o mundo de jogos de guerra militares e criou jogos *play-by-mail*, que funcionavam por meio de um mecanismo de "escolha sua própria aventura". Gygax também experimentou com o uso de dados nos jogos, inovando ao empregar dados com mais de seis lados a fim de criar mais números aleatórios.

Gygax e seu parceiro Dave Arneson criaram, em 1973, o RPG de mesa *Dungeons & Dragons*. Por mais de quarenta anos, ele se manteve como o RPG de fantasia mais vendido do planeta; com seu mundo semimedieval povoado por humanos, elfos, orcs, anões, divindades variadas e, é claro, dragões e as masmorras onde eles podiam ser encontrados.

As regras de *D&D* evoluíram e se expandiram várias vezes, mas o tema central do jogo permaneceu o mesmo. Jogar pode lhe oferecer a oportunidade de adentrar completamente em um mundo de antiga fantasia e se tornar uma personagem absolutamente diferente daquela que você deve encarnar no dia a dia. O *D&D* o permite deixar de ser o cara que trabalha em um cubículo e se transformar em um matador de monstros. Você se torna o herói de alguma lenda, o saqueador de um tesouro e não alguém que trabalha na janela de um *drive-thru,* entrega pizzas ou participa de reuniões acadêmicas tediosas.

Se Lovecraft e Gygax fossem compatriotas, sem dúvida teriam construído um sistema ainda mais intricado do que a criação tão singular de Gygax. Lovecraft obviamente tinha um dom para a fantasia; bem antes de o RPG de mesa se tornar o passatempo de gerações de crianças nerds, ele havia, às vezes com a ajuda dos irmãos Munroe, feito algumas incursões em um tipo de *LARPing* (um acrônimo contemporâneo para *Live Action Role Playing*) que se tornaria a febre no mundo geek no fim dos anos 1990.

No mínimo, o jovem Howard alcançou os limiares do que mais tarde se tornariam os jogos de RPG. Aos 13 anos, e talvez um pouco mais, Lovecraft construía dioramas complexos utilizados para representar cenas da história antiga, de fantasia e horror, usando soldadinhos de chumbo de setenta milímetros. Em algumas de suas cartas de 1933, ele se lembra da criação de jogos que envolviam "cenários amplamente extensos" em que ele "usava o tampo da mesa inteiro para montar uma cena", e usava terra, argila e rochas para criar "vilarejos com casinhas de madeira ou papelão". Ele usava "pessoas... geralmente tipos de soldadinhos de chumbo", apesar de Sarah Susan ter entrado em ação auxiliando-o "a modificar os trajes de muitos deles com a ajuda de uma faca e pincel".

Mesmo que o ferromodelismo tenha se tornado a paixão de muitas crianças na década em que ele nasceu, Lovecraft criou um outro conjunto de mundos (mas as ferrovias também o fascinavam profundamente). Muitos dos dioramas que ele construiu apresentavam cenários de seu amado século XVIII. Mas ele também misturava épocas de forma indiscriminada. O mundo romano colidia com a época vitoriana que, por sua vez, colapsava sobre a Inglaterra de Dryden e Pope. "Enredos de horror eram frequentes", ele nos conta, mas destaca que nunca desenvolveu cenas "extraterrestres".

É agradável pensar em H.P. Lovecraft jogando alguma versão dos RPGs de mesa que, oitenta anos depois, se basearam na mitologia criada pelos contos que ele escreveu. Se pudéssemos ao menos saber se Howard e Sarah Susan pegaram um caminhãozinho de brinquedo e o transformaram em um tipo de protoCthulhu, um horror bizarro, emergindo entre os pequenos soldados de setenta milímetros transformados em vítimas indefesas dos Grandes Antigos pelo jovem Howard e sua mãe usando estilete e tinta.

"Continuei com isso até os 11 ou 12 anos", escreveu Lovecraft, "apesar do crescimento paralelo dos interesses literários e científicos." Sua aparente reticência, ou talvez simplesmente surpresa, em admitir isso parecia autozombaria. Muito antes, ele já havia combinado Poe e *As Mil e Uma Noites* com química e astronomia. Em todo caso, suas aventuras em jogos de encenação não chegariam a um hiato tão abruptamente.

A Agência de Detetives de Providence sugere, certamente, que a tendência de Howard para trazer suas fantasias para o mundo real continuou bem depois de ele alegar que passara a se dedicar a "interesses literários e científicos". Em 1903, ele convocou os irmãos Munroe, e, ao que parece, vários outros garotos mais novos da zona leste de Providence, no que se tornou um jogo de encenação ao vivo. Encenaram os papéis de detetives inspirados nos contos de Sherlock Holmes, de Arthur Conan Doyle, e nas histórias de aventura que tinham passado a integrar o apetite literário do jovem Lovecraft.

Os garotos da Agência de Detetives de Providence se equiparam com lupas, algemas feitas de barbantes, um apito policial, distintivos de latão e, ao menos no caso de Howard, um revólver calibre 22 que, como vimos, ele brevemente considerou usar contra si mesmo. Eles seguiam quaisquer cidadãos de Providence que se parecessem, ainda que de forma superficial, com os criminosos que apareciam em um tabloide sensacionalista de circulação nacional chamado *The Detective*. Enquanto isso, Lovecraft, como um "Mestre do Jogo" da era de ouro dos RPGs, nas décadas de 1970 e 1980, criava cenários misteriosos para seus amigos desvendarem, chegando a recriar manchas de sangue artificial no piso de uma casa abandonada como base para um de seus jogos.

Durante 1904, o ano de sua depressão quase fatal, os jogos de encenar desapareceram da vida de Lovecraft, como quase todo o resto. Mas, como muitos de seus outros interesses, ele os reviveu em 1905 com o anúncio (no renovado *Rhode Island Journal of Astronomy*) de que a agência de detetives estava de volta à ativa. Em 1906, quando Howard completou 16 anos, ele e Chester Munroe começaram a se chamar de "Carter e Brady", uma imitação dos detetives ficcionais Nick Carter e King Brady, heróis na solução de crimes de romances baratos na virada do século.

* O jovem Howard alcançou os limiares do que mais tarde se tornariam os jogos de RPG. Aos 13 anos (ele) construía dioramas complexos utilizados para representar cenas da história antiga, de fantasia e horror

O fascínio do jovem Howard pela ficção policial cresceu com sua leitura dos contos de Sherlock Holmes, uma figura com que mais tarde ele diria estar "encantado". Seu amor pelos mistérios sherlockianos talvez tenha lhe impulsionado para a leitura de outros tipos de contos de aventura, incluindo material que, à época, os críticos tendiam a classificar como literatura *trash*.

Frank Munsey começou a publicar a ancestral das revistas pulp, chamada *Golden Argosy*, em 1882. Munsey estruturou a *Golden Argosy* em torno de histórias infantis. Sua empreitada falhou, talvez porque os pais de classe média se mostrassem muito desconfiados em relação àquele novo formato. Um novo par de publicações da década de 1890, chamado simplesmente de *Argosy* e *Munsey's*, encontrou uma fórmula mais chamativa e bem-sucedida. Impressas a baixo custo em polpa de celulose, um subproduto da manufatura dos papéis mais caros e de melhor textura, as revistas atendiam tanto adultos quanto adolescentes e crianças precoces. Traziam uma variedade de histórias que iam de contos de detetive a histórias do velho oeste. O humor e o romance também apareciam nas revistas com frequência. Por volta de 1905, a Munsey publicou a *All-Story*, uma revista pulp que Lovecraft, em 1914, diz ter lido "todos os volumes" desde a primeira edição.

Aparentemente, Lovecraft também lia romances baratos que tratavam de aventuras de detetives e do velho oeste desde muito novo, talvez com 4 ou 5 anos de idade. Sua obsessão pelas revistas *Munsey's* teve início por volta de 1903. Dez anos depois, Lovecraft havia lido centenas de milhares de palavras dos primeiros pulps, revelando, por óbvio, uma predileção especial pelo estranho e pelo extraordinário, coisas como os contos de "Marte" produzidos por Edgar Rice Burroughs. É digno de nota que Lovecraft tivesse 23 anos quando enviou para a revista *Argosy* suas cartas de fã, elogiando as histórias da publicação, mostrando que as influências que o conduziram aos seus jogos de fantasia com os amigos, como bem sabemos, persistiram na sua vida adulta.

A criação de mundos fantásticos pelo Lovecraft adolescente, apesar de sua alegação posterior de que "isso só continuou" até "os meus 11 ou 12 anos", perdurou de outras formas que se provaram tão elaboradas quanto. Junto aos irmãos Munroe, ele criou um intricado cenário de jardins e fortalezas em um terreno baldio que envolvia poças de drenagem, trilhas de cascalho e até mesmo um "jardim georgiano" completo, com um relógio de sol. Como admitiu o próprio Lovecraft, esse cenário durou até seus 17 anos.

Mesmo que seja absurdo dizer que Lovecraft e seu pequeno círculo de amigos de infância inventaram os RPGs de mesa ou o LARP, suas atividades estão na raiz desse fenômeno cultural, particularmente depois que a ficção de Lovecraft, atrás apenas da de J.R.R. Tolkien, se tornou a base para o desenvolvimento dos mundos de fantasia dos RPGs atuais.

É intrigante que um autor que se tornou — mesmo que por pouco tempo — um dos favoritos de Lovecraft tenha publicado o que se considera a primeira tentativa de criar um conjunto de regras básicas para jogos de mesa. Em 1913, H.G. Wells publicou um livro chamado *Little Wars: A game for boys from twelve years of age to one hundred and fifty and for that more intelligent sort of girl who likes boys' games and books* (Pequenas guerras: um jogo para garotos de 12 a 150 anos e para aquele tipo mais inteligente de meninas que gosta de jogos e livros para garotos). Wells elaborou as regras básicas para a movimentação e os protocolos de disparos e tiros de artilharia para se usar com as pequenas figuras de chumbo produzidas pela Britains, a principal fabricante de soldadinhos de brinquedo da época. Não muito diferente de Lovecraft, eles criaram dioramas e construíram fortificações. Um árbitro controlava o tempo e o movimento das tropas com um cronômetro. Wells era um famoso pacifista, e o livro contém notas sobre a estupidez da guerra que em nada diminuem o deleite com que ele descreve o jogo.

Lovecraft e seus amigos nerds teriam se esbaldado com *Little Wars*, e é fácil imaginar o jovem Howard tirando das regras de Wells um conjunto bem mais complicado de jogos envolvendo todo tipo de cenários históricos e fantásticos. Mas o mundo precisou esperar mais setenta anos pelos dados de vinte lados, pelos acertos críticos e testes de resistência. Ainda assim, os horrores de Lovecraft sussurravam nas sombras ao redor das fichas de jogo, latas de cerveja e caixas de pizza vazias enquanto os *baby boomers* e a geração X exploravam suas masmorras atrás de dragões.

O envolvimento de Lovecraft com o mundo da ficção pulp e suas incursões em um certo tipo de RPG o colocam nas raízes dos fãs do universo geek. Por volta de 1960, os quadrinhos da Marvel de Stan Lee e a revista *Famous Monsters of Filmland* (Monstros famosos do cinema), de Forrest J. Ackerman, foram construídas sobre as bases de entusiastas da ficção pulp, como Lovecraft, pessoas marginalizadas que encontravam pouca ou nenhuma camaradagem em suas cidadezinhas e nos círculos sociais ainda menores.

O mundo dos fãs teve seu início nas seções de cartas das edições originais de quadrinhos como *Homem-Aranha* e *Quarteto Fantástico*. As seções de cartas das primeiras revistas *Famous Monsters of Filmland* se transformaram em uma forma de os jovens e as crianças redescobrirem os filmes clássicos de monstros feitos nos anos 1930 e estabelecerem uma conexão com outras pessoas com o mesmo gosto, funcionando como o que se poderia considerar, na era da Internet, uma versão muito mais lenta de um fórum para fãs ou um tópico no Reddit.

Nerds isolados, talvez incapazes de encontrar mais do que um ou dois amigos que partilhavam de seus interesses na cidade em que moravam, de repente se viram parte de algo muito maior, algo que os ligava com outras crianças de todo o país. Forrest Ackerman se tornou o "tio Forry", criando a base de fãs dos monstros clássicos como uma espécie de extensa família que tinha ele mesmo como um patrono e patriarca afetuoso. Stan Lee escrevia notas na "base da Marvel" a cada nova edição. Essa prática passava a impressão (bastante falsa) de que seus quadrinhos inovadores vinham da interação diária de uma espécie de família de artistas e escritores com quem os fãs podiam se conectar por meio da seção de cartas.

As primeiras revistas pulp estabeleceram o modelo para o que a Marvel e a *Famous Monsters of Filmland* realizaram com tanto sucesso nos Estados Unidos do pós-guerra. Por volta de 1914, Lovecraft começou a enviar cartas com regularidade para a *All-Story*, criticando contos e às vezes se metendo em bate-bocas com seus colegas leitores acerca do valor de alguns autores. Nisso, ele e seus correspondentes pressagiaram os fóruns de discussão e os fóruns de fãs atuais em sites como *io9* e *Fangoria*, em que as seções de comentários sobre resenhas de filmes e as listas de top dez se inflamam com uma base de fãs extremamente dedicada a uma ou outra franquia de ficção científica ou terror — com frequência disputando entre si. Eles discutem sobre a superioridade de autores, diretores e adaptações para as telas de suas obras favoritas, enquanto condenam, em uma linguagem geralmente reservada para disputas políticas e ideológicas, os produtos que eles consideram inautênticos e inferiores, surgidos de uma cultura popular dominada pelos geeks.

É um mundo em que Lovecraft teria recebido pronto reconhecimento.

Após seu primeiro ano na Hope Street School, Lovecraft abandonou a escola e nunca mais retornou a nenhum tipo de programa acadêmico formal. Aparentemente recuperado de sua depressão suicida, graças à sua sede de conhecimento e a suas habilidades consumadas de um entusiasta por hobbies, ele acabaria acometido por uma variedade do que nossa atual cultura terapêutica chamaria de ansiedade social. Mais tarde, em uma carta, ele se lembraria de ter "sofrido um colapso nervoso" porque, apesar de dizer que gostava do colégio, "a tensão era intensa demais para [sua] saúde". Na mesma carta, mente sobre a época de seu "colapso nervoso", sugerindo que ele tinha, na verdade, completado a educação secundária e que suas dificuldades de saúde o impediram de cursar a Universidade Brown.[16]

Essa distorção, o desejo de não ser visto como alguém que abandonou a escola, se tornaria um tema muito comum na correspondência de Lovecraft. É algo bastante compreensível. Ele gostava de bancar o erudito em que havia se transformado, uma necessidade que se alinhava com a sua tendência de agir com soberba em relação a seus amigos e entes queridos — uma característica de eruditos do mundo todo.

Sua súbita saída da escola teve diversas causas. No fundo, o colapso nervoso representava a junção de um desejo de se retirar para o seu mundo interior, e o desejo de Sarah Susan de lhe permitir fazer isso. S.T. Joshi destaca que Howard continuou indo mal em matemática, sugerindo que ele não teria entrado na Brown de qualquer maneira e, mesmo se tivesse, não teria muita esperança de se tornar químico ou astrônomo. Talvez ele tenha percebido isso e desistido completamente de uma educação formal. Ou, talvez não, já que o veremos novamente tentando aprender química e bancando o astrônomo nos anos que se seguiriam.

Um relato de segunda mão — em alguns sentidos de terceira — do ano da saída de Lovecraft da escola o descreveu como tendo "terríveis tiques nervosos", o que certamente deve ter causado espanto em seus colegas de classe. De acordo com este relato de um dos colegas, "ele estava sentado na carteira e, de repente, se levantava e saltitava — acho que eles se referiam a isso como convulsões".

Essa história, combinada com o relato do próprio Lovecraft acerca de seus numerosos tiques faciais, levou alguns escritores a sugerir que ele sofria de coreia menor, hoje chamada com frequência de coreia de Sydenham.* Uma desordem neurológica infantil, a coreia de Sydenham

* Coreia, aqui, vem do grego *khorea*, que significa dança. Devido aos movimentos involuntários causados por essa doença, ela ficou conhecida por Dança de São Vito. [NT]

causa espasmos e movimentos involuntários. Talvez ele fosse afligido por essa doença. Mas, se quisesse, ele provavelmente teria permanecido na escola, apesar de tudo. Sarah Susan lhe dava uma liberdade quase absoluta, mas a escola não era para ele.

Assim, de acordo com alguns biógrafos, se iniciou seu longo afastamento do mundo. Ele mesmo nunca soube explicar os mais de seis anos que passou quase que completamente em casa, sem interagir com outro ser humano a não ser sua mãe. Esse período de sua vida se tornou um tanto nebuloso. Aqueles de nós que desejam oferecer um relato sobre ele temos que acompanhá-lo; permitir que seu constrangimento e talvez sua incompreensão desses anos guiem nossas próprias ruminações sobre o que exatamente ocorreu com ele.

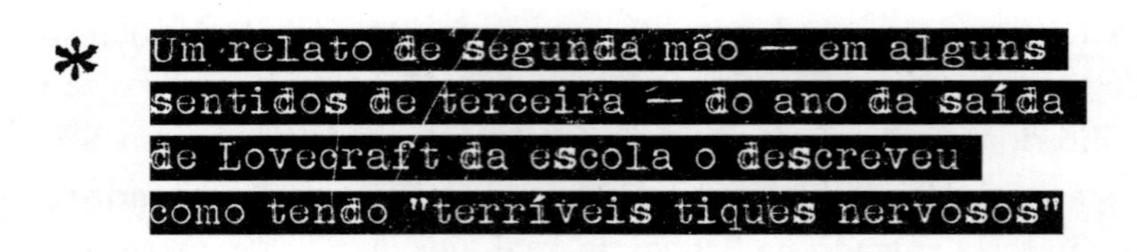

A escassez de evidências concretas sobre o que aconteceu com Howard durante o período da adolescência até os 23 anos de idade levou a especulações insanas. Biógrafos se permitiram explorar livremente seu tema favorito: a vampiresca mãe que sugava todas as energias do filho, Sarah Susan Lovecraft. Ao comentar sobre esses anos, Paul Roland diz, sem se basear em qualquer evidência, que Sarah Susan Lovecraft "não conseguia evitar de se entregar a arroubos periódicos de autopiedade", que o jovem Howard testemunhava, "sendo afetado profundamente pelo sofrimento dela".

Kenneth W. Faig Jr. pesquisou as biografias dos pais de Lovecraft de forma mais profunda do que qualquer outro, e tem algumas coisas positivas a dizer sobre Sarah Susan, enfatizando sua boa vontade em introduzir Howard na literatura e tornar possível algumas de suas empreitadas intelectuais. Mas mesmo Faig conclui, de maneira muito brutal, que a hospitalização e a morte da mãe de Lovecraft "salvaram a própria sanidade de seu filho". Ele sugere, baseado em nada além de pura especulação, que ela "transferiu o medo e o asco causados pela enfermidade do marido para seu jovem e inocente filho". S.T. Joshi, em sua avaliação geral sobre Sarah Susan Lovecraft, a chama de "claramente neurótica" e afirma que ela "feriu psicologicamente" o filho. August Derleth descreveu seu zelo pelo jovem Howard como "afeição aberrante".[17]

L. Sprague de Camp se utiliza de todas suas habilidades como romancista para conjurar a relação de Howard com a mãe. Ele intitula o capítulo que trata da juventude de Howard como "Haunted House" (Casa mal-assombrada) e, de fato, transforma a casa no número 598 da Angell Street em algo no estilo do Motel Bates. Sarah Susan Lovecraft se converte na histérica inválida que atrasa o desenvolvimento de Howard, e até mesmo a razão para ele ter abandonado a química. A casa deles tinha uma "atmosfera de casa mal-assombrada", e ela havia criado o tipo de "casa isolada" que mais tarde seu filho descreveria em uma história de mesmo nome, em 1924.[18]

O relato de Sprague de Camp culpa-a até mesmo da má vontade de Lovecraft em buscar um emprego. Ela o transformou em um hipocondríaco. Ele é o "jovem desafortunado" destruído por uma "mãe neurótica". Em uma lembrança sobre Lovecraft (na verdade, baseada na lembrança de alguém que só conhecia o autor por sua participação ocasional em um clube de jornalismo amador em Providence), De Camp se refere a Sarah Susan como a "mãe maluca" de Lovecraft. Em uma passagem especialmente escarlate de sua biografia de Lovecraft, De Camp a chama de "uma mãe monstruosa".[19]

Responsável pela maior parte da imagética lúgubre da maternidade monstruosa escrita sobre Sarah Susan e Lovecraft, De Camp se tornou um escritor de ficção weird bem-sucedido antes de embarcar em sua biografia de Lovecraft. Ele se tornou mais conhecido por escrever um novo ciclo de contos de Conan, o Bárbaro, baseado nos escritos originais do talvez mais famoso correspondente de Lovecraft, Robert E. Howard. Suas histórias do Conan ajudaram a aumentar o fascínio pelo personagem e a criar a série de histórias em quadrinhos da década de 1970, intitulada *Conan, o Bárbaro*.

Ao se ponderar sobre a opinião de Sprague de Camp a respeito de Sarah Susan Lovecraft, vale destacar que, em seus próprios escritos, De Camp tende a descrever as mulheres não como personagens, mas como objetos para seu feroz Conan seduzir e/ou estuprar (raramente ele estabelece uma divisão nítida entre essas atividades). As mulheres são, na maior parte dos seus contos de Conan, pouco mais do que um "perfume sedutor" vindo de uma "carne macia, doce e firme". É difícil esperar que De Camp concedesse às disposições e condutas de uma mulher como Sarah Susan Lovecraft uma análise mais profunda, respeitosa ou significativa.[20]

Ele não é nem o primeiro nem o maior dos seus ofensores nesse respeito. Talvez ninguém tenha escrito de forma tão cruel sobre Sarah Susan Lovecraft quanto Winfield Townley Scott, um poeta pouco conhecido que morava em Providence e era editor literário do *Diário de Providence*. Na metade da década de 1940, durante o primeiro renascimento intenso do interesse pela obra de Lovecraft, Scott tomou para si a tarefa de construir um esboço biográfico do filho de Providence que ficava cada vez mais famoso. Ainda que seja louvado por estudiosos de Lovecraft, como Peter Cannon, o curto trabalho de Scott descreve Lovecraft com uns débeis elogios e condena Sarah Susan Lovecraft completamente.

Scott conseguiu colocar as mãos nos arquivos do Hospital Butler de Providence sobre Sarah Susan, um documento que se tornou central para as acusações feitas contra ela pelos admiradores de Lovecraft. Ele também falou com o advogado da família e tomou ao pé da letra sua palavra quando ele se referiu a Sarah Susan Lovecraft como uma "irmã fraca". Ele também atribui muita importância a uma história de que Howard não teria visitado a mãe doente no hospital em seus últimos dias porque ele era um "jovem medroso e egoísta". Scott conclui, com uma perversidade desmedida, que "... não era culpa dele. Sua mãe tinha que culpar a si mesma por esse comportamento".[21]

Várias fitas de DNA cultural se reuniram nos últimos quarenta anos ou mais para fazer com que ser esquisito fosse algo legal, ou ao menos interessante, na atual cultura branca dos Estados Unidos. Mesmo agora, porém, aos homens é garantida uma maior liberdade do que às mulheres. Quase todo mundo, fora de alguns domínios suburbanos nos estados mais conservadores dos Estados Unidos, recebe ao menos alguns aplausos se hasteia a bandeira da bizarrice. De fato, a opção pela excentricidade se tornou um elemento importante no privilégio branco contemporâneo, em especial no privilégio branco masculino.

Sarah Susan Lovecraft criou seu filho esquisito em uma época em que as coisas eram bem diferentes. O capital cultural do sobrenome Phillips em Providence provavelmente ficou entre ela e a internação depois da morte de Whipple, apesar de ela ter sofrido esse mesmo destino no fim de sua vida. Sarah Susan viveu em um momento cultural — um momento que continuou até a década de 1950 nos Estados Unidos — em que as mulheres se viam trancadas, literalmente, em sanatórios.

As razões dadas para a internação de mulheres iam de excesso de bebida, passando por perder a paciência em público, envolver-se na política, fazer sexo com quem tivessem vontade, até uma variedade de outros comportamentos que pais, maridos e médicos homens definiam como representando um perigo para elas e para a ordem social. Uma vez confinadas nesses lugares terríveis, elas conviviam com pessoas verdadeiramente psicóticas e esquizofrênicas, enquanto sofriam com a hidroterapia — um tratamento que se assemelha muito com o afogamento induzido* usado como tortura. O comportamento estranho de

* Na forma mais comum de afogamento induzido, o torturador envolve a cabeça da vítima com um pano encharcado, apertando de forma que a água do tecido penetre na boca e nas vias nasais. Na medicina, a hidroterapia é um dos tratamentos mais antigos, adotando muitas formas diferentes ao longo dos séculos. Em *O Nascimento da Clínica*, Michel Foucault retrata uma dessas formas, usada para o tratamento de histeria, uma doença considerada unicamente feminina (histeria vem de hysteros, palavra grega para útero): "Em meados do século XVIII, Pomme tratou e curou uma histérica fazendo-a tomar 'banhos de 10 a 12 horas por dia, durante dez meses'. Ao término desta cura contra o ressecamento do sistema nervoso e o calor que o conservava, Pomme viu 'porções membranosas semelhantes a pedaços de pergaminho molhado... se desprenderem com pequenas dores e diariamente saírem na urina, o ureter do lado direito se despojar por sua vez e sair por inteiro pela mesma via'. O mesmo ocorreu 'com os intestinos que, em outro momento, se despojaram de sua túnica interna, que vimos sair pelo reto. O esôfago, a traqueia-artéria e a língua também se despojaram e a doente lançara vários pedaços por meio de vômito ou de expectoração'". [NT]

Sarah Susan Lovecraft poderia tê-la colocado em uma dessas instituições, conhecidas coloquialmente como "covis", se as suas circunstâncias e a sua genealogia fossem diferentes.

Os biógrafos de Lovecraft a internaram metaforicamente em descrições que criaram ou adotaram. A maioria dos que escrevem sobre Lovecraft conta a história de vida do autor como uma narrativa de fuga das teias da hipocondria e da neurose tecidas por sua mãe. Ao escrever sobre ela, boa parte replica as ideias vitorianas que as próprias fontes usavam para descrever o relacionamento entre Sarah Susan e seu filho excepcional e excepcionalmente esquisito, fazendo enormes concessões ao comportamento muitas vezes bizarro de Howard enquanto tornavam sua mãe responsável por ele. Ela merece coisa melhor.

Dois documentos deram uma enorme munição para aqueles que escreveram sobre a mãe de H.P. Lovecraft e a infância que ela deu a ele. Ambos são, de maneiras diferentes, altamente problemáticos enquanto fontes históricas.

O primeiro vem de um relato de 1948 de uma mulher chamada Clara Hess, uma vizinha da família Lovecraft na primeira década de 1900. Ela não registrou suas memórias de infância sobre Howard e Susan até 1948, quando tinha cerca de 60 anos. Kenneth W. Faig chama esse relato de "o retrato mais notável de Susan Lovecraft que temos", e com isso quer dizer que é quase o único retrato de Susan Lovecraft que temos.

Hess alegava conhecer Sarah Susan melhor do que conhecia Howard, que, conforme ela destaca, "era estranho e bastante recluso". Hess se lembrou também de que, no período logo após a morte de Whipple Phillips, "consideravam que Sarah Susan estava ficando bastante estranha", de acordo com as más-línguas de College Hill. Ela comentou sobre uma visita à casa da família Lovecraft que, conforme se lembrou mais de cinco décadas mais tarde, "tinha um ar estranho e fechado, e a atmosfera parecia esquisita". Lamenta que uma casa assim "fosse um ambiente tão adequado para se escrever histórias de horror, mas tão desafortunado para um rapaz que, se estivesse em um ambiente mais saudável, poderia ter crescido para se tornar um cidadão mais normal".

O relato de Hess está impregnado com as demandas da era vitoriana requentadas pelo renascimento da vida doméstica que teve lugar nos anos que se seguiram à Segunda Guerra Mundial. Quando Hess deu seu testemunho, a palavra "normal" só recentemente havia se tornado um termo de uso comum no inglês dos Estados Unidos do fim dos anos 1940. O conceito se enquadrava em um período de "Perigo Vermelho" e de uma retirada da classe média para a reclusão dos subúrbios, onde construiriam casas cada vez mais palacianas tratadas como berçários de "cidadãos normais".

As primeiras memórias de Hess sobre Howard e Sarah Susan estão carregadas de toda essa bagagem cultural. Basicamente, ela nos diz que o leste de Providence na virada do século achava os Lovecraft bastante esquisitos, um fato que poderíamos ter presumido sozinhos. Eles eram esquisitos, e esquisitos de um jeito que dá razões à cultura geek dos Estados Unidos e a qualquer um que se importe com bons livros para se alegrar.

A história, repetida muitas vezes, de que Sarah Susan via "criaturas estranhas e fantásticas" correndo durante o crepúsculo também chega até nós unicamente por Hess. De fato, não é em seu relato original, dado a Scott, mas em uma entrevista ainda mais tardia concedida a August Derleth. É bem possível que o que Hess descreveu aqui não passem de registros da tradição familiar, que remete ao velho Whipple, de contar histórias de monstros no escuro. Há boas razões para se pensar que mãe e filho mantiveram essa tradição após o falecimento de Whipple. Os terrores noturnos não desapareceram, como a ficção de Lovecraft revela a cada página.

As lembranças datadas de Hess se tornam cada vez mais suspeitas já que sabemos que os vizinhos fofoqueiros que moravam próximos à casa número 598 da Angell Street confundiam, com frequência, outros elementos da relação entre Howard e Sarah Susan. Marian F. Bonner, uma antiga vizinha, explicou que as histórias de supostas "discussões" entre mãe e filho vinham, na verdade, do passatempo da família Lovecraft de ler em voz alta as obras de Shakespeare. Com efeito, a natureza excêntrica dessa relação, e o fato de que talvez sentissem um prazer especial em irritar seus vizinhos intrometidos, levava-os a ler as cenas de derramamento de sangue e assassinato com um deleite especial. "Quanto mais cruel fosse a cena, mais ele gostava", lembra-se Bonner, "e a gritava bem alto para que os vizinhos ouvissem. Vizinhos vieram me falar sobre seus 'bate-bocas', mas eu sabia que estavam apenas declamando Shakespeare."[22]

A segunda fonte, vastamente utilizada por aqueles que têm coisas menos gentis a dizer sobre Sarah Susan, vem de alguém aparentemente mais confiável, mas, em alguns sentidos, menos crível do que Clara Hess. É a ficha que não temos, assinada pelo dr. F.J. Farnell, psiquiatra no Hospital Butler. Ele anotou na ficha de Sarah Susan que ela era uma "mulher de interesses mesquinhos, que recebeu com uma psicose traumática a notícia da aproximação da falência".

O próprio Winfield T. Scott é a única fonte que temos sobre essa ficha. É também o único que viu a ficha e não temos nada além de sua palavra e sua interpretação sobre o que ela contém. Como historiador, só posso olhar admirado para o imenso peso que os biógrafos atribuem a essa evidência inexistente. Ainda assim, é provável que a ficha de Sarah Susan contivesse um número de afirmações desagradáveis sobre seu estado mental. Mas mesmo isso nos diz mais sobre os conceitos vitorianos a respeito da perturbada mente feminina do que sobre a mãe de H.P. Lovecraft.

Os cuidados médicos que Sarah Susan Lovecraft recebeu em seus últimos anos foram muito influenciados pelo trabalho do dr. George Man Burrows, que acreditava que distúrbios inespecíficos no útero conduziam a doenças mentais. Essa ideia partia do pressuposto de que mulheres tinham uma afinidade especial para a depressão e para a ansiedade nervosa. A comunidade médica da era vitoriana tendia a concordar que mulheres possuíam um sistema nervoso fraco, fosse porque supostamente tinham o sangue mais ralo do que o dos homens ou, novamente, pela simples existência do útero.[23]

Por volta de 1870, época em que viveu Sarah Susan, a ideia de que a velocidade e o barulho associados à segunda revolução industrial teriam criado uma série de novos "distúrbios nervosos" se tornou preeminente na profissão emergente dos chamados "médicos da mente". As mulheres, concordavam os médicos, se provavam especialmente suscetíveis à "debilidade nervosa" causada pelo ritmo e o ribombar da época. Cada vez mais, os médicos da mente diagnosticavam "neurastenia", um termo cunhado por um médico norte-americano, em 1869, para um espectro de doenças que também viria a ser definido como "colapso nervoso" e "exaustão nervosa", diagnóstico que os médicos aplicavam com mais frequência às mulheres.

* Com efeito, a natureza excêntrica dessa relação, e o fato de que talvez sentissem um prazer especial em irritar seus vizinhos intrometidos, levava-os a ler as cenas de derramamento de sangue e assassinato com um deleite especial

Em outras palavras, o diagnóstico de Sarah Susan Lovecraft, incluindo aqui o quão profundamente indigno e agressivo ele parece, recai nos parâmetros do tratamento médico profissional para as mulheres depressivas da época. Provavelmente, Farnell tinha lido um tratado escrito em 1881 pelo médico Silas Weir Mitchell, da Filadélfia, cujas *Lectures on Diseases of the Nervous System: Especially Women* (Lições sobre as doenças do sistema nervoso: especialmente nas mulheres) falavam com superioridade sobre as "inválidas que amam sofá", que precisavam de "um descanso curativo", que as separassem de seus parentes e amigos de forma que, presumivelmente, elas mesmas conseguissem sair da doença.

Na verdade, é bem provável que Farnell adotasse a atitude geral da profissão que fazia com que os médicos tivessem, basicamente, uma relação antagônica com as "histéricas" de quem cuidavam. A literatura sobre o assunto falava de tratamento dos "problemas nervosos" das mulheres utilizando metáforas de combate, vitória e derrota. Em

1888, o dr. L.C. Grey disse a uma turma de estudantes de medicina que, ao lidar com mulheres assim, "você deve esperar que seu temperamento, sua inteligência e seus nervos vão ser testados a tal grau que não é ultrapassado nem mesmo pela maior das operações cirúrgicas". Essas mulheres "nervosas" poderiam, realmente, ameaçar a cidadela do sistema nervoso masculino, é o que ele parece sugerir, e elas devem ser confrontadas com "firmeza, resolução e determinação férrea". É como se Grey acreditasse que o ato de tratar tais mulheres colocava os homens vitorianos em risco de emasculação, de encarar seu próprio "colapso nervoso".

Dessa forma, dado o tom geral da literatura médica sobre as mulheres e "as condições nervosas", não surpreende muito que Farnell tenha escolhido pintar a mãe de Howard com tonalidades tão depreciativas e falseadas. Também não devemos levar a sério o comentário de Farnell sobre o terror dela pela "aproximação da falência". A família Phillips-Lovecraft já estava passando por dificuldades financeiras havia quase vinte anos quando Farnell escreveu essas palavras. Em 1911, o irmão de Sarah Susan, Edwin, conseguiu perder ainda mais dinheiro do patrimônio familiar em um investimento ruim. Preocupações com dinheiro não começaram a confrontar Sarah Susan de repente em 1919.

Poucos escritores que tratam de Lovecraft se debruçaram com cuidado sobre o comentário "mulher de interesses mesquinhos" que parece se encaixar bem demais com o retrato de uma mulher que só punha restrições ao desenvolvimento do filho, impedindo sua maturidade de todas as formas. É um comentário descartável sobre o qual já se escreveu como se ele estivesse entalhado na lápide de Sarah Susan.

Também é completamente falso. "Uma mulher de interesses mesquinhos" não teria apresentado seu filho de 5 anos à mitologia clássica e à literatura do mundo islâmico. Não teria encorajado seu interesse por química, encomendando seu primeiro conjunto de equipamento de laboratório e, posteriormente, pagando 161 dólares (o que não era uma soma pequena no ano de 1909) para que ele fizesse um curso por correspondência essencialmente inútil sobre o assunto.

Também não temos um pio vindo de H.P. Lovecraft sobre quaisquer tentativas de sua mãe de restringir seu acesso à ficção que atendia ao seu gosto bem extravagante. Ou mesmo de afastá-lo de seu amor mais proletário pelas revistas pulp. Na verdade, temos evidências de que ela encorajava suas visões de pesadelo e que também lia Shakespeare com ele, aparentemente, com especial consideração pelos contos com lâminas sangrentas e uma infinidade de mortos.

Por seus próprios méritos, Sarah Susan alcançou importantes conquistas. Ela estudou francês no internato e manteve o conhecimento do idioma por toda a vida. Mais tarde, Lovecraft comentou sobre o intenso interesse da mãe pela literatura francesa, vocação que ele nunca partilhou, mas que admirava. Seria um deleite para ela que a aclamação literária do filho viesse da França; e, de fato, o trabalho de Lovecraft foi enaltecido por lá décadas antes de o *establishment* literário norte-americano reconhecê-lo.

Passei parte de uma tarde agradável na Biblioteca John Hay de Providence lendo o "Livro de Anotações" de Sarah Susan, que sugere que Howard herdou dela partes de seu amor pelo século XVIII e seu autodidatismo. Ela enchia páginas e mais páginas com citações de escritores que iam de Goethe e Dryden até chegar em Hawthorne — esse último um dos primeiros escritores de fantasias sombrias que caíram no gosto de Howard, sendo possível que tenha lhe sido apresentado por sua mãe. O livro também contém anotações sobre história, reunidas, aparentemente, de forma a lhe oferecer uma imagem mais clara dos eventos mundiais, se focando especialmente na passagem da Idade Média para a época do Iluminismo, que seu filho tanto amava.

Na mesma tarde que passei entre pilhas de materiais lovecraftianos, tive a chance de ler anotações no próprio exemplar de estudante de Sarah Susan da *Gramática Francesa Analítica e Prática* de Jean Gustave Keetels, publicada em 1878, e que ela, aparentemente, usou até o fim do período letivo de outono daquele ano. Uma extensa citação em latim sobre "A Língua Francesa" escrita na folha de rosto diz que a França, e o francês, representam a sobrevivência do grande legado romano. As ideias e interesses de Sarah Susan certamente parecem muito mais amplos que um foco neurótico no filho ou um luto obsessivo pela perda do marido e do pai.

Sabemos também que Sarah Susan foi uma entusiasta pintora de paisagens e desenhista, apesar de nenhum de seus trabalhos ter sobrevivido. É agradável imaginá-la com cavalete e tintas às margens do rio Seekonk enquanto o dia quente de primavera vai esfriando em uma tarde da Nova Inglaterra. Sabemos que ela praticava essas atividades ao ar livre. Clara Hess afirmou tê-la visto várias vezes nos bondes. Tinha uma vida fora da casa 598 da Angell Street e para além de seu filho muito amado, mas que sem dúvidas às vezes era impossível de se lidar.

Talvez o mais interessante, porém, é que ela também se preocupava com política — especialmente com aquilo que se conhecia como "a questão da mulher". Muriel Eddy, cujo marido mais tarde se tornou um amigo de Lovecraft e um colega escritor na *Weird Tales*, conheceu Lovecraft porque Sarah Susan e a sogra de Muriel frequentavam juntas as reuniões de sufragistas.[24]

Diligentemente, procurei na Sociedade Histórica de Rhode Island por alguma menção específica sobre ela nos registros da Associação de Rhode Island pela Igualdade de Direitos, a encarnação do movimento pelo voto das mulheres na época cujas reuniões, segundo se lembra Eddy, Sarah Susan frequentava. Apesar de não aparecer nenhuma menção específica a ela, isso não deve ser visto com surpresa, já que a associação tinha um número bastante amplo de membros no ano de 1916 para um estado do tamanho de Rhode Island: cinco mil integrantes.[25]

Biógrafos fizeram muito alarde sobre a amizade entre Eddy e Lovecraft. Essa amizade recebeu toda a atenção devido ao pesado trabalho de revisão que Lovecraft realizou nos contos de terror de Eddy, revisões que se aproximam tanto de uma reescrita que são, em essência, contos de Lovecraft. Contudo, os dois talvez nunca tivessem se conhecido se não fosse pelo engajamento político muito real, ainda que limitado, de Sarah Susan.

Nenhum desses dados biográficos nos garante que Sarah Susan não tenha prejudicado seu filho, como diz a nomenclatura atual na área de saúde mental. Nenhum deles significa, por sua vez, que ele também não a tenha prejudicado. A natureza das relações humanas se manifesta de maneiras diversas de sofrimento por parte de cada um. O motivo pelo qual precisamos criar narrativas de vilania e vitimização para explicar isso é obscuro, particularmente quando tratamos dos segredos dos mortos.

As maneiras com que magoamos uns aos outros são diversas, complexas e difíceis de explicar. As maneiras com que ferimos quem amamos são ainda mais irredutíveis e inexplicáveis. Por isso, construímos narrativas sobre esses terrores secretos e, se nos tornamos famosos, os biógrafos também tentam transformar tais mistérios de memória e de dor em histórias.

Sarah Susan prejudicou o filho? Por causa dela, jazia alguma coisa nos cantos escuros da psique de Lovecraft, morta, mas a sonhar, e que certamente despertaria para trazer a catástrofe, como o grande Cthulhu? É provável. Mas temos bem mais evidências históricas das coisas que ela deu a ele, a imaginação que ela nutriu e libertou. Ela falhou em criar um "cidadão normal" e em levar o prêmio de mãe do ano da Providence vitoriana. Mas teve sucesso em ajudar a forjar H.P. Lovecraft.

A história dos Estados Unidos do início do século XX nos diz muito mais sobre o que o mundo fez a Sarah Susan Lovecraft do que sobre o que ela fez a seu filho. O resto são sussurros e segredos. Nunca saberemos de verdade.

Os anos de reclusão de Lovecraft não são de grande mistério. Suas atividades entre 1908 e 1914 não mudaram muito, exceto que ele pôde se eximir do fardo do contato humano e da experiência inquietante da escola. Em sua correspondência, ele se lembra dessa época como um período de depressão avassaladora e de "exaustão nervosa". Mas com isso ele está explicando, e afastando com sua explicação, o que ele e alguns daqueles que escreveram sobre ele desde então viam como uma falta de produtividade alarmante em um Estados Unidos onde o *go-getterism* de Henry Ford (o Modelo T começou a ser vendido em 1908) — esse direcionamento para ser proativo, motivado e determinado a atingir seus objetivos a todo custo — se tornou o clima predominante. Ele não fez nada disso. No máximo, entrou no negócio de ser Howard Lovecraft.

Estudou química, mesmo com a matemática lhe provocando dores de cabeça, e, por fim, desistiu. Leu os contos de John Carter escritos por Edgar Rice Burroughs e, apesar de depois tê-los criticado, parece que, à época, ele tinha amado cada palavra deles. De fato, ele leu pilhas e pilhas de histórias pulp sobre detetives, aventureiros e caubóis, e ocasionais "contos estranhos" que a *Argosy* e a *All-Story* publicavam. Ele continuou com seu entusiasmo pela astronomia, mantendo um caderno bastante detalhado com suas observações. Em maio de 1910, ele viu o Cometa Halley e, eu suspeito, esse se tornou um dia do qual ele se lembrou para sempre. Os "espaços infinitos" estiveram ao alcance dos olhos, e Howard Lovecraft capturou um vislumbre do cosmos.

* As maneiras com que magoamos uns aos outros são diversas, complexas e difíceis de explicar. As maneiras com que ferimos quem amamos são ainda mais irredutíveis e inexplicáveis. Por isso, construímos narrativas sobre esses terrores secretos

Em novembro de 1911, no Dia de Ação de Graças, ele escreveu um poema para Sarah Susan no qual fazia pouco caso de seus próprios hábitos noturnos e a tendência de dormir durante o dia. Ele lhe desejou que se divertisse no jantar com a tia Lillian e o marido e foi cochilar até a hora de seu "mingau de aveia Quaker" ou "biscoitos". Sarah Susan adicionou uma anotação afetuosa no final do bilhete, explicando quando ele havia sido escrito.

A descoberta do mundo do jornalismo amador por Howard Lovecraft foi um de seus momentos divisores de águas e nada do que eu disser aqui pode diminuir seu significado. Ele mudou de maneiras muito interessantes devido ao jornalismo amador e essas mudanças tornaram possíveis tanto seus primeiros contos quanto seu casamento. Mas essa descoberta ainda não foi sua transformação em H.P. Lovecraft.

No ano de 1913, Lovecraft escreveu uma carta para a *Argosy* criticando o trabalho de Fred Jackson, cujos contos de aventura e romance apareciam regularmente na revista. Sua crítica provocou a ira dos leitores da *Argosy* e Lovecraft, obviamente, escreveu um poema satírico de 44 versos sobre o imbróglio na seção de fãs da revista, que ele descreve em uma carta para um amigo em 1916 como sendo escrito "à maneira de 'O Dunciad', de Pope."

A sátira poética imitando poesia augustiniana causou mais confusão do que raiva entre os defensores de Jackson na *Argosy*, mas Lovecraft tinha conseguido provocar uma pequena tempestade. Howard disse que a edição seguinte da revista não trazia nada além de cartas "antiLovecraft", levando-o a escrever "mais uma sátira, fustigando todos os meus algozes com pentâmetros contundentes". Parece um tanto improvável que esses seus algozes tenham se sentido adequadamente fustigados por um estilo poético do século XVIII que dependia de certa facilidade com a literatura clássica e trocadilhos em latim para produzir efeitos. Mas a controvérsia levou Howard Lovecraft à atenção de Edward F. Daas, de Milwaukee, um dos proponentes que nutriam profundo entusiasmo pelo movimento do jornalismo amador que floresceu na virada de século nos Estados Unidos.

O jornalismo amador envolvia a produção de artigos publicados de forma independente, em geral produzidos por uma ou duas pessoas reunindo materiais que variavam de quatro a doze folhas de tamanho. Poucos ainda usavam o método do hectógrafo na década de 1910, mas a maioria já fazia uso de pequenas prensas disponíveis comercialmente — pequenos mecanismos de manivela oleosos e complicados que muitas vezes exigiam uma habilidade considerável em tipografia para fazer com que o produto final tivesse um acabamento melhor. Reportagens, é claro, constituíam um elemento significativo nesses materiais, embora uma combinação de empreitadas literárias e editoria política pareça ter formado o grosso do que era produzido pelos amadores. A circulação dessas publicações, naturalmente, era ínfima.

O jornalismo amador se mostrou particularmente atrativo para jovens e teve seu começo nos últimos anos da década de 1860. Em 1876, a Associação Nacional da Imprensa Amadora (NAPA) surgiu de esforços iniciais para organizar esses amadores independentes e bastante solitários. Em 1895, um jovem de 14 anos formou a Associação de Imprensa dos Amadores Unidos (UAPA) com a missão institucional de dar ao jornalismo amador uma direção mais intelectual. Não é de admirar que Howard Lovecraft tenha se envolvido com um movimento desses, já que vários de seus periódicos sobre química e astronomia imitavam esse estilo.

De forma um bocado redundante, muito do que se escreve sobre jornalismo amador tem se focado na natureza amadora de sua produção. Muito mais interessante é o fato de ele ter surgido durante um período que os historiadores têm chamado de "a incorporação dos Estados Unidos". Durante esse período, largas faixas do comércio norte-americano passaram para o controle dos hierarcas da segunda onda da revolução industrial. No ano de fundação da UAPA, William Randolph Hearst se ancorou em seu sucesso com o jornal *San Francisco Examiner* para adquirir o *New York Journal*, estabelecendo as bases de um império midiático que, hoje, inclui trezentas revistas e 21 canais de televisão.

Apesar de terem escolhido o adjetivo "amador" para descrever sua falta de interesse pelo lucro, o termo "jornalismo independente" explica muito melhor, nos termos atuais, o que eles pretendiam. Em alguns aspectos, seus esforços refletiam o trabalho de tipógrafos artesanais do início da república norte-americana, amadores que mesclavam aspirações literárias e empreendedorismo político em uma ampla fronteira de possibilidades de publicação repletas de dissidência e sectarismo. Ou, para dar outro exemplo contemporâneo ainda mais pertinente, esses amadores da virada do século incorporavam elementos do que viriam a ser os blogs do século XXI. O jornalismo amador era dotado de muitos dos aspectos positivos e negativos de tal movimento.

Howard Lovecraft se apaixonou por essa rede de produtores independentes de páginas impressas, muitos dos quais partilhavam sua postura anticomercial. Ainda que, de início, tenha sido membro da UAPA, ele logo se envolveu com a NAPA. Ambas as organizações entraram em declínio na década de 1920, sob as pressões crescentes do jornalismo fordista arregimentado e pelo simples fato demográfico de que muitos dos membros jovens do movimento envelheceram e passaram a ocupar cargos remunerados. O próprio Lovecraft permaneceu bastante ativo em meados dos anos 1920 e, de fato, serviu como presidente interino da UAPA entre 1922 e 1923, em uma época em que o número de membros e as atividades da organização haviam minguado consideravelmente. Ele nunca cortou completamente os laços com o jornalismo amador, se engajando em algumas atividades até pouco antes de morrer.

O jornalismo amador se mostrou importante para a formação de H.P. Lovecraft de duas maneiras primordiais. Seu envolvimento abriu sua vida para um círculo de amigos e acólitos que o encorajaram em seu interesse pela escrita, fornecendo-lhe os meios iniciais de publicação e, por fim, a base para a sobrevivência de sua obra após sua morte prematura. Em segundo lugar, é que foi por meio do jornalismo amador que ele conheceu Sonia Haft Greene, que se tornou, junto à sua mãe, a mulher com quem teve o relacionamento de maior importância durante seus quase 47 anos de vida.

Os amigos que Lovecraft fez se tornaram os primeiros receptores do que viria a ser uma correspondência volumosa que nunca foi compilada totalmente. Milhares de páginas e centenas de milhares de palavras pulularam do número 598 da Angell Street — e depois do Brooklyn; da casa 10 da Barnes Street, em Providence; e, finalmente, de sua última residência, o número 66 da College Street — para amigos e admiradores na Califórnia, no Texas, em Wisconsin, na Flórida e em outros pontos espalhados por todo o país.

Maurice Moe e Reinhardt Kleiner se tornaram dois dos primeiros correspondentes regulares de Lovecraft, o que começou com uma carta de apresentação para Moe, em 1914, e outra para Kleiner, na mesma época. Sua primeira carta para Moe nos diz muito sobre seu estado mental aos 24 anos. Em primeiro lugar, apesar de ele não ser o "cidadão normal" de Clara Hess, todos aqueles anos sozinho com a mãe também não o converteram em um Norman Bates. Em segundo lugar, ele queria muito estabelecer algum contato humano, ao menos de um tipo limitado.

A crítica de Moe em um jornal amador dizendo que Lovecraft precisava "abandonar os dísticos heroicos" em sua poesia proporcionou a ocasião para a carta. A carta de Lovecraft para seu crítico oferecia, ansiava e quase implorava timidamente por amizade, mas de início ele se apresentou em termos que não atrairiam, de imediato, a maioria das pessoas. "Eu deveria usar uma peruca empoada e calças curtas", disse a Moe, confessando que achava que jamais conseguiria escapar dos rigores da poesia augustiniana. Por outro lado, ele perguntava se Moe "gostava da ciência da astronomia". Lovecraft, então, entra em alguns detalhes sobre seu entusiasmo pelo assunto, incluindo como seu estudo científico encorajou seu materialismo cético, um conjunto de ideias que acabaria por provocar conflitos com seu novo compatriota.

Moe, uma figura preeminente no pequeno mundo do jornalismo amador, poderia ter sido afastado por aquela carta peculiar, mas, pelo contrário, os dois logo se tornaram bons amigos, ou ao menos bons correspondentes. Lovecraft e Kleiner estabeleceram um vínculo de forma ainda mais rápida, proporcionado pelo interesse mútuo por astronomia e ficção especulativa. Em uma carta para Kleiner, vemos Lovecraft relacionando seus interesses pelo macabro a Poe, a quem ele chama de "o Deus da ficção". Em uma carta de 1916, mais ou menos um ano antes de começar a escrever ficção com regularidade, ele diz a Kleiner que "costumava amar o horrível e o grotesco — muito mais do que amo agora".

Ele foi dúbio nesse ponto, porque o resto da carta expressa sua devoção pelos contos de horror e detalha alguns de seus próprios esforços iniciais na escrita de ficção weird. Ele admite ter uma mente repleta de "contos de assassinos, espíritos, reencarnações, metempsicose, e cada artifício arrepiante conhecido pela literatura!". Em uma carta anterior endereçada a Moe, ele exclui Poe da história do desenvolvimento de seus gostos literários, mas jura lealdade tanto ao *Wonder-Book* quanto ao *Twice-Told Tales* de Hawthorne. Ele chegou a trabalhar na redação de uma biografia do autor, em um estágio bem inicial da construção de sua vasta rede de correspondentes.

Ele estava aprendendo a ser H.P. Lovecraft e isso envolvia dissimulação e equívocos, um estilo e um modo de ser no mundo que há muito tempo é território dos tipos criativos. Ele escreve para Moe, por exemplo: "Em 1908, eu deveria ter entrado na Universidade Brown, mas o meu estado de saúde debilitado tornou essa ideia absurda". O que é absurdo é a alegação de que a saúde ruim o afastou da Brown. Seus problemas de saúde, a maior parte deles ligada ao que chamaríamos de ansiedade social, fizeram dele, simplesmente, alguém que abandonou o colégio.

* Moe, uma figura preeminente no pequeno mundo do jornalismo amador, poderia ter sido afastado por aquela carta peculiar, mas, pelo contrário, os dois logo se tornaram bons amigos, ou ao menos bons correspondentes

Em 1916, a correspondência de Lovecraft adentrou uma nova fase. Seus amigos e ele iniciaram uma prática que tem conexões intrigantes com a cultura geek do século XXI. Em uma carta de junho de 1916, Lovecraft traçou para Kleiner um plano para "um tipo bastante singular de correspondência rotativa", em que Moe, Kleiner, Lovecraft e Ira Cole participariam. Um membro do grupo iniciaria uma carta sobre algum assunto literário, político ou filosófico, que seria enviada para outro. Depois que o correspondente acrescentasse seus pensamentos, a carta seria enviada para o membro seguinte até completar o ciclo no primeiro membro do grupo, que lançaria um novo tópico. A conversa continuaria, em tese, infinitamente.

Em conjunto, o grupo se autodenominou "Os Kleicomoloes", uma piadinha composta de partes do nome de cada um. Lovecraft insistiu com Kleiner para que cada membro omitisse sua parte do nome quando escrevesse, de forma que toda contribuição de Lovecraft era endereçada para os "Caros Kleicomo", enquanto a saudação de Kleiner começava com "Caros Comolo". Lovecraft conclui sua descrição exclamando "Que nomenclatura!", mas ele estava se deleitando com aquilo que originalmente parece ter sido um plano de Maurice Moe. Os Kleicomoloes trocaram cartas por muitos anos; o primeiro de muitos círculos de correspondência de que Lovecraft participaria.

Os Kleicomoloes se pareciam muito com os primeiros fóruns on-line que surgiram na Internet no início dos anos 1990, muitos deles começando entre os fãs de jogos de aventura baseados em textos que estão próximos da origem da cultura dos jogos de computador. Foi sugerido, ocasionalmente, que os fãs que se correspondiam em 1930 devido ao seu interesse pela ficção científica pulp teriam iniciado a primeira versão de uma rede de contatos nerd. Lovecraft e seu círculo parecem bem mais próximos das origens da cultura de interação entre outros entusiastas, que estariam isolados não fosse por essa cultura, e que hoje se tornou uma parte significativa da Internet.

Ao longo desses anos, vez ou outra ele presenciava contatos humanos "reais". Em 1917, W. Paul Cook, um colega de jornalismo amador com quem Lovecraft desenvolveu uma longa correspondência e relação profissional, foi visitá-lo no número 598 da Angell Street. Apesar de ter chegado logo pela manhã, Sarah Susan e tia Lillian o saudaram na porta com a explicação de que "Howard esteve acordado a noite toda estudando e escrevendo, ele acabou de ir para a cama, e sob circunstância alguma deve ser perturbado". De repente, contudo, o próprio Lovecraft apareceu vestindo um roupão antiquado e calçando chinelos e conduziu Cook até seu quarto para ministrar o que o seu convidado chamou de uma "longa palestra" sobre a importância do jornalismo amador.

De vez em quando, a história da visita de Cook a Howard Lovecraft tem sido apresentada como mais uma evidência de como a mãe e as tias de Lovecraft o transformaram em um inválido recluso. A bem da verdade, ela é mais uma história sobre aquilo que, para Howard, se tornaria uma existência quase noturna. Outro visitante no ano de 1917, Kleiner, achou Sarah Susan Lovecraft "muito cordial e até mesmo vivaz". Lovecraft, após uma longa conversa em seu quarto, levou o amigo para dar uma volta por Providence, principalmente para mostrar a seu convidado alguns exemplos da arquitetura colonial que ele tanto amava. Kleiner se lembra de querer parar em uma lanchonete local para comer alguma coisa e de Lovecraft ter se juntado a ele, apesar de não ter comido nada e, de acordo com a memória de Kleiner, ele "me assistiu tomar um café com bolo, ou talvez uma torta, com certa curiosidade". Kleiner se lembra de pensar que seu estranho amigo talvez nunca tivesse comido em um local público antes, e não há razão para duvidar dessas suspeitas.

À época em que encontrou com Kleiner e Cook, Lovecraft já havia escrito tanto "A Tumba" quanto "Dagon" — o resultado de seu longevo interesse pelo fantástico. Seus hábitos de leitura também mudaram, e ele começou a sondar as profundezas da literatura sobre o macabro e o fantástico. Nem todos os seus novos amigos se atentaram de imediato para seu interesse crescente nesse tipo de trabalho, embora alguns pareçam ter ficado encantados por ele tentar escrever algo além da poesia aos moldes de Dryden, Swift e Pope.

O jornalismo amador garantiu que seu círculo de amigos e admiradores continuasse a crescer. Lovecraft conheceu Kleiner em 1916, quando foi às docas de Providence para encontrar um grupo de jornalistas amadores a caminho de uma convenção em Boston. Em 1919, ele passou a se corresponder com Samuel Loveman que, apesar do preconceito declarado de Lovecraft contra judeus, se tornaria um de seus amigos mais próximos. Loveman, quase trinta anos depois de seu primeiro encontro, se lembra com deleite da enxurrada de cartas vindas de Providence que tratavam de um amplo escopo de assuntos, incluindo "astronomia, feitiçaria, bruxaria, arqueologia, literatura inglesa, cabalismo, a Nova York holandesa, poesia do século XVIII, Alexander Pope, escultura romana, vasos gregos, a decadência do período alexandrino, as termas de Caracalla, T.S. Eliot, Hart Crane — só Deus conseguiria enumerar a infinita variedade...".

Durante o fim da década de 1910, ele também formou sua amizade duradoura com Alfred Galpin, a quem Lovecraft apelidou carinhosamente de "Alfredus". Não conhecemos os detalhes de sua correspondência inicial, embora pareça ter acontecido por volta de 1917, quando Galpin estava no primeiro ano de ensino médio. Galpin, depois de vinte anos escrevendo para seu amigo, destruiu todas suas cartas por motivos que permanecem obscuros, salvo por uma alusão vaga a uma "mudança em seus interesses". Galpin era cerca de dez anos mais jovem que Lovecraft, que adotou a posição de "velho avô" de Galpin, e ambos escreveram copiosamente sobre jornalismo amador, religião, Sherlock Holmes e, por fim, ficção weird. Eles se separaram por um tempo no fim da década de 1920, mas se reconectaram antes da morte de Lovecraft, época em que Galpin havia se tornado um compositor bem-sucedido.

* Ele começou a sondar as profundezas da literatura sobre o macabro e o fantástico. Nem todos os seus novos amigos se atentaram de imediato para seu interesse crescente nesse tipo de trabalho

Essas amizades foram de uma intensidade surpreendente, dado que, primariamente, tomaram a forma de correspondências. Mas, ao que parece, isso agradava a Lovecraft. Simpático e educado demais em reuniões sociais, ele tinha pouca experiência no assunto e, somente durante o breve período que passou na cidade de Nova York, ele teve um círculo de amigos com que socializava com certa frequência. Exceto por sua mãe e suas tias, passou longos períodos em sua vida com apenas duas pessoas: Sonia Haft Greene e R.H. Barlow — que lhe garantiu um rico companheirismo no fim da vida que, talvez, nunca tenha conhecido anteriormente, mesmo com Sonia.

Tal coisa lhe sobreveio muito mais tarde. Certa vez, Lovecraft escreveu a Kleiner que "assim como você, sou absolutamente desprovido de amigos reais fora da correspondência". Parecia dizer isso como um simples reconhecimento da situação, que não lhe dava desgosto, não como um grito de desespero. Ele gostava da distância e talvez até sentisse necessidade dela.

Apesar de Edward H. Cole, um antigo amigo dos tempos de amadorismo, tenha certa vez sugerido que "os amigos [de Lovecraft] eram inumeráveis", ele descreve isso principalmente nos termos de sua volumosa troca de cartas. Cole estima que, em determinado ponto da vida, Lovecraft poderia estar a trocar cartas com mais de cem correspondentes regulares, frequentemente enviando missivas de vinte, quarenta ou até mesmo setenta páginas para seus amigos mais próximos sobre assuntos de todos os interesses intelectuais imagináveis. Essas horas que passava em sua escrivaninha, como as horas que passamos no Instagram e no Facebook, permaneceram essencialmente solitárias e raramente se tornaram para Lovecraft uma porta de entrada na vida cotidiana de alguém. De fato, alguns correspondentes fizeram inúmeras tentativas, todas frustradas, de encontrá-lo pessoalmente, incluindo vários que viviam em Providence ou arredores.

Para ele, a correspondência se tornou uma ponte para um mundo mais amplo. Ele havia começado a se aventurar um pouco mais, possivelmente dormindo fora de sua própria cama pela primeira vez em uma convenção de jornalismo amador em Boston, em 1920. Em 1919, ele se juntou a vários amigos amadores, também em Boston, para ouvir uma palestra de Lord Dunsany. Mais viagens a Boston vieram em 1921 e ele logo faria uma visita a Sam Loveman em Cleveland, uma cidade que Lovecraft considerou extremamente não lovecraftiana (mas que também lhe ofereceu uma das ocasiões em que encontrou o já famoso poeta Hart Crane). O quase recluso começou a se mover em alguns círculos literários muito interessantes, pelo menos de vez em quando.

Sarah Susan Lovecraft deu entrada no Hospital Butler de Providence em 13 de março de 1919, onde morreu em 21 de maio de 1921, de uma cirurgia malsucedida na vesícula.

A narrativa construída sobre Lovecraft frequentemente retrata esse como o seu momento de libertação, o momento em que ele rompeu as amarras que o prendiam à mãe vampira e se tornou H.P. Lovecraft. Se você for inclinado a interpretações edipianas tentadoras, não se chocaria em saber que, seis meses depois da morte de Sarah Susan, ele conheceu a mulher com quem se casou.

A verdadeira reação de Lovecraft à hospitalização e morte de sua mãe é estranhamente ignorada nas discussões sobre o que a morte dela "representou" para ele. Ignora-se a possibilidade de que as viagens e o trabalho literário que o consumiu pelos vários anos seguintes consistiam em um longo grito traumático, encontrando, ao menos dessa vez, expressão em algum tipo de interação social externa e não em seu hábito normal de reclusão e sumiço em um labirinto de seus próprios interesses ecléticos.

O fato de que ele esperava encontrar um substituto para sua relação com a mãe, e que o tenha feito de forma tão rápida e desastrosa, não carece de explicações psicanalíticas. Quando sofremos, como certamente Howard Lovecraft sofria durante a marcha de dois anos de sua mãe rumo à morte, ficamos desesperados por um refúgio. Ao contrário das outras épocas de sofrimento em sua vida — como a morte do pai, a perda do avô e da casa de sua infância, e o que quer que tenha acontecido com ele no ano de 1908 —, dessa vez ele abraçou mais oportunidades de refúgio exterior. É extremamente estranho que Lovecraft tenha recebido tanta psicanálise severa e condenações biográficas por uma das poucas vezes na vida em que ele se comportou como uma pessoa comum.

A falta de evidências torna um tanto incertas as circunstâncias que levaram a família a internar Sarah Susan Lovecraft no Hospital Butler. Já vimos que um incêndio destruiu a maior parte dos registros do hospital. Sabemos que fora para a casa da irmã para um período de repouso. S.T. Joshi escreve que "ela foi internada no Hospital Butler", com uma voz passiva intrigante na narração, talvez a melhor forma de descrever o que houve com base no vazio existente nos registros.[26]

Esses anos, o primeiro dos dois períodos incrivelmente produtivos na criação de seus primeiros trabalhos, obviamente representavam uma provação constante. Ao escrever para Kleiner em 1º de janeiro de 1919, enquanto Sarah Susan estava com a tia Lillian, ele se descreveu como incapaz de comer ou sair da cama. Em outra carta para Kleiner, escrita dezessete dias depois de sua mãe dar entrada no Hospital Butler, expressava ainda mais desespero: "A existência parece ter pouco valor", escreveu, "e gostaria que acabasse".

Ele escrevia para ela e a visitava na área livre do hospital com frequência, fazendo longas caminhadas às margens do rio Seekonk. O trabalho que Winfield T. Scott escreveu em 1940, repleto de críticas ferrenhas a Lovecraft, deu muita ênfase ao fato de que ele "não se aventurava no interior do hospital". Na verdade, fora as afirmações peçonhentas de Scott sobre a relação de Lovecraft com a mãe, temos evidências limitadas acerca do assunto. Muriel Eddy, uma amiga de Providence, diz que "ele visitava Sarah Lovecraft com bastante frequência". Ela reconhece que ele nunca adentrava o hospital, mas que eles caminhavam pelos jardins que ela descreve como "amplos e belos". A ideia de que Lovecraft ignorou a mãe em seus últimos dias se destaca como um dos maiores absurdos que circularam sobre ele.

Escrevendo a uma correspondente logo após a morte de sua mãe, ele se consolou com pensamentos suicidas. "Durante a vida de minha mãe, eu sabia que uma eutanásia voluntária de minha parte lhe traria sofrimento", escreveu, "mas agora me é possível regular o prazo de minha existência com a segurança de que meu fim não causaria a ninguém mais do que um incômodo passageiro — é claro que minhas tias são infinitamente dedicadas e solícitas, mas a morte de um sobrinho raramente é um evento marcante." Pensando, talvez, em seus primeiros planos de suicídio de quinze anos antes, ele sugeriu que poderia, "possivelmente... encontrar coisas interessantes o suficiente para ler e estudar que garantiriam minha permanência indefinidamente".

Ele concluiu a carta sugerindo a sua leitora que desistisse de ler Kant e descrevendo o quanto estava apreciando a obra de um tal pensador vienense bastante intrigante, Sigmund Freud.

Em 1920, ele escreveu para "Os Gallamo", um novo círculo de correspondentes que Lovecraft iniciara com o jovem Alfred Galpin e Maurice Moe. Ele relatou um sonho em que encarnava um cirurgião do exército aposentado que vivia no norte de Nova York, região de onde seu falecido pai tinha vindo.

Ele conta a seu círculo sobre caminhar para visitar um colega que estava causando muito alarde ao "conduzir experimentos secretos em um laboratório no porão de sua casa, e que não aceitava que ninguém além dele mesmo entrasse por aquela porta. Odores doentios eram detectados com frequência nas proximidades da porta, e sons estranhos também não estavam ausentes". Lovecraft, o cirurgião do exército, vê "uma enorme placa de vidro... úmida, gelatinosa e de um branco azulado", e descobre, para seu horror, que o colega insano começara a transformar a gosma em algo vivo. Na lógica irracional dos sonhos, ele olha para o painel de vidro de um dos estojos de instrumentos do médico louco e percebe, para seu desgosto, que sua gravata precisa ser endireitada. E então ele acorda.

Todo leitor de Lovecraft perceberá trechos e pedaços de alguns de seus melhores contos nesse sonho: "Herbert West: Reanimator", "O Horror em Dunwich", "Do Além" e, talvez mais especificamente, *O Caso de Charles Dexter Ward*. Todos eles apresentam coisas inaturais nascidas da junção da ciência com a magia. Um laboratório secreto de onde algo apavorante parece escapar pela porta trancada.

Todo sonhador notará a peça que nossa psique nos prega durante o sono, naqueles momentos em que parecemos estar à beira de uma relação explanatória da natureza secreta e, possivelmente aterradora, de toda a vida, e aí nos lembramos de que não pagamos a conta da Internet. Nosso eu onírico se prepara para um reencontro feliz com um ente querido que se foi, e a narrativa do sonho dá uma guinada, abandonando o momento sublime e nos mandando em busca de um guarda-chuva perdido.

Algumas das cartas de Lovecraft entre 1919 e 1921 dão a entender que ele se perdia em um mundo de pesadelos à medida que a condição de sua mãe no sanatório piorava. Na verdade, ele usou esse tempo para entrar no primeiro de vários períodos produtivos na escrita de ficção de terror. "A Tumba" e "Dagon" foram concluídos dois anos antes de ela ser hospitalizada, mas "Dagon" enfim foi publicado em 1919 — ainda que, a princípio, apenas em um periódico amador de seu amigo Paul Cook. "A Tumba" apareceu no periódico de Cook em 1922. A *Weird Tales* fez uma reimpressão de ambas as histórias no fim da década de 1920.

* Algumas das cartas de Lovecraft entre 1919 e 1921 dão a entender que ele se perdia em um mundo de pesadelos à medida que a condição de sua mãe no sanatório piorava

Durante esse período, Lovecraft leu muito Dunsany, cuja palestra em Boston o deixara bastante impressionado. Elementos dos contos de Dunsany sobre jornadas e aventuras extramundanas em terras comandadas por um panteão de novos deuses aparecem em histórias como *O Navio Branco*, de 1919, e "A Busca de Iranon", de 1921. Darrell Schweitzer encontra todo tipo de conexões entre as histórias de Lovecraft desse período e a obra de Dunsany. Lovecraft se tornou tão fã de Dunsany que lhe dedicou dois poemas bastante ruins e lhe enviou como presente uma carta assinada por Abraham Lincoln que pertencia à biblioteca da família Phillips.

Lovecraft rompeu rapidamente com o encanto de Dunsany. Em pouco tempo, ele mesmo produziu visões muito mais sombrias do que aquelas que o escritor britânico poderia sequer imaginar. Seus próprios sonhos sinistros lançaram sombras sobre os mundos célticos de maravilhas, sonhos e terrores da meia-noite criados por Dunsany, e sugerem que os terrores noturnos de sua infância continuaram a rondar por sua mente adormecida. De fato, até mesmo Schweitzer destaca que ele começou a escrever contos de sonhos de outros mundos muito antes de ter lido uma palavra sequer de Dunsany.

As próprias jornadas oníricas de Lovecraft explicam seu interesse crescente por Freud durante a década de 1920 e o relato que fez a Kleiner em uma de suas cartas, no qual disse que estava "eternamente sonhando com estranhas paisagens áridas, desfiladeiros, extensões de oceanos e cidades desertas com torres e cúpulas". As criaturas que viviam entre essas ruínas, as coisas sombrias que o velho Whipple o ajudara a encontrar e as criaturas estranhas que ele e a mãe, aparentemente, faziam de conta que viam, lentamente se transformaram no abismo reconhecível do horror lovecraftiano no início dos anos 1920. Ele insistia com Kleiner que ia a tais lugares estranhos sem o auxílio de ópio ou cannabis. "Se eu experimentar essa droga", questionou-se ele, "quem pode dizer que mundos de irrealidade eu poderia explorar?"

Maurice Levy, um admirador francês de Lovecraft, descreveu de forma bela e aterrorizante como H.P. Lovecraft "*sonhou suas repugnâncias*" (itálico no original). Ele descobriu as histórias de monstros de que precisávamos e as carregou para fora do abismo de nossas psiques coletivas, bem como de seu próprio abismo. Ele não carecia de ópio, nem de Poe, nem das revistas pulp que lia, nem mesmo dos pesadelos que os membros de sua família gostavam de relatar entre si. Ele só precisava da experiência norte-americana associada à sua própria vida estranha e inexplicável. Precisava amarrá-las e descobrir o segredo terrível que ninguém em sua época, com algumas poucas exceções, queria conhecer.

Ele nunca conseguiu lidar muito bem com os Estados Unidos ou nunca quis isso. Sua romantizada, antiga, aterrorizante e espantosa Nova Inglaterra tinha uma ligação tênue com a Nova Inglaterra onde ele residia, preso pelas mesmas cordas soltas com que sua consciência conectava seus sonhos com suas horas de vigília. As partes da América do Norte que ele visitou e amou flutuavam em um éter de tempo sonolento: Salem, Marblehead, Quebec, Charleston, St. Augustine. Seu amor pelo mundo que existia antes de 1775 anuviava sua relação com as realidades da história norte-americana, e, inevitavelmente, com a história verdadeira de sua própria região.

Lovecraft nunca quis ser nada além de um residente da Nova Inglaterra, ainda que desprezasse desesperadamente os fundadores da região. Os colonos de Plymouth, calvinistas separatistas que surgiram em 1603, e os puritanos, que vieram para matar indígenas e queimar bruxas e quakers no ano de 1636, representavam para Lovecraft tudo o que ele odiava no fanatismo religioso. Mais tarde, em cartas a Robert E. Howard, ele usou os puritanos como exemplos perfeitos do conceito freudiano de repressão extrema que conduz a manifestações neuróticas.

Os puritanos são quase os únicos colonos que vieram para o Novo Mundo "por motivos religiosos", apesar de alguns conservadores norte-americanos excepcionalistas* alegarem, ainda hoje, que os escrúpulos teológicos motivaram todos os primeiros colonizadores ingleses, holandeses e alemães do Novo Mundo. Na verdade, grande parte das colônias originais restantes emergiu, primeiramente, de empreendimentos arriscados, de esquemas de capitalistas esperançosos que aspiravam a ter suas próprias terras, homens escravizados e capital comercial. Homens duros que pretendiam domar um ermo cujos recursos eles poderiam converter em ouro.

Os fundadores da Nova Inglaterra de Lovecraft queriam construir o reino de Deus. Eles se viam em uma "jornada pelo deserto", erguendo um posto avançado em um local que chamavam de "deserto uivante", povoado pelos filhos do demônio. Ursos e cães pretos, na verdade, vinham como manifestações de espíritos demoníacos que vagavam pelos assentamentos. Os povos nativos, escreveu o reverendo Cotton Mather, representavam os próprios filhos do demônio, vivendo em uma floresta escura onde a luz do evangelho ainda não havia penetrado.

* O "excepcionalismo americano" é uma variante da doutrina do "destino manifesto" que prega que os Estados Unidos têm uma história excepcional, diferente das demais nações do planeta. É uma crença nacionalista que enxerga o país e seus nativos como especiais em comparação aos outros povos. Suas versões mais radicais são permeadas de racismo e xenofobia e até hoje têm uma penetração considerável nas políticas internacionais do país. [NT]

Esses espíritos ancestrais viviam no coração e na mente de Lovecraft, não importando o quanto ele quisesse reivindicar Roger Williams,* e não John Winthrop,** como o pai de sua herança ianque. Enquanto o estranho jovem Howard crescia e se tornava H.P. Lovecraft, enquanto criava H.P. Lovecraft, ele embarcou em sua própria jornada pelo deserto: um emaranhado de sonhos, pesadelos, de horrores nacionais, de um momento na experiência dos Estados Unidos e do mundo em que as estrelas se alinharam, e o morto, porém sonhador Cthulhu despertou e espalhou destruição pela Terra.

* Roger Williams (21 de dezembro de 1603 — 18 de abril de 1683) foi um teólogo batista inglês. Williams defendia a separação entre a Igreja e o Estado em uma época em que a laicidade do Estado era vista como ideia pecaminosa e herética. Também defendia a tolerância religiosa e respeito no trato dos povos nativos da América. [NT]

** John Winthrop (12 de janeiro de 1588 — 26 de março de 1649) foi um advogado puritano inglês, responsável pela formação das primeiras colônias da Província da Baía de Massachusetts. Extremamente conservador, Winthrop era contra quaisquer ampliações de direitos civis e políticos para além de uma pequena casta de homens religiosos que perseverava, segundo ele, nos ideais mais nobres do puritanismo. [NT]

H.P. * PARTE.2

H.P.Lovecraft,
66 College St.,
Providence, R.I.

2

(Found Among the Papers of the Late Francis Wa

By H. P. Lovecraft

"Of such great powers or beings there may survival.....a survival of a hugely remote peri consciousness was manifested, perhaps, in shape since withdrawn before the tide of advancing hu of which poetry and legend alone have caught a called them [illegible], monsters, mythical beings of kinds....."

-----Algernon Black

Livros Proibidos

[illegible]

The [illegible]

The most [illegible] the world, I think, human mind to correlate all its contents. We live on ignorance in the mid[illegible] seas of infinity, an we should voyage fa[illegible]es, each ~~xkxxxxkxxg~~ s direction, have ^hitherto^ ha[illegible] but some day the p dissociated knowled[illegible] up such terrifying v our frightful positio[illegible], that we shall either revelation or flee [illegible] the deadly light into the pe dark age.

COSMIC BIOGRAPHY
LIMITED EDITION
H.P. LOVECRAFT
NECRONOMICON
1890 1937
ARKHAM CTHULHU

Parte 2

Theosop[illegible] [illegible] guessed at the awesome grande wherein our world and human race form transient inci at strange survivals in terms which would freeze the by a bland optimism. But it is not from them that th glimpse of forbidden aeons which chills me when I th when I dream of it. That glimpse, like all dread gli out from an accidental piecing together of separated old newspaper item and the notes of a dead professor

H.P.Lovecraft,
66 College St.,
Providence, R.I.

H.P.Lovecraft,
66 College St.,
Providence, R.I.

Stuart Gordon começou sua carreira dirigindo uma produção psicodélica, cheia de nudez e politicamente radical de *Peter Pan*, no ano de 1968. Ele havia marchado contra a guerra do Vietnã. O pelotão de brucutus do prefeito Daley o atingiu com gás lacrimogêneo nos protestos da Convenção Nacional do Partido Democrata em Chicago. Sua companhia de teatro, chamada Screw, montou uma sátira intitulada *The Game Show*, na qual os atores ameaçavam, atacavam e agrediam sexualmente os membros da audiência (na verdade, eram apenas outros atores infiltrados na plateia). As performances terminavam em tumulto, exatamente como Gordon esperava. Ele queria chocar sua geração e tirá-la da apatia, fazê-la se erguer e lutar quando confrontada com o mal ou levá-la a pensar sobre por que haviam se sentado ali e permitido que aquilo acontecesse.

E ele amava H.P. Lovecraft.

Lovecraft e Gordon formam uma dupla improvável. Entretanto, Gordon simboliza a geração da contracultura que adotou Lovecraft e outros escritores de fantasia porque eles ofereciam visões alternativas do mundo e expunham os terrores sombrios e primitivos que viviam sob a névoa suburbana dos Estados Unidos do pós-guerra. A geração que ficava chapada ouvindo The Who e fazia sexo na parte traseira das vans Volkswagen ao som das dissonâncias de The Doors devorava os escritos de alguém que, com aquela idade, editava um jornal amador chamado *The Conservative* (O Conservador), lamuriando-se em nome da salvação da civilização anglo-saxã. Liam Lovecraft enquanto tomavam as ruas ou os campi universitários para protestar contra a segregação, a desigualdade econômica, a discriminação de gênero e a guerra cada vez mais brutal e selvagem contra a revolução popular pós-colonial no Vietnã.

O fascínio de Gordon aumentava à medida que os contos de Lovecraft se tornavam mais disponíveis durante a década de 1970. Sua devoção pelo autor resultou no filme cult de 1985, *Re-Animator: A Hora dos Mortos-Vivos*, baseado livremente — muito livremente, insistem os puristas — no conto serializado que Lovecraft escreveu no início dos anos 1920, intitulado "Herbert West: Reanimator".

O filme se tornou um clássico cult devido a sua combinação de efeitos gore muito criativos, humor escrachado e a vontade de tentar coisas que a audiência nunca imaginaria que eles fossem tentar. Os mortos reanimados fazem mais do que simplesmente andar pelo filme e, em sua sequência mais infame, a scream queen Barbara Crampton, tem um encontro romântico com uma cabeça decepada que é difícil de explicar, mas vale a pena assistir. O especialista em terror John Stanley escreve que é "perturbadoramente doentio na medida em que sacia as perversões de um lado e é espertamente divertido por outro". Mais de trinta anos depois, ele permanece esperto, hilário e extremamente grotesco.

Talvez o próprio Lovecraft pouco se importasse com a nudez e a natureza crua da sexualidade no filme de Gordon. Ou talvez entendesse por que sua história tinha que ser contada em tais termos. Frequentemente, ele professava não sentir nada além de asco por aquilo que chamava de "o erótico" ou "o instinto erótico". E ainda assim, como certa vez contou a seu amigo Reinhardt Kleiner, "todos os sistemas éticos baseados na repressão erótica foram fúteis e hipócritas". Quando jovem, ele detestava histórias que exploravam a sexualidade e nunca escreveu nenhuma que o fizesse explicitamente. Mas passou a desprezar todas as formas de censura e a enxergar o erotismo como algo essencial para algumas histórias. Encorajou August Derleth em sua leitura de *Là-bas*, de Huysmans, um livro que ele chamou de "realmente nojento a ponto de provocar náuseas", mas "que vale a leitura".[27]

Assim, quem sabe que tipo de impressão uma Barbara Crampton nua perante a atenção não requisitada de um zumbi sobre uma mesa de cirurgias teria causado nele? Suspeito que ele teria achado um tanto quanto divertido, exatamente o tipo de coisa que os sonhos malucos dos humanos trariam à tona. Ele, no fim das contas, tinha escrito o conto lúgubre e sensacionalista que serviu de inspiração a Gordon.

"Herbert West: Reanimator" foi publicado de forma seriada de fevereiro a julho de 1922 no periódico amador *Home Brew*, uma pequena revista de humor e esquisitices que S.T. Joshi chama de "tosca e espalhafatosa". A publicação dessas histórias assinala um ponto de virada na vida de escritor de Lovecraft, já que, pela primeira vez, ele foi pago por suas histórias de terror, um total de cinco dólares para cada um dos seis episódios. Ele escreveu, com um deleite que transborda de cada página, que havia concebido "a mais odiosa das tramas".

As histórias obviamente lhe traziam muito prazer, escrevendo, certa feita, que duvidava do sucesso da *Home Brew* como um empreendimento duradouro, mas achava que os contos poderiam auxiliar sua reputação no "diabolismo sinistro". Reclama a Kleiner que se transformara em um "escritor de aluguel"* enquanto saboreia a finalização dos dois primeiros episódios de seus "contos demoníacos". Ele alega que, como um verdadeiro artista, primeiro recusou escrever os contos por conta da ideia de aceitar o pagamento por "ficção escrita por encomenda". Mas, em seguida, afirma que "o jovial editor lhe convencera" e, ao que parece, o fez com bastante facilidade.

* No original *Grub Street Hack*, termo pejorativo que, no mundo literário de língua inglesa, faz referência a escritores pobres, geralmente de pouco talento, que sobrevivem escrevendo textos encomendados e que não têm pudores de abraçar a literatura comercial se isso lhes garantir sucesso. O termo vem da Grub Street, em Londres, que no século XVIII era habitada quase que exclusivamente por escritores nessa situação. [NT]

"Herbert West: Reanimator" claramente segue a tradição dos cientistas loucos criando monstros que eles são incapazes de controlar. Apesar de o conto dar muito valor ao materialismo científico de seu vilão, pode-se dizer que West representa o primeiro dos muitos inventores insanos e exploradores do desconhecido de Lovecraft, cujo trabalho segue por uma via crepuscular entre o experimento científico e o ocultismo — um reflexo do dr. Frankenstein de Shelley, cujos estudos se iniciaram com a leitura de obras ocultistas sobre necromancia e alquimia antes de partir para a exploração das descobertas da medicina moderna.

As atividades de Herbert West tiveram início na Faculdade de Medicina da Universidade Miskatonic, uma instituição fictícia de ensino superior que se tornou fundamental para os contos e o folclore de Lovecraft. Ele baseou sua Miskatonic fortemente na Universidade Brown, mesmo ela aparecendo na cidade de Arkham — sua Salem ficcional —, e não em Providence. Camisetas da "Universidade Miskatonic" proliferam na Internet nos dias de hoje, a mais esperta sendo, possivelmente, uma que traz os dizeres "Departamento de Necromancia da Universidade Miskatonic", uma alusão bem clara aos contos de Herbert West. É evidente que os verdadeiros iniciados em Lovecraft podem demonstrar seu conhecimento biográfico do autor com uma camiseta estampada com "Departamento de Astronomia da Universidade Miskatonic".

Pondo de lado as reclamações de Lovecraft sobre o trabalho encomendado, a história de "Reanimator" revela que ele tinha um gosto por sangue e gore que Stuart Gordon simplesmente pinçou e extrapolou. Um jovem *protégé* de West narra a série, viajando com ele em busca de espécimes frescos com "pás e lamparinas à óleo" até um cemitério de indigentes. O próprio West havia sido expulso da Miskatonic pelo simpático e solícito médico reitor Alan Halsey, que pensamos que pode se tornar o herói do conto. Em vez disso, West toma a morte de Halsey como uma oportunidade para transformá-lo no pós-morte em um maníaco perseguidor que mata indiscriminadamente, estraçalhando suas vítimas em um frenesi de sede de sangue. Noite após noite, o demônio de Arkham estripa suas vítimas e, em alguns momentos, escreve Lovecraft, "ele não deixou para trás tudo o que atacara, pois às vezes tinha fome".

Um bando de camponeses raivosos (muito antes de essa imagem se tornar marca registrada dos filmes de monstros da Universal Studio depois de 1931) caça a criatura, que é internada no hospício onde ela bateu "sua cabeça contra as paredes de uma cela acolchoada por dezesseis anos". West presume que poderia ter mais sucesso com um espécime ainda mais fresco.

Seguem-se outras ressureições inacabadas e sinistras, incluindo uma passagem violentamente racista na qual um boxeador negro, "A Fumaça do Harlem", se torna uma das vítimas de West, e é descrito por Lovecraft como "uma coisa grotesca, parecida com um gorila... e um rosto que conjurava reflexões a respeito dos indizíveis segredos do Congo e batuques de tambor sob uma lua pavorosa". Em um comentário reservado somente para a vítima afro-americana de West, Lovecraft escreve: "o corpo deve ter parecido ainda pior em vida".

Ao fim da série, West e seu assistente vão às trincheiras da Primeira Guerra Mundial — a terra de horrores para onde o próprio Lovecraft tinha imaginado ir, e os experimentos de West se tornam ainda mais bizarros quando ele passa a usar material genético de répteis para despertar seus mortos frescos. Finalmente, como é próprio do que mais tarde se tornou a fórmula nas histórias de cientistas loucos, sua própria horda de mortos-vivos "humanos, semi-humanos, fracionadamente humanos e totalmente não humanos" se revolta e despedaça seu criador.

Humor ácido e elementos gore jorram como se as páginas fossem um canal rubro e fazem dessa história a base para um filme de terror quase perfeito da década de 1980. *H.P. Lovecraft's Re-Animator* se tornou o título oficial do filme nos Estados Unidos e os cartazes reiteravam a conexão com uma chamada em que se lia "O conto de terror clássico de H.P. Lovecraft... que vai te despedaçar de susto".

Lovecraft merecia tal louvor. Ele escrevera um conto em 1922 que entrelaçava elementos dos filmes de *Frankenstein* dos anos 1930, os filmes slasher dos anos 1970 e 1980, e da infindável onda de filmes de zumbis que se arrastam em nossa direção nos dias de hoje. Howard Lovecraft escapara da ansiedade em relação a suas influências, seu Hawthorne e seu Poe e seu Dunsany e seu Bierce, todos esses mestres sombrios congregados nas trevas que se reuniam atrás de sua escrivaninha, mesmo quando ele transubstanciava suas imaginações em algo novo, original e terrível.

Ele também havia explorado um dos grandes terrores de sua época: a guerra que matou oito milhões de homens e deixou 21 milhões de feridos. Mutilações corporais e homens que voltaram da guerra parecendo mortos reanimados se tornaram parte da vida do mundo ocidental nos anos seguintes a 1918.

A medicina de combate avançou significativamente durante a Primeira Guerra Mundial, permitindo que homens sobrevivessem a ferimentos horrendos que, anos antes, os teriam enviado para suas covas. As novas metralhadoras Maxim e o uso de projéteis que explodiam em estilhaços voadores podiam fazer coisas ao corpo humano que o tornariam praticamente irreconhecível, mesmo se a medicina conseguisse mantê-lo vivo. A mutilação facial levou a novos patamares na cirurgia plástica depois da Batalha do Somme, enquanto artistas e escultores faziam para os veteranos máscaras de latão ou gesso que às vezes lhes conferiam um aspecto tão horrível quanto o das suas próprias feridas.

* Ele também havia explorado um dos grandes terrores de sua época: a guerra que matou oito milhões de homens e deixou 21 milhões de feridos. Mutilações corporais e homens que voltaram da guerra parecendo mortos reanimados

A guerra em que Lovecraft tinha esperanças de participar fez surgir um mundo de horrores, e tanto filmes de terror quanto contos de ficção weird proliferaram depois da Primeira Guerra Mundial. Em 1922, Albert Grau e F. W. Murnau criaram o cinema moderno de vampiro com *Nosferatu: Uma Sinfonia de Horror*. Grau se lembrou de que trechos e partes da imagética do filme lhe ocorreram em uma noite escura se protegendo de tiros em uma trincheira quando a guerra começou a lhe parecer com um "vampiro cósmico, sugando o sangue de milhões". Em 1931, James Whale, um antigo oficial britânico nas trincheiras e um dos primeiros diretores abertamente gays de Hollywood, reviveu seu trauma de guerra quando dirigiu sua versão cinematográfica icônica de *Frankenstein*.

O tipo novo de terror de Lovecraft é bastante tributário dessa ânsia de experimentar o que Freud chamara, em um ensaio de 1919, de "O Inquietante" (*Das Unheimliche*), o que, segundo Freud, contemplava até mesmo os efeitos do trauma de guerra. Mas, enquanto a Europa jazia arruinada, os anos 1920 nos Estados Unidos rugiam tanto com o mundo *speakeasy* do jazz e do gim quanto com um novo e incontrolável ramo do conservadorismo encarnado em uma Ku Klux Klan revivida e no primeiro "Perigo Vermelho" norte-americano. Ainda assim, o eleitorado norte-americano ainda não tinha o estado de espírito adequado para o grotesco de Lovecraft, mesmo que ele — tal qual Herbert West — trabalhasse pelas madrugadas para trazê-los até a aterrorizante meia-vida. Ninguém, salvo pelo minúsculo círculo de leitores da *Home Brew*, viu seus contos de "Reanimator", carregados de gore, até depois de sua morte.

Críticos literários e historiadores amam falar sobre periodização. Alguns alegam que Lovecraft passou por um período, antes dos anos 1920, em que sua influência principal teriam sido os simbolistas decadentes. Outros enxergam seu trabalho totalmente como "Poe" durante todo o período anterior a 1926. Essas discussões ajudaram a formar o cânone lovecraftiano, que, de acordo com alguns estudiosos, seria composto de seus "grandes textos", a maioria escrita após seu retorno a Providence, justamente em 1926. O próprio "O Chamado de Cthulhu" é creditado como o despertar de um período em que ele pôs à prova todo seu gênio criativo.

Quando — e espero mesmo que isso seja verdade — ainda estivermos falando sobre H.P. Lovecraft daqui a trinta anos, acredito que as histórias clássicas "O Chamado de Cthulhu", "A Sombra Sobre Innsmouth", "O que Assombra nas Trevas" e "A Cor que Caiu do Espaço" não vão receber o grau de atenção que recebem nos dias de hoje. Elas não vão ser as coisas horríveis sobre as quais baristas e bartenders da próxima geração (*pós-millennial*, talvez a chamemos assim, ou Geração da Escassez de Água) vão querer conversar com clientes de meia-idade ao ponderar sobre os livros de Lovecraft (ou e-books ou leitores holográficos ou qualquer que seja a tecnologia que tenhamos em mãos ou implantadas em nossas cabeças nesse futuro não tão distante).

Agora mesmo, simplesmente digitar "Cthulhu" no Etsy resulta em 4.074 resultados. Mas Cthulhu enfrentará certa competição. Acredito que o tentáculo de horror dessa e de outras histórias merecidamente famosas vão apresentar algum desgaste após se tornarem reconhecíveis como uma parte tão grande do DNA cultural, e que apontar "O Chamado de Cthulhu" como seu conto favorito de Lovecraft vai parecer, na verdade, um pouco óbvio demais.

Não estou sugerindo que essas histórias-chave do cânone cairão no esquecimento. Pelo contrário, acredito que cada vez mais leitores começarão a descobrir as visões atormentadas que ele escreveu entre 1918 e 1923. Essas, em sua maioria contos bem curtos, são algumas das histórias mais estranhas e até mesmo aforismáticas já criadas por ele. Uma ou duas delas se parecem mais com charadas zen do que com contos ficcionais. Trazem nomes como "Celephaïs", "Polaris", "A Busca de Iranon" e "A Danação que Acometeu Sarnath". Dessas histórias, uma das melhores é simplesmente chamada de "A Cidade sem Nome" e, como "Dagon" em 1917, pressagia algumas de suas obras-primas posteriores. Muitas de suas explorações de mundos fantásticos têm uma beleza grotesca que volta a aparecer naqueles contos de horror cósmico que ele começou a escrever no fim da década de 1920.

Lovecraft chama "A Cidade sem Nome" (1921) de uma "fantasia arqueológica". A história não foi publicada durante a vida de Lovecraft, não fosse entre amadores, ainda que contenha algumas das passagens mais aterrorizantes que ele já escreveu. Seu viajante sem nome vaga "pelos desertos da Arábia" e atravessa ruínas cuja própria idade já evoca horror. Esse lugar desolado, desprezado pelos moradores locais, o atrai de uma forma que Lovecraft enxerga como "perversa", com um anseio que provoca em seu viajante não apenas horror, mas desejo e "espanto".

O narrador desce às câmaras profundas que narram uma história inumana. As paredes são ornadas com contos de monstruosidades que Lovecraft compara a répteis, enquanto nos garante que o que o seu viajante enxerga é algo muito pior do que ele é capaz de descrever. Explorando mais a fundo, lufadas de ar varrem seu rosto, vindas de um abismo que ecoa com um lamento horrível de vozes, "o praguejar e o rosnar espectrais de inimigos em línguas estranhas" vindos de uma "cova de antiguidades de inumeráveis éons extintos". Vou deixar que você descubra o que ele encontrou por lá e o que foi feito dele.

Todas essas primeiras histórias contêm, supostamente, a centelha do *Book of Wonder* de Lord Dunsany. Lovecraft alude diretamente a esse trabalho em "A Cidade sem Nome". Mas a maior parte de suas fantasias desse período conduz tanto seus aventureiros que buscam maravilhas quanto — nós — para um abismo profundo de incerteza, horror ou desilusão; eles adotam um ciclo sem fim de ausência de sentido, acreditando ser uma jornada mística por mundos de indescritível beleza. Essa estética da jornada desesperada continua e se expande por toda sua obra.

Esses são terrores que ninguém antes de Lovecraft havia explorado, ou talvez ninguém estivesse nem mesmo disposto a encarar. Esses não são fantasmas em uma casa mal-assombrada, horrores que podem ser evitados se você não invadir um local proibido. Esses são os terrores do tempo, e mesmo que você não viaje até cavernas malvistas, Lovecraft lhe garante que coisas mais antigas e mais terríveis que a humanidade aguardam para se erguer e nos esmagar. Em uma carta para Frank Belknap Long, ele comenta que pegou emprestada uma frase de Dunsany como inspiração para "A Cidade sem Nome", enquanto tentava "mirar em uma sucessão cumulativa de horrores".

"Hipnos" oferece mais um exemplo de uma história dos primórdios, e é provável que defensores futuros de Lovecraft a apresentem como representante de sua força literária inicial. Pergunto-me e me preocupo que "Hipnos" possa até se tornar uma leitura universitária padrão para as salas de aula modernas.

Se isso acontecer, talvez a ideia de "Hipnos" estar nos planos de ensino das faculdades adquirirá o mesmo verniz extravagante de se ler *Almoço Nu* nos anos 1970 ou parecerá tão empolgante quanto *O Papel de*

Parede Amarelo, de Charlotte Perkins Gilman, na década de 1990. Talvez sua reputação diga aos futuros universitários o que um ensaio de David Foster Wallace ou um dos textos mais incisivos e menos opacos de Chuck Klosterman dizem para os universitários de hoje. Um adulto que "simplesmente entende você" vai lhe proporcionar uma obra *muito relevante* que mudará sua vida e lhe abrirá as portas da percepção.

Digo que me preocupo tanto quanto me pergunto sobre isso porque canonizar significa domesticar e refrear os poderes de tais textos e histórias.

Esse é um conto que merece um destino melhor que esse. Com sorte, para citar Stephen King escrevendo sobre Lovecraft, "a titica acadêmica" não vai colocar suas luvinhas pomposas nisso.

"Hipnos" conta a história de uma amizade que pode ter existido ou pode ter sido o resultado de uma loucura extrema acentuada pelo uso de morfina, ópio ou por uma relação mística com alguma entidade, uma Coisa terrível arrastada para este mundo por feitiços, jornadas oníricas alucinógenas e intenções doentias.

A história nos envolve como um sonho febril ou uma passagem por um romance beat: um escultor encontra um estranho em uma plataforma ferroviária, um estranho entregue a uma inexplicável "convulsão" que "afastou os vulgarmente curiosos". O narrador, contudo, se encontra atraído pela face do estranho, um rosto que ele chama de "verdadeiramente belo", e quando o estranho abre os olhos, o narrador vê nesses poços sem fundo a bioluminescência do conhecimento proibido.

Na lógica dos sonhos, o escultor sabe que esse homem deve se tornar seu único amigo e seu mestre. Ele "afastou a multidão" e, enquanto seu novo conhecido saía de sua aparente convulsão, o narrador lhe pede que venha morar com ele, para "ser meu professor e líder". O estranho concorda, novamente da forma que o impossível se dá em um estado de sonho, "sem dizer uma palavra".

Essa história se destaca na obra de Lovecraft por duas razões. A primeira é porque ela é um exemplo de como, desde muito cedo, ele começou a moldar seu trabalho em torno de temas de monstros do abismo e coisas que, uma vez vistas, conduzem o observador a uma loucura da qual não se pode escapar.

Mais importante ainda, é um conto que alguns críticos atuais creditam à suposta submissão de Lovecraft a Poe. A relação superficial com o estilo de Poe, e uma ou outra homenagem no conto, na verdade revelam o quanto Lovecraft lutara para se libertar da influência do mestre. Poe teria usado o enredo para trabalhar o aspecto da complexidade psicológica do estranho, a ambiguidade sobre a sanidade do narrador. Contudo, ele nunca teria criado descrições viscerais de viagens proibidas para espaços transdimensionais repletos de terrores rastejantes. Nem mesmo teria criado esses outros mundos, mundos que o narrador descreve não como lugares, mas como "mergulhos e subidas" que sugerem ao leitor que a jornada assume características impossíveis de se descrever em termos do espaço físico reconhecido.

Algo horrível se dá no fim do conto, horrível e inexplicável — ou melhor, possível de se explicar de diversas formas distintas, cada uma mais terrível que a outra. Alguns leitores podem ler a conclusão como Lovecraft revirando a ideia antiga e empoeirada do duplo gótico ou como o borrão sobrenatural dos horrores da loucura.

Lovecraft não nos permite, na verdade, ler o final como uma simples alucinação. Ele deixa claro em "Hipnos" que as explorações sombrias do narrador e de seu amigo pelas drogas e pelo ocultismo tocaram o que ele, em seu entusiasmo astronômico, chamou de "espaço infinito". Lá eles descobriram coisas com que o amigo do narrador não deveria nunca mais ter que lidar. E, mesmo depois de tentarem se afastar de suas jornadas de além-mundo, o narrador flagra seu amigo olhando "furtivamente para o céu, como se assombrado por algo monstruoso em suas entranhas". Lá aguardavam "esferas proibidas, inimagináveis e hediondamente remotas".

Se minha previsão em relação a como a nova geração de fãs de Lovecraft vai receber esse conto se realizar, é difícil visualizar como ele figurará na futura busca por monetizar Lovecraft. Ele substituirá as camisetas, canecas de café e enfeites de Natal de Cthulhu? É bastante simples imaginar tatuagens de "Hipnos" no futuro, se tatuagens continuarem tão na moda quanto estão atualmente. A história termina com uma simples palavra em grego, em letras áticas que se encaixariam perfeitamente nos ombros, antebraços ou costas dos jovens.

Em janeiro de 1923, Lovecraft se queixou de que, quando você oferece um conto estranho aos críticos, "todos eles gritam Poe" e, de certa maneira, eles são um pouco como "animais treinados". Apesar de não achar que "Hipnos" se saiu muito bem nesse período, ele também via o conto como diferente daquilo que chamava de "coisas dunsanianas" em sua escrita. Ainda que certamente enamorado de Dunsany, um ponto sobre o qual muitos de seus críticos se queixaram, Lovecraft apenas tomou emprestados trechos e fragmentos do estilo e dos interesses narrativos do autor irlandês. Em suas mãos, voos fantasiosos se transformam em jornadas perigosas por uma escuridão opaca. Seus personagens, sempre diáfanos e sem substância, começam a tomar seus contornos amorfos nesses sonhos.

Em "Hipnos", ele fez algo novo: um conto de terror psicológico sem fantasmas, um conto de loucura cujos efeitos não dependiam do medo da loucura, mas sim de Coisas que habitavam além das fronteiras do que se considera a sanidade humana. Chame isso de seu cosmicismo, de seus Mitos de Cthulhu ou, nas palavras de Lovecraft, sua "Yog-Sothery". Mas ninguém tinha feito isso antes, nem Poe, nem Bierce, nem Dunsany — cuja obra o público contemporâneo consideraria mais em termos de fantasia leve do que de terror. "Hipnos", assim como seu outro grande conto de início de carreira, "Dagon", prenuncia um novo terror sobre a Terra, qualitativamente diferente de qualquer outra criatura horrível da ficção e do folclore antes dele.

S.T. Joshi, nem sempre elogioso em relação aos primeiros trabalhos de Lovecraft, acredita que "Hipnos" recebeu um "desprezo casual" em excesso dos críticos, talvez porque Lovecraft, mais tarde, tenha desdenhado do conto em suas cartas. Lovecraft expressou seu desgosto pelo conto em um ponto em que se sentia, de um modo geral, decepcionado com a sua carreira de escritor, e os críticos perceberam sua angústia.

Ele escreveu contos como "Hipnos" nas profundezas da noite da Nova Inglaterra, depois de passar a maior parte das horas do dia explorando as dimensões do sonho. É pouco claro quando esse seu estilo de vida noturno começou, embora ele certamente já passasse a maior parte da noite acordado, em frente à sua escrivaninha, na época em que Cook foi visitá-lo naquela manhã fresca de 1917. Certamente, isso se tornou um hábito bem estabelecido, pelo menos desde seus vinte e poucos anos.

Parecia que se tornava mais livre durante a noite, e é impossível não imaginar que ele tenha começado a dormir durante o dia como forma de escapar de algumas das estranhezas de seu lar. Ou, talvez, fosse uma questão muito mais simples: ele gostava da quietude da noite, achando-a mais propícia ao trabalho. Claramente, escrevia muito durante a noite, embora tenha se tornado uma espécie de "andarilho noturno" quando se mudou para Nova York em meados da década de 1920, perambulando pelas ruas até o amanhecer. Assim, é provável que não fosse pela escrita, nem para fugir de sua mãe e tias e de como suas esquisitices coletivas devem ter feito a casa parecer às vezes.

* Em suas mãos, voos fantasiosos se transformam em jornadas perigosas por uma escuridão opaca. Seus personagens, sempre diáfanos e sem substância, começam a tomar seus contornos amorfos nesses sonhos

Acredito que as horas noturnas permitiam que ele alterasse sua consciência. A noite se tornou uma espécie de pesadelo desperto que criava a sensação de nadar pela escuridão sem fim, assim como sua fascinação pela astronomia. Assim como Jervas Dudley em "A Tumba", ele fez mais de uma visita a um velho cemitério durante as madrugadas. Anos mais tarde, amigos visitantes se viram sentados sobre túmulos dos séculos XVII e XVIII, contando histórias de fantasmas até as duas da manhã. O velho cemitério da Igreja Episcopal de São João, no College Hill, que Lovecraft descreveu durante sua vida como "um ossuário em declive, completamente afastado de qualquer via pública", oferecia a ele e a seus amigos aficionados por horror o cenário perfeito para tais excursões noturnas. Em uma noite de agosto, Lovecraft contou a um correspondente que "todos se sentaram em um altar-tumba e rimaram acrósticos com o nome de Edgar Allan Poe".

Maurice Levy descreveu como alguns dos horrores mais enervantes de Lovecraft são coisas que surgem das profundezas. "O anormal, o inquietante e o impuro estão", escreve Levy, "sempre no eixo vertical da imaginação, sempre situados no fundo, na zona da mais profunda das sombras." Lovecraft, de fato, libertou horrores que vieram das profundezas, das profundezas do tempo, dos mares e dos espaços interdimensionais imaginários de onde Coisas abriam caminho para aquilo que os humanos consideram ser o seu mundo. No escuro, Lovecraft tinha seus monstros para si mesmo de uma forma que não tinha durante o dia ensolarado e atarefado.[28]

Clara Hess teria, indubitavelmente, classificado a permissão que Sarah Susan lhe dera para ficar acordado até tarde como uma daquelas coisas que impediram Lovecraft de se tornar um cidadão normal. Mas suas errâncias noturnas, tanto suas caminhadas literais durante a noite quanto suas jornadas interiores, permitiram-lhe perturbar os habitantes do mundo diurno, fazer com que todos aqueles cidadãos normais vissem suas experiências como o estado anormal das coisas, uma sombra onde algaraviam mil terrores.

Os pesadelos de Lovecraft logo encontraram um público mais amplo do que os periódicos amadores como a *Home Brew*. Em março de 1923, a primeira edição da *Weird Tales* surgiu nas bancas de jornais e vários dos correspondentes de Lovecraft clamaram para que ele enviasse sua ficção para ser publicada. James F. Morton, um amigo improvável de Lovecraft, visto que era politicamente inclinado ao anarquismo durante a juventude e permaneceu um radical até o fim da vida, exerceu o papel mais importante entre aqueles que tentavam convencer Lovecraft a enviar suas histórias para a nova revista. Em uma carta para Morton em maio de 1923, Lovecraft propôs, jocosamente, que apostassem entre si se o editor iria ou não simplesmente devolver as cinco histórias que ele enviara sem uma carta. Ele acreditava que esse seria o resultado.

Na verdade, Edwin Baird, o primeiro editor da *Weird Tales*, ficou intrigado com as amostras que chegaram até ele, embora tenha solicitado, em um bilhete pessoal, que Lovecraft reenviasse as histórias, dessa vez datilografadas com espaçamento duplo. "Argh! Detesto datilografar",

Lovecraft reclamou para Morton, mas disse também que estava "tão duro que talvez tentasse um dos contos como uma aposta... 'Dagon', eu acho..."

Ele datilografou a história com diligência, e Baird não só a aceitou como pediu por mais. "Dagon" saiu na edição de outubro de 1923 da *Weird Tales* e gerou um interesse significativo por parte dos leitores. Queixando-se com Morton mais uma vez sobre os horrores da datilografia, Lovecraft confessou querer "extrair um ou outro conto de um monte de monstruosidades desconcertantes".

A Biblioteca John Hay se situa no topo do College Hill, a antiga seção do lado leste da Providence colonial, que Lovecraft adorava. Nomeada em homenagem ao assistente pessoal de Lincoln, que mais tarde se tornou secretário de Estado nas administrações McKinley e Roosevelt, é um prédio construído no estilo neofederal de arquitetura, que um dia serviu como a principal biblioteca para graduandos da Universidade Brown. Hoje, é um refúgio para pesquisadores e alunos de graduação buscando um lugar mais tranquilo para a leitura do que o oferecido pela biblioteca principal da universidade. Também é o destino de pesquisadores que decidiram viajar para lugares estranhos.

As coleções especiais parecem uma parte do mundo mítico de Lovecraft devido a uma série intrigante de coincidências e conexões extremamente estranhas que a tornaram um dos principais repositórios de livros sobre magia, mistérios e tradições ocultistas nos Estados Unidos. Passei parte do meu tempo na Hay procurando por trechos e fragmentos da Coleção de H. Adrian Smith sobre Conjurações e Magicana.* A Coleção Smith contém materiais tão diversos quanto um arco completo da revista pulp *Tales of Magic and Mystery* ou um conjunto de materiais do século XVI sobre necromancia, filosofia neoplatônica e bruxaria.

A Coleção Smith por si só confere à Biblioteca John Hay a atmosfera da Universidade Miskatonic de Lovecraft, que detém uma das poucas edições do mundo do "não mencionável *Necronomicon*, do árabe louco

* *Magicana* é um termo que se refere ao estudo e à prática da magia em diversos graus. Refere-se, também, a organizações que tratam a magia como expressão artística. [NT]

Abdul Alhazred". Mas não para por aí. A biblioteca também abriga mais de mil volumes da Coleção do Oculto de Damon, materiais reunidos do antigo professor da Brown, S. Foster Damon. Um estudioso de William Blake, Damon colecionou livros e panfletos sobre Espiritualismo Americano, mas também obras dos séculos XVI e XVII com lições de magia, incluindo a obra do necromante inglês John Dee — que Lovecraft utilizou como parte de sua história do ficcional *Necronomicon*.

Durante o Halloween, os alunos de graduação às vezes se utilizam da Hay como um palco para passeios inspirados em Lovecraft. E fazem bem, já que a Hay se tornou o centro dos estudos sobre Lovecraft devido a uma série de doações de seus materiais, que aumentaram durante os anos, às vezes por meio de circunstâncias peculiares. Barlow doou à biblioteca muitos de seus materiais quando seu amigo mais velho faleceu em 1937. Em 1990, a biblioteca recebeu um original autografado de "Sussurros na Escuridão" (1930), há muito considerado desaparecido, encontrado em um sótão de uma das alunas de Barlow, depois que ela morreu, no Havaí.

Na minha primeira manhã de pesquisa na Biblioteca John Hay, caminhei do bairro do hotel, pelo canal do rio Providence, passando pela Primeira Igreja Batista — onde um precoce Lovecraft defendeu os romanos contra os cristãos. Para chegar à biblioteca, você passa pelo local da última residência de Lovecraft, em 1937, o número 66 da College Street, e chega ao extremo oeste da Angell Street. A Angell continua a subir da Hay pelo College Hill e em direção à casa em que Lovecraft passou sua vida ansiando retornar para o (que agora é um complexo de apartamentos) número 598, para os quarteirões apertados onde ele, sua mãe e tias viveram até 1924.

Suba pelo morro íngreme e você vai passar pelo centro mais antigo do campus da Universidade Brown, edifícios universitários de arquitetura gótica em meio a um gramado verde de espaços abertos. Em dias quentes de primavera como aquele, ninguém confundiria Brown com a sombria Universidade Miskatonic de Lovecraft. Os alunos tomam sol, jogam frisbee, adormecem estudando para as provas finais, fazem aulas de ioga e olham com interesse uns para os outros — exatamente como qualquer campus universitário com um espaço assim no país.

A coleção de Lovecraft na Biblioteca John Hay contém quase seis mil peças. Abarca uma grande parcela de sua correspondência e mais uma boa quantidade de itens do cotidiano, indo a minúcias, como contas de energia elétrica. A enorme pilha de artefatos, cartas e monografias inclui até mesmo documentos de sua esposa Sonia Greene e de seu segundo marido, oito caixas de material com vislumbres surpreendentes tanto de sua vida e do homem com quem ela escolheu se casar depois de se separar de Lovecraft — uma personalidade incrivelmente energética e idealista, quase tão diferente do primeiro marido de Sonia quanto se poderia imaginar.

Lovecraft, a despeito de algum constrangimento pela modéstia, sentiria um enorme prazer em ver o trabalho de sua vida preservado e cuidado de tal maneira, em um centro que recebe atenção tanto erudita quanto popular. Na primavera de 2015, o arquivista Christopher Geissler se ocupou de preparar a biblioteca para uma exposição que coincidiria com a data da NecronomiCon, uma convenção dos fãs de Lovecraft que ocorre periodicamente em Providence por décadas.

Lovecraft nunca poderia escapar deste lugar, os Estados Unidos com que ele sonhava, ainda que a cidade mudasse a seu redor e automóveis invadissem a sonolência de College Hill. Seu romance com Providence e com a Nova Inglaterra começou a moldar sua ficção, americanizando e historicizando seu horror ao trazê-lo para mais perto de casa. No início da década de 1920, a ficção de Lovecraft começou a se mover de cidades inomináveis para locais que ele nomeava, explicava e trazia à vida sobrenatural. Por volta de 1922, ele começou a usar a Nova Inglaterra, o terreno que ele conhecia e fetichizava, como o portal para o horror. Edmund Wilson, decano dos críticos literários norte-americanos, depois zombaria dele por isso, escrevendo que os "deuses de outras terras... estão sempre pregando peças no tempo e no espaço e invadindo o mundo contemporâneo, geralmente em algum lugar em Massachusetts".[29]

Não pretendo sugerir uma linha nítida e clara entre as buscas oníricas de Lovecraft e sua nova ênfase em lugares. Pelo contrário, começamos a ver sua ficção amadurecendo à medida que seu conhecimento do mundo para além de Providence aumentava. Sonhos de uma intensidade apocalíptica continuaram a exercer um papel em sua obra até o fim da vida. Cada vez mais, contudo, paisagens fantásticas, tingidas de escuridão, tendem a invadir o mundo cotidiano de maneiras profundamente desconcertantes. Sente-se um pouco do próprio horror que Lovecraft devia sentir pela vida.

Sua mente se aventurou para fora da Nova Inglaterra durante esse período, e ele tentou escrever sobre outros lugares e épocas. A obsessão que nutria pela Primeira Guerra Mundial se revelou mais uma vez em "O Templo", um de seus contos menos conhecidos, e merecedor de tal posição, escrito no verão de 1920. Lovecraft traz uma concepção notável para o próprio conto, a tripulação de um submarino alemão sendo levada à loucura por algumas das Coisas Abissais sugeridas em seu conto "Dagon" de 1917. O trabalho falha em sua execução, e o final incerto e confuso não traz a sensação misteriosa encontrada em sua tendência usual para ambiguidades temáticas.

Entretanto, no verão do mesmo ano, Lovecraft escreveu sua primeira história localizada no ficcional Vale do Rio Miskatonic, um conto que qualquer um que esteja descobrindo Lovecraft deveria ler. "A Imagem na Casa" revela um Lovecraft aos 30 anos começando a explorar todas as possibilidades do gótico da Nova Inglaterra, com a paisagem que ele próprio tanto amava se tornando uma paisagem de horrores.

"Aqueles que buscam por horrores", assim começa a história, "frequentam lugares estranhos e distantes." Uma frase como essa deve ter sido difícil de escrever para alguém que teria poucas oportunidades de ver "lugares estranhos e distantes" fora de seus sonhos. Existem, contudo, compensações, insiste Lovecraft, já que "o verdadeiro epicurista do terrível... estima, mais do que tudo, as antigas e solitárias casas de campo do interior da Nova Inglaterra..." Em lugares assim, ele nos assegura, podemos encontrar a "perfeição do hediondo".

Um viajante buscando abrigo encontra a "perfeição do hediondo" em uma cabana isolada enquanto ele, assim como Lovecraft fizera com frequência, passeava de bicicleta por uma solitária estrada da Nova Inglaterra durante o frio desolador do fim do ano. Ele tomou uma trilha que serpenteava até Arkham, a primeira menção na ficção de Lovecraft de seu portal favorito para o terror. À medida que as sombras se adensam, ele vê uma "antiga e repulsiva construção de madeira, que piscava com janelas embaçadas entre dois enormes olmos desfolhados". Apesar de ser um local pouco convidativo para se buscar refúgio, a hora tardia, o tempo frio e a exaustão do viajante foram o suficiente para que encarasse o que ele chamava de a "porta sugestiva e secreta" de uma habitação que presumia estar abandonada.

Dentro, ele encontra uma coleção de livros, e o viajante se confessa chocado por tais volumes não estarem guardados em segurança em uma biblioteca ou museu. Um dos encadernados de couro com fechos de metal vem a ser uma rara edição do século XVII de *Viagens no Congo*, enquanto outro contém gravuras do início da modernidade de alguns dos povos supostamente canibais que os primeiros exploradores encontraram no Brasil.

Explicar mais dos eventos de "A Imagem na Casa" equivaleria a fornecer spoilers, ainda que o próprio Lovecraft tenha desenhado o final bem no início da história. Como em muitas narrativas, é saber como chegamos até o fim que realmente faz um conto funcionar — e aqui Lovecraft nos arrepia de maneira soberba.

Isso é o gótico norte-americano. Nos anos posteriores, "a cabana na floresta" se tornou um clichê no cinema norte-americano de horror, desde a choupana solitária que, apenas brevemente, oculta seus segredos de carnificina e sangue em *O Massacre da Serra Elétrica*, de 1974, até aquela outra cabana abandonada que contém livros e coisa terríveis na série de filmes *Uma Noite Alucinante*, dos anos 1980, e seu excelente, e até um tanto mais apavorante, remake de 2013. Como escreve Lovecraft no início do conto, "o epicurista do terrível" busca por lugares estranhos, mas os Estados Unidos não têm castelos medievais ou ruínas antigas. Têm a cabana solitária, o local onde os colonos loucos por Deus ou por ouro, ou por um pouco de ambos, tentaram escavar um refúgio no deserto uivante. Tais lugares, sítios de assassinato e morticínio, se tornaram nossa casa mal-assombrada.

Além de trazer seus monstros para habitar a Nova Inglaterra, "A Imagem na Casa" introduz outro importante tema lovecraftiano. Ao longo de sua obra, a ideia do "Livro Terrível", cujo conteúdo abre portas para mundos de horror, exerce um papel crucial no enredo e na narrativa. Ele já mantinha esse conceito em mente desde 1919, quando se deparou com a ideia de uma história que Hawthorne considerara sobre um texto mágico que todos temiam ler.

Os livros que seu viajante andarilho encontra em "A Imagem na Casa" são obras históricas reais que sugerem, mais do que abrem portas, horrores de outros mundos. A ideia de tomos mágicos, cuja própria leitura pode conduzir alguém à loucura, se tornou central em sua mitologia, e mesmo para as mitologias que mais tarde criaríamos em torno dele.

Em 1922, seu conto "O Cão de Caça" traz a primeira menção do "proibido *Necronomicon*, do árabe louco Abdul Alhazred", a única coisa realmente notável no conto, além de ter sido seu primeiro trabalho a aparecer na *Weird Tales*, e é a história mais ridicularizada pelos críticos devido a seu estilo. O *Necronomicon* apareceu repetidamente em sua obra, frequentemente como um ponto crucial da trama.

"A Imagem na Casa" também revela o complicado interesse de Lovecraft por Freud. Os conceitos freudianos certamente permitiram que ele construísse sua teoria de que, como posto em "A Imagem na Casa", o puritanismo forçava os instintos humanos "a se sublimarem mais do que tudo". Não se sabe ao certo quando foi sua primeira leitura de Freud. Na metade de 1921, ele assegurou a um conhecido vindo do jornalismo amador que o "dr. Sigmund Freud de Viena, cujo sistema de psicanálise comecei a investigar, trará o fim do pensamento idealista".

Mais tarde, Lovecraft concordou com o argumento freudiano em *O Mal-estar na Civilização* de que a repressão dos instintos, de fato, torna a civilização possível, impedindo que as relações sociais degenerem em uma guerra de todos contra todos. Mas ele também acreditava, com Freud, que uma repressão excessiva do erótico poderia acarretar terríveis consequências. Ele argumentava, já em 1930 — quando, pelo que parece, sua leitura de Freud progredira de uma passada de olhos para um engajamento mais sério —, de que as "lendas da noturna Massachusetts" e "o tom macabro" de muitas histórias, verdadeiras ou falsas, da Nova Inglaterra, vinham diretamente do "neuroticismo grupal" dos puritanos. Ele fez essa afirmação em uma carta para Robert E. Howard na qual, sem surpresas, Lovecraft sugere a Howard que leia "A Imagem na Casa" para uma explicação mais completa do tema.

Lovecraft provavelmente encontrou em Freud munição em sua guerra incessante contra a religião. Ademais, para alguém dado a sonhos poderosos e altamente afetivos, Freud seria de um interesse natural. A exploração freudiana da sexualidade, por outro lado, não poderia interessar menos a Lovecraft. Ou pelo menos assim dizia ele, sempre que podia.

* A ideia de tomos mágicos, cuja própria leitura pode conduzir alguém à loucura, se tornou central em sua mitologia, e mesmo para as mitologias que mais tarde criaríamos em torno dele

Além do mais, por vezes Lovecraft contradizia seu próprio interesse nessas novas ideias vindas de Viena. Como fazia com frequência, optou por rejeitar quaisquer ideias que trouxessem a reboque alguma tendência moderna dos anos 1920. Talvez seja por isso que ele condenou Freud, ou mais especificamente o "freudianismo", para alguns de seus correspondentes ao mesmo tempo em que o recomendava para outros. Freud teria ficado fascinado por esse profundo conflito interno e, indubitavelmente, teria se deliciado ao escrever um estudo de caso sobre o peculiar jovem de Providence.

Entretanto, ao contrário de alguns dos críticos de Lovecraft, ele nunca teria tentado fazer uma análise de tal sujeito. Em 1928, em um ensaio sobre Dostoiévski, Freud admitiu que, ao confrontar escritores e artistas, "a psicanálise deve depor suas armas".

No início do outono de 1919, Lovecraft escreveu a Reinhardt Kleiner sobre o fim premente de seu casamento. Aos 29 anos, ele se confessava "pouco familiarizado com o fenômeno do amor sexual, exceto por algumas leituras perfunctórias". Podemos tão somente presumir que ele se referia a suas leituras precoces de enciclopédias médicas ou de enredos românticos de que tanto desgostava quando lia em revistas pulp. É provável que ele se referisse a ambos e, como é característico, desdenhasse da vasta província do desejo e da ânsia humana com sarcasmo. "Sempre presumi", queixou-se, "que alguém esperasse até encontrar algum tipo de ninfa, que parecesse a seus olhos radicalmente diversa do restante de seu gênero, e que, sem ela, sentisse que não seria mais capaz de existir."

É evidente, a partir desse tom, que ele considerava tais questões abaixo de si mesmo e que rapidamente interrompia as discussões sobre assuntos românticos e eróticos em favor de uma discussão sobre seu amor pela leitura do epistolário dos autores britânicos do século XVIII ou sobre uma lista de seus romanos favoritos.

Claramente ele não queria falar, assim como nunca realmente escreveu diretamente, sobre o "fenômeno do amor sexual". Outras coisas sacudiam sua imaginação durante a noite. Em dezembro de 1920, Lovecraft relatou a Kleiner que ele havia escrito o primeiro parágrafo de um conto enquanto cochilava, uma estranheza crível dada sua tendência de andar durante estados limítrofes ao sono e despertar na iminência de conjurar ficções monstruosas. A história que ele iniciara em um estado alterado de consciência, "Nyarlathotep", provavelmente se juntará a "Hipnos" como uma nova favorita entre uma nova geração de fãs de Lovecraft. Ela de fato parece um sonho, um pesadelo terrível sobre um mundo não muito diferente daquele conjurado por W.H. Auden em seu "O Escudo de Aquiles" (1955), um poema que sempre acreditei que teria conferido a Lovecraft uma apreciação maior do modernismo e seus frutos do que ele admitiria durante a vida.

"Nyarlathotep", que Lovecraft chamava de poema em prosa, é lido hoje como uma ponderação mais sombria da Geração Beat, um conto apavorante sobre um lugar inominável que poderia flutuar até o cume de alguns dos turbulentos delírios em prosa de William Burroughs. Ele imagina um mundo oprimido por um "senso de culpa monstruosa", onde dos abismos entre as estrelas "vieram frígidos ventos que estremeciam os homens quando estavam em lugares sombrios e solitários".

Essa paisagem apocalíptica em que Lovecraft nos submerge parece todos os locais sombrios e desertos e as cidades arruinadas que se tornaram lugares-comuns para vários profetas do apocalipse, da direita e da esquerda política, na era do pós-Primeira Guerra Mundial. Eliot tinha suas terras devastadas e suas câmaras no mar onde vozes humanas clamam para que nos afoguemos, Oswald Spengler tinha suas ruínas do valor e do sentido, e Freud tinha seus contos góticos sobre Ids, reprimidos e torturados por superegos sádicos em um mundo de sofrimento entre os polos de sexo e morte. Lovecraft foi para cidades sem nome e explorou o febril território onírico onde a experiência humana colapsa em espaços infinitos entre o que consideramos como realidade e o que tememos ser nossa real situação.

"...Todos sentiam que o mundo, e talvez o universo, tivesse passado do controle de deuses ou poderes conhecidos, para o de deuses e poderes desconhecidos." Nessa sombria paisagem de terror surge Nyarlathotep, vindo do Egito, faraônico e "moreno, esguio e sinistro". Ele é o mestre de picadeiro do mais sombrio dos parques de diversão, um vigarista existencial, o anticristo de um universo sem Cristo, uma mistura demoníaca de Nikola Tesla e Freud, usando "eletricidade e psicologia" e dando "demonstrações de poder [que] emudeciam e repeliam os espectadores". Todos precisam vê-lo, e em seu estado onírico Lovecraft imagina multidões reunidas de um mundo entristecido e aterrorizado aguardando para ter um vislumbre de Nyarlathotep, e, mesmo assim, tremem à simples menção de seu nome.

O mais próximo que esse pesadelo chega de uma narrativa clara se dá quando o protagonista inominado vai assistir a um show de horror itinerante quando este chega à sua cidade também inominada, "a velha e terrível cidade de incontáveis crimes". O narrador rejeita as profecias de horror que vê na performance, uma fantasmagoria, parte show de luz e sombras, parte revivificação evangélica. Esse breve aceno a uma narrativa linear rapidamente decai para um poema em tons sombrios, com o universo imaginado como uma enorme coisa morta, Nyarlathotep se tornando uma onda de horror que ecoa por "esse cemitério repugnante do universo" com "a batida abafada e enlouquecedora de tambores e o sibilar agudo e monótono de flautas blasfemas advindo de câmaras inconcebíveis e escuras além do Tempo".

É uma história que nos faz lembrar de nada menos do que um Edvard Munch. Seu quadro *O Grito*, de 1893, traz a mesma sensação do tempo colapsando sobre si mesmo, um momento de horror tão completo que engolfa inclusive sua própria expressão. Conhecemos o gênero da voz que grita no quadro de Munch? Não, e isso pouco importa porque é o terror universal na "batida abafada e enlouquecedora de tambores", um momento em uma ponte sobre um abismo turbulento, enquanto se inclina acima de nós um borrão vermelho como uma cicatriz no lugar do céu. É um novo tempo e espaço, e uma nova qualidade da experiência humana em que nada pode ser salvo, protegido ou dignificado. Munch e Lovecraft, o suposto antimodernista, deram-nos o momento moderno em que as próprias condições da mortalidade e da experiência são postas em xeque, e ouvimos os tambores enlouquecidos a ribombarem. Só nos resta tapar os ouvidos e gritar.

Certo elemento pictórico do pesadelo surrealista emerge da obra de Lovecraft, um esforço em criar imagens que lançam o espectador para dentro de uma atmosfera estética. Isso pode ser difícil em uma época como a nossa em que colocamos um livro de lado para ler e-mails ou enviar uma mensagem de texto ou — na pior das hipóteses — enviar uma mensagem sobre ler um livro em vez de ler um livro. Lovecraft, assim como todo escritor sério, exige muito mais devoção do que isso. Os mais longos de seus trabalhos, suas noveletas, podem apresentar desafios especiais para os leitores contemporâneos, acostumados a monólogos interiores e diálogos que novelistas pop tendem a utilizar como exposição, colocando o leitor no caminho da história que se desenvolve, provavelmente de maneira bem dramática, em um conjunto de desejos, visões de mundo, corpos e maneiras.

Lovecraft ignorava aquilo que considerava as trivialidades da conversação humana. Em vez disso, gastava milhares de palavras em paisagens, fossem essas paisagens geográficas literais ou paisagens do tempo e da experiência. Ele não dava muita importância a seus personagens e, na maior parte das vezes, também não queria que nos importássemos. Eles vagam por sua Nova Inglaterra ficcional, por dimensões de tempo e espaço, quase sempre se tornando vítimas de forças que eles libertaram ou que foram libertadas sobre eles.

Leitores de ficção weird nos anos 1920 e 1930 nem sempre encontravam em Lovecraft o contista excelente que encontravam em alguns de seus colegas. A maioria dos escritores da *Weird Tales* simplesmente tomava as convenções do romance realista e localizava a ação em uma casa mal-assombrada ou no espaço sideral. Lovecraft se recusava a escrever ficção com o clangor de correntes ou em que o horror se diluísse em uma *space opera*. Certa vez, ele escreveu a um ainda jovem August Derleth acerca do valor dos "ritmos e humores precisos" que libertavam o escritor "da responsabilidade arrastada de um enredo". A exposição, ao grau em que chega, goteja como pingos de tortura na mente dos leitores enquanto Lovecraft nos empurra lenta e horrivelmente — tanto personagens quanto leitores — em direção ao destino inescapável.

Novata tanto para o jornalismo amador quanto para a voz peculiar e original de Lovecraft, Sonia Haft Greene realmente não sabia o que fazer com "Nyarlathotep" e outros dos sonhos sombrios do autor. No verão seguinte, depois que ele terminou a história curta, que apareceu em um periódico amador (que o próprio Lovecraft editava na época), escreveu para Kleiner dizendo que "ouvira a opinião da sra. Greene", que "disse ter lido 'Nyarlathotep' e 'Polaris', mas confessou que ambos eram incompreensíveis para sua mente". Em meio a esse ruminar de ideias, ele lança um comentário casualmente racista de que a incapacidade de Sonia em captar o que ele esperava alcançar com aqueles contos se baseava no fato de que o "misticismo teutônico era sutil demais para os eslavos".

Ele acrescentou, contudo, que a "sra. G. tem uma mente perspicaz, receptiva e bem fornida". Não tardou para que começasse a citar frequentemente o nome dela em sua correspondência. De fato, sua carta seguinte para Kleiner louvava-a por uma doação feita para a UAPA, acrescentando que "ela tem uma mente de escopo e atividade singulares e um aporte extraordinário de cultura continental...".

Considerando a inabilidade de Lovecraft em falar sobre o "fenômeno do amor sexual", comentários como esse contam como estar enamorado.

Eles se conheceram em julho de 1921. Naquele verão, Lovecraft foi a Boston para participar da convenção de dois dias da Associação Nacional da Imprensa Amadora. Seis meses depois da morte de sua mãe, ele começou a exibir um pouco daquela sede por viagens que o marcaria pelo resto da vida. Ele parecia guiado por um desejo de encontrar marcas do passado e visitar o que chamaríamos hoje de locais históricos. Ele veria tal desejo frequentemente frustrado pela falta de dinheiro. No verão de 1921, contudo, teve o menor dos custos para se afastar da Angell Street. Boston fica apenas a meia hora de trem de Providence.

Sonia Haft Shafirkin nasceu em um pequeno vilarejo próximo a Kiev, na conturbada Rússia tsarista de 1883. Seu pai faleceu no fim dessa mesma década. Sonia e a mãe imigraram para Liverpool, na Inglaterra, por volta de 1890. A Ucrânia tinha, e infelizmente ainda tem, uma reputação muito merecida de ser o lar de uma forma feia e brutal de antissemitismo. Uma família judia tinha todas as razões para sair de lá, se possível fosse. Em uma data desconhecida, o tio materno de Sonia foi para a Inglaterra. Sonia morou com ele em Liverpool até 1892, enquanto sua mãe se mudava para os Estados Unidos.

Racille Haft, a mãe de Sonia, exibia a verve extraordinariamente independente que, mais tarde, sua filha demonstrou diversas vezes. Ela foi sozinha para os Estados Unidos, embora não se saiba ao certo como conseguia se sustentar sozinha antes e, na verdade, mesmo depois de se casar com um tal "Solomon H." (o seu último nome é desconhecido), no ano de 1892. Ela levou Sonia, com 9 anos de idade à época, para os Estados Unidos.

É quase certo que, por motivos financeiros, e provavelmente sob as orientações de sua mãe, Sonia se casou em 1899 com um emigrado russo de 26 anos, Samuel Seckendorff, logo após ela completar 16 anos. O casamento parece ter sido uma miséria absoluta. Eles tiveram um filho quase que imediatamente após a união, mas ele morreu aos três meses de idade. Em 1902, Sonia deu à luz sua filha Florence, de quem, mais tarde, se afastou completamente. Samuel, que havia mudado seu patronímico para Greene, aparentemente tinha pendor para uma ira explosiva e sofria de depressão severa, que o levou a se matar em 1916. Anos mais tarde, ela sugeriu enfaticamente que ele tinha sido fisicamente abusivo.

Sonia, apesar das brutais circunstâncias pessoais, manteve sempre uma vívida curiosidade intelectual que nutria ao seguir as correntes vanguardistas da filosofia e da literatura continental. Algumas de suas primeiras correspondências com Lovecraft tratavam da obra de Nietzsche, um gosto ainda um tanto obscuro à época. Ela participou de cursos de extensão na Universidade de Columbia e floresceu diante de algumas oportunidades que a cidade de Nova York começava a oferecer às mulheres na década de 1920. Trabalhou em uma posição de gerência na boutique de Ferle Heller, que ela considerava "um elegante estabelecimento de moda feminina na Quinta Avenida" (apesar de sua localização real ser apenas perto da Quinta Avenida). Sabemos que ela garantiu sua independência financeira logo depois de se tornar viúva, e conseguiu alugar um cantinho em um local onde, no início dos anos 1910, tinha a reputação de ser uma seção bastante aristocrática da vizinhança de Flatbush no Brooklyn.

Como um casal tão improvável como Lovecraft e Greene se tornou tão fascinado um pelo outro como eu acredito que eles eram? A atração parece completamente mútua desde quase o exato momento em que eles se conheceram, apesar da tendência de alguns biógrafos de ver Greene como a caçadora e Lovecraft como a presa.

De fato, ela tomou certa iniciativa, indo a Providence em setembro de 1921 para uma curta visita a Lovecraft e sua tia Lillian. Lovecraft escreveu a Kleiner sobre a visita de maneira despojada. Rotula-a de "personagem volátil e beneficente" e sugere que ela havia aparecido praticamente sem ser convidada, mas demonstra um óbvio deleite em acompanhá-la pelo que aparentemente era, à época, "o silêncio monástico do campus da Universidade Brown" e, tendo lhe mostrado o melhor de College Hill, também deixou que ela experimentasse o que ele descreve como uma "sensação de anticlímax" que se segue à descida da velha colina e à repentina imersão na "modernidade extravagante". Ele acrescentou, em um comentário provavelmente destinado a ressoar entre os modernos visitantes da cidade, que "A alma de Providence paira sobre a colina antiga... abaixo, há apenas uma cópia de terceira categoria de Nova York". Ou, talvez, seja esse o sentimento de um fã de Lovecraft, eu mesmo no caso, incapaz de escapar de certos aspectos de sua prosa quando regulam até mesmo uma resposta estética para as cenas que ele conheceu, viveu, amou, odiou e transformou em um bem afinado teremim de horror.

Ela o levou a experimentar um pouco da "modernidade extravagante". Apesar de Lovecraft quase não ter tido a experiência de comer fora durante seus primeiros trinta anos, Sonia de alguma forma persuadiu tanto ele quanto as tias para saírem de College Hill e almoçarem no Biltmore Hotel. Certamente mais respeitável durante o dia do que de noite, a reputação do hotel como um dos melhores locais em Providence para se violar a Lei Seca devia ser do conhecimento de Lovecraft. Talvez as tias Annie e Lillian tenham desenvolvido sua animosidade em relação a Greene nessas saídas, mesmo que elas comessem às custas dela.

Sonia Greene provavelmente representou a pessoa mais estranha e mais interessante que Howard Lovecraft já conheceu, um fato que auxilia muito na explicação de sua intensa atração por ela. A maioria dos estudiosos de Lovecraft sacrificaria uma parte do corpo, pelo menos uma, para obter a *Magnum opus* de uma correspondência que o dueto trocou entre 1921 e o início da década de 1930, época da sua completa separação. Eles viveram juntos, em algo parecido com um relacionamento tradicional, apenas por parte de dois anos, mas trocaram uma biblioteca de cartas entre si antes e depois dessa época. Ela parece ter sido a única pessoa que, em certo momento, lhe escrevia diariamente. Ao menos uma pequena parte da correspondência parece ter continuado mesmo depois da mudança de Sonia para a Califórnia, no início da década de 1930, com as cartas começando a rarear e parando, finalmente, poucos anos antes da morte de Lovecraft.

Mas no início de tudo, em 1921, e pelos três anos que se seguiram, os dois engataram uma espécie de galanteio estranho, longo, e certamente bastante confuso para Sonia. Lovecraft só deixava escapar seus sentimentos em elogios muito ocasionais, ainda que efusivos, que fazia a ela em suas cartas.

Chocando todos que o conheciam, os dois se casaram repentinamente em 1924 e Lovecraft mudou seu mundo para sempre. Seu casamento desastroso inauguraria os anos que trouxeram seu trabalho à maturidade, anos que o transformaram, completamente, em um aventureiro onírico e criador de monstros. Esse processo, por vezes brutal, feria sua mente, exalando uma espécie de peçonha psíquica, arruinando seu relacionamento com Sonia, mas ajudando a erguer Algo que jazia morto, mas sonhando, em antigos monólitos no fundo do mar, um lugar que, gostasse ele ou não, diferia bem pouco das câmaras escuras de T.S. Eliot, onde até mesmo as vozes humanas fazem um ruído de constrito horror.

A questão da sexualidade de Lovecraft, uma questão desconfortável para muitos de seus biógrafos, não pode ser ignorada ao descrever seu casamento com Sonia. Estudiosos do autor têm defendido suas inclinações heterossexuais com vigor e, quase com a mesma urgência, insistido que o sexo tinha muito pouco significado para ele. Em muitas descrições feitas por contemporâneos, defensores e apologistas, ele se torna efêmero enquanto criatura sexual, abstraído dos desejos que nos guiam, conscientemente ou não, por muito mais de nossas vidas do que gostaríamos de acreditar.

* Lovecraft só deixava escapar seus sentimentos (por Sonia) em elogios muito ocasionais, ainda que efusivos, que fazia a ela em suas cartas (...) Lovecraft mudou seu mundo para sempre

Sonia Greene fez alguns comentários obscuros, absurdos e quase satiricamente ambíguos, de fato, sobre esse assunto tão particular — particular ao menos para ela enquanto sua ex-esposa, mas não para qualquer um que pretenda entender sobre o homem e sua obra em um contexto histórico. Greene entrega pouco, mesmo quando traz uma série de lembranças anedóticas, escritas por uma pessoa ainda claramente apaixonada por um homem estranho que havia entrado e saído de sua vida como um fantasma.

No fim da década de 1940, quase dez anos após a morte de Lovecraft e mais de vinte anos depois de terem vivido sob o mesmo teto, ela teceu uma descrição bastante simpática e terna de seu casamento. O relato que ela escreveu, intitulado “Howard Phillips Lovecraft como sua esposa se lembra dele", foi publicado no *Providence Sunday Journal* em 22 de agosto de 1948, um fato que teria horrorizado Lovecraft. O relato veio contextualizado por uma introdução escrita por Winfield T. Scott, aquele jornalista e poeta de dons extraordinariamente limitados que viu uma chance nos anos 1940 de receber alguma atenção com a retomada do interesse por Lovecraft, tanto quanto pessoa quanto como escritor. Scott chama a obra de Lovecraft de "precária e pouco conhecida" e confere a August Derleth, e a si mesmo, um crédito enorme na ajuda para ressuscitar essa pessoa de valor dúbio para um mundo mais amplo.

Frank Belknap Long, provavelmente desejoso de agarrar sua própria oportunidade ao espalhar a fama de seu querido amigo morto, colocou Scott em contato com Greene no fim de 1946. Scott utilizou o relato feito por ela, mas admitiu ter incluído no jornal "cerca de metade do que estava escrito". Em outras palavras, o artigo representa o relato pessoal de Scott sobre o casamento, não o de Sonia.

Sonia, nesse relato espúrio, diz que acreditava "que ele [Lovecraft] me amava tanto o quanto era possível para um temperamento como o dele". Ao descrever seu temperamento, ela não alude diretamente à assexualidade ou homossexualidade, mas, em contexto, a uma frieza geral. Aparentemente, ele nunca dissera a Sonia que a amava. "Minha querida, você não sabe quanto apreço tenho por você" parece o mais perto que ele chegou de algo assim.

Ela esclareceu esses comentários pesadamente editados em conversas e discussões com August Derleth. Ela se referiu a Lovecraft como um "amante adequadamente excelente", o que é, obviamente, uma colisão bizarra e inexplicável de predicados e adjetivos que só podem ser utilizados por alguém com intensões de dizer muito pouco de significativo sobre um assunto. De Camp teve uma conversa com Derleth em que ele alega (e é importante destacar que essa é uma fofoca de terceira mão) que Sonia lhe dissera que "Howard era completamente adequado sexualmente", mas que parecia não se importar com tais coisas.[30]

Tais comentários obscuros não me permitem afirmar que H.P. Lovecraft era um homem gay trancado no armário ou, como alguns sugerem em um datado jargão freudiano, um "homossexual latente". Contudo, sua identidade sexual possuía plasticidade, nem um pouco incomum em qualquer época e especialmente comum em seu próprio período, quando a identidade sexual atravessava uma massiva reorganização e reimaginação no irromper inicial da revolução sexual dos anos 1920.

Os anos 1960 são vistos, frequentemente, como o início da revolução sexual, e é verdade que, naquela época, vastos segmentos da sociedade norte-americana conectaram sua sexualidade à política pela primeira vez. Entretanto, a maior parte dos historiadores contemporâneos insiste que a revolução sexual começou, realmente, nos anos 1920, com a década de 1950 sendo um tipo de tropeço em um fenômeno contínuo. Já em 1916, mulheres e homens da esquerda cultural se manifestavam pela legalização do controle de natalidade, enquanto "a garota rebelde", um termo tão comum quanto "melindrosa", insistia em sua liberdade sexual e autonomia tão sonoramente quanto suas contrapartes dos anos 1960.

A vida gay, enquanto isso, florescia nas maiores cidades norte-americanas. Nova York tinha uma subcultura gay efervescente que enfatizava a flexibilidade das identidades sexuais masculinas. De fato, a terminologia do desejo sexual por volta de 1930 pode ter sido ainda mais complexa do que ela se tornou atualmente. George Chauncey, o principal estudioso desse tema, já disse que "não era um mundo em que os homens eram divididos em homossexuais e heterossexuais". Expressões como *queer*, maricas, bicha e viado, utilizados como termos derrogatórios coletivos no mundo hétero, representavam uma verdadeira taxonomia de desejos específicos e de autorrepresentação para a vibrante comunidade gay de Nova York.[31]

Não estou alegando que quaisquer desses termos se aplicavam à identidade sexual amorfa de Lovecraft. O que é muito mais intrigante para mim do que alegações como essa são os esforços de vários biógrafos e intérpretes de Lovecraft em ignorar esse elemento tão interessante tanto da personalidade quanto do contexto histórico em que seu objeto de estudo viveu. De Camp, em 1975, escreveu que a "homossexualidade" é um estado anormal e destaca, sem entrar em pormenores, que "alguns escritores o rotularam como 'sem sexo'" e que outros "presumiram que ele poderia ter sido homossexual ou, pelo menos, um homossexual latente". De Camp garante ao leitor que tais ideias podem ser "ignoradas com toda segurança", como se a possibilidade de sofrermos de uma doença terminal tivesse sido levantada e depois afastada, de modo que poderíamos seguir com nossa vida tranquilamente.

Joshi, escrevendo bem mais recentemente, também aceita a sexualidade como algo simplesmente binário — você é ou não é gay — em vez de enxergar no sexo um dos aspectos mais complicados da personalidade humana, moldado em partes pela história e pelas mudanças culturais. Ao escrever sobre a possibilidade do que chama de "confusão de gênero" no início da vida de Lovecraft, ele destaca, simplesmente, que Lovecraft "demonstrou, rapidamente, um resoluto preconceito contra homossexuais". Ele vê isso como uma prova definitiva de que Lovecraft não poderia ter sido gay. Mais do que isso, Joshi insiste que Lovecraft tinha uma sexualidade "letárgica", uma construção da sua experiência de que, francamente, temos ainda menos evidências do que de seu possível interesse por homens como parceiros românticos.[32]

Lovecraft revelava tendências completamente homossociais, se não homoeróticas, na construção de seus relacionamentos. De fato, sua atração parecia ser, especificamente, por homens muito jovens. Alfred Galpin, Frank Belknap Long, Robert Bloch e, mais significativamente, Robert Barlow, atraíram todos a sua atenção, devoção e paixão. Ele os enxergava como seus *protégés* e amigos queridos e, claramente, tentava afastar quaisquer conotações sexuais que pudessem estar ligadas a esses relacionamentos ao se referir a eles em sua correspondência, *ad nauseam*, como "meu filho" ou "meu neto", ou até mesmo com termos afetuosos como "criança" ou "meu garotinho". Tanto Alfred Galpin quanto Robert Barlow eram jovens adolescentes quando Lovecraft iniciou com eles sua volumosa correspondência. Barlow se tornou, talvez, a pessoa mais importante da vida do autor em seus últimos anos, e ele fez viagens que duraram meses inteiros para a Flórida para visitar o adolescente na década de 1930.

Não acredito que, e com essa expressão quero dizer que eu não sei se, as relações entre Lovecraft e esses jovens chegaram à atividade sexual. Mesmo no caso de Barlow uma afirmação desse tipo não pode ser feita. Lovecraft passou um tempo enorme com Barlow, que, mais tarde em sua vida, teria numerosos casos com rapazes mexicanos, incluindo seus alunos, enquanto lecionava na Cidade do México. Anos mais tarde, Barlow cometeu suicídio quando um de seus jovens parceiros ameaçou expô-lo e destruir sua carreira.

Por que ficaríamos chocados, e o que exatamente isso faria à imagem de Lovecraft ou ao significado de sua obra, se descobríssemos que ele passou por uma experiência sexual de tal tipo com um ou mais de um de seus amigos homens?

A apreensão sobre pedofilia, é claro, espreita como um terror noturno nas sombras. Esse conceito, e o terror que invoca, não se tornaria corrente na cultura norte-americana até a década de 1970. Alguns podem ver isso como a representação de Lovecraft enquanto um predador homossexual. Mas a ideia do gay mais velho e mais perigoso, uma noção construída pelos interesses dos conservadores na América do pós-Segunda Guerra Mundial, não garante nenhuma discussão significativa. Seus relacionamentos com homens como Galpin e Barlow tinham a intensidade e a profundidade que não podem ser restritas por tais vínculos culturais artificialmente construídos.

Nenhuma evidência histórica direta veio à luz acerca da natureza da identidade sexual de Lovecraft. Mas sua vida e ficção apontam para um período na história norte-americana que produziu formas vastamente originais de falar sobre sexualidade. As leituras freudianas de ficção percorrem, frequentemente, a premissa de que a visão de mundo de Freud nos diz algo fundamental sobre a natureza humana. De fato, sua influência levou escritores e artistas a tomar o que podemos chamar de Mitos Freudianos como pedra de toque de suas obras. O surrealismo fez isso de forma muito autoconsciente. Outros tipos de artistas, Lovecraft incluso, podem ter margeado o freudianismo de maneira menos consciente. Stephen King observou certa vez que, em um comentário similar à observação de Alan Moore sobre a obra de Lovecraft, ao considerarmos "a psicanálise como a existente na época de HPL" em relação aos monstros em forma de genitálias babosas e sugadoras criadas pelo autor, "entramos em uma pantomima freudiana".

Lovecraft foi para Nova York para se casar e começar uma nova vida com Sonia em 1924. Ele desistiu de tudo isso em dois anos, bem menos do que uma vida, realmente.

Ele parecia animado, encantado, envergonhado, nervoso e aterrorizado, tudo ao mesmo tempo, com sua decisão de, em essência, fugir para se casar com Sonia, sem informar nem mesmo suas tias tão solícitas de que se mudaria para Nova York.

Escrevendo para Morton, em 12 de março de 1924, de seu novo endereço no número 259 da Parkside Avenue, no Brooklyn, ele demorou cinco parágrafos para conseguir falar de seu casamento na capela Saint Paul, que, ele destaca enfaticamente, foi construída no ano de 1766. Estava, de acordo com suas palavras, "ansioso para colocar a arquitetura colonial em todos seus possíveis usos".

Ele escreveu uma carta ainda mais estranha para sua tia Lillian, demorando doze parágrafos para descrever o que ele apresentou como uma simples decisão de se mudar para Nova York. Utilizou-se de páginas em uma caligrafia aracnídea para explicar seu desgosto em explicar as coisas. Disse a ela que Nova York iria "eletrizá-lo". Observou, bizarramente, que havia, de fato, considerado o suicídio como outra opção ao casamento ou, como ele colocou, seu "antigo plano de se arrastar até um repouso subterrâneo no cemitério de Swan Point".

E, por fim, isto:

> *Tão memorável e estupefaciente quanto possa parecer, (por favor, não desmaie ou sentirei que todos os parágrafos anteriores, à guisa de preâmbulo artístico, foram em vão!) o inacreditável é uma realidade. O velho Theobald é, enfim, um chefe de família, e (prepare os sais) um parceiro em bona fide da mais inspiradora, agradável, de um bom gosto inteligente, solícito e devoto entre os mortais e colegas de trabalho. S.H.G., na venerável e verdadeiramente clássica instituição do Sagrado Matrimônio! (INTERVALO PARA RECOBRAR A POSTURA).*

A mesma carta anuncia à Lillian que ela deveria se mudar para "viver permanentemente" na cidade, trazendo consigo sua tia Annie. Nenhuma das duas tinha intenção de fazer algo assim.

Por que ele fez isso? Alguns, notavelmente Michel Houellebecq, nos incentivam a simplesmente vê-lo como alguém apaixonado. Eu não duvido disso. Mas verdades simples ocultam motivações complexas, ainda que elas não sejam menos verdadeiras por causa disso.

Ele se sentia estafado. Deixou isso bem claro em sua carta para Lillian, uma carta incrivelmente honesta em todos os seus meandros. Admitiu um "apego cego ao passado hibernante" e disse que via em Nova York, e em Sonia, "o incentivo mágico de estímulo externo para uma vida ativa e de labor eficaz".

Ele amava Sonia. Também amava a narrativa que ela lhe deu. O velho jovem em hibernação que fingia ser um vovô e que, repentinamente, se transformava em um escritor publicado com um mundo de oportunidades. Uma ruptura com um passado que, para ele, detinha tantos horrores: a vergonha por seu pai; uma relação conflituosa e intensa com sua mãe, à época morta havia quatro anos no cemitério Swan Point; erros e arrependimentos e frustrações com aquilo que lhe foi dito, e que ele disse a si mesmo, que iria atingir e não conseguiu. De repente, tudo isso se tornou o passado, e o homem que escrevia histórias de terror sobre a história rastejando para fora de abismos infinitos para abocanhar o presente pôde, em um átimo, vir a crer que poderia escapar de tudo isso. Lovecraft, tão teimoso em suas afirmações sobre a falta de sentido da empreitada humana, sucumbiu à ilusão de sentido encarnada em sua atrativa, brilhante e adorável amiga.

Em 1921, ele confessou a Galpin que se encontrava "incapaz de extrair prazer suficiente em fazer da consciência preferível ao oblívio", enquanto também afirmava que sua própria falta de interesse na vida fazia perfeito sentido quando "O cosmos é um vórtice cego; um oceano fervilhante de forças cegas". Mas, em 1924, sua própria vida parecia entrar em um padrão feliz, em circunstâncias pessoais que, deve ser sublinhado, de forma alguma alteraram sua visão filosófica. Ainda assim, ele encontrara na *Weird Tales* um lar para algumas de suas primeiras ficções, incluindo "Dagon", "A Imagem na Casa", "O Cão de Caça", "Os Ratos nas Paredes" e "A Verdade sobre o Falecido Arthur Jermyn e sua Família".

Oportunidades vieram até ele em enxurradas quando se mudou para Nova York. Em fevereiro, a *Weird Tales* requisitou-o para escrever um conto a ser assinado por Harry Houdini, que por volta de 1924 já havia se tornado uma das maiores celebridades vivas do mundo do entretenimento. Houdini tinha começado uma colaboração com a revista, que enfrentava dificuldades financeiras à época, que parecia beneficiar ambas as partes. J.C. Henneberger, o proprietário da *Weird Tales*, esperava que o nome do mágico mundialmente famoso atraísse mais leitores. Houdini escreveu algumas colunas para a revista, intituladas "Pergunte ao Houdini", e também contribuiu com contos escritos por vários autores pulp, mas assinados por ele.

Ainda que alguns biógrafos de Houdini digam que o mestre da ilusão tenha "colaborado" com Lovecraft na história de 1924, a verdade é que Lovecraft escreveu o conto inteiro, baseado livremente em uma absurda alegação de Houdini de que ele teria sido sequestrado por árabes e aprisionado em um túnel estreito conhecido como a "Tumba de Campbell" durante uma viagem ao Egito, no ano de 1910. Lovecraft sabia que isso era uma invenção. De fato, sabemos hoje que, apesar de Houdini ter estado em Porto Saíde no mês de janeiro de 1910, ele deve ter ficado menos do que um dia na cidade, antes de navegar pelo Canal de Suez rumo à Austrália, onde chegou no fim daquele mês.

Lovecraft datilografou a história bem rapidamente, mas perdeu o texto. Sonia e ele passaram a lua de mel datilografando o texto novamente. Apesar do prazo curto e da necessidade de preparar o texto datilografado duas vezes, Lovecraft ainda foi capaz de rechear a história com bastante informações sobre Porto Saíde, sobre a história egípcia e detalhes topográficos, que são lidas como em um guia de viagem escrito por alguém que realmente esteve lá. Ele também pegou a aventura fictícia de Houdini e transformou-a em sua própria visão de horror cósmico, com Grandes Antigos mais ancestrais que os deuses do Egito liderados por "um abscôndito Deus dos Mortos que lambe seus lábios colossais em um abismo insuspeito, alimentado a bocados por absurdidades desalmadas que não deveriam existir".

"Eu sabia que tudo era apenas um sonho", diz "Houdini" no fim do conto. É claro que "tudo era apenas um sonho" se tornou uma espécie de metonímia para narrativas ruins, mas Lovecraft aparentemente se sentiu obrigado a incluir a frase, já que ela, supostamente, representava a experiência do verdadeiro Harry Houdini, naquela época envolvido em sua guerra contra o espiritualismo e outras manifestações de crença em poderes psíquicos e no ocultismo. Ao mesmo tempo, vale lembrar que apenas uma parede porosa se punha entre o sonho e a realidade nos contos de Lovecraft, com algumas de suas melhores histórias conduzidas por sonhos, ou acontecendo em terras oníricas, que são, em tudo e em demasia, terrivelmente reais.

Lovecraft havia, evocativamente, intitulado a história de "Sob as Pirâmides", um título que o editor da *Weird Tales*, para irritação de Lovecraft, mudou para o mais sensacionalista "Aprisionado com os Faraós". O conto foi publicado apenas alguns meses depois do casamento de Lovecraft e Sonia, na edição de início de verão da *Weird Tales*. Houdini declarou-se satisfeito com o conto e convidou Lovecraft para visitá-lo em seu apartamento em Nova York. A dupla discutiu uma futura "colaboração" em um trabalho de não ficção que exploraria o que ambos os homens consideravam os perigosos mitos dos médiuns, das sessões espíritas e da profecia psíquica. Na primavera de 2016, enquanto eu completava este livro, cerca de trinta páginas do manuscrito proposto com o título provisório de "The Cancer of Superstition" vieram à tona. O manuscrito estivera em posse de Beatrice Houdini e então passou, com um monte de outros papéis nunca examinados, para uma loja de mágica. Enquanto escrevo este parágrafo, os papéis ainda não estão disponíveis para estudiosos, e a expectativa é que sejam leiloados por valores superiores a trinta mil dólares.

Os planos de Lovecraft de garantir um emprego em uma editora nunca deram frutos. Ele foi entrevistado e enviou parte de seu material para *The Reading Lamp*, uma agência literária e editora a que ele foi apresentado por Sonia. Nada resultou disso, salvo, talvez, uma resenha de um livro que ele escreveu para a revista interna da casa. Lovecraft teria que depender da renda de Sonia, mesmo isso se mostrando mais do que suficiente durante o tempo em que ela trabalhou na Ferle Heller. Os dois chegaram a cogitar comprar um terreno no bairro do Brooklyn, com a ideia de construir uma casa para si e, presume-se, trazer as tias Annie e Lillian para morar com eles. O que, provavelmente, teria sido uma situação intensamente desconfortável, mas que nunca veio a ocorrer.

Lovecraft escreveu pouco durante seu tempo em Nova York. De início, seu evidente prazer em estar casado, o seu círculo de amigos e seu surpreendente deleite inicial com a própria cidade contribuíram para escassear sua prosa. Ele encontrara uma vida longe de sua escrivaninha. Logo começaria a escrever seus contos sobre Brooklyn e Greenwich — ficções fascinantes, às vezes brilhantes e, com a mesma frequência, amargamente representadas, que terminam emaranhadas de modo irremediável na raiva e nos preconceitos de seu autor.

Lovecraft e Sonia pareciam combinar bem no início. De acordo com seus próprios relatos, ela gostava de se certificar de que ele estava se alimentando regularmente e se vestindo melhor. Ele aparentava ter abraçado plenamente a vida de casado e oferecia a Sonia a companhia intelectual que ela almejava. Quando se casaram, os rendimentos dela representavam várias vezes o de uma família norte-americana média no ano de 1924, de forma que Lovecraft podia bancar o cavalheiro das artes e do lazer sem preocupações financeiras.

Às vezes pareciam felizes. Lovecraft parecia encantado com a viagem que fizeram juntos à Filadélfia. Sonia o admirava tanto que eles adotaram os apelidos de "Sócrates e Xântipe". Nos primeiros meses, e realmente durante o período em que se conheciam, ele foi infalível em elogiá-la, ainda que, em alguns momentos, parecesse mais falar de algum amigo particularmente próximo do que de alguém por quem estava apaixonado. Mas quem pode dizer que tais sentimentos são realmente superiores aos que Lovecraft sentia por Sonia? Acho impressionante que ele tenha ido tão longe ao expressar essa afeição por ela, especialmente se considerarmos como a situação toda parecia ser quase impossível para ele.

Uma lembrança bastante intrigante e nunca discutida de Sonia sugere que a vida privada do casal tinha mais elementos lascivos do que podemos imaginar. Nos papéis de Davis na Biblioteca John Hay, deparei-me com uma página datilografada de um documento extraviado, na qual ela se recorda de que Lovecraft nunca se importou especialmente com a maioria das músicas eruditas, mas amava quando ela "colocava o disco com 'Danse Macabre' e dançava ao som da música".[33]

A lembrança de Sonia, e ela pode muito bem estar apenas descrevendo sua própria experiência, era de que, de início, ela dançou "uma lenta *cake walk*, uma que já havia visto antes, levantando lentamente minhas pernas". A "*cake walk*"* se originou, na verdade, na dança afro-americana, como uma espécie de versão satírica das quadrilhas da elite sulista. Na década de 1920, a dança tinha um quê dos cantos mais obscenos do vaudeville, um gosto de salão de danças suado.

A velocidade de seus movimentos aumentou com a mudança de ritmo na música. "Ao fim de minha música e minha dança, H.P.L. estava encantado."

Apesar do tom sensual do relato de Sonia, fazemos bem ao lembrar que "Danse Macabre" de Saint-Saëns, narra, basicamente, um conto folclórico francês sobre cadáveres que despertam para dançar maniacamente para seu necromante até o amanhecer. A própria Sonia aponta que calculava seus movimentos de acordo com o ritmo da narrativa, com as histórias dos cadáveres enquanto "saíam de suas covas e começavam a dançar", até que eram levados de volta a suas tumbas ao amanhecer.

O encanto de Lovecraft com a performance dela e com a própria música se encaixa com a tendência, em sua ficção, de aplicar sons dissonantes como a acústica de um universo maligno. Sua mitologia aterrorizante apresenta Azathoth, um dos Grandes Antigos mais poderosos, que se senta como "um demônio-sultão" entre sons de dissonâncias horripilantes que nenhum ser humano conseguiria ouvir sem perder a sanidade. Em "A Música de Erich Zann", de 1921, com frequência reconhecido

* Uma das versões para o nome *cake walk* diz que, em algumas competições de dança, o prêmio principal era um bolo (*cake*). [NT]

como um de seus melhores e mais idiossincráticos contos, os sons podem abrir portais para outros mundos terríveis — "uma caótica babel de sons... um pandemônio" que abala a sanidade do narrador. Sem dúvida, Lovecraft viu-se encantado por "Danse Macabre" e pela interpretação que Sonia fez dela. Mas também se viu estranhamente fascinado pela música tocada por um vizinho sírio quando se mudou para seu pequeno apartamento na Clinton Street, no Brooklyn. O vizinho "tocava tons bizarros e lamuriosos em uma esquisita gaita de foles que me fez sonhar coisas fantasmagóricas e incríveis sobre criptas sob Bagdá". Como se ele precisasse de ajuda com seus sonhos bizarros.[34]

O sexo, ou a falta dele, certamente envenenou a conexão entre Howard e Sonia. Apesar de bons companheiros intelectuais, fica claro, a partir das estranhas referências de Sonia à sexualidade, que ele mal expressava afeição física ou mesmo verbal. Durante o namoro, Lovecraft demonstrara tamanho entusiasmo pelos contornos de uma história de terror que ela escrevera, que Sonia se sentiu com coragem o suficiente para beijá-lo. Ela o observou enquanto ele "empalidecia", e Lovecraft admitiu que "não tinha sido beijado desde que era uma criancinha".

Lovecraft também foi se afastando dela à medida que encontrava companhia intelectual masculina que ele claramente preferia à de sua esposa. Em agosto de 1924, com seis meses de casamento, Lovecraft começou a passar ao menos uma noite por semana com um grupo de contadores de histórias que incluía seus amigos correspondentes Kleiner, Belknap Long, Morton e, algo de certa estranheza dentro do grupo, um escritor mais velho de contos de aventuras para meninos chamado Edgar McNeil. No início do outono, Samuel Loveman se mudara de Cleveland, juntando-se ao grupo ao mesmo tempo que outro livreiro, George Kirk. Arthur Leeds, um antigo funcionário de parque de diversões que se tornou escritor para a *Reader's Digest*, era um frequentador assíduo.

Logo, os homens começaram a passar uma enorme parte de suas horas despertas na companhia uns dos outros. A maioria deles, incluindo Lovecraft, visitava Hart Crane em seu apartamento em Columbia Heights, na época em que Crane trabalhava em sua coleção de poesia homoerótica

Voyages — inspirada em seu tormentoso caso de amor com o marinheiro mercante Emil Opffer. Lovecraft via Crane como "apesar de suas limitações... um verdadeiro esteta" e comentou sobre o quanto apreciara sua conversa e sua "coleção seleta de livros modernos e alguns pequenos e esplêndidos objetos de arte". Estranhamente, na mesma carta, se referia a Crane como "um jovem esteta egoísta que tem uma desafortunada predileção pelo vinho quando esse é tinto". Tudo indica que Crane achava Lovecraft um tanto chato.[35]

* Sua mitologia aterrorizante apresenta Azathoth, um dos Grandes Antigos mais poderosos, que se senta como "um demônio-sultão" entre sons de dissonâncias horripilantes que nenhum ser humano conseguiria ouvir sem perder a sanidade

Eles se chamavam de "O clube Kalem". A "turma", como eles também se referiam uns aos outros, batizou-se de "Kalem", já que "K", "L" e "M" apareciam como a primeira letra no sobrenome de cada um. Assim, seu regular encontro semanal foi se extrapolando para muitas outras noites de expedições para comprar livros e, com Lovecraft como guia, procurando por arquitetura colonial ou pontos arquiteturais de interesse nos arredores da cidade, tudo combinado com discussões sobre todo tipo de assunto político, histórico, filosófico e literário. Lovecraft e, em menor grau, James Morton, ofereciam ao grupo uma liderança intelectual.

Lovecraft desabrochou com essas amizades. Adorava passar seu tempo com Belknap Long, a quem George Kirk se referia como um *protégé* de Lovecraft. Long exibia uma tentativa de bigode que o fazia parecer com Poe, um tufo de pelos faciais ridicularizado carinhosamente pelos outros membros do Kalem. Lovecraft e Morton continuavam suas "emboscadas" políticas e literárias. Morton, que vivia no Harlem devido ao seu compromisso com a luta pelos direitos dos afro-americanos, produziu panfletos durante esses anos contra o racismo e a exploração econômica. Lovecraft achava esses panfletos irremediavelmente utópicos, mas isso fazia de Morton um parceiro ideal para embates.

Junto de suas discussões regulares na livraria de Kirk, no Chelsea, o grupo explorava os cais de Red Hook no meio da noite, vagava por um cemitério colonial holandês em Flatbush, onde Lovecraft chegou a considerar afanar uma lápide de ardósia vermelha, e frequentava até mesmo um estabelecimento *speakeasy* chamado Dominick's que à época ficava na seção italiana de Greenwich Village. Lá, de acordo com Kleiner, Lovecraft nunca bebeu do "vinho amargo", mas sublinhava, com prazer, que o Dominick's "era bem o tipo de lugar que algum dos seus antepassados mais libertinos em meio à nobreza inglesa poderia ter frequentado".[36]

A interação com os membros do clube Kalem levou Lovecraft para novas direções. Talvez encorajado por Morton, em setembro, Lovecraft foi com Sonia assistir à controversa peça teatral de Eugene O'Neill *All God's Chillun Got Wings*. Na própria descrição de Lovecraft, a peça tratava do "casamento de uma garota irlandesa de classe baixa com um negro erudito". A peça havia sido parcialmente censurada pela administração da cidade, e Lovecraft destaca, com aprovação, que o diretor leu a cena excluída do palco "interpolada por comentários apropriadamente sarcásticos... refletindo sobre a inteligência das autoridades e outros incômodos". Lovecraft, contrariando todas as expectativas,* gostou da peça de O'Neill e, obviamente, desaprovava a tentativa de censurá-la. É possível que ele tivesse uma reação completamente diferente se o casamento do centro do drama ocorresse entre uma mulher de "pura" ancestralidade anglo-saxã e um homem afro-americano.[37]

* O'Neill estava alinhado a tudo que Lovecraft desprezava: defendia ideias anarquistas e socialistas, o reconhecimento de direitos civis para os negros e, esteticamente, via no realismo a melhor forma de retratar a tragédia humana. Frequentemente suas peças tratavam dos marginalizados da sociedade norte-americana, homens e mulheres que, apesar de todos os seus esforços, eram afastados mais e mais do "sonho americano". [NT]

Sonia acompanhando o marido em uma saída como essa surge na correspondência dele como uma raridade durante aqueles meses em que os Kalem tomavam cada vez mais do seu tempo. George Kirk, em uma série de cartas para sua noiva da época, descreve não apenas os encontros semanais às quintas-feiras, mas reuniões aos domingos, ambas se estendendo por longas horas. Nesse meio-tempo, ele destaca os jantares em grupo, caminhadas com Lovecraft, e Lovecraft simplesmente passando para cochilar em cima de um livro qualquer em seu sofá. Enquanto isso, Kirk informava sua noiva que ele raramente via a "sra. Lovecraft" e fazia, com certa frequência, algumas declarações ácidas sobre ela, sugerindo que o grupo a considerava uma espécie de rival na disputa pelo tempo dele.

No fim de 1924, uma pequena crise ocorreu no lar da família Lovecraft, se esse termo se aplica ao arranjo que o autor começara a impor à sua esposa. Uma tentativa frustrada de parte de Sonia em começar seu próprio negócio de chapéus femininos colocou uma crescente pressão para que Lovecraft arranjasse um emprego. Mais tarde, Sonia descreveu seu horror pelo fato de que alguém tão talentoso, como ela pensava que seu marido fosse, ganhasse "só uns trocados" ao revisar o trabalho "atroz" de outros escritores. A *Weird Tales* gerava pouco dinheiro, e ele não tinha escrito muita coisa durante a maior parte do ano.

Então, ele tentou arranjar um emprego e falhou de maneira desastrosa. Trabalhou por menos de uma semana para uma agência de cobranças tentando vender os serviços da firma para varejistas. Sua separação da agência parece ter caído naquela região nebulosa em que ele teria pedido demissão ou sido demitido. Ele tentou e falhou em conseguir um emprego testando lâmpadas. Uma carta que escreveu se dispondo a um trabalho nesse período começa com uma frase que deixaria um possível empregador, indubitavelmente, sem ideia do que fazer: "Se uma candidatura a um emprego não solicitada parece um tanto incomum nesses dias de sistemas, agências e propagandas, confio que as circunstâncias envolvendo essa, em particular, podem auxiliar a mitigar o que, de outra forma, seria uma audácia intrusiva".

Não o chamaram para uma entrevista.

Vez ou outra durante esse período, ele parece fazer um esforço sincero em encontrar um emprego. Também há bem mais do que um pouco de autossabotagem nesses esforços, uma relutância em desistir de seu ideal de viver como um ocioso homem de letras. Quando James Morton se tornou o diretor de um museu local em Paterson, New Jersey, ele tentou garantir um cargo para Lovecraft, que nunca foi atrás da oportunidade. Samuel Loveman tentou encontrar trabalho para ele como catalogador de livros e, aparentemente, Lovecraft ignorou essa possibilidade. Até mesmo Houdini se ofereceu para ajudar, e Lovecraft nunca respondeu de maneira significativa. Ele continuou a encontrar formas de não ser empregado.

Por exemplo: ele escreveu uma série de resenhas comerciais como uma espécie de candidatura para a equipe de redatores de uma revista de utilidades para o lar. Elas nunca foram publicadas. A peça publicitária que ele produziu, se é que pode ser chamada assim, oferece uma série de discussões sobre a herança colonial norte-americana e polêmicas sobre a superioridade das concepções do século XVIII em comparação às falhas de "nossa civilização mecanizada". Quase parecia que ele estava escrevendo algum tipo de paródia, a história de um cavalheiro georgiano perplexo com a modernidade, um ianque de Rhode Island na corte de Henry Ford. O que, provavelmente, ele era.

As tensões financeiras, pode-se argumentar, somaram mais ao fardo psicológico de Sonia do que ao dele. Sombras recaíram sobre a vida de Sonia nos anos que antecederam seu casamento. Florence Greene, sua filha do primeiro e horrível casamento, à época uma adolescente, tinha se apaixonado por um "quase tio" e queria se casar com ele. Sonia se opôs, e as duas começaram uma guerra fria na família, que levou Florence a sair de casa quando atingiu a maioridade legal em março de 1923. Mãe e filha mal trocavam palavras e pararam de se falar completamente depois que Florence foi embora definitivamente de Nova York, em 1927. Florence teve uma fascinante carreira jornalística na Europa, tornando-se, na verdade, a primeira repórter a trazer a história do envolvimento romântico de Eduardo VIII com a norte-americana, duas vezes divorciada, Wallis Simpson, e de sua proposta de casamento que gerou certa crise política na Grã-Bretanha.

Sonia acreditava que havia encontrado em Howard Lovecraft um refúgio de seu passado difícil. Mas a preocupação com dinheiro e o hábito de Lovecraft de passar seu tempo em perambulações noturnas por Nova York com os Kalem começaram a cobrar seu preço. Em outubro de 1924, ela começou a ter desordens estomacais, aparentemente relacionadas à ansiedade. As tensões financeiras e a crescente falta de interesse de seu marido *em ser um marido* provavelmente causaram a doença.

Ela deu entrada no hospital, e os médicos determinaram que ela deveria repousar por seis semanas. Lovecraft a visitava diariamente, apesar de nunca ter permitido que essas visitas interferissem em sua exigente agenda de camaradagem intelectual masculina. No segundo dia de Sonia no hospital, ele passou a noite com "Kleiner e Loveman, fazendo um tour pelas bancas de livros do centro da cidade". Na mesma carta, ele relatou à sua tia Lillian que, quatro dias depois da hospitalização de Sonia, foi bater papo com "os rapazes na casa de [George] Kirk", o que terminou à 1h30 da manhã, mas foi sucedido por um passeio que durou toda a noite, incluindo "especulações astronômicas consideráveis", uma breve parada em uma lanchonete às cinco da manhã, seguida por mais expedições arquitetônicas entrando manhã adentro. Quando Sonia começou seu repouso em uma fazenda em Somerville, New Jersey, Lovecraft passou uma noite com ela e tomou um trem para a Filadélfia a fim de contemplar todas as coisas coloniais que a cidade tinha a oferecer.

Sonia não permaneceu as seis semanas em Somerville e voltou ao Brooklyn com uma notícia. Tinha aceitado um trabalho, aparentemente em uma loja de departamentos no Meio-Oeste. O lar na Parkside 259 se esfacelaria, incluindo a venda dos móveis (apesar de Lovecraft, egoisticamente, ter preservado seus bens de família). Lovecraft alugaria um pequeno apartamento no número 169 da Clinton Street, com um único quarto bem desmazelado, dois recantos na parede onde ele se sentava com seus livros e o pouco do que restara das mobílias da família, desde a casa na Angell Street, 454, o lar há tempos perdido. Sonia se mudou para Cincinnati em 31 de dezembro de 1924, e Lovecraft foi para as celebrações de Ano-Novo com "a turma".

Embora apresentada como uma mudança por motivos econômicos, é bem provável que tanto Sonia quanto Lovecraft vissem seu casamento como insustentável. Lovecraft simplesmente não queria estar casado, e Sonia não tinha intenção alguma de ficar no banco de reservas do círculo nerd do marido. É possível que os Kalem tenham deixado seu desdém por ela bastante claro em sua limitada interação. Certamente o fizeram em seus escritos posteriores.

Ela voltava a Nova York para visitar Lovecraft sempre que podia. Mas, na ausência dela, e quiçá inteiramente devido a essa ausência, ele foi ficando cada vez mais deplorável. Começou a perder peso, com uma dieta parca composta por feijões e espaguete enlatado e alguns poucos doces. Mais notícias ruins vieram de Cincinnati com a deterioração da saúde de Sonia. No fim da primavera de 1925, alguém assaltou o apartamento de Lovecraft, resultando em um "choque nauseante". Ele sugeriu à sua tia Lillian, ainda que não diretamente, que queria voltar para Providence como alguém que "experimentara o mundo e descobrira que sua joia mais preciosa era a gema que tinha deixado para trás".

Nova York continuava impedindo que ele escrevesse qualquer coisa significativa, com uma notável exceção. Em outubro de 1924, ele rapidamente escreveu um conto baseado em uma casa que tinha visto na cidade de Elizabeth, no estado de New Jersey, durante sua breve visita com Sonia. Ele situou a casa, contudo, não em sua localização original, nem mesmo em sua ficcional Arkham. A Benefit Street, em Providence, tão visitada por um Poe quase moribundo cortejando Sarah Helen Whitman e assombrando o cemitério de St. John, tornou-se a localização de uma casa que os habitantes locais chamavam de "desafortunada". A casa se mostra mais do que desafortunada para os dois protagonistas do conto, que encontram uma coisa terrível e asquerosa vivendo no porão.

"A Casa Temida" oferece a peculiar e brilhante abordagem de Lovecraft tanto da ideia de casa mal-assombrada quanto da de vampiro. Em suas mãos, ambos os lugares-comuns do terror ganham dimensões de revirar o estômago e novos e terríveis significados que ele arrancou de uma combinação de atmosfera histórica, uma robusta descrição do local e da conjuração do mais absoluto horror cósmico. Como todos os seus melhores trabalhos, esse não nos faz tremer até torcer a espinha, mas rasteja em nosso cérebro. O horror que ele cria não paira sobre um lugar específico, mas sobre todos os lugares.

Farnsworth Wright, um novo editor da *Weird Tales*, recusou o conto quando Lovecraft finalmente o submeteu à apreciação em setembro de 1925. Wright criou o hábito de recusar os melhores trabalhos de Lovecraft e então, aparentemente por perversidade, de repente decidia que queria publicá-los, depois de Lovecraft reenviá-los sem absolutamente nenhuma alteração. Ao mesmo tempo e quase sem falhar, ele agarrava todos os piores trabalhos de Lovecraft. Dessa forma, publicou tudo de Lovecraft em que conseguiu colocar as mãos depois da morte do autor em 1937, e os leitores da *Weird Tales* queriam mais.

Enquanto se afundava mais e mais em um miasma de depressão e raiva, Lovecraft escreveu três outros contos em 1925, incluindo "Fechado na Catacumba", "Ele" e uma de suas obras mais conhecidas: "O Horror em Red Hook". Esse último não merece o interesse que recebeu, e, logo depois de tê-lo escrito, Lovecraft concordou que falhava enquanto história, sem ficar muito claro, nem mesmo para o próprio autor, o motivo dessa falha.

"O Horror em Red Hook" secreta uma bile tão venenosa que é como se o autor fosse uma criatura ferida encurralada em um covil. Lovecraft, de fato, cria nesse conto um de seus personagens mais intrigantes, o detetive irlandês Thomas F. Malone. Mas, tendo criado um protagonista promissor, não faz nada com ele além de traumatizá-lo com os horrores que encontra após "mergulhar no abismo poliglota do submundo de Nova York". O infeliz vilão da história, Robert Suydam, "o letrado recluso vindo de uma antiga família holandesa", adentra em rituais proibidos e se mistura com "o inclassificável povo de olhos separados", e um líder dos marinheiros descrito como "um árabe com uma boca odiosamente negroide". Tais eventos coincidem com uma epidemia de sequestros de crianças e com o surgimento de um horror profano. No conto, Lovecraft mira até mesmo a seita curda conhecida como Yazidi, cuja excentricidade teológica o leva a chamá-los de "persas adoradores do diabo". Os Yazidi se tornaram bem conhecidos pelo mundo no ano de 2014 como uma minoria religiosa no Iraque e na Síria, um alvo particular do estado islâmico para tortura e assassinato.

Três coisas ocorreram a Lovecraft que determinaram sua crescente inclinação para o horror racial. Primeiro, as complexidades de ser um antissemita casado com uma judia se revelaram bem rapidamente. Elas atingiram o apogeu à medida que a relação azedava e morria. Sonia escreveu sobre isso, e mesmo sua reserva característica revela o grau em que as antipatias raciais de Lovecraft afetavam o relacionamento dos dois. Ela destaca que ele se referia "aos povos semitas como asiáticos de cara de rato e olhinhos redondos" e insistia, amargamente, "que todos os estrangeiros eram vira-latas". Sonia tinha de lembrar o marido — e vale destacar como é bizarro que precisasse fazer isso — "que eu também pertenço ao povo hebreu". Às vezes, ele se afastava de sua patologia racista, aparentemente em um esforço de consolar uma mulher com quem parecia se importar. Outras, chegava a insistir com Sonia que tinha sido, em suas próprias palavras, "curado" de seus preconceitos.

Mas não tinha. "Logo depois de nosso casamento", lembra Sonia, "ele me disse que sempre que tivéssemos visitas ele apreciaria se os 'arianos' fossem maioria". Ela se lembra que caminhadas pelas ruas "racialmente mistas" de Nova York frequentemente o impeliam a pavorosos ataques de raiva em que "parecia quase perder a cabeça".

Em segundo lugar, as limitações intelectuais de Lovecraft, em grande parte impostas sobre ele por sua carência de uma educação sistemática na infância, impediam sua compreensão de raça. As habilidades autodidatas de Lovecraft haviam estacado em seu entusiasmo pelas teses sobre o culto às bruxas de Margaret Murray, que tratava de uma linhagem secreta de cultos de fertilidade que sobreviveu quase até a era moderna. Tais teses eram ignoradas pelos historiadores sérios. Pior do que sua pronta aceitação de um argumento tão improvável, ele o mesclou a seu racismo de uma forma que o próprio trabalho problemático de Murray não encoraja.

Murray, que era respeitada por seus primeiros trabalhos na área da egiptologia, desenvolveu uma teoria de que ritos de fertilidade datados do neolítico sobreviveram pela era cristã se mantendo escondidos por conta da perseguição da Igreja. Depois do triunfo político do cristianismo no ocidente, no século IV depois de Cristo, o culto secreto à fertilidade sobreviveu até a Idade Média. A caça às bruxas europeia, do século XV ao XVII, representou um esforço final para erradicar um culto, que, na verdade, havia sobrevivido durante séculos, e não, como se pensa, um surto de irracionalidade. Seu livro de 1933, *God of the Witches*, leva essas ideias mais além, sugerindo que o "Satã" criado pela Igreja Cristã veio do "Deus Chifrudo" do antigo culto à fertilidade.

Historiadores profissionais ignoraram, em sua maioria, as especulações de Murray, essencialmente porque careciam de qualquer base comprobatória. Lovecraft engoliu-as em sua inteireza, já que formavam um pano de fundo útil para seus contos de terror e também se mesclavam bem com seus medos — o romancista Michel Houellebecq, sem nenhuma reserva, usa o termo fobias — da selvageria atávica dos grupos raciais que ele considerava perigosos e subversivos da civilização anglo-saxã.

De início, ele fez um uso extensivo da teoria de Murray em seu conto de 1923, "O Festival", em que um desafortunado viajante se encontra tomando parte nos ritos cultuais em cavernas sinuosas e sombrias abaixo de uma Kingsport ficcional. A influência de Murray sobre Lovecraft também surge em "O Chamado de Cthulhu" e "Os Sonhos na Casa da Bruxa", com esse último pressupondo que, no ano de 1692, ao menos algumas das pessoas acusadas em Salem eram, de fato, bruxas. A mesma ideia aparece em *O Caso de Charles Dexter Ward*.

Lovecraft mencionou ter lido Murray em uma carta para um novo amigo na Califórnia: o artista, poeta e escritor de fantasia e terror Clark Ashton Smith. Em outubro de 1925, ele contou a Smith sobre "O Horror em Red Hook", região descrita em seu conto como um "covil de adoradores do diabo... em uma das vizinhanças esquálidas do Brooklyn". Ele então clama a Smith, como aparentemente fizera antes, para que lesse o livro de Murray. Lovecraft vivia discutindo com Robert E. Howard sobre

Murray depois que eles dois se tornaram correspondentes assíduos na década de 1930, trazendo a noção do culto das bruxas em relação a várias "linhagens degeneradas" racialmente.[38]

Lovecraft chegou a se sentir compelido a aludir ao trabalho de Murray em uma obra crítica importante a qual se dedicou entre 1924 e 1927, um ensaio chamado "O Horror Sobrenatural na Literatura ", que tem sido saudado até mesmo pelos críticos mais exigentes do autor. Lovecraft tanto define quanto explora a história do conto weird, desde suas ruminações iniciais pela humanidade "primitiva", passando pela era do romance gótico e Poe, chegando até algumas obras de contemporâneos seus nesse campo.

Esse texto crítico louvável, um dos melhores argumentos para aqueles que querem ver Lovecraft como um literato completo, infelizmente também nos arrasta pela selvageria crua das teorias raciais do autor. Ele sugere que o "poder da tradição do horror ocidental" cresceu a partir do conhecimento sombrio dos "adoradores noturnos... de tempos pré-arianos e pré-agrícolas, quando uma raça acocorada de mongoloides vagava pela Europa...". Os dias que passou em Nova York convenceram completamente Lovecraft de que a equivocada teoria de Murray sobre a bruxaria estava correta, um esquema problemático que ele distorcera ainda mais injetando suas histerias racistas.

Por fim, se voltou para os confortos fáceis e perigosos do racismo quando a cidade de Nova York o derrotou. Ele não conseguia achar um emprego, fazer seu casamento funcionar ou escrever algo que prestasse. Havia falhado, ele e suas boas maneiras do cavalheirismo anglo-saxão, em sua luta contra a grande cidade dos imigrantes, o local que reunia todas as culturas do mundo, um local que ele só podia desprezar como a própria essência do mal. Ele, de fato, passou a odiar a cidade, dizendo a Belknap Long que "o problema da Nova York mongoloide estava além de qualquer menção polida". Com certeza, para Lovecraft, tinha se tornado impossível mencioná-la de forma polida. Aparentemente, as hordas "mongoloides" ainda vagavam pelo mundo ocidental.

O enredo da história "Ele", o primeiro conto de Lovecraft com que tive contato, oferece algum discernimento acerca de suas esperanças, de seu desapontamento crescente e de seu terror absoluto em relação a Nova York. Geralmente é um mau negócio tentar descobrir detalhes biográficos a partir da ficção. Mas Lovecraft, tal como Thomas Wolfe, tendia a se tornar o protagonista de seus contos. Em "Ele", os interesses, inclinações e a visão da cidade do narrador estão alinhados tão completamente com os do autor que deve haver uma identificação proposital ali.

"Minha vinda para Nova York foi um erro", anuncia o narrador, explicando que "a desilusão foi gradual". Ele acreditava ter chegado a uma grande cidade de poetas, uma cidade como aquelas que seus heróis de jornadas oníricas tanto buscaram, onde sua própria arte floresceria. Em vez disso, ele encontrou "imundície e alienação" e "turbas de pessoas... estrangeiros atarracados e encardidos". Esses habitantes menos que humanos da cidade "nada têm a ver com um homem de olhos azuis do povo antigo, com o amor pelas vielas bem verdes e pelos brancos campanários das vilas da Nova Inglaterra em seu coração".

Mais tarde, a história alude aos passeios noturnos de Lovecraft, longe do leito de Sonia, procurando por antiguidades com que ele mesmo poderia se identificar. Vagando entre as ruelas paralelas e pátios de Greenwich Village, buscando por "arcanos curiosos" que o colocariam em contato com um mundo bem mais antigo e mais aterrorizante do que ele imaginara. Lovecraft, contudo, concede a si mesmo um final feliz, permitindo a seu personagem escapar e voltar "para casa, para os vales puros da Nova Inglaterra em que os perfumados ventos marítimos sopram ao anoitecer".

Talvez Lovecraft não tenha percebido que o amor de seu personagem pelas coisas coloniais e sua má vontade em andar sob "a intrusiva luz solar" lhe revelam uma visão de terror, e que ele é quase devorado por sua primeira descrição de um "Shoggoth", que Lovecraft usaria novamente em *Nas Montanhas da Loucura*. A história pode ter sido, em certo nível, uma crítica de sua atitude tanto quanto uma autobiografia. Ainda assim, algo bem pouco lovecraftiano rasteja daí, um de seus contos mais autobiográficos. É possível fugir do horror cósmico indo para a Nova Inglaterra? Suas outras histórias não sugerem que algo horrendo esteja à espreita por lá, com seu odor terrível carregado pelos ventos marítimos?

À época em que "Ele" apareceu na *Weird Tales*, Lovecraft já havia se mudado de volta para Providence. W. Paul Cook escreveu um parágrafo admirável e frequentemente citado sobre como Lovecraft deixou Nova York um homem melhor do que havia chegado, "as privações, desafios e testes de fogo de Nova York" trouxeram "o seu melhor à tona".

Isso não é verdade. Ele deixou Nova York como um escritor melhor, mas como um ser humano pior. Com sua psique envenenada por sua sensação de fracasso e um casamento que deu errado, ele abraçaria delírios racistas pelo resto de seus dias, em uma época em que fascismos de todos os tipos começaram a lançar suas sombras por todo o mundo ocidental.

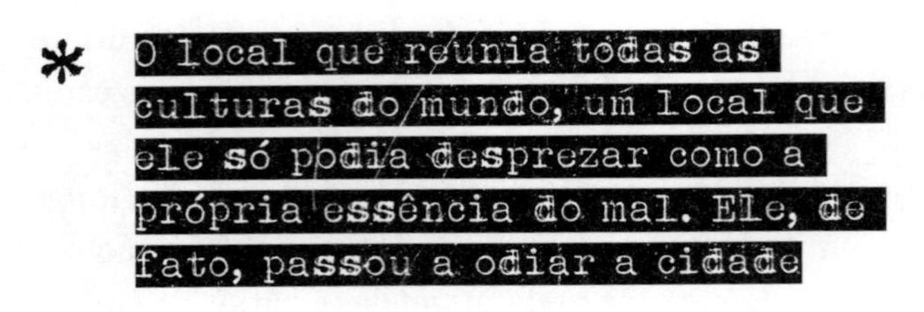

Ele convenceu as tias a ajudarem-no a se mudar de volta para Providence. Amigos, especialmente "Sonny" Long, imploraram para que ele aceitasse alguma ajuda, temendo pela estabilidade mental de Lovecraft. Alguns relatos, ainda que não confirmados, mostram-no portando um frasco de cianeto durante o seu pior momento em Nova York. Suas tias consentiram com seu retorno a Providence, provavelmente felizes por isso significar o fim de seu relacionamento com Sonia Greene.

No mês de abril de 1926, Lovecraft encerrou seu tempo no Brooklyn "DEUS, EU ESTOU VIVO! E isso é um Lar... não há outro lugar para mim. Meu mundo é Providence", declarou em uma carta para Belknap Long. Voltara em triunfo, ou assim ele disse quando anunciou a mudança. Mas, na verdade, ele fugira do mundo real. Tinha voltado para casa com o rabo firmemente metido entre as pernas.

Lovecraft acreditava, ou alegava acreditar, que Sonia viria morar em Providence, se reunindo com suas tias para cuidar dele. De fato, ela insinuou isso uma vez. Nunca aconteceu.

O número 10 da Barnes Street, no alto do College Hill, se tornou a nova casa de Lovecraft, com sua tia Lillian ocupando o segundo andar. Ele enviou um bilhete para Long, destinado à leitura de todos os Kalem, elogiando a nova vizinhança, "todos velhos lares ianques com uma boa porcentagem colonial". Ele escreveu para James Morton, em maio, sobre o seu prazer de fugir "do pesadelo dos cortiços mestiços do Brooklyn" e ainda se referindo jocosamente à Sonia como "a fulana".* Um fluxo constante de cartas manteve-se entre sua esposa e ele, com um casamento por correspondência que se adequava com perfeição aos gostos de Lovecraft, mas que Sonia considerou intolerável, ao menos depois de três anos de espera.

Wilfred B. Talman, um jornalista do Brooklyn que se juntou ao grupo Kalem (ainda que não cumprisse o requisito de ter K, L ou M como inicial de seu sobrenome), se lembra de que "quando Lovecraft voltou para Providence, as reuniões diminuíram prontamente, convocadas de vez em quando por Balknap [sic] Long como conclaves apressados quando HPL vinha a Nova York para uma de suas excursões históricas ou para visitar os Long". Talman não menciona se Sonia estava presente em tais visitas.[39]

Lovecraft e seus amigos dos anos no Brooklyn pareciam colaborar em um esforço para apagar a existência de Sonia. August Derleth escreveu pela primeira vez para Lovecraft — o homem cujo legado literário ele devotaria o trabalho de sua vida para preservar, defender e

* No original, *the missus*, uma corruptela um tanto ofensiva do termo *mistress* (senhora) para se referir a mulheres cujo sobrenome era desconhecido, e que passou a ser usado como forma de se tratar mulheres divorciadas. Lovecraft e Sonia ainda estavam casados nessa época e se comunicavam apenas por correspondência. O uso do termo por Lovecraft — particularmente ofensivo se considerarmos toda a situação — revela o quão pouco interessado na manutenção de seu casamento ele estava. Fica explícito que se Lovecraft não nutria por Sonia o mesmo desdém mordaz dos Kalem, não a considerava uma "igual", e que o relacionamento estava condenado havia muito tempo. [NT]

lucrar — em seu endereço no Brooklyn. Lovecraft respondeu simplesmente que aquele endereço era "temporário & está obsoleto. Sou cem por cento de Rhode Island, de nascimento e criação". Em uma carta para Derleth em maio de 1928, escreveu sobre estar em "solo estranho" em Nova York — um lugar, acrescenta, que "[eu] odeio como um veneno". Ele tece comentários sobre as visitas que faria a Long e que ficaria "extremamente feliz em voltar para a colonial Providence". Chega ao ponto de relatar que estava ficando no Brooklyn, mas não como se estivesse visitando uma esposa distante. Derleth não soube da existência de Sonia Greene até 1931.[40]

Sonia, de sua parte, teve de início uma ideia que permitiria a ele ficar em sua amada Providence e manter o casamento ao mesmo tempo. Especificamente, Sonia sugeriu a Lovecraft e suas tias que ela, usando seu próprio dinheiro, "conseguiria uma casa grande, contrataria uma empregada, pagaria as despesas e viveriam todos juntos; nossa família usaria um lado da casa; eu usaria o outro para um empreendimento comercial". Essa proposta generosa, que, de fato, beneficiaria bastante as tias de Lovecraft, Lillian e Annie, que estavam envelhecendo, fez com que os três reagissem horrorizados. A esposa de um homem da linhagem dos Phillips não podia ser uma "mulher de negócios" ou alguma dessas bobagens modernas em Providence. Tais coisas podiam se dar, contra a vontade deles, em um lugar como Nova York. Mas eles não tolerariam algo assim em sua própria cidade.

Na descrição de Sonia desse incidente, a única que temos, o próprio Lovecraft não teria dado uma opinião. Sonia nunca registrou, ao que sabemos, os sentimentos do marido sobre o assunto. Suas tias o tinham na palma da mão, como Sonia bem coloca, "eu sabia como as coisas estavam".

O que espreitava por trás dessa recusa delas de uma proposta razoável, generosa, na verdade, e que poderia salvar o casamento de seu sobrinho?

Parte disso pode ser explicada pelo esnobismo e a pura estupidez de pretensão aristocrática, que se preocupava mais com as aparências e com a reputação da família em um momento em que mal conseguiam pagar o próprio aluguel. Mas o ódio racial poderia explicar isso melhor.

Em algum momento, entre 1924 e 1926, é provável que elas tenham descoberto que seu sobrinho muito mimado havia se casado com uma judia. Não temos como saber quando e como elas fizeram essa descoberta; a história pode estar nas "resmas de papel e rios de tinta" que Lovecraft e Sonia trocaram entre 1927 e seu divórcio e separação final. Mas Sonia queimou esse monte de papéis e, com a mesma independência que sempre demonstrara, se mudou para a Califórnia para iniciar uma vida nova.

Lovecraft não queria se divorciar, embora seja bem provável que a sua razão para isso a tenha feito em pedaços. Aparentemente, ele explicou a ela que o "divórcio lhe causaria enorme infelicidade; um cavalheiro não se divorcia da esposa a menos que ele tenha uma causa para tanto", e ele não tinha nenhuma. Essa razão fria, autoindulgente e extremamente irritante enfim levou Sonia a entrar com o pedido de divórcio no ano de 1929. Lovecraft nunca assinou a sentença.

Eles mantiveram uma correspondência inconstante por vários anos. Lovecraft sempre sonhara com uma viagem para a Europa. Ele perdeu sua chance quando Sonia, cujas finanças haviam melhorado, visitou a Inglaterra, a França e a Alemanha em 1932. Ela queria levar Lovecraft com ela, mas escreveu que "sabia que ele não teria aceitado". Como poderia um cavalheiro, prosseguia o raciocínio do próprio Lovecraft, viajar com uma mulher com quem não fosse casado?

Não muito antes de ela se mudar para a Califórnia, ele lhe fez uma visita bastante surpreendente em Farmington, Connecticut. Sonia não estava bem (sofria de vários distúrbios gástricos, provavelmente relacionados à ansiedade, muito em decorrência de sua ocupada vida produtiva) e tinha ido para lá se tratar. Farmington tinha uma boa quantidade de arquitetura colonial, então ela convidou Lovecraft, seu ex-marido à época, para uma visita amistosa para se dedicar ao seu hobby de antiquário. Ficaram em quartos separados. Na primeira noite, depois do que parecia ter sido um dia agradável para ambos, Sonia pediu por um beijo de boa noite. "Não, é melhor não", ele respondeu, e foram ambos para seus quartos. No dia seguinte, eles exploraram Hartford, e naquela noite Sonia não se incomodou em tentar outro beijo.

Eles se separaram e nunca mais se viram.

Ph'nglui mglw'nafh Cthulhu R'lyeh wgah'nagl fhtagn.

Corpos de herança e formatos incertos dançam à fogueira, as sombras projetando formas ominosas, humanas apenas na mais ampla definição do termo. O canto se ergue na noite da Louisiana, sons que nenhuma corda vocal terrestre deveria produzir. Um baixo-relevo de uma antiguidade insana se localiza no centro desses rituais, uma Coisa alada, musculosa e poderosa, gelatinosa e borrachuda, parte demônio dos céus, parte horror vindo dos abismos sombrios do oceano. Os olhos, semicerrados, mas enormes, encimam tentáculos poderosos capazes de incinerar mentes, são malignos em seus propósitos.

Os berros dos adoradores da Coisa são repetidos em cenas similares por todo o mundo, ritos indizíveis de sacrifício e as mais obscuras invocações em todos os cantos sombrios da Terra.

"Em sua casa, em R'lyeh, Cthulhu, morto, aguarda sonhando."

A *Weird Tales* rejeitou "O Chamado de Cthulhu" quando Lovecraft submeteu o conto no outono do ano de 1926. Ele o reenviou no verão seguinte, e, seguindo o padrão, Farnsworth Wright o aceitou sem alterações substanciais. Leitores da revista pulp adoraram, e o trabalho de Lovecraft alcançou, repentinamente, um grau de fama no mundinho dos aficionados da *Weird Tales*.

Hoje, nenhuma outra história de Lovecraft foi lida com mais frequência pelos fãs e propagandeada como o lugar para um leitor curioso começar a ler o autor. Nenhuma das coisas grotescas que ele criou se tornou mais reconhecível. O terror de tentáculos é uma parte da cultura moderna de terror, e Cthulhu talvez seja tão reconhecido hoje quanto o Drácula de Bela Lugosi.

Por quê?

Parte da resposta está relacionada à própria experiência de Lovecraft, que só pode ser descrita como de instabilidade mental em seu último ano em Nova York. "O Chamado de Cthulhu" destila suas próprias insanidades, algumas das quais são intercaladas com os pesadelos do século XX. "O Chamado de Cthulhu" é "A Terra Devastada" de Lovecraft, uma comparação que ele desprezaria, mas que, a despeito disso, é verdadeira. Ambas se tornaram metáforas escancaradas para o horror indizível de um século de medo, desgraça iminente e loucura extremada.

O conto captura o terror apocalíptico décadas antes de os medos do apocalipse começarem a dominar o mundo pós-Segunda Guerra Mundial. Lovecraft criou uma teoria da conspiração cósmica no início de um século que se tornaria um terreno fértil para todo tipo de pensamento conspiratório. Em uma época em que Freud proclamava que os sonhos eram "a estrada real para o inconsciente", Lovecraft os transformou não em veículos para a autoconsciência, mas em placas de sinalização para horrores indescritíveis. Rustin Cohle, o detetive niilista que discorre sobre a filosofia lovecraftiana na primeira temporada de *True Detective*, série da HBO, expressa isso melhor quando diz "como em muitos sonhos, há um monstro no fim disso tudo".

Mas o elemento mais atraente da história não é, na realidade, o monstro. De fato, quando Cthulhu finalmente surge, é bastante anticlimático, e não só porque ele estoura brevemente como um balão quando atingido por um iate pilotado por um velho marinheiro enlouquecido pelo terror.

O que torna possível ler essa história de novo e de novo é o horror que se avoluma lentamente acerca da descoberta de verdades sobre o mundo que seria melhor não conhecer. A desordenada e cada vez mais sinistra investigação sobre um professor assassinado, os sonhos embebidos de terror de artistas e poetas por todo o mundo, as pistas sobre um culto global, aparentemente devotado à destruição de toda a raça humana, tudo conduzindo a um clímax que não é a revelação do monstro, mas a revelação de que a civilização humana tem uma data de validade que se aproxima rápido, que "o horror espreita e sonha nas profundezas, e a decadência se espalha sobre as vacilantes cidades dos homens". Raramente, uma poesia mais terrível sobre niilismo foi escrita.

Há algo ainda mais audacioso operando aqui, algo raramente percebido por aqueles que, com razão, veem em "O Chamado de Cthulhu" mais exemplos da obsessão racista de Lovecraft, sua combinação infeliz das teses furadas de Murray sobre o culto das bruxas com seus próprios preconceitos. Ele certamente imagina "os pântanos arborizados do sul de New Orleans" como o lar de um "culto totalmente desconhecido e infinitamente mais diabólico que os mais obscuros círculos vodus africanos". As notas de pesquisa do professor Angell oferecem alguns dos primeiros fragmentos de evidência de que alguma coisa terrível agora ameaça a humanidade, e elas mencionam "orgias vodus se multiplicam no Haiti; e postos avançados na África relatam rumores ominosos".

* Em uma época em que Freud proclamava que os sonhos eram "a estrada real para o inconsciente", Lovecraft os transformou não em veículos para a autoconsciência, mas em placas de sinalização para horrores indescritíveis

Junto a essas frequentemente notadas referências às concepções racistas de pessoas cuja degeneração as torna especialmente receptivas a ouvir o chamado de Cthulhu, a história também é sobre os sonhos de artistas e sobre como os limites entre realidade e irrealidade colapsam entre o sonhar e a vigília, entre a arte e a realidade. Henry Wilcox, um escultor de "reconhecida genialidade, mas de grande excentricidade", inicialmente desperta o interesse de Angell em suas investigações sobre o culto de Cthulhu ao esculpir baixos-relevos cuja imagética, nos dizem, extrapola o cubismo e o futurismo em suas habilidades de chocar e confundir. Wilcox entalha essa coisa horrível, como Lovecraft frequentemente entalha seus próprios contos, depois de uma série de sonhos tão horríveis quanto maravilhosos. Os rumores sobre o surgimento de Cthulhu são também anunciados pela obra do "pintor fantástico chamado Ardois-Bonnot" que "pendurou uma blasfema *Paisagem de Sonho* no salão de primavera de Paris em 1926".

Enquanto um esteta dos sonhos, Lovecraft atraía outros sonhadores. De fato, o desejo de replicar imagens de Cthulhu e de cada monstro e terror que ele já imaginou se prova inescapável. Faça uma rápida busca on-line e você encontrará todo tipo de tentáculos e olhos pavorosos, trabalhos que vão de ilustrações ao bico-de-pena e nanquim, até desenhos digitais recriando os sonhos sobre os sonhos do mundo de pesadelo de Lovecraft.

Artistas independentes estão, de certa maneira, na vanguarda do alcance de Cthulhu. ZaPow! é uma galeria de arte nerd localizada em Asheville, na Carolina do Norte, que tem um nome perfeitamente adequado. Pinturas de várias encarnações de *Doctor Who* e tributos a lápis e tinta a *Star Wars* disputam nossa atenção com esculturas de todos os tipos de fantasia, visões sobrenaturais de dragões e zumbis, quando não morbidamente engraçados, apodrecidos. Não é surpresa que Lovecraft e seus monstros estejam lá em profusão.

Lauren Patton, proprietária da ZaPow!, expõe um pouco de sua própria arte na galeria, muitas delas dedicadas ou a imagens de Cthulhu ou à sua própria interpretação de como os símbolos da "Antiga Ordem de Dagon" poderiam se parecer, aquele antigo culto de sexo e sacrifício que mantinha conjunção carnal com os seres das profundezas no conto "A Sombra Sobre Innsmouth", de 1931.

Patton fez faculdade em Providence, morando a pouco mais de um quilômetro da localização original do número 454 da Angell Street. Morar em Providence e amar Poe durante toda a vida a levou ao que ela chama de "a prosa hiperluxuosa" de Lovecraft. Mas, como uma estudante de arte, a ênfase de Lovecraft "na ideia de que os artistas ouvem os estrondos abafados dos Deuses Anciões" em "O Chamado de Cthulhu" a intrigou. Patton, de fato, soa um pouco como Lovecraft quando descreve como o mercado norte-americano se importa pouco com os artistas, mas que nos contos do autor eles se tornam "sumos sacerdotes" que agem como "receptores interdimensionais" para todos os abismos do mundo e do cosmos.

Artistas visuais parecem ter uma atração menos mística pelos temas lovecraftianos. "Os tentáculos são divertidos de desenhar e legais de se ver", Patton nos diz, admitindo que isso não alcança o cerne da filosofia de "impotência cósmica" de Lovecraft, mas me lembrando de que "às vezes, o simples prazer visual da coisa é o suficiente".

A popularidade da "arte de tentáculos" de certa forma se desprendeu de Lovecraft. Outro artista com quem conversei, cujos desenhos frequentemente apresentam personagens monstruosos em momentos de humor irônico (Frankenstein e sua noiva em uma terapia para casais, um dinossauro e um robô gigante fazendo um intervalo em sua luta para contemplar as estrelas enquanto uma cidade morre em chamas atrás deles), incluiu mais do que alguns tentáculos em suas obras ao longo dos anos. O artista, que pediu para não ser identificado, na verdade não é um fã de Lovecraft, e não tem nenhum interesse especial por Cthulhu. Mas os tentáculos que definem o monstro estão por toda parte em suas obras.

Um efeito colateral bizarro, mas talvez pouco surpreendente para a obsessão por Cthulhu/tentáculos surgiu no assim chamado "pornô de tentáculos", um fetiche popular entre muitos, incluindo um número de fãs que deseja expandir as fronteiras do que o adjetivo muito utilizado "lovecraftianos" pode significar. Eles conseguiram.

Uma empresa de brinquedos sexuais chamada Necronomicox vende vibradores com Cthulhu como tema. É possível encomendar até mesmo lingeries temáticas de Cthulhu. Enquanto isso, o "pornô de tentáculos" se tornou um lugar-comum recorrente em mangás japoneses, ao mesmo tempo em que uma revista chamada *Cthulhu Sex*, publicada regularmente entre 1998 e 2007, apresentava ao seu público alguns nus femininos "comprometidos" com tentáculos. E ao menos alguns DVDs pornográficos inspirados por Lovecraft circularam, um deles com o título, talvez inevitável, de *Booty Call of Cthulhu*. Tommy Faircloth, o cineasta e fundador da Crimson Screen Film Fest, disse-me que um filme independente chamado *Call Girl of Cthulhu* também circulou por aí.

Essas são obsessões que têm a ver, como o diretor da NecronomiCon, em Providence, explicou para a *Vice Magazine*, com a natureza de "fonte aberta" da obra de Lovecraft. Se um escritor atingiu patamares da imaginação que criaram RPGs de mesa (imagine Hemingway ou Fitzgerald como temas de RPGs, ou jogos de cartas, ou de tabuleiro), então a mercantilização sexual de sua obra parece inevitável. É a lógica cultural do capitalismo pós-industrial; tome a arte, naquilo que ela tem de mais disruptivo, e embale para o consumo.

Talvez algo um pouco mais complexo esteja ocorrendo nesse nicho de mercado. Esse fenômeno não apenas desafia a suposta falta de sexo do universo de Lovecraft, mas também nos lembra que Tânatos e Eros eram amigos bem próximos. Os hinos de Lovecraft à morte — não simplesmente de seus personagens individuais, mas da ideia da morte do próprio cosmos — invocam o instinto sexual cego e primal, as sugestões da imortalidade que são a "pequena morte" em sua asserção mais crua da vida vacilante contra a racionalidade fria de um universo em entropia, se movendo em direção a um estado de nada.

Lovecraft revelou à humanidade os entalhes em sua própria lápide. E, no fim, acabamos por transformar seu pesadelo mais perfeito em um ícone da cultura pop, uma inspiração para a arte e até mesmo o símbolo sexual mais peculiar do mundo. Fizemos isso porque é possível que nada tenha nos assustado com tanta intensidade.

A amizade via correspondência que se desenvolveu entre H.P. Lovecraft e August Derleth se tornou a relação profissional mais importante que ambos já tiveram. Derleth, ainda no ensino médio e prestes a ingressar na Universidade de Minnesota, já havia publicado histórias na *Weird Tales*. Ele continuou a fazer isso em uma frequência estonteante, ultrapassando em muito a coleção relativamente pequena de histórias que Lovecraft viu impressa durante sua vida. Até sua morte, em 1971, Derleth foi autor de inumeráveis contos de horror, histórias de detetive e de ficção científica. Ao todo, publicou 160 livros, incluindo ficção regionalista criticamente aclamada. E, sem H.P. Lovecraft, ele teria sido quase esquecido. O legado de Lovecraft, em contrapartida, deve muito de seu posterior sucesso comercial a Derleth.

Existe um grande número de cartas de Lovecraft para Derleth, apesar de a maioria ser bastante curta em comparação com as noveletas que ele escrevia, às vezes, para seus amigos mais próximos. S.T. Joshi e David Schultz, editores dos dois volumes dessas cartas, apontaram que a correspondência entre eles possui uma qualidade muito diferente do restante das correspondências de Lovecraft. Suas cartas para Derleth tratam, com frequência, do lado mais prático do negócio da escrita. Mostram também um aspecto de Lovecraft nunca revelado em sua correspondência; um interesse decidido em ser pago por seu trabalho.

Lovecraft depreciava as preocupações comerciais em relação à arte com certa frequência em suas cartas e ensaios. Também é fácil de encontrar exemplos dele apoplético de irritação com a atitude de "o cheque já foi enviado" da *Weird Tales*, e frequentemente se sentindo lesado pelo valor irrisório daqueles cheques. Ele se recusou a escrever novamente para a hoje lendária revista de ficção científica *Amazing Stories*, de Hugo Gernsback, por ter recebido apenas 25 dólares por seu conto, agora um clássico, "A Cor que Caiu do Espaço" quando ele foi publicado, em 1927. Mesmo esse cheque demorou excessivamente para chegar. Depois disso, Lovecraft passou a se referir ao editor, considerado hoje um dos empresários mais lendários da ficção científica norte-americana, como "Hugo, o rato".

Não há absolutamente nada de errado com essa atitude. Na verdade, o que era peculiar em Lovecraft era sua pose frequente de cavalheiro--artista do século XVIII que estava acima das miudezas pecuniárias. Ele, é claro, tinha todas as razões para esperar ser remunerado por seu trabalho, de maneira que pudesse pagar o aluguel e se manter alimentado e vestido. Ele, no fim das contas, mal conseguia fazer essas coisas.

Suas cartas para Derleth, sempre relacionadas a quantos contos ele havia produzido e para quando estava previsto o pagamento, permitiam a Lovecraft um fórum para tratar de suas preocupações monetárias. Quando Wright rejeitou de pronto "O Chamado de Cthulhu", Lovecraft lamentou "pelo cheque que eu não vou receber por ele". Apesar de isso nunca ter acontecido, ele falou sobre considerar pegar trabalhos de revisão que poderiam ser uma tortura passageira, mas assim não precisaria encarar "os perigos dos abrigos para pobres". Frequentemente, ele invejava a capacidade de Derleth de comprar tantos livros, embora muitas vezes se consolasse com sua própria capacidade de adquiri-los por meio de bibliotecas ou de amigos generosos, incluindo o próprio Derleth.

A correspondência com Derleth permitia a Lovecraft respirar, abandonar sua pose. Ela também acaba com um dos mitos mais persistentes sobre ele e sua relação com seu trabalho.

O controverso romancista francês Michel Houellebecq alega que a ficção de H.P. Lovecraft não contém referências a dinheiro ou a sexo. Ele está errado em relação às duas coisas. Lovecraft escrevia sobre sexo e dinheiro o tempo todo. Seu primeiro protagonista, Jervas Dudley, consegue se afundar em sua insanidade porque possui um rico legado do tipo que Lovecraft teria gostado de manter. O infeliz Charles Dexter Ward, cujas experiências ocultas levam-no à possessão e ao horror, implora dinheiro para seus pais sofredores para viajar para a Europa — um lugar que Lovecraft sempre quis conhecer — e comprar equipamentos de laboratório. Adquirir uma propriedade ancestral perdida há muito leva o narrador de "Os Ratos nas Paredes" a ouvir o arranhar aterrorizante por trás das paredes, arranhões que o conduzem à descoberta de um terrível segredo de família que sugere uma revelação ainda mais chocante sobre o universo. O antiquário malfadado de uma das obras-primas de Lovecraft, "A Sombra Sobre Innsmouth", vai parar naquele lugar de horror sem limites ao se negar a pagar a passagem de ônibus mais cara para seu destino original, um problema que o próprio Lovecraft enfrentava com frequência em suas viagens.

Houellebecq compra o mito de Lovecraft como apresentado pelo próprio Lovecraft. Não acho que Lovecraft possa ser rotulado de hipócrita devido à sua negação de interesses comerciais e por alegar que um verdadeiro artista coloca tais preocupações de lado, ao mesmo tempo em que sofria de ansiedade em relação ao dinheiro. No fim das contas, ele se recusou a se engajar em um tipo de trabalho precário que outros aceitaram apenas para publicar mais algumas histórias e receber mais alguns cheques pelos correios. Mas ele também via a aceitação e o pagamento imediato de seu trabalho como reconhecimento do valor de suas histórias.

Mais do que isso, sua própria paixão por sua arte sempre solapou suas compreensíveis preocupações financeiras. Se esperar meses por um pagamento o irritava, o mesmo acontecia com a aceitação de um trabalho que ele pensava estar abaixo de seus padrões. Em uma carta para Derleth em novembro de 1926, ele lamentou que a *Weird Tales* tivesse aceitado tão rapidamente "O Horror em Red Hook", que ele chamou de uma "das coisas mais pobres que já perpetrei". O mais interessante de tudo, considerando que se portava como um cavalheiro que se punha acima do brio capitalista da nova era comercial, é a sua confissão a Derleth, de que escrevia com as expectativas de Farnsworth Wright em mente e que tinha sido, portanto, "permeado por uma atmosfera barata de bruto melodrama". Ele não gostava de escrever por dinheiro, mas escrevia.[41]

Houellebecq também está errado ao dizer que Lovecraft nunca escreveu sobre sexo. Ele o fez, apesar de suas afirmações de que lhe faltava interesse pelo "fenômeno do amor sexual". De fato, ele via um lugar para o erótico na literatura, pelo menos quando ela revelava algo verdadeiro sobre a experiência humana em vez de fornecer material masturbatório. Gostava, por exemplo, do *Ulisses* de Joyce, com sua celebração despudorada do erotismo — mais pronunciada no famoso monólogo final de Molly Bloom, seu extasiado "SIM!" para a transcendência sexual. Algumas questões surgiram sobre se Lovecraft de fato leu *Ulisses* na íntegra, mas ele certamente deu sua opinião confiante sobre o livro. Com isso, ele se junta à turba dos literatos do início do século XX que não leram Joyce, mas para quem ter fortes opiniões sobre ele se tornou uma forma de entretenimento.

Histórias românticas o irritavam não por uma sensibilidade puritana em relação ao sexo. Elas lembravam-no do sentimentalismo vitoriano que ele viria a desprezar, uma aversão por todo aquele mundo de repressão sexual que o envolvera em sua juventude, fazendo seus desejos parecerem intoleráveis ou estranhos. Ele se juntou a outros modernistas que viam um instinto animal e uma diretiva mecânica no sexo. Noções românticas, para ele, simplesmente ocultavam a irracionalidade terrível do desejo enquanto prometiam àqueles que as partilham uma falsa transcendência.

O sexo nos contos de Lovecraft tinha que ser perigoso e decididamente estranho. De fato, ele precisava ter implicações cósmicas que embotam a mente. Lovecraft teria visto a descrição de um ato sexual, considerada tão perplexamente audaciosa por escritores modernistas da sua época, e aparentemente também para nossos tempos que ficam alvoroçados com *Cinquenta Tons de Cinza*, quase como tão interessante quanto a descrição do processo de combustão interna de um motor quando um de seus personagens dirige um carro. O erotismo era bem mais tentador, mortífero, sedutor e selvagem. Por que se preocupar em descrever a penetração por pênis eretos, bem como peitos saltitantes subindo e descendo, quando se podia invocar toda a malignidade do cosmos?

O sexo se tornou uma forma de Lovecraft ridicularizar as ilusões que mantinha, mas em que não acreditava. O conto "A Verdade sobre o Falecido Arthur Jermyn e sua Família" destrói, na verdade, a noção de "superioridade nórdica" que as cartas de Lovecraft por vezes exibiam. Ele conta uma história verdadeiramente subversiva sobre hibridismo sexual que não apenas descreve como as bizarras relações sexuais entre um homem e uma mulher/macaca/coisa destruíram Arthur Jermyn, mas explora a ideia de que as origens da humanidade podem ser encontradas naquilo que a época em que Lovecraft vivia chamava de miscigenação. Na verdade, na mistura racial de uma variedade particularmente assustadora.

Sexo interespécie, talvez até interdimensional, forma a base de alguns de seus melhores trabalhos, histórias que estarão sempre na lista de "grandes textos". Em "A Sombra Sobre Innsmouth", uma vila quase inteira se torna a prole de anfíbios Abissais que, incialmente, demandavam do patriarca da vila, Obed Marsh, sacrifícios humanos, e depois passaram a desejar mulheres humanas, impelidos, ao que parece, por um desejo primariamente sexual. Alan Moore pinçou esse elemento da história de Innsmouth em seu *Neonomicon* e se utilizou da ideia dos Abissais sexualmente cobiçosos para causar um efeito repulsivo.

O monstro de "O Horror de Dunwich", de 1928, caminha sobre a terra devido a uma ligação sexual bastante peculiar. O temível Yog-Sothoth, um dos mais poderosos e aterrorizantes entre os Grandes Antigos, engravida Lavinia Whateley em uma paródia intencionalmente escandalosa da imaculada concepção. O avô de Lavinia, um iniciado nos segredos obscuros do grimório das coisas Anciãs, atua como alcoviteiro e possivelmente como receptáculo para Yog-Sothoth. A prole dessa união estranha inclui Wilbur Whateley, um brutamontes monstruosamente alto já aos 10 anos de idade, cujas roupas mal-ajambradas escondem deformações grotescas diversas, descritas por Lovecraft com indisfarçável deleite e entrega. Pior, descobrimos que Wilbur tem um irmão, o outro filho de Lavinia a respeito de quem quanto menos se falar, melhor.

"A Coisa na Soleira da Porta" representa um espetáculo quando se trata de perversão imaginativa. Escrito em 1933, é um conto que começa com mais um personagem masculino, sem nada de especial, em seu centro. Edward Derby é uma projeção dos próprios desejos e medos de Lovecraft, um jovem vivendo de uma herança e incapaz de realizar algo de útil. Ele passa seus dias estudando e, finalmente, escrevendo como "escritor de fantasia e poeta" cuja "falta de contatos e responsabilidades atrasou seu crescimento literário".

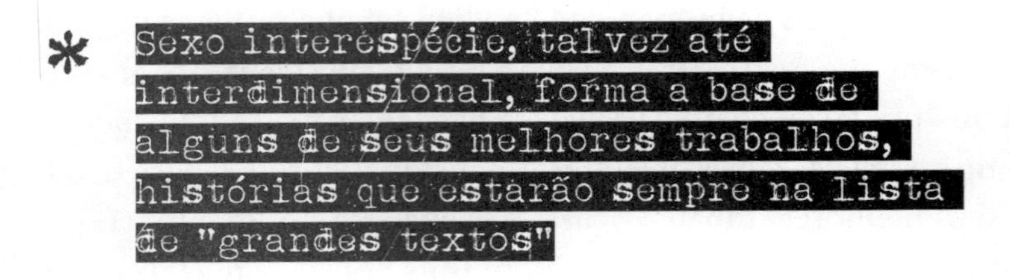

Em seguida, chega Asenath Waite. Filha de Ephraim Waite, um necromante de renome vindo da temível Innsmouth. Lovecraft descreve Asenath como de uma beleza sombria com "olhos superprotuberantes" cercados por algumas rugas prematuras que são a expressão externa de uma intensa vontade interior. A estudante de 23 anos acompanha uma turba "insana" da Universidade Miskatonic e tem o pendor de seu pai para os estudos do oculto. Quando ela encontra Edward Derby, agora um homem de nervos frágeis, com 38 anos de idade, ela o seduz com pouca dificuldade. Os dois se casam. Para seu amigo que nos narra a história, Derby passa a impressão de estar sob alguma influência hipnótica de Asenath, um aceno quase simbólico para a servidão sexual que recai sobre ele.

Asenath, o narrador descobre, tem tentado dominar a consciência do marido, enfraquecida por ela. Mas não para por aí. Asenath Waite, a personagem feminina mais sexy de Lovecraft, partilha sua própria consciência com a de seu pai, Ephraim, o velho mago de Innsmouth.

> *Eu não poderia dizer, nem por minha vida naquele momento, exatamente quando recaiu o horror supremo; ainda assim, sobreveio sobre mim como um vagalhão de mal-estar e repulsa... um sentimento enregelante e paralisante de extrema alienação e anormalidade...*

Talvez o narrador não seja capaz de conceber a natureza desse "horror supremo", mas nós podemos. Lovecraft garante nossa compreensão, mesmo nos dizendo tudo sem de fato dizer. Asenath e Derby já estavam casados havia três anos e o narrador acaba de descobrir que Derby estivera fazendo sexo com seu próprio sogro através da sensual Asenath como condutora. Derby também está prestes a ser engolido inteiro por esse horror sem gênero. Novamente, Lovecraft nunca sente a necessidade de nos descrever a situação e nunca comenta sobre ela diretamente. Mas ela está no cerne da história, um homem conseguindo fazer sexo gay com uma mulher.

Muitos desses exemplos não são também exemplos de misoginia? Claro que são. Asenath está em algum lugar entre a vampira de um filme mudo e as imagens de Medusa/Circe/Medeia que Lovecraft absorvera do classicismo. O pequeno número de mulheres que aparecem em seus outros contos são ou vítimas ou bruxas ou uma combinação de ambas.

Mas a misoginia e o erotismo sempre foram companheiros próximos, mesmo nos círculos da alta literatura. O Marquês de Sade notoriamente se esbaldava no estupro e no assassinato de suas personagens femininas. Sua política radical exigia completa liberação sexual das mulheres na alcova e absoluta subjugação em todos os outros lugares. Oscar Wilde, que escandalizava com seu trabalho homoerótico tenuemente velado antes que seus próprios escândalos pessoais o enviassem para a prisão, descreve suas personagens femininas com um conteúdo peçonhento em *O Retrato de Dorian Gray*. Henry Miller, apóstolo da libertinagem sexual, cria mulheres que são simples obstáculos para os impulsos sexuais do narrador, "biscates" ou, mais frequentemente, "vadias", que recusam o controle do Id incontrolável de seus personagens masculinos.

Exemplos podem proliferar mais próximos dos dias atuais e não apenas na ficção popular como em *Cinquenta Tons de Cinza*. Teria John Updike, cujos personagens fazem uma tremenda quantidade de sexo tedioso, escrito alguma vez uma personagem feminina que não seja quase esquizofrênica, ou um objeto de tara, ou uma ruína de seu narrador (e frequentemente todas as três coisas ao mesmo tempo)? David Foster Wallace às vezes se erguia por sobre esses impulsos de formas espantosamente originais, mas com frequência fazia das mulheres simples objetos de desejo que eram, ao mesmo tempo, prenúncios da morte.

Apesar de as críticas feministas a Lovecraft serem justificadas, seus críticos tropeçam já no ponto de partida ao acusá-lo de nunca ter escrito personagens femininas significativas. Asenath Waite às vezes é colocada de lado, já que a personagem se torna a hospedeira de uma consciência masculina que a possui. Mas é bem mais esquisito do que isso. Ela é transgênero em um sentido bem literal, transcendendo as fronteiras de ambas as identidades de gênero e performance, de maneiras que Lovecraft sabia que perturbariam o leitor.

Suas outras personagens femininas também são finamente delineadas, mesmo quando fazem apenas breves aparições como monstros ou vítimas ou um pouco de ambos. Elas certamente não se destacam na página, mas fazemos bem em lembrar que nenhum outro de seus personagens tampouco o faz. Ele não se importava com personagens e sempre deixou isso muito claro.

Lovecraft buscava com avidez atenção e admiração e, ocasionalmente, a camaradagem de homens, em parte porque passou muito de sua vida morando com mulheres e sendo mimado por elas, ao mesmo tempo em que mantinha imagens extremamente idealizadas de seu avô, morto havia muito tempo, e sem dúvida se sentia atormentado pelo que sabia sobre a doença e morte de seu pai. Suas cartas e seu tempo no Clube Kalem o apresentaram a personalidades interessantes cujos hábitos, ideias e interesses eram tão encantadoramente esquisitos quanto os seus: James Morton, um radical político de meia-idade, devoto do drama elizabetano e de mineralogia; Frank Belknap Long, amante de metafísica e estética decadente; August Derleth, que parecia capaz de escrever dezenas de milhares de palavras por semana sobre todo e qualquer assunto, ao mesmo tempo em que, aparentemente, lia centenas de livros por mês e se utilizava do que sobrava de seu tempo para se tornar um esgrimista habilidoso.

E ainda assim, Lovecraft não era capaz de escrever um personagem masculino intrigante nem que sua vida dependesse disso. Quase todos eles são simples e rasos cavalheiros de antiga linhagem da Nova Inglaterra, professores e antiquários ou pesquisadores do conhecimento oculto, basicamente versões mal disfarçadas do próprio Lovecraft. Randolph Carter, um personagem cujas aventuras tomam quatro pequenos contos e uma noveleta, surge como parte Lovecraft e parte aquilo que Lovecraft gostaria de ser, às vezes em um grau risível.

As personagens femininas de Lovecraft me parecem sugerir uma misantropia absoluta e irrefreável mais do que simples misoginia. E não se pode continuar ignorando as versões extravagantes de sexualidade que aparecem em toda sua obra. Você só pode rotulá-lo de puritano porque ele nunca escreveu uma descrição nítida de dois ou mais corpos realizando vários atos físicos uns com os outros. Mas dizer que ele nunca escreveu sobre sexo, e, de fato, em algumas das configurações mais estranhas imaginadas antes de Burroughs escrever *Almoço Nu*, é nunca ter prestado atenção a seu trabalho.

O homem que tão descaradamente se identificava com Providence tomou um ônibus e um trem todas as vezes que pôde pagar uma passagem durante a última década de sua vida. Em 1928, ele passou seis semanas em Nova York com a esposa de quem estava se separando ou, pelo menos, se hospedou com ela enquanto vagava pela cidade em noites inteiras de bate-papos com a "velha turma".

No mesmo ano, passou duas semanas com amigos correspondentes em Vermont e, em seguida, fez um longa viagem para o Sul, que o levou de Baltimore até a Virgínia, incluindo uma excursão para as "Cavernas Infinitas" em New Market, algo que o impressionou com "formações grotescas que se espiava por todos os lados... áreas enterradas — civilizações submersas — universos subterrâneos e insuspeitas ordens de seres e influências que assombram os abismos onde a visão não alcança — tudo isso flanando por uma imaginação confrontada com a factual presença da noite eterna e sem som". Uma imaginação que percorria antigas terras de sonhos e paisagens horripilantes a cada oportunidade era capaz de encontrar seu caminho por tais coisas em um lugar que, para muitos turistas, não oferecia mais do que uma atração interessante para crianças.

Ele voltou para a Virgínia em 1929, visitando Jamestown, Yorktown e Williamsburg, com a restauração colonial dessa última ainda em seu início, financiada pelo dinheiro de John D. Rockefeller Jr. Em 1930, ele visitou o que se tornaria, depois de College Hill, seus dois lugares favoritos em toda a Terra: Quebec e Charleston. Sobre o último, ele escreveu um enorme guia de viagens com dicção do século XVIII, o mais longo de todos os trabalhos que escreveu, para circular apenas entre seus amigos e não destinado à publicação.

Ele chamava Charleston de "a última cidade completamente civilizada que restou nos Estados Unidos". Gostava do ritmo lento do comércio nas cidades do Sul, onde o horário comercial era curto e os jantares longos, e quase todo advogado, latifundiário, político e vagabundo na cidade tinha um nome que datava da era colonial. Charleston, tal qual Williamsburg, também havia começado recentemente sua campanha de restauração histórica quando sua aristocracia, pobre, mas poderosa politicamente, começou a pensar nas possibilidades comerciais do turismo, que tiraria o que já foi um porto marítimo importante de sua recessão econômica depois da emancipação.

Lovecraft encontrou muita arquitetura georgiana e outras antiguidades para contemplar no ano de 1930 e expressava, frequente e surpreendentemente, dado seu vínculo com Providence, o desejo de fazer de Charleston seu lar. Nos últimos seis anos de vida, ele voltou para essa outra cidade portuária favorita sempre que podia.

Arquitetura, história e a afetação de certa ética não comercial, até mesmo anticomercial, com certeza o atraíram até a cidade. Infelizmente, o número minúsculo de imigrantes de Charleston, alguns poucos irlandeses e alemães com um punhado de italianos, também chamou sua atenção. A cidade tinha uma comunidade judia interessante e vibrante para uma cidade sulista, mas que permanecia pequena, composta em sua maioria de famílias que vieram para a Carolina do Sul antes da Revolução Americana — um fato que teria impressionado Lovecraft.

O que talvez seja o mais significativo, Charleston aplicou brutalmente a segregação das leis Jim Crow, tanto em suas práticas quanto em teoria. A ordem e a tradição proibiam afro-americanos de frequentar a maioria dos espaços públicos, e Lovecraft jamais teria que se deparar com um afro-americano que não fosse um estivador, um engraxate ou um dos "homens caranguejos" que Lovecraft achava pitorescos, cantando seus apelos lamentosos para os clientes enquanto empurravam suas carrocinhas pelas vielas tortas e acidentadas de Charleston.

A atração que Charleston exercia sobre Lovecraft se encaixava com seu frequente louvor às práticas de segregação, louvor que continuaria a fluir até mesmo quando sua visão política deu uma guinada à esquerda nos anos 1930. Não muito depois de voltar de sua primeira visita a Charleston, ele escreveu duas cartas combativas para James Morton. Morton passara um período morando no Harlem como uma declaração pessoal de compromisso com o fim da segregação e Lovecraft não podia evitar de lançar uma diatribe contra tais ideias, defendendo a absoluta necessidade das leis Jim Crow, já que "os negros são largamente inferiores. Não pode haver dúvida sobre isso entre os biólogos contemporâneos não sentimentais".

É claro, Franz Boas, um pesquisador da Universidade de Columbia, amplamente considerado como um dos fundadores da antropologia moderna, em certa medida implodiu as concepções culturais branco-supremacistas durante o tempo em que viveu Lovecraft. Lovecraft sabia que isso estava acontecendo e, em uma carta a Morton, menciona

Boas (e o insulta) sem nem mesmo lançar mão de um único argumento racional. "Não há o menor sentido em tentar provar que um homem negro é igual a um homem branco", escreve, "como não há em tentar provar uma igualdade correspondente com um homem de Neandertal." Ele nunca escreveu de maneira polida sobre essa questão e sempre afirmou, simplesmente, que os afro-americanos, asiáticos, árabes e persas e a maioria dos que vinham de fora da Inglaterra e da Alemanha eram inferiores porque eram inferiores e, portanto, deveriam ser tratados como inferiores.[42]

Depois da morte do autor, o círculo de admiradores de Lovecraft tentou minimizar sua filosofia racista da história e da cultura, bastante sistêmica, para não dizer estupidamente circular. De certa forma, eles conseguiram. Aqui e ali, em conversas formais e informais que travei com jovens fãs de Lovecraft, a maioria se esquivou de minha pergunta sobre como lidam com a atitude de Lovecraft em relação à raça. Uns poucos deixam claro que ignoram o problema, porque se importam apenas com as histórias, não com seus preconceitos pessoais, e que ambos são distintos. Alguns afirmam que as atitudes de Lovecraft mudaram antes de sua morte, que ele percebeu que estava errado em suas ideias sobre raça.

É lamentável constatar que estão catastroficamente errados em ambos os casos. Ele infundiu racismo em sua ficção, tentando, de fato, usar concepções de "mestiçagem" (uma de suas palavras favoritas) para induzir um senso de terror entre seus leitores, que presumia se tratar de homens brancos de origem anglo-saxã. E ele nunca mudou de opinião. Morreu em uma década em que o uso de noções de superioridade racial tinha começado a manifestar horrores políticos e se fiou em concepções de "supremacia ariana" anos depois de Hitler chegar ao poder na Alemanha.

Claro, não é que os jovens sejam facilmente enganados. Certa vez, dei um ponto extra em uma prova em que pedi para meus alunos de graduação descreverem a filosofia de Lovecraft. Eu estava esperando algo como "cosmicismo" ou "indiferentismo" ou até mesmo "niilismo" e "materialismo" (apesar de o primeiro não ser, tecnicamente, muito preciso). A maioria que respondeu à questão simplesmente escreveu "racismo". Não havíamos discutido as cartas de Lovecraft em sala de aula. Eles simplesmente tinham lido "O Chamado de Cthulhu" e chegado às suas próprias conclusões.

Asheville celebra suas bizarrices hipsters como algo central para seu apelo. Aninhada nas sublimes montanhas florestadas do oeste da Carolina do Norte, é um refúgio de pop art, livrarias da moda, lojas de discos, microcervejarias, restaurantes veganos e palácios de *bong* que emanam sua própria peculiaridade profunda. Em um único dia, você pode comer um donut vegano, tomar uma cerveja fermentada em um antigo barril de vinho, degustar um taco de kimchi em um food truck latino-coreano, decalcar uma camiseta expressando seu amor pela série do Batman da década de 1960, estrelada por Adam West, e fazer compras na Malaprop's, talvez uma das duas ou três melhores livrarias independentes dos Estados Unidos. "Mantenha Asheville Esquisita", dizem uma camiseta e um adesivo que partilham um sentido de autoconsciência da estranheza com Portland, Oregon e Austin, no Texas, e que lhe contam tudo o que você precisa saber sobre a visão que a cidade tem de si mesma.

Certa manhã, encontrava-me em Asheville degustando um chai em uma cafeteria chamada Battle Cat, batizada em homenagem a um personagem da linha de brinquedos e série de TV dos anos 1980, *He-Man e os Mestres do Universo*. Ler "O Modelo de Pickman" de Lovecraft na varanda da cafeteria conduziu-me a uma conversa com um jovem que queria muito, e de certa forma contra a minha vontade, falar sobre Lovecraft. Coberto de tatuagens e usando uma camiseta com o tigre Tony, dos cereais matinais, ele exibia uma barba padrão hipster que você associaria à banda ZZ Top e aos padres da Igreja Ortodoxa do século IV. Ele usava um chapéu-coco.

Essas conversas, como eu já percebera, não são incomuns para mim. Fiz minha pergunta padrão: "Então, qual é seu conto preferido de Lovecraft?". Esperei que a cara esguia e hirsuta me respondesse: "O Chamado de Cthulhu".

"'A Chave de Prata'", disse ele. "Tudo o que você precisa saber sobre a porra do mundo está em 'A Chave de Prata'. É um sonho, cara, um sonho dentro de um sonho dentro de um sonho. E simplesmente temos que voltar lá."

Fiquei embasbacado.

Lovecraft escreveu "A Chave de Prata" em 1926, logo após seu retorno a Providence e não muito depois de terminar "O Chamado de Cthulhu". Esse se tornou um período incrivelmente prolífico, e seu trabalho em contos/ensaios coincidiu com o início de um trabalho em dois romances curtos, *O Caso de Charles Dexter Ward* e *A Busca Onírica por Kadath*.

Essa segunda funciona como complemento para "A Chave de Prata". Ambas as histórias apresentam aventuras de Randolph Carter, primeiro apresentado em um conto de 1919, "O Depoimento de Randolph Carter". *A Busca Onírica por Kadath* leva o leitor a uma jornada pelas terras dos sonhos lovecraftianas e encontros com quase todas as criaturas de seu bestiário: *zoogs*, *ghouls*, *gugs*, os *night gaunts* (terrores noturnos) e, o objetivo da busca de Carter, os próprios Antigos.

"A Chave de Prata", tão amado pelo meu interlocutor da cafeteria, não é uma jornada onírica; é sobre o fracasso em encontrar o mundo dos sonhos uma vez que ele se perde. "Quando Randolph Carter tinha 30 anos, perdeu a chave para os portões dos sonhos." É um conto sobre a perda de certos tipos de conhecimentos e o desejo de Carter pelas terras dos sonhos, que ele visita em *A Busca Onírica por Kadath*, o lugar que esconde verdades sobre o cosmos.

Carter, assim como o narrador de "Ele", age como um avatar de Lovecraft. Lovecraft, contudo, se utiliza do conto como sátira mais do que para descrever uma mística jornada de autodescoberta. Ele não acreditava em misticismos e não há dúvida de que criou o dilema de Carter para zombar de alguns dos caminhos que seus contemporâneos percorriam em busca de transcendência. A conversão de T.S. Eliot ao anglo-catolicismo surge como pilhéria na virada de Carter para "a gentil fé de Igreja... os medos e suposições superados de uma raça primitiva confrontando o desconhecido". Ele também mira radicais políticos e culturais que conheceu em seus dias de Nova York, boêmios de Greenwich

Village que, em sua cabeça, tinham muito em comum "em sua pregação rejeitada" e "não podiam fugir da ilusão de que a vida possuía algum sentido para além daquele que os homens sonham".

Receio que meu amigo de camiseta do tigre Tony tenha perdido o argumento de Lovecraft. Claramente, ele estava se lembrando da famosa e muito utilizada fala de Poe sobre a vida ser "um sonho dentro de um sonho". Mas essa não é a mensagem de Lovecraft. O que Carter tinha que descobrir, a verdadeira chave de prata, era o conhecimento de que não havia diferenças entre o mundo dos sonhos e o mundo da realidade... ambos são fenômenos materiais, ambos são reações químicas, combinações moleculares, fantasmas sendo conjurados por elétrons no cérebro. Na última linha do conto, o narrador nos diz que "a grande chave de prata" permanece, primariamente, como um símbolo para "todos os objetivos e mistérios de um cosmos cegamente impessoal".

Dedique seu tempo a C.S. Lewis se você quiser encontrar a porta para Nárnia ou a J.K. Rowling se estiver esperando pelo trem para Hogwarts. Lovecraft o deixa sozinho e ansiando com seus sonhos, reações químicas tão falsas quanto as promessas da religião, do misticismo, da boemia e das utopias, sejam da mente ou da política. O universo não dá a mínima.

"Estou muito feliz de ouvir que você gosta das minhas coisas... eu mesmo gostei bastante do Cthulhu...[e] quanto à questão de um autógrafo, de tão pouco valor, na verdade, já que ligado a uma não entidade como eu — se a seguinte assinatura não servir, ficarei feliz em assinar qualquer coisa velha, exceto cheques da minha conta bancária praticamente inexistente."

Lovecraft escreveu isso em Charleston no verão de 1931. Era uma resposta a uma carta encaminhada a ele por sua tia e que vinha de um fã de 13 anos chamado Robert Barlow, apesar de Lovecraft não ter ideia, à época, da extrema juventude de seu correspondente. Centenas de cartas longas, afetuosas e reveladoras foram trocadas entre os dois nos seis anos seguintes. Longas visitas trariam os momentos mais felizes e despreocupados da vida de Lovecraft. Barlow, conscientemente gay, extremamente isolado e vivendo com pais que sofriam de depressão e instabilidade mental, encontrou em Lovecraft muito mais do que um mentor e se tornou a pessoa mais próxima que o homem mais velho teve em toda a vida, talvez mais próximo do que Sarah Susan e Sonia foram capazes de ser.

Aparentemente, Lovecraft só descobriu a idade de Barlow quando o jovem "Bob", como ele afetuosamente o chamava, o apanhou na estação de trem de Deland, Flórida, no início do verão de 1934. Lovecraft passou sete semanas daquele verão com Barlow, sua mãe e os empregados da família. O pai de Barlow, provavelmente para sorte de todos, estava viajando durante a visita de Lovecraft. Um militar reformado, ele sofria severamente de ansiedade social, de depressão debilitante e, em certos momentos, tinha a ilusão de que sabia a data da própria morte.

A despeito de viver com tais sombras sobre si, Barlow impressionou Lovecraft com a amplitude de seus interesses. Lovecraft o chamava de "escritor, pintor, escultor, gravurista, pianista, titereiro, criador e exibidor, paisagista, campeão de tênis, especialista em xadrez, encadernador de livros, atirador profissional & colecionador de manuscritos e sabe Deus o que mais!".

Enquanto isso, Bob parecia quase incapaz de se conter por Lovecraft ter aparecido para uma visita tão longa. Lovecraft, para seu deleite e surpresa, descobriu que Barlow tinha esculpido um baixo-relevo de Cthulhu "da argila comum da Flórida", imitando a estatueta que exerce um papel tão importante na história.

Os dois amigos se viram de novo, brevemente, no fim de 1934. Frank Belknap Long travou uma amizade com Barlow através de Lovecraft e o convidou para uma visita de Ano-Novo. Lovecraft tomou o trem para a cidade que tanto odiava, e Barlow e ele esperaram pelas primeiras horas de 1935 juntos, conversando até as três da manhã.

Lovecraft voltou para a Flórida no verão de 1935, dessa vez permanecendo dez semanas na isolada Deland. Chegou perto de aceitar a oferta sedutora de Barlow de passar o inverno por lá, aproveitando-se da companhia e do clima mais ameno. Mas Lovecraft precisava de seus livros e de Providence. Ficou até a metade de agosto e se dirigiu de volta ao

Norte, fazendo uma parada em sua tão amada St. Agustine. Barlow fez uma surpresa para ele lá, no dia vinte, aparecendo para celebrar o aniversário de 45 anos de Lovecraft.

Quase uma década após a morte de Lovecraft, Barlow escreveu uma elegia profundamente comovente sobre seu tempo com ele em Deland. Ao buscá-lo na rodoviária, ele viu uma "figura alta e recurvada, com cabelo castanho-acinzentado e maxilar protuberante". Ele observou que "foi em outra rodoviária que fui vê-lo pela última vez, mas essa foi a primeira vez e havia centenas de coisas a dizer, e opiniões a pedir enquanto eu o levava para casa com sua pequena valise".

E eles conversaram... sobre Houdini, sobre o que fazia uma boa — e uma ótima — história de terror. Barlow mostrou a seu amigo um armário abarrotado de revistas colecionáveis e livros, um escritório apelidado de "Yoh-Vombis" por causa de uma câmara misteriosa de um conto de Clark Ashton Smith. À medida que "Yoh-Vombis" se abria, despejava tesouros que fariam qualquer geek contemporâneo vender seus entes queridos para pôr as mãos: um arquivo quase completo da *Weird Tales*, livros autografados por H.G. Wells e Júlio Verne e, é claro, as cartas e a assinatura do próprio Lovecraft.

Passaram-se os dias, e a dupla escreveu histórias com uma seriedade mediana. Barlow, mais concentrado, escreveu contos para Lovecraft lhe dar sua opinião. Uma expedição para colher mirtilos terminou de forma hilária, com Lovecraft caindo na água e se desculpando com seus anfitriões, parado em pé, todo ensopado e pingando, por ter perdido os mirtilos. Eles foram de barco a remo até um lago na propriedade Barlow e compuseram versinhos, competindo um com o outro para ver quem conseguia fazer rimas com pretzel e Schenectady.* Lovecraft se aproximava de todo gato que vagava pelos bosques de ciprestes, batizando um deles de Alfred A. Knopf.

* Schenectady é uma cidade do estado de Nova York. O nome vem da língua Mohawk e significa "lugar próximo aos pinheiros". [NT]

Eles conversaram, e conversaram e conversaram... de acordo com Barlow, sobre história, química, o *New Deal* e — sempre — terror e fantasia. Eles discutiam sobre essas coisas até tarde da noite, quando a mãe de Barlow insistia para que o jovem Bob fosse para a cama. Às vezes, Lovecraft entretinha Barlow lendo seus contos "com sinistros tons e silêncios". Certa manhã, durante o desjejum, ele contou sobre um sonho em que "ele era um mago enviando bolas para o espaço e as conduzindo de volta, algumas delas retornavam com cicatrizes e musgos de mares e espaços desconhecidos".

Barlow chamou seu livro de memórias, uma obra que um editor o persuadiu a preparar rapidamente para um volume de reminiscências de Lovecraft na década de 1940, de "The Wind That Is in the Grass". À época, Barlow era um professor de estudos mesoamericanos e havia se envolvido o suficiente na cultura mexicana para conhecer o pujante ditado que diz "o vento que está na grama não pode ser trazido para dentro de casa". Você não pode manter os momentos ou as pessoas que ama.

A tumultuada situação familiar de Barlow continuou e, em 1936, seu pai impulsivo decidiu que se mudariam para Leavenworth, Kansas. Barlow convenceu os pais a deixarem que passasse por Providence, onde ele se hospedou com Lovecraft e sua tia sobrevivente na residência final de Lovecraft, na College Street, 66. Lovecraft reclamou afetuosamente para uma de suas clientes de edição, Anne Tillery Renshaw, que o jovem se provava uma "constante responsabilidade". É um eco de como ele por vezes descrevia as visitas de Sonia, e há um subtexto de puro prazer em ter seu amado Bob em sua amada Providence.

Barlow ficou por três semanas. Em certo momento, a dupla inseparável aventurou-se à meia-noite no cemitério de St. John para um concurso de poesia. Aquele tinha sido o lugar favorito de Poe para se esconder durante suas visitas a Sarah Helen Whitman. Fizeram uma visita a Salem no aniversário de Lovecraft e Barlow pôde beber direto da fonte da inspiração para a "Arkham assombrada por bruxas" ao lado de seu amigo mais próximo.

R.H. Barlow estava mais do que um pouco apaixonado por H.P. Lovecraft. Anos mais tarde, Barlow se tornou bem mais aberto sobre sua própria orientação sexual, ou ao menos tão aberto quanto se poderia ser na homofobia intensa e fortemente politizada que devastava a sociedade norte-americana nos anos 1940. Sua vida completamente fascinante e absolutamente trágica receberá mais atenção mais tarde neste livro, em parte devido ao importante e estranho papel que ele desempenhou na preservação da obra e do legado de Lovecraft. Contudo, ele saiu da vida de Lovecraft nessa época. Em 1º de setembro de 1936, eles se separaram na rodoviária de Providence e nunca mais se viram.

Lovecraft escreveu *Nas Montanhas da Loucura* em fevereiro e março de 1931. É uma obra-prima. Ele apenas nunca havia escrito uma história que, se desenrolando deliberadamente, de forma tão imperceptível, rasteja sobre o leitor. O horror crescente emerge no acúmulo de pequenos detalhes sobre períodos geológicos, explorações antárticas, descobertas arqueológicas, o sublime de uma paisagem com aparência alienígena que, de fato, reside em lugares desconhecidos da terra e, então, repentinamente, a aparição da coisa que fornece um choque quase insuportável para os nervos.

Lovecraft abre a narrativa, como tantas vezes fez com eficiência, com uma advertência do narrador sobre o terrível conhecimento que jazia à espera, um segredo que, uma vez revelado, poderia levar até mesmo a mais resistente das almas a perder sua fé em ilusões consensuais. "Homens da ciência se recusam a seguir meu conselho", escreve em desespero o professor Dyer, um geólogo da Universidade Miskatonic. Dyer importuna a raça humana para que ela permaneça longe "daquelas montanhas da loucura" na Antártida, onde ele e seus colegas descobriram uma "cidade de pesadelos", que tende a aterrorizar os leitores contemporâneos mais do que todas as outras cidades antigas, submersas, sonhadas e ocultas que a mente de Lovecraft já mapeou.

Os Antigos um dia governaram a cidade, dezenas de milhões de anos antes de Dyer descobri-la entre "cubos e muralhas", labirintos estranhos que se estendem por quilômetros e testam até mesmo os prodigiosos poderes de descrição de Lovecraft. Mas tais poderes não falham em sua terrível invocação dos monstros que ainda se encontram lá, os servos rebelados dos Antigos, conhecidos como Shoggoths. S.T. Joshi me disse, e é difícil não concordar, que ele considerava uma revelação em particular que surge na história como "a passagem mais aterrorizante de toda a ficção weird".

Nas Montanhas da Loucura chegou a 115 páginas datilografadas e, alguns anos depois, Lovecraft chamou-o de "a coisa mais extensa que produzi e não repudiei". Devido puramente à sua extensão, Lovecraft imaginava que ela seria publicada em duas partes na *Weird Tales*. Wright rejeitou o conto imediatamente, talvez porque sentiu que a história se aproximava demais daquilo que, nos anos 1930, chamavam de "ficção científica" em vez de ser um "conto de ficção weird". Qualquer que seja a razão, a rejeição foi um duro golpe para Lovecraft, cada vez mais avesso às críticas ao seu trabalho.

A rejeição a *Nas Montanhas da Loucura* ajudou a despertar, ainda que não explique completamente, a amarga ironia dos anos finais de Lovecraft. Convencido de que não havia produzido nada de valor duradouro, enfrentando com frequência a rejeição da *Weird Tales* para algumas de suas histórias mais bem elaboradas e recebendo, às vezes, algumas críticas míopes a seu trabalho de seu círculo de correspondentes, a quantidade de sua produção literária vacilou em um momento em que ele começara a abrir novos caminhos com contos como "A Sombra Sobre Innsmouth" e o extremamente esquisito "A Coisa na Soleira da Porta". Em 1930, "Sussurros na Escuridão" fez uso de um admirável artifício narrativo para contar os horrores de Yuggoth, um mundo de terror estranho que Lovecraft criou com alguma inspiração da descoberta, então recente, de Plutão. Sua novela "A Sombra Vinda do Tempo" apresentou uma concepção atordoante do cosmos, do diminuto lugar da humanidade nele e uma das concepções mais estranhas e inventivas de viagem no tempo já imaginadas.

Numerosas rejeições de várias editoras grandes de Nova York azedaram sua opinião sobre a possibilidade de um dia ver publicada uma coletânea de seus contos. Ele parecia no limiar de desistir completamente de sua ficção. Sentiu-se um pouco usado quando seu colega da *Weird Tales*, Edgar Hoffmann Price, sugeriu que colaborassem em uma sequência de “A Chave de Prata”, que Price rascunhara com o título de “The Lord of Illusion”. Ainda assim, Lovecraft meio que reescreveu toda a história, contando a um de seus correspondentes que ele “descartara quase tudo” e renomeou o conto de “Through the Gates of the Silver Key”.

Devemos muito a um jovem correspondente e aspirante a escritor chamado Donald Wandrei e à datilografia de Robert Barlow por preservar alguns dos materiais mais inovadores que Lovecraft criou naqueles anos. Lovecraft continuou com seu ódio intenso por datilografar suas histórias e Barlow se ofereceu para bater os textos à máquina em troca de poder manter os manuscritos originais. Nesse meio-tempo, Wandrei convenceu a *Astounding Stories* a publicar *Nas Montanhas da Loucura* em três partes no ano de 1936.

Por volta de 1935, Lovecraft se tornaria convicto de que sua ficção havia deteriorado tanto que ele não se incomodou em enviar “A Sombra Vinda do Tempo”, hoje considerado um dos seus “grandes textos”, para a *Weird Tales*, e simplesmente fez circular o manuscrito entre alguns de seus correspondentes. Durante sua visita de verão a Barlow, na Flórida, seu jovem amigo encantou Lovecraft ao datilografar o texto para ele às escondidas (e cheio de erros) a partir do manuscrito que, mais tarde, na década de 1990, acabou indo parar na Biblioteca John Hay. Donald Wandrei, novamente sem pedir permissão a Lovecraft, passou a história para a *Astounding Stories*, cujo editor se mostrou satisfeito o bastante com *Nas Montanhas da Loucura* para comprar esse próximo conto sem nem ao menos lê-lo.

Mesmo encorajado por seu círculo de correspondentes, ele permaneceu recalcitrante sobre tentativas de publicar seu trabalho. Em 1934, E. Hoffmann Price praticamente implorou a Lovecraft que submetesse uma cópia de “A Coisa na Soleira da Porta” para a *Weird Tales*, sugerindo que poderia fazer o trabalho de envio por ele. No fim do verão de 1935, ele sugeriu que ambos colaborassem em uma revisão de uma história e usassem o pagamento resultante para visitar Clark Ashton Smith na Califórnia. Lovecraft negou.

Suas recusas em enviar seu trabalho para publicação parecem estranhas se levarmos em consideração as preocupações financeiras que assombravam Lovecraft. “Se eu conseguisse garantir quinze dólares por semana — que sejam dez — por meio de algum emprego honesto longe do campo da escrita, eu nunca mais pensaria no lado comercial da autoria", queixou-se ele.

Talvez simplesmente tenha decidido que as preocupações da arte e as demandas do mercado pulp não podiam se sobrepor.

Ele escreveu mais um conto depois de "A Sombra Vinda do Tempo". Entretanto, "O que Assombra nas Trevas" nada tem do poder literário da maior parte de seu trabalho da década de 1930. É uma história deveras interessante que veio de sua amizade com o jovem Robert Bloch. Bloch publicara uma história chamada "The Shambler from the Stars" em que um personagem, muito obviamente inspirado em Lovecraft, morre de uma maneira bem horrível. Os leitores da *Weird Tales* adoraram a piada interna, e um deles escreveu para a "The Eyrie", a coluna de cartas da publicação, sugerindo que Lovecraft escrevesse uma história que "devolvesse o elogio".

"O que Assombra nas Trevas" apresenta um escritor e pintor chamado Robert Blake, que ocupa os quartos de "um prédio respeitável em área verde da College Street". Lovecraft escolheu a própria Providence, não suas míticas Arkham, Kingsport ou Innsmouth, para ambientar seu último conto. Ele cita a Universidade Brown, o Memorial Hall da Escola de Design de Rhode Island, e coloca seus horrores em uma igreja arruinada em Federal Hill, baseada, por alto, na igreja católica de St. John, que — ainda que não estivesse em ruínas — teve sua torre destruída por uma tempestade em 1935. A descrição do lugar e da arquitetura que exercem um papel tão preeminente na história se torna uma carta de amor a Providence, uma última e justa declaração de amor do autor para sua cidade.

A história em si envolve Blake em uma crescente obsessão com a "igreja abandonada", com "fuliginosas janelas góticas", um lugar mal-afamado e temido pelos moradores locais. Blake se sente impelido a explorá-la, encontrando evidências de um culto pavoroso que dominara a igreja abandonada e as anotações de um morto que o advertem que a "Igreja da Sabedoria Estelar" havia surgido com seus rituais. Como muitos outros personagens de Lovecraft, Robert Blake precisa descobrir mais, precisa desvendar o segredo. A descoberta do diário de Blake sugere à polícia e ao leitor os horrores cósmicos para além da imaginação. Ainda que longe de seus melhores contos, "O que Assombra nas Trevas" tem um dos finais mais memoráveis e arrepiantes.

A relação entre Bloch e Lovecraft, que se tornou o ímpeto para o conto, nos diz muito sobre o universo que Lovecraft criou e sobre os outros que cresceram a partir dele. Bloch começou, aos 15 anos de idade, sua correspondência com seu amigo muito mais velho, no ano de 1933. Mais tarde, Bloch se lembrou de que o homem que se referia a si mesmo como "Vovô Cthulhu" desenvolveu, muito rapidamente, "uma consideração sincera por... um adolescente tão metido e confuso quanto eu era".

Bloch foi arrebatado tão completamente por Lovecraft e seus monstros que não apenas começou a escrever contos de imitação do mestre, mas também a desenhar algumas ilustrações arrepiantes das várias criaturas de Lovecraft. As ilustrações estão hoje na Biblioteca John Hay. Eles merecem reconhecimento como alguns dos primeiros esforços em ilustrar a Yog-Sothery de Lovecraft, sua mitologia orgânica de monstros e coisas sem sentido.

Bloch ilustrou para nós o árabe louco Abdul Alhazred transcrevendo o pavoroso *Necronomicon*. Flutuante, o manto preto de Alhazred contrasta com o verde nauseante que Bloch escolheu para a paleta de cores, incluindo a coisa horrível que inspira Alhazred a escrever seu sombrio e perigoso tomo. O que parece ser um pássaro Shantak vermelho-sangue, uma criatura que exerce um papel central na perigosa jornada de Randolph Carter pela Kadath desconhecida, aparece em um outro desenho. A coisa indescritível de "O Medo à Espreita" recebe um acabamento tão detalhado de Bloch que fica difícil não a imaginar daquela forma quando se lê a história.

As cartas entre Bloch e Lovecraft são um deleite, dois nerds entretendo-se em campos sombrios e sussurrantes de sua própria terra dos sonhos. Bloch desenhava, com frequência, a arte estranha do lado de fora dos envelopes e se referia ao seu mentor como Luveh-Keraph, como se escrevesse para algum mago da era hiperbórea. Em uma carta a Lovecraft no início do verão de 1935 (enquanto Lovecraft visitava Barlow), Bloch anunciou com alegria que ele logo teria mais uma história publicada na *Weird Tales*. Na linguagem de fantasia mítica que tanto ele quanto Lovecraft adoravam, Bloch louva "Algol, a estrela daimônica do destino" por sua boa sorte e assina, "Seu, pelas sete estrelas de Eplidus, o Erudito".[43]

Indiscutivelmente, Bloch havia se tornado tão ou até mais essencial que August Derleth em espalhar a influência de Lovecraft. Seus primeiros contos são bem amarrados, mas servilmente imitativos do trabalho do mestre. Ludwig Prinn, o protagonista de muitos desses contos, se tornou uma espécie de duplo de Bloch (e, de fato, Prinn se tornou o apelido afetuoso com que Lovecraft o tratava). Prinn, um cavaleiro flamengo combatendo nas Cruzadas, descobre segredos terríveis com magos sírios, segredos que ele escreve em *De Vermis Mysteriis*, ou *Mistérios do Verme*. Esse livro proibido ficcional se juntou à biblioteca lovecraftiana, ao lado do *Necronomicon*. Em "The Fane of the Black Pharaoh", um sacrifício terrível é feito para Nyarlathotep, a criação horrível de Lovecraft. Mesmo um conto como "The Eyes of the Mummy", sem referências diretas ao universo de Lovecraft, apresenta as ideias do mentor de Bloch sobre a natureza mortífera do tempo e a insanidade que sobrevém ao encarar aquilo que Bloch chama de "o êxtase do horror".

Bloch expandiu seu repertório, e seu aprendizado com Lovecraft se tornou apenas isto: um operário tentando aprender seu ofício e não apenas o plágio criativo, ou uma fanfiction de alta classe. Cada vez mais, ele se voltou para a ficção científica, para a fantasia e para o suspense de terror. Antes de sua morte, em 1994, ele havia recebido cinco prêmios Bram Stoker e até mesmo escrito vários episódios muito estranhos e com temática de horror para a série original de *Star Trek*. De fato, no episódio da segunda temporada, intitulado "Catspaw", a tripulação da *Enterprise* deve combater dois poderosos alienígenas que são os últimos de uma raça de "Antigos". Bloch garantiu que Lovecraft aparecesse sutilmente até mesmo no mundo futurista e reluzente da Federação Unida dos Planetas de Gene Roddenberry.

E é claro, Bloch é mais conhecido por uma adaptação de um de seus romances, no ano de 1960, que mudou a história do cinema para sempre. Alfred Hitchcock baseou *Psicose*, talvez um dos dez maiores clássicos do cinema de todos os tempos, de qualquer gênero, na obra de Robert Bloch. Muitos devem ter ouvido a história de que Hitchcock tinha comprado cópias do romance em grande quantidade, basicamente para tentar tirá-lo do mercado para conseguir entregar às audiências o choque absoluto que ele pretendia.

Bem menos se sabe, em parte devido às referências que não aparecem no filme, é que no romance de Bloch, Bates é um colecionador tanto de livros sobre ocultismo quanto de corpos. Bates possui uma cópia do livro de Murray, *The Witch-Cult in Western Europe*, um livro que Bloch descobrira por intermédio de Lovecraft e incluiu em *Psicose* como uma pequena homenagem ao seu mentor, há muito falecido. Fãs de horror, ao menos aqueles que nunca leram o romance, alegam que Norman Bates possui, de fato, uma transcrição do *Necronomicon*.

Em 27 de janeiro de 1937, H.P. Lovecraft datilografou, em vez de escrever à mão, uma carta para R.H. Barlow.

O uso que Lovecraft fez daquilo a que ele se referia como "a máquina odiada" representava um evento tão impressionante que ele se sentiu obrigado a comentá-lo e explicá-lo. "Essa maldita gripe, ou seja lá que inferno eu tenha", escreveu, "deixou-me tão fraco, maldito seja Yuggoth, que minha escrita não consegue ser precisa." Cartas para outros amigos ecoavam essa sensação de agravamento da doença e reclamações da tal "gripe", um termo genérico que era usado para explicar sintomas respiratórios.

Mesmo aludindo a seus problemas de saúde com seus correspondentes, com frequência ele apenas mencionava de forma breve a questão e passava para assuntos de interesse mútuo. Em sua última carta para Bob Barlow, provocou seu jovem admirador por sua conversão ao comunismo.

A última carta de Lovecraft para Derleth, em fevereiro de 1937, trata largamente de seus planos de acompanhar o estado da arte do estudo astronômico. Ele havia, alguns meses antes, comparecido a uma reunião de um grupo de astrônomos amadores em Providence, que se chamavam de "Os Arranha-céus", e o encontro, aparentemente, o deleitou. Outubro de 1936 animou-o de forma mais geral. Ele viu Roosevelt, seu novo ídolo político, prestes a ser reeleito para seu segundo mandato em um comício em Providence.

Uma última carta inacabada para James Morton, de enorme extensão, também trata de seu renovado interesse pela astronomia, uma discussão sobre o *New Deal*, uma descrição do que ele considerava algumas das "difamações" contra o caráter de Poe, e conclui com uma reflexão sobre o movimento surrealista e o que ele pensava sobre o que sua "decadência estética" assinalava para a época. A carta termina com elogios ao artista Nicolas Roerich e a como sua obra evocava "paisagens estranhas... fantásticas pedras entalhadas... encostas íngremes e escaladas limítrofes até picos proibidos parecidos com agulhas". Ele estava de volta às montanhas da loucura em sua sublimidade grotesca.

Ele não tinha problemas de indigestão, como sugeriu algumas vezes, nem os sintomas passageiros que se reúnem em uma gripe. Ele tinha câncer no intestino delgado. Lovecraft odiava ir ao médico e, assim, somente quando a dor se tornou insuportável, ele se dirigiu ao Hospital Butler. Isso foi cerca de um mês antes de sua morte, e em um ponto em que a única coisa a ser feita era tratar a dor com morfina.

Harry Brobst foi um fã de Lovecraft e Clark Ashton Smith durante os anos 1920. Ele se mudou para Providence para se tornar um residente na área de psiquiatria do Hospital Butler, e ele e Lovecraft se viam ocasionalmente em uma amizade cordial, se não especialmente próxima. Foi por meio de Brobst que Robert Barlow soube da morte de seu amor.

Em 2 de março, Brobst escreveu para Barlow para lhe contar que "nosso velho amigo está muito doente, e, por isso, estou escrevendo esta carta por ele". Lovecraft, sabemos por um dos diários do último mês de sua vida, vagou entre a dor intensa e o oblívio induzido por morfina. Mas ele encorajou Brobst a escrever para Barlow e, de maneira brincalhona, informou ao jovem Bob que tinha todas as pretensões de escrever-lhe em breve, talvez sobre política. Ele, provocou Brobst, planeja "demolir seus argumentos assim que puder". Mas, apesar da leveza, Brobst deixou a situação clara. "Estou honestamente preocupado com a sua condição... o pobre rapaz certamente está com dores intensas."[44]

Cerca de uma semana depois, Barlow recebeu outra carta ainda mais preocupante, "que o grande sábio havia sido levado para o Hospital James Brown". Brobst o descreveu como sofrendo de "uma severa condição renal", acrescentando que "ele permanece em contínua agonia e nada além de morfina vai abrandar sua dor". Brobst destacou que sua esposa foi visitar Lovecraft e que ela estava preocupada com seu estado, mas que "sua mente ainda está clara" e "e ele conversou com minha esposa lindamente".

Em 14 de março, Bob fez planos para encarar o então enorme caminho do Kansas até Providence. Ele telegrafou para a tia de Lovecraft, Annie Gamwell, para avisar que estava indo. Lovecraft morreu nas primeiras horas da manhã de 15 de março de 1937.

Barlow chegou alguns dias depois do enterro de Lovecraft no cemitério de Swan Point. Tia Gamwell, que sempre achou Bob agradável, pegou um pedaço de papel que, Barlow lembra, "ficara horrorizada de vê-lo [Lovecraft] escrever, por acaso, alguns meses antes". Escrito a lápis, o documento trazia o título de "Instruções em Caso de Falecimento".

Ele sabia.

O documento distribuía livros e bens pessoais para vários amigos, incluindo alguns dos livros da coleção colonial da família para James Morton. Mas começava bem diretamente com a seguinte sentença: "Minha primeira vontade é que todos os meus livros e manuscritos vão para R.H. Barlow, meu executor literário".

Barlow parece alquebrado em tudo o que escreve sobre o falecimento de Lovecraft. Derleth, por outro lado, passa a impressão de que de súbito descobrira o sentido de sua vida muito atarefada. Os leitores da *Weird Tales* exigiram mais contos de Lovecraft, certamente algum material não publicado deveria existir por aí, não? É como se a morte de Lovecraft desse uma volta no eixo mental do século XX, criando gêneros novos na cultura de massa que ele alegava desprezar. E ela criou um culto a Lovecraft que põe no chinelo seus próprios cultos ficcionais devido à sua intensidade.

Por que essa obsessão? Por que eles se importavam tanto com um homem que, ao mesmo tempo, amava e odiava o mundo, que não acreditava em nada e ainda assim parecia capaz de admitir sua vontade, suas paixões, até mesmo seus sonhos em mundos de fantasia que ninguém visitara antes, tanto que podemos agora visitá-los com sua ajuda? Como aconteceu que, mais de um século depois de seu nascimento, a cultura popular ocidental — especialmente seus reinos triunfantes do mundo geek — seja, em um sentido especial, a criação desse homem muito enigmático, esse conservador decadente que odiava o século XX e ajudou a criar algumas de suas obsessões essenciais, tudo ao mesmo tempo?

Seria melhor se não tentássemos responder a essas perguntas por meio de uma análise detida de seu fim.

Há um imenso sentido de futilidade conectado a esses últimos dias. O próprio Lovecraft não o expressa. O diário registra apenas a dor intensa. Mas ele não escreve de forma queixosa, nem com um senso de sofrimento infligido por um universo em que ele, de qualquer forma, nunca confiou mesmo. O diário de sua morte se lê quase como uma combinação de diário e conjunto de observações astronômicas, como se ele tivesse dado um passo atrás e racionalmente se separado de suas agonias para se tornar o mais estranho tipo de observador objetivo.

Ele morreu em um torpor narcótico e ficamos curiosos para saber se ele sonhou e o que veio até ele nesses sonhos. Esperamos que tenham sido cidades para além de toda antiguidade e o som de asas escuras, as belas coisas grotescas que tinham lhe visitado no início, quando estava deitado em seu quarto no amado número 454 da Angell Street. Sublimidade, medo e maravilha, tudo.

H.P.Lovecraft,
66 College St.,
Providence, R.I.

3

(Found Among the Papers of the Late Francis W

By H. P. Lovecraft

"Of such great powers or beings there may
survival.....a survival of a hugely remote per
consciousness was [illegible]ested, perhaps, in shap
since withdrawn be[illegible] the tide of advancing h
of which poetry an[illegible]end alone have caught a
called them gods, [illegible]ers, mythical beings of
kinds.

[illegible]lgernon Blac

The Horr[illegible]in Clay.

A Ascensão de Cthulhu

The mo[illegible] world, I think,
human mind to co[illegible]ents. We live o
ignorance i[illegible] the midst [illegible]k seas of infinity, a
we shoul[illegible] voyage fa[illegible]es, each [illegible]
direction, have ha[illegible] but some day the
dissociated knowle[illegible]p such terrifying
our frightful positi[illegible] that we shall eithe
revelation or flee from [illegible] deadly light into the p
dark age.

COSMIC BIOGRAPHY
LIMITED EDITION
H.P. LOVECRAFT
NECRONOMICON
1890 1937
ARKHAM CTHULHU

Parte 3

Theosophist[illegible] at the awesome grand
wherein our [illegible] hu[illegible] race form transient inc
at strange survivals in te[illegible]s which would freeze the
by a bland optimism. But it is not from them that th
glimpse of forbidden aeons which chills me when I th
when I dream of it. That glimpse, like all dread gli
out from an accidental piecing together of separated
old newspaper item and the notes of a dead professor

H.P.Lovecraft,
66 College St.,
Providence, R.I.

H.P.Lovecraft,
66 College St.,
Providence, R.I.

O hierofante entoa uma liturgia pavorosa, palavras ditas inicialmente em línguas sombrias. Esses são sons pré-humanos e indizíveis vindos do próprio *Necronomicon*. Um coro com mantos pretos canta um hino blasfemo e maligno, tentando replicar o que Lovecraft descrevia como os horrores pulsantes que cercam o "vazio absoluto do caos em que reina o insano demônio-sultão, Azathoth". Uma multidão de olhos vidrados aguarda com expectativa enquanto o velho mago barbudo chama os Nomes das Coisas que não devem ser mencionadas e parece que, por fim, as estrelas estão alinhadas. O Grande Cthulhu se erguerá de seu sono aquoso na cidade afundada de R'lyeh. A curta e problemática estadia da humanidade na Terra está no fim.

O cenário não é o universo ficcional de Lovecraft, pelo menos não exatamente. É a famosa "Oração de desjejum a Cthulhu", na NecronomiCon de Providence, o fio (ou talvez o tentáculo) irônico da celebração dos aspectos dos cultos do universo de Lovecraft que vêm aumentando desde sua morte, oitenta anos atrás. A multidão está com os olhos vidrados, não por participar na adoração orgiástica dos Grandes Antigos, mas por terem ficado até um pouco mais tarde na noite anterior bebendo mais do que um gole ou outro das famosas cervejas artesanais depois de vários dias de painéis, excursões a pé, maratonas de jogos de RPG e uma celebração generalizada de todas as coisas lovecraftianas. Os cânticos do coral de mantos não são tanto como os terrores que vivem no centro do universo desolador de Lovecraft, mas mais como paródias e pastiches da adoração aos terríveis Grandes Antigos.

Há também um buffet de café da manhã, um pouco fora de sintonia com os rituais supostamente sombrios em processo, mas algo perfeitamente adequado ao humor afetuoso dos procedimentos.

Robert M. Price atuou como celebrante na Oração de desjejum a Cthulhu realizada, é claro, na manhã de domingo e no último dia da convenção. Price é uma das pessoas mais interessantes com quem me deparei em minha peregrinação para compreender Lovecraft e o mundo que ele criou — um feito e tanto, dado o tipo de personalidades que estavam a vagar sob a luz sombria de Providence.

Price é um estudioso da Bíblia que rejeita o cristianismo, e é parte da organização acadêmica chamada "O Seminário de Jesus", que se utiliza de críticas textuais para determinar o que pode e o que não pode ser conhecido sobre o Jesus histórico. Price é uma espécie de figura discrepante mesmo dentro desse grupo, já que não acredita que um Jesus histórico tenha de fato existido e defende a noção do "mito de Cristo". Ele se diz um "ateu que ama a Bíblia, a religião e a teologia" e escreveu inúmeros trabalhos de crítica bíblica com títulos que desafiam o leitor astuto com duplos sentidos: *Inerrant the Wind: The Evangelical Crisis of Biblical Authority* (O vento inequívoco: a crise evangélica da autoridade bíblica), *Deconstructing Jesus* (Desconstruindo Jesus), ou ainda mais diretamente, *Jesus is Dead* (Jesus está morto).

Ele também tem sido uma figura importante no Renascimento de Lovecraft, criando e editando o fanzine *Crypt of Cthulhu*, em 1980, e trabalhando com a Chaosium Press para publicar os contos de Robert Bloch inspirados em Lovecraft. Ele também editou alguns títulos vindouros sobre os Mitos de Cthulhu para a Chaosium, provisoriamente intitulados de *The Yith Cycle* e *The Yog-Sothoth Cycle*, bem como uma coletânea em cinco volumes das obras de Lovecraft. Ele chegou a escrever um punhado de ficção baseada nos Mitos de Cthulhu e tem trabalhado para coletar um grupo de histórias intitulado *Tales of the Derleth Mythos*.

Price parece uma espécie de redemoinho de conhecimento lovecraftiano e bom humor, uma explosão humana de tinta que ama de paixão ficção pulp de todo tipo tanto quanto adora sacudir as cadeias da ortodoxia com sua mistura peculiar de acuidade teológica e um ateísmo firme e inflexível. A Oração de desjejum a Cthulhu o levou a se envolver em um manto, completo com mitra, no que parecia ser uma boa imitação do sumo sacerdote da Ordem Esotérica de Dagon, com as vestimentas mistagógicas do "culto degradado" que mantém vivos os terrores da horrível barganha de Obed Marsh em "A Sombra Sobre Innsmouth". Ele descreveu para mim a maneira como "brandia" um *Necronomicon* falso e apresentava o que ele chama de "uma séria ou quase séria homilia". O escritor Cody Goodfellow, um autor blasfemo, irritadiço e irresistível de contos lovecraftianos, se junta a ele na liturgia profana. O autor de fantasia e crítico Darrell Schweitzer escreve os hinos satíricos para os Antigos e conduz o coro vestido de preto.

O que Lovecraft teria achado disso? Suas cartas a seus amigos, admiradores e *protégés* frequentemente fazem numerosas referências à mitologia que ele criou. "Por Yuggoth", ele praguejaria, referindo-se ao mundo alienígena de onde os terríveis fungos vêm para atormentar um velho fazendeiro de Vermont e o mundo em "Sussurros na Escuridão". Próximo de sua morte, ele assinou uma carta para um admirador, "Da ainda submersa R'lyeh, vovô Cthulhu". Ele brincava com seus correspondentes, fingindo estar escrevendo "de Kadath, nos Desertos Gelados" e datava o bilhete "Na hora dos Terrores Noturnos" ou "No Sabbá Infernal".

Em outras palavras, a ideia de que fãs de todas as idades podem vir e brincar nesse universo sombrio e tétrico que transbordava de seus sonhos o teria enchido de um encanto infinito. A devoção que uma jovem geração, de fato muito jovem, de fãs dedica a seu trabalho o deixaria especialmente contente. Embora parecesse bancar o velho na adolescência e se chamasse de "vovô" quando chegou aos 30, ele reservava seu afeto mais profundo aos jovens amigos e, no caso de Long, Derleth, Barlow, Fritz Leiber e numerosos outros aspirantes a escritores de ficção weird muito menos conhecidos, ele buscou uma inspiração enorme de sua adoração de fanboys por suas criações e sua devoção pessoal a ele.

Como sugere a história que contei mais cedo sobre o hipster que encontrou o sentido da vida em um conto de Lovecraft, é quase impossível para mim entrar em um bar ou uma cafeteria carregando um livro de contos de Lovecraft ou algum volume com seu nome em algum lugar da capa sem que alguém me diga o quanto o adora, ou como comprou uma coletânea de suas histórias depois de descobri-lo em um filme ou videogame.

Todos também querem me contar sua história favorita de Lovecraft, se tiverem lido uma, ou conversar sobre as histórias de que ouviram falar e que precisam ler. Por enquanto, há uma disputa entre "O Horror de Dunwich" e "O Chamado de Cthulhu" — com Cthulhu tendo uma margem de vitória bastante considerável. Acho que os iniciados mais antigos na escuridão querem tratar de "A Cor que Caiu do Espaço" e "A Sombra Sobre Innsmouth". Poucos parecem conhecer, como meu amigo de chapéu-coco em Asheville, seus arroubos mais bizarros de fantasia ou muitos de seus primeiros trabalhos.

Esses entusiastas de Lovecraft nunca são professores mais velhos com um paladar treinado para escritores obscuros. São jovens de vinte e poucos anos, com mais de uma tatuagem e tão autoconscientes do quanto são descolados que aprenderam a parecer não conscientes disso (embora sejam).

Às vezes eles levantam suas mangas de camisetas para mostrar as tatuagens de Cthulhu. Em um dos casos, o rosto comprido de Lovecraft, completo com sua mandíbula um tanto prognata facilmente reconhecível, decorava um bíceps bem torneado. Faça uma rápida busca on-line por "tatuagens de Lovecraft" e você se surpreenderá com sua ubiquidade e variedade... e talvez com a frequência com que elas estampam o rosto facilmente reconhecível, se não convencionalmente atraente, do escritor.

Alguns deles estão sentados no bar ou a uma mesinha perto de mim escrevendo suas memórias aos 24 anos por causa de Lena Dunham, ou trabalhando em algum aplicativo graças a Mark Zuckerberg. Tenho plena certeza de que um deles escreveu um tweet sobre a experiência de conversar com um velho escrevendo sobre Lovecraft. Outro, sem pedir licença, tirou uma foto minha com meu nariz enfiado em uma das coleções de clássicos de Lovecraft da editora Penguin, enviando-a para o ciberéter do Instagram ou Snapchat ou Yik Yak, provavelmente com a exclamação "Lovecraft! PQP!" Ou, talvez, "Um velho que curte Lovecraft. Legal".

O jovem esquisito que fingia ser um velho aos 30 anos de idade não tinha esse tipo de público em mente quando começou sua exploração pelos mundos do horror. Ele lutou para criar a arte e não o público. Escreveu, em primeiro lugar, para si mesmo e para um grupo de oito a dez admiradores de seu trabalho que se tornaram seus amigos, seus críticos e correspondentes frequentes. Não consigo nem imaginar o que ele teria achado de seus admiradores atuais, do desejo deles de colocar suas imagens, palavras e às vezes até mesmo seu rosto em seus corpos. Eu o vejo se deleitando tanto com isso quanto com a Oração de desjejum a Cthulhu enquanto escreve uma missiva de setenta páginas para alguém resmungando sobre essa moda toda.

É uma moda que, se movendo em ciclos definidos dentro do mundo da reputação literária e da indústria de entretenimento, não mostra sinais de que vai enfraquecer. O caminho que sua obra percorreu até chegar ao ápice da fascinação da atual cultura popular norte-americana forma uma história tão peculiar quanto a sua própria vida. Talvez até mais interessante; é uma história que revela os tentáculos de Cthulhu emaranhados em volta das próprias raízes da cultura geek contemporânea, não mais um mundo isolado dos entusiasmados fanboys (literalmente, a maioria dos *boys*), mas um brutamontes do entretenimento multibilionário que transformou termos como "geek" e "nerd", antes insultos, em elogios sobre conhecimento cultural, em uma nova versão de estar na moda.

August Derleth tinha uma afeição especial pelo conto "O Proscrito" de Lovecraft, possivelmente porque sua estrutura estranha e sua conclusão se abrem para diversas interpretações contrárias e, com mais probabilidade, porque ele pensou que fosse autobiográfico.

Lovecraft, como Derleth deixa claro na primeira coleção de histórias publicadas pela Arkham House no ano de 1939, intitulada *The Outsider and Others*, representava o *outsider* absoluto, à margem da modernidade e até mesmo do espectro normal da emoção e da experiência humanas.

Intérpretes mais recentes de Lovecraft tentaram combater essa imagem e sugeriram uma normalidade básica para o autor. Desafiaram a sua imagem de recluso, obcecado e esquisito. A maioria foi bem-sucedida apenas em sublinhar o quanto ele era peculiar, na verdade, e como ele fazia um esforço significativo para estar fora de sintonia com sua época.

Derleth queria fazer mais do que prescrever uma imagem específica de seu mentor da qual o mundo se lembraria. Ele organizou de forma espetacularmente rápida uma editora dedicada, ao menos de início, apenas à ficção de Lovecraft. De fato, de acordo com seu próprio relato, a ideia lhe veio logo após saber da morte de Lovecraft. Ele escreveu contando que recebeu a carta com a notícia quando estava "a caminho dos pântanos de Sauk City", aonde, com frequência, ele ia para ler. Caminhando pelas cercanias da pequena cidade que se tornaria o quartel-general da editora Arkham House pelo resto de sua vida, ele leu uma carta de Howard Wandrei, o irmão de Donald Wandrei, que tinha se esforçado para publicar as histórias de Lovecraft fora da *Weird Tales*. A carta contava sobre a morte recente e um tanto horrível de Lovecraft.

Derleth não se recorda do que seria seu luto, compreensível, pelo falecimento de seu mentor. Em vez disso, ele diz: "Sentei-me no trilho de trem ao lado de um livro e pensei em como as melhores histórias de Lovecraft poderiam ser publicadas na forma de livro".

Na verdade, ele escreveu para Donald Wandrei no mesmo dia em que recebeu a notícia e sugeriu que "algo deveria ser feito para manter as melhores histórias de Lovecraft impressas". Nos dois anos seguintes, ambos hipotecaram suas casas e usaram apólices de seguro para abrir e manter uma editora. Com hipotecas até o pescoço, eles começaram a trabalhar na primeira coletânea de histórias e, quase que por milagre, conseguiram publicar *The Outsider and Others*, em 1939.

Derleth e Wandrei prosseguiram, continuando a financiar a Arkham House com sua própria verba. As cópias de *The Outsider and Others* saíam bem devagar e demorou cerca de quatro anos para vender toda a primeira tiragem. Derleth, em um movimento um tanto desfavorável considerando as rotas literárias que mais tarde ele tomaria, publicou uma coletânea em 1941 do que ele considerava ser sua melhor ficção, depois que a casa editorial em que era publicado, a Charles Scribner's Sons, de Nova York, sugeriu que a Arkham House seria uma via mais adequada para contos do sobrenatural. Derleth lançou, então, *Someone in the Dark* por meio de sua própria editora, admitindo que havia sucumbido ao que lhe parecia uma "publicação por vaidade".

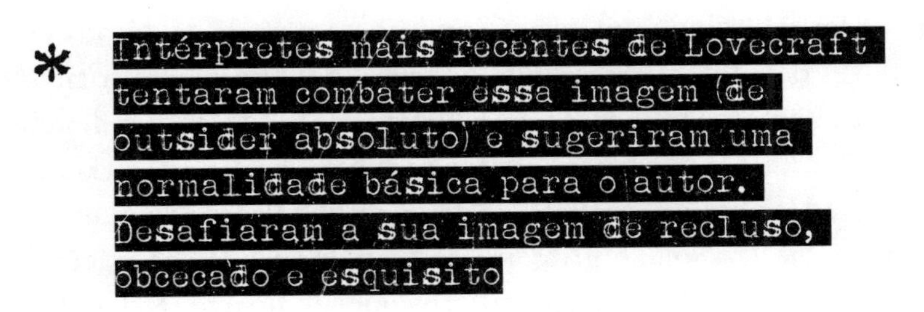
* Intérpretes mais recentes de Lovecraft tentaram combater essa imagem (de outsider absoluto) e sugeriram uma normalidade básica para o autor. Desafiaram a sua imagem de recluso, obcecado e esquisito

Derleth não deve ser visto apenas como um picareta imitando o seu mentor, apesar de ele certamente não considerar indigna a imitação se fosse para manter tanto a editora quanto suas próprias finanças no azul. O próprio Lovecraft escrevera a amigos dizendo que suspeitava que os verdadeiros dons de Derleth estavam em sua ficção regionalista, ainda que, às vezes, ele pesasse um pouco a mão em ser elegíaco.

Derleth deve ser reconhecido por sua astúcia nos negócios. Donald Wandrei partiu para servir no exército norte-americano na Segunda Guerra Mundial e, durante esse período, Derleth foi bem-sucedido em conseguir os direitos de publicação de numerosos autores norte-americanos clássicos da ficção weird, vivos ou mortos, incluindo nomes como Sheridan Le Fanu (famoso pelo seminal conto lésbico de vampiros, *Carmilla*), a inspiração de Lovecraft em dado momento, Lorde Dunsany, e dois autores que se tornaram muito queridos por Lovecraft — apesar de eu perceber apenas uma leve inspiração em seu trabalho — Arthur Machen e Algernon Blackwood.

Derleth também tentou adquirir os direitos sobre a obra do californiano Clark Ashton Smith, amigo muito querido de Lovecraft na costa oeste que ele nunca encontrou pessoalmente, mas cujos contos, poesias e gravuras de horror cósmico foram tanto influenciados como influenciaram Lovecraft, mais especificamente nas obras de seus últimos anos produtivos. Em 1942, a Arkham House publicou uma coletânea de histórias de Smith. Muitas delas, tais como "The Vaults of Yoh-Vombis" e "The Dark Eidolon", são essenciais para o fã moderno de Lovecraft, dado que eles, com frequência, imitam a visão de Lovecraft, oferecendo versões ríspidas e baratas de suas próprias histórias.

August Derleth tomou um desvio sombrio na metade da década de 1940 — talvez devido à sua ira contra a forma com que alguns críticos de renome e altamente influentes, como Edmund Wilson, responderam à obra de Lovecraft, e por certos atritos com seu parceiro da Arkham House, Donald Wandrei. Em 1945, ele deu o fatídico passo de publicar *The Lurker at the Treshold*, o primeiro volume de suas "colaborações" com Lovecraft, que ajudaram a construir o conceito do que Derleth batizou de os "Mitos de Cthulhu".

Os "Mitos de Cthulhu" de Derleth sustentam que Lovecraft teria, intencionalmente, estabelecido a criação de uma mitologia que envolvia todos os seus Seres do "espaço exterior" e vários tomos proibidos, tais como o *Necronomicon*, o menos conhecido *Manuscritos Pnakóticos*, e outros livros de terror antigo inventados por ele e seus amigos. Mais do que isso, Lovecraft situara muitas de suas histórias em uma topografia fantástica na paisagem da Nova Inglaterra, tão amada pelo próprio autor, em que Arkham, Kingsport e Innsmouth se tornavam cenários para o horror cósmico.

Se Derleth tivesse respeitado os limites de sua definição de "Mitos de Cthulhu", isso nunca teria se tornado especialmente controverso — exceto, talvez, pela ideia de que Lovecraft buscou, de propósito, criar uma mitologia. Entretanto, ele foi muito mais além. De forma bastante estranha, Derleth mesclou algumas de suas crenças católicas a seus contos supostamente lovecraftianos, transformando a ideia de um universo indiferente à humanidade em um mundo povoado por Seres interessados em auxiliar a raça humana e por outras criaturas buscando feri-la.

Um ensaio de 1969 escrito por Derleth e intitulado "Os Mitos de Cthulhu" detalhava esse processo de cooptação de maneira absurda do manto de Lovecraft por uma ficção que nunca o teria interessado e por uma visão de mundo que ele acharia repugnante. Derleth alegava que "Da forma como Lovecraft concebeu as deidades de seus mitos... os Deuses Anciões são deidades benignas", ao passo que os "poderes do mal são conhecidos diversamente como os Grandes Antigos ou Os Antigos". Em outras palavras, os contos de Lovecraft foram reduzidos a uma simples luta entre o bem e o mal.

Derleth pode ter se confundido, em partes, como alegam alguns, por citações imprecisas de Lovecraft feitas por um correspondente mútuo, Harold Farnese. Mas a própria correspondência entre Derleth e Lovecraft torna esse "mal-entendido" algo verdadeiramente peculiar. Ele sabia do ateísmo de Lovecraft e, apesar de esse ser um tópico que eles evitavam em sua correspondência na maioria das vezes, também sabia de seu desprezo bastante intenso pela teologia cristã.

Em uma de suas primeiras cartas a Derleth, escrita em outubro de 1926, Lovecraft afirma que "não há nada mais raso do que a patética seriedade daqueles que de fato acreditam no sobrenatural". Respondendo à juvenil surpresa de Derleth de que seu amigo pudesse rejeitar as possibilidades de tudo, de Deus a fantasmas e até telepatia, Lovecraft replicou que embora não se considerasse um "cruzado" em assuntos como esse, ele não tinha dúvidas de que se alguém se propusesse "a investigar a ilusão-formadora e as qualidades que distorcem a memória do cérebro humano... acharia impossível continuar na fé no sobrenatural".

Apesar de, na maioria das vezes, eles terem evitado o assunto controverso por mais de uma década de uma correspondência contínua, Lovecraft sempre deixou claras suas próprias visões e rejeitava a disposição de Derleth de acreditar em várias formas de teologia e parapsicologia. "O processo de descartar explicações sobrenaturais para as coisas", escreveu Lovecraft para ele no outono de 1932, "tem mesmo se estendido desde que o homem começou a emergir da completa ignorância selvagem que deu origem às concepções originais de 'espírito', 'deidade' e outras formas primitivas de pseudoexplicações." Essa rejeição curta e grossa das reivindicações religiosas fez com que as tentativas posteriores de Derleth de transformar o universo lovecraftiano em uma alegoria cristã soassem especialmente risíveis.

Esforços para batizar a aterrorizante cosmologia de Lovecraft à parte, duvido fortemente até mesmo da noção de Derleth de que Lovecraft pretendia criar um ciclo de histórias. Uma boa parte da correspondência de Lovecraft com seus amigos e admiradores sobre seu universo em expansão, com Seres malignos e livros proibidos, é bem mais jocosa do que séria a esse respeito. Aqui e ali, Lovecraft e seus camaradas pareciam estar criando um cenário particularmente intricado e intenso de *Dungeons & Dragons*, em vez de elaborar um "Mito". Na maior parte do tempo, eles apenas mencionavam as criações fantásticas uns dos outros sem fazer delas uma parte central das narrativas que tentavam construir. Em outras palavras, encontramos em Lovecraft e seu círculo simplesmente um senso colegial de alusão mútua aos trabalhos uns dos outros.

É provável que nunca se saiba ao certo o quanto ou o quão pouco de trabalho mental Lovecraft dedicou à criação de uma mitologia. Sabemos que, após uma breve enxurrada de escrita entre 1926 e 1927, produzindo alguns textos que mais tarde Lovecraft renegaria, sua produção se tornou tortuosamente lenta, com nada da energia de alguém ansioso para construir uma nova cosmologia literária. Ele investiu uma enorme quantidade de tempo na elaboração de cada conto individual, bem mais do que se preocupou com ciclos de histórias. Buscava conselhos de amigos para melhorias nos textos e se inquietava com a prosa de cada conto durante vários meses. Enquanto isso, seus confrades de escrita, incluindo Derleth, começaram a lançar história atrás de história por uma variedade enorme de revistas pulp, com frequência mirando sua ficção, com cuidado, para alcançar o máximo de lucro e a fim de, na linguagem do discurso corporativo contemporâneo, "criar uma marca".

Compare a obra de Lovecraft com a de Clark Ashton Smith e Robert E. Howard para captar na íntegra a visão que ele tinha de si mesmo enquanto artista. Tanto Smith quanto Howard criaram mais de um ciclo de contos e, em períodos relativamente curtos, moldaram mitologias detalhadas e de múltiplas camadas. Eles, não Lovecraft, se tornaram criadores de mitos antes de Tolkien levar esse conceito a um nível completamente novo ao criar idiomas inteiros para suas raças e histórias expansivas para suas culturas de fantasia.

Smith escreveu dois importantes ciclos de história, a série *Zothique* e os contos *Averoigne*. O primeiro tem lugar em um futuro que, nas mãos de Smith, se torna uma espécie de passado profundo reinventado, um mundo de espada e feitiçaria que emergiu na Terra à medida que a luz do sol começou lentamente a morrer e as civilizações da forma como os humanos conheciam começaram a entrar em colapso.

Os contos de *Averoigne* se passam em uma França medieval imaginária e são talvez o mais próximo que Smith chegou do realismo histórico e social. Eles também contêm uma dose cavalar de sobrenatural; algumas das ocorrências sombrias fazem uso de ideias emprestadas de Lovecraft, incluindo uma grafia arcaica para Yog-Sothoth.

Howard representa um caso extraordinário de produção sistemática massiva e massivamente irregular. Seu popular ciclo de histórias do Conan à parte, ele desenvolveu uma mitologia completa em torno do puritano caçador de monstros inglês Solomon Kane, o herói atlante Kull, um carregamento de obras de ficção histórica e terror, e um número significativo de contos de esportes em geral centrados em pugilismo. Apesar de seus contos de Conan terem alcançado uma vida longa na cultura popular, mesmo esses são com frequência desafiadores em termos estéticos para muitos leitores atuais. Patrice Louinet, com certeza um fã de Howard, que escreveu a introdução para o compêndio das histórias originais de Conan da editora Del Rey, em 2002, admite que as dificuldades financeiras do autor em 1932 e 1933 o levaram a desovar contos de Conan abaixo do padrão como uma espécie de "vale-refeição".

Mas ninguém do círculo de Lovecraft se afastou de maneira tão radical de sua atitude com alta virulência anticomercial quanto August Derleth. A busca constante, incansável e insaciável de Derleth por pagamento resultou em numerosas rejeições que, por fim, se transformaram em aceites por sua pura persistência. Sua correspondência com Lovecraft sugere, às vezes, que ele só não compreendia a percepção lenta, metódica e anticomercial que seu mentor tinha sobre o que significava escrever. Ficamos a nos perguntar se é por isso que a correspondência entre eles se tornou quase o único lugar em que Lovecraft se abria por inteiro sobre os desafios de produzir para um mercado quando, supostamente, rejeitava os valores desse mercado.

De modo invariável, Derleth via o ato de publicar como um negócio empresarial e partia atrás de mercados com a mesma ambição de um fundador de alguma start-up de tecnologia moderna do Vale do Silício. O que será que ele entendeu, mesmo que tenha entendido só um pouco, do que Lovecraft descrevera em fevereiro de 1932 como o desejo de "uma pausa nas rejeições e restrições das agências externas" e um desejo de produzir material em segredo sem se preocupar em "se adequar a esse ou àquele padrão comercial... o que eu preciso fazer é pegar toda a imagem asquerosa do homem de negócios e pechincheiro da minha cabeça"?

A obsessão de Derleth em publicar tantas palavras quanto fosse possível talvez explique sua prontidão para explorar mais tarde o estilo, os enredos e os tropos narrativos de Lovecraft. De fato, durante a própria vida de seu mentor, Derleth parecia determinado a publicar contos "lovecraftianos" se o próprio não o fizesse. Uma de suas submissões para a *Weird Tales*, em 1931, acarretou uma carta de rejeição de Farnsworth Wright porque, nas palavras de Wright, Derleth "surrupiara frases inteiras do trabalho de Lovecraft". Com infelicidade, a avaliação completamente correta de Wright provou-se um prenúncio do que se concretizou em 1945, quando a Arkham House publicou *The Lurker at the Threshold*.[45]

No que se tornaria uma noveleta, Derleth tomou dois fragmentos da escrita de Lovecraft e adicionou algo em torno de trinta, 35 mil palavras. Ele preferiu não contar aos leitores a respeito e, em vez disso, simplesmente se referiu a essa e a histórias posteriores como "colaborações póstumas". Isso deixou a impressão de que tinha acesso a muitos trabalhos inacabados de Lovecraft que ele apenas editava, preenchendo possíveis lacunas existentes.

As histórias que apareceram na coletânea de 1957, *The Survivor and Others*, mostram Derleth levando esses esforços de cooptar a reputação de Lovecraft a níveis ainda mais baixos. Nessa época, Derleth começou a selecionar o núcleo de ideias contidas no diário de Lovecraft, e até mesmo partes de sua correspondência, e a escrever histórias próprias baseadas nesses fragmentos. Com frequência, os leitores, e o pior de tudo, os resenhistas, acreditavam que tinham acabado de ler um conto original de Lovecraft, editado e polido por Derleth, quando, de fato, encontraram apenas a prosa cheia de floreios de Derleth.

Um episódio na correspondência entre Lovecraft e Derleth faz essas "colaborações póstumas" aparecerem como traições especialmente flagrantes aos desejos de Lovecraft. No início de 1932, Derleth ofereceu-se, sem necessidade, para revisar uma das obras-primas de Lovecraft, "A Sombra Sobre Innsmouth". De maneira inexplicável, Derleth não gostou da história, hoje tão adorada por fãs de Lovecraft, e acreditava que ela precisava de mais ação. Lovecraft recusou a oferta de forma cortês, dizendo a seu jovem amigo impetuoso que "você, sem dúvida, percebeu sozinho que as alterações de uma segunda pessoa não podem evitar de destruir algo da homogeneidade da peça escrita. Nenhuma outra pessoa pode duplicar o humor do autor original".

Lovecraft acrescentou, de maneira polida, que, em todo o caso, "o problema para você seria enorme", e então deixou o assunto de lado. Lovecraft nunca enviou a história para a *Weird Tales*. Derleth, em 1933, a enviou sem o conhecimento de Lovecraft. Farnsworth Wright rejeitou-a devido à sua extensão.

A conduta de Derleth em relação à obra de Lovecraft, agindo como se lhe pertencesse, tomou proporções épicas após o falecimento de seu mentor no ano de 1937. A confusão que Derleth criou, somada a uma atitude mais generalizada de desdém profissional pela ficção, contribuiu para algumas das atitudes do *establishment* literário perante Lovecraft. Para ser sincero, as "colaborações póstumas" de Derleth são tediosas e, às vezes, simplesmente bobas.

Duas coletâneas dessas histórias, impressas previamente em várias revistas pulp, apareceram em rápida sucessão no fim dos anos 1950 e início dos anos 1960, intituladas *The Mask of Cthulhu*, de 1958, e *The Trail of Cthulhu*, de 1962. Ambas as coletâneas tentam emular o estilo de Lovecraft e falham de maneira bem estúpida. Incluem personagens rasos e com frequência absurdos, e enredos que se baseiam mais nas obsessões norte-americanas por invasores alienígenas da década de 1950 do que no mundo de Lovecraft. Armas nucleares chegam, de fato, a ser usadas contra Cthulhu em um desses contos, uma reminiscência das cada vez mais populares sequências, remakes e reformulações de *Godzilla* que começaram a brotar pelos Estados Unidos durante esse período — muitas vezes versões pesadamente reeditadas dos originais filmes de *kaiju* japoneses.

Parte do problema tinha a ver com a própria percepção de Derleth de estar escrevendo uma imitação de Lovecraft. Ao incluir alguns dos termos favoritos de Lovecraft, como "sobrenatural" ou "obscurecido" ou "assombrado por bruxas", ele pensava ter capturado com sucesso a essência do estilo do amigo. Leitores que chegam a Lovecraft após se deparar com os contos dos "Mitos de Cthulhu", seja de Derleth ou de outros, muitas vezes ficam satisfeitos e surpresos ao descobrir que a prosa reconhecidamente barroca de Lovecraft não tinha o vício em adjetivos que seu trabalho foi acusado de apresentar.

Mais do que isso, ao contrário do que acontece nos esforços equivocados de Derleth, você nunca vai encontrar em Lovecraft as listas tediosas de monstros extraterrestres e taxonomias de livros proibidos que se tornaram a prática especial de Derleth. Em outras palavras, quando você lê Lovecraft, abandona o mundo das fanfics e adentra um mundo de criação original poderoso o suficiente para gerar fanfics.

Apesar de arranhar sua reputação, Derleth, ao mesmo tempo, exerceu um papel essencial em manter o nome de Lovecraft vivo. De fato, ele permitiu — ainda que legalmente os editores pudessem fazer o mesmo — a distribuição em massa do trabalho de Lovecraft em brochura.

Contudo, aqui há um paradoxo interessante em ação. Uma vez que a obra de Lovecraft fez seu caminho para fora dos limites da Arkham House até o mercado de massa, deu início a um *boom* popular que passou a construir sua fama atual. Poucos conheceriam o nome de August Derleth ou de vários outros escritores do círculo de Lovecraft sem a fama do próprio Lovecraft. A própria obra de Lovecraft teria permanecido um gosto paroquial se deixada a cargo de August Derleth.

Derleth e aqueles que ele conseguiu influenciar tentaram, com relativo sucesso, afastar R.H. Barlow do processo público pela preservação da obra de Lovecraft. As razões para isso são complexas, indo de uma inabilidade em compreender a profundidade do relacionamento entre Lovecraft e Barlow até puro e simples ciúmes pelo jovem ter sido agraciado com o status de executor literário de Lovecraft.

Derleth acreditava, pelo jeito até o fim de seus dias, que Lovecraft teria concedido a ele essa honra, baseado inteiramente em um único comentário vago e jocoso em uma carta escrita em abril de 1932. Derleth, junto a Donald e Howard Wandrei, trabalhou para ter certeza de que outros do círculo de Lovecraft vissem Barlow como um intruso e se provaram bem-sucedidos nessa empreitada maliciosa.

Barlow tinha feito qualquer coisa, menos bancar o papel de usurpador. A tia Annie Gamwell tinha homologado as "Instruções em Caso de Falecimento" de Lovecraft escritas em 1936 nos tribunais de Providence. O documento fazia de Barlow o "executor literário" em sentido definitivo e legal, mesmo que Derleth tenha reclamado, como um fanático, o título para si por mais de três décadas. Além de alguns volumes legados especificamente a Morton, Lovecraft deu a Barlow o direito de preferência sobre dois mil volumes e "todos os arquivos e revistas weird" mais "todos os manuscritos originais". De imediato, Barlow doou a maior parte desses materiais para a Biblioteca John Hay.

A vida de Barlow deu uma série de guinadas dramáticas e fascinantes. Ele entrou em conflito tanto com Donald Wandrei quanto com August Derleth, ambos convencidos de que ele havia ficado com a biblioteca de Lovecraft porque estava na hora e no lugar certos. Quando Barlow se mudou para a Califórnia para morar em São Francisco, ele escreveu para seu herói literário de longa data, Clark Ashton Smith, em uma tentativa de visitá-lo. Aparentemente convencido pelas fofocas de Derleth e Wandrei, Smith escreveu uma carta asquerosa de duas sentenças para Barlow, dizendo que ele não desejava "ouvir falar de novo de uma pessoa que agira de maneira tão desonrosa com a herança de seu querido amigo". A carta foi um choque terrível para o sensível Barlow, que descreveu seu impacto emocional como sendo o mesmo que "cortar minhas entranhas com um cutelo de açougueiro".

Ele se tornou um poeta em São Francisco, escrevendo versos livres lindos e estranhos e que envelheceram muito bem. Fazendo psicanálise, ele chegou a aceitar melhor sua identidade gay e, em uma nota autobiográfica escrita quando ele tinha 26 anos, falou abertamente sobre o "belo rapaz louro" por quem ele tinha se "apaixonado" aos 18 anos. Ele se deleitou com a "bela pica" de um jovem com quem morou em uma casa de pensão em sua chegada à costa oeste.

Barlow se matriculou na Berkeley e estudou náuatle, a linguagem do império mexicano (mais conhecido como Asteca). Profundamente instruído na cultura e na língua asteca por volta de 1942, ele se mudou para a Cidade do México para lecionar, com uma bolsa da Fundação Guggenheim. Pela década que se seguiu, ele produziu mais de 150 artigos acadêmicos, panfletos e monografias sobre a cultura mesoamericana. Tornou-se catedrático do departamento de antropologia da Universidade da Cidade do México em 1948, ostentando o cargo até sua morte, por suas próprias mãos, em 1951.

Na época de sua morte, já havia doado a maioria esmagadora de sua coleção de Lovecraft para a Biblioteca John Hay. Ele manteve apenas algumas poucas peças. Entre elas, o manuscrito original de "A Sombra Vinda do Tempo", que acabou indo parar em um sótão no Havaí, onde a aluna de Barlow tinha se aposentado, e depois a obra retornou ao lar em Providence no ano de 1994. Assim, apesar de S.T. Joshi estar tecnicamente correto sobre Barlow ter "depositado de modo sistemático" materiais na Biblioteca John Hay, incluindo suas cópias da *Weird Tales* que completaram a coleção da biblioteca, sua doação de materiais incluiu algumas negociações astutas, que lhe permitiram dar seguimento à sua própria e fascinante obra nos anos 1940.

A Hay mantém uma troca de cartas intrigante e às vezes involuntariamente hilária entre Barlow e vários bibliotecários frustrados na década de 1940. A partir da primavera de 1937, Barlow começou a entregar livros e papéis de Lovecraft, incluindo alguns textos datilografados de Clark Ashton Smith. No meio da década, ele continuaria a garantir que a biblioteca recebesse tudo o que fosse relacionado a Lovecraft, chegando ao ponto de requisitar os manuscritos de *A Busca Onírica por Kadath* e *O Caso de Charles Dexter Ward*, para que pudesse preparar cópias datilografadas adequadas.

Certos estudiosos de Lovecraft sugerem que, a princípio, a Biblioteca John Hay tinha um interesse limitado em receber os livros, manuscritos e outros papéis de Lovecraft. A correspondência de Barlow conta uma história diferente. Barlow trocou cartas um punhado de vezes com o professor S. Foster Damon e o assistente administrativo da biblioteca no fim da década de 1930, o que sugere que o interesse de Damon em todas as coisas que envolviam ocultismo encorajou seu interesse pessoal em adquirir documentos lovecraftianos e os materiais relacionados para a coleção especial da biblioteca.[46]

Em meados da década de 1940, conforme o interesse por Lovecraft começou a aumentar, Barlow passou a barganhar, oferecendo sua coleção inteira, o conteúdo de sua Yoh-Vombis. Ele daria todos os seus "fantásticos periódicos" bem como suas publicações de fãs e manuscritos de outros escritores da *Weird Tales*. Também obteve, aparentemente durante uma estadia na Cidade do México, "itens de Lovecraft (incluindo algumas edições piratas em espanhol) de seu interesse".

Em troca, Barlow pediu que a Universidade Brown lhe cedesse uma "prensa, não para imprimir em espanhol (salvo a propósito), ou mesmo inglês", mas especificamente uma que fosse capaz de imprimir em náuatle ou, como explicou Barlow em sua carta, "a língua asteca". Ele deu à

Biblioteca John Hay especificações precisas, que chegavam até o tamanho do motor que a prensa deveria conter. Em troca, ofereceria à biblioteca toda a sua coleção de fantasia e terror, que havia "reunido com tanto esforço e entusiasmo, de forma inconsciente em torno da personalidade de Lovecraft". Acrescentou que não sabia quanta "pechincha" a Universidade Brown poderia tentar.[47]

F.G. Martineau, um dos bibliotecários da John Hay, fez o seu melhor. Em um memorando interno no início de julho de 1946, Martineau questionou se a universidade era capaz de adquirir uma prensa que imprimisse náuatle. Apesar de, aparentemente, terem lhe dito que isso era impossível, ele respondeu a Barlow no começo de agosto, dizendo que a universidade "não possuía nenhum maquinário de impressão ou equipamentos para tal fim ou sabia como conseguir algum", mas que eles se ofereciam a bancar os custos da prensa em troca dos materiais.

Ao que tudo indica, Barlow recebeu sua prensa e continuou seu trabalho na Cidade do México nos cinco anos seguintes. Nessa mesma época, pelo menos é o que parece, ele finalmente acalmou Derleth. Contribuiu em duas publicações da Arkham House, apesar de Derleth ter feito edições pesadas em ambas as contribuições, dado que parte do material não se enquadrava na imagem de Lovecraft que ele queria passar, e parte dele se provaria embaraçoso para o próprio Derleth.

Por um acaso peculiar, William S. Burroughs fez alguns cursos de arqueologia mesoamericana com Barlow, nutrindo sua própria fascinação por cidades antigas que resultariam em alguns dos trabalhos mais lovecraftianos do mentor da geração beat, especialmente em seu romance de 1981, *Cidades da Noite Escarlate*. Burroughs e Barlow nunca chegaram a se conhecer pessoalmente. Quando o escândalo que ameaçava a carreira aparentemente produtiva e feliz de Barlow o levou a tirar a própria vida, Burroughs ficou sabendo. Escreveu para Allen Ginsberg em janeiro de 1951, dizendo que seu antigo professor na Universidade da Cidade do México tinha "se matado há uns dias com uma overdose de barbitúricos. Vomitou a cama toda. Nunca percebi seu impulso suicida".

Sonia Greene também se tornou, pelo menos por um tempo, um foco da ira controladora de Derleth sobre o legado de Lovecraft. Em um relato impresso por Wilfred B. Talman em seu livreto *The Normal Lovecraft*, ela descreve como Derleth a contatou para tratar dos planos dela sobre publicar suas memórias sobre o marido.

Em 1947, Sonia morava em Los Angeles, tendo se casado de novo, e com um homem tão peculiar quanto Lovecraft — ainda que no extremo oposto do espectro da esquisitice — e, supõe-se, significativamente menos brilhante. Nathaniel A. Davis, um ex-instrutor de economia na Berkeley, fundou um pequeno movimento que ele batizou de "Planetários", e que se dedicava aos nobres ideais da cidadania mundial. Ele ministrou várias palestras sobre assuntos diversos, como doenças venéreas, desenvolvimento portuário e os perigos do fascismo.[48]

Naquele ano, Sonia escreveu para seu velho amigo Samuel Loveman, parte daquele círculo original de jornalistas amadores que incluíra Morton e Kleiner e o grupo em cuja companhia ela se apaixonara por Howard no início dos anos 1920. Anos depois, ela se via perseguida, muito a contragosto, pelo legado daquele amor.

"Envio anexa uma carta de Derleth", escreveu ela a Loveman. "Você acha que ele está atirando no escuro? Blefando?" Sua preocupação com a carta extraordinária de Derleth é mais do que compreensível. Ele conseguiu transmitir uma sensação vaga e ameaçadora ao mesmo tempo, e aparentemente enviou a carta de modo que chegasse no meio das festas de fim de ano. Greene diz que ele escreveu na carta que esperava "que você [Sonia] não prossiga desconsiderando nossas estipulações a fim de conseguir publicar qualquer coisa contendo escritos de qualquer tipo, cartas ou o que seja, de H.P. Lovecraft". Ele então invocou o espectro da Arkham House a "entrar com uma ação judicial". Em seguida, fez a alegação descabida, sem nenhum fundamento legal, de que qualquer material de Lovecraft precisava passar pelo "nosso escritório" (em outras palavras, a casa de Derleth).

E, encerrando sua missiva já ríspida com um floreio pavoroso, Derleth destacou que ele, a partir das cartas de Lovecraft, tinha "um relato completo e detalhado de como as coisas eram durante a vida de casado de Lovecraft".

Ela respondeu à carta de forma breve, dizendo a Derleth que, já que ele alegava possuir cartas que poderiam se provar constrangedoras para ela, talvez já tivesse todas as informações de que precisava. Em essência, ela pediu para ser deixada em paz.

Mas que diabos ele estava pensando? Parece que Derleth tinha desenvolvido uma obsessão em evitar que a história de que Greene havia "subsidiado" Lovecraft entre 1922 e 1929 se espalhasse. A razão para o fascínio de Derleth com a questão provavelmente demanda a atenção de um psiquiatra e não a de um historiador. Tampouco acho que importa muito tentar quantificar o volume do apoio financeiro que Lovecraft recebeu de Sonia, ao contrário do que restou de sua herança e das suas tias. De qualquer forma, ele certamente não se sustentava sozinho com os trabalhos de revisão e os pagamentos bastante ocasionais da *Weird Tales*.

"Maldita hora em que eu o conheci", escreveu Sonia a Loveman a respeito de Derleth, em uma carta posterior. Nela, deixou clara sua própria falta de interesse em ganhar notoriedade graças a seu falecido ex-marido e se preocupava, principalmente, se Derleth havia conseguido colocar alguns de seus antigos amigos contra ela, amigos de uma época da qual se lembrava como um momento luminoso em sua vida.

Sonia não recuou com facilidade desse desafio, e sua indisposição em deixar que Derleth a intimidasse nos fala um pouco sobre o papel das mulheres na vida pessoal de Lovecraft e, de fato, no universo expandido de suas histórias. Por muito tempo, a ficção inspirada em Lovecraft permaneceu dominada por homens. As mulheres estavam notavelmente ausentes de algumas das primeiras histórias que tentavam expandir o cânone lovecraftiano. Uma das primeiras imitações de Lovecraft, e talvez uma das melhores, feita por Ramsey Campbell, "The Tower of Yuggoth", segue a fórmula básica de um protagonista masculino adquirindo conhecimento proibido, ainda que seu condenado investigador revele um pouco mais de complexidade do que vários dos personagens de Lovecraft. Os primeiros contos de Robert Bloch inspirados em Lovecraft tinham um interesse mais profundo em personagens e enredo do que o próprio Lovecraft jamais teve. Mas, em sua maior parte, seu trabalho contém homens problemáticos enfrentando o horror sozinhos, com frequência em contos como "The Brood of Bubastis", que parecem sequências ou prequelas de alguns dos contos do próprio Lovecraft (no caso de "Brood", há conexões bem claras com "Os Ratos nas Paredes").

Suspeito que alguns leitores vão apreciar a reavaliação do papel essencial das mulheres na vida dele. Outros leitores vão menosprezar de forma ativa discussões sobre sexismo, ou mesmo sobre gênero, em relação ao trabalho de Lovecraft. Uns poucos responderão a tais discussões em um estilo não muito diferente das reações espetacularmente hostis de muitos geeks masculinos em relação às mulheres interessadas em quadrinhos, videogames ou RPGs de mesa.

Tais atitudes se tornam em especial ríspidas em defesa da base de fãs de Lovecraft, que criou, afinal, algo como o clube do Bolinha original da cultura pop. Ao escrever sobre as mulheres na vida de Lovecraft, biógrafos e pesquisadores do autor às vezes parecem desconfortáveis ao descrever a influência que sua mãe exerceu sobre ele e, outras vezes, apenas ficam desnecessária e estranhamente asquerosos ao tratar de Sonia Greene.

De Camp, por exemplo, de forma bem bizarra, sente a necessidade de nos dizer, a propósito de coisa nenhuma, que à medida que Sonia Greene "envelhecia, ela ganhava peso e se vestia e se penteava de forma mais simples". Esse excerto aparece em uma passagem em que ele devia estar nos contando sobre a sua vida depois de Lovecraft, uma vida bastante rica, que incluiu viagens ao exterior, sua mudança para a Califórnia e seu novo casamento. Nós já vimos seu tom de puro despeito em relação à Sarah Susan Lovecraft.[49]

Não creio que seja possível escrever sobre H.P. Lovecraft sem estabelecer suas conexões com as mulheres de sua vida e a influência enorme que elas exerceram sobre ele. Também não creio que seja possível escrever sobre essas mulheres, assim como não posso escrever sobre o próprio Lovecraft, sem descrever o mundo que as criou, frustrou-as e lhes ofereceu novas oportunidades e, por outras vezes, privou-as dessas mesmas novas opções.

O período da juventude de Lovecraft apresentou o que um historiador chamou de uma tentativa de "criar homens e mulheres assexuados". A cultura vitoriana via a respeitabilidade da família de classe média como um triunfo sobre a barbárie, uma marca do progresso, e não um conjunto reacionário de ideais embebidos em relações sociais. Isso explica um aspecto do fim do século XIX, início do XX, que se tornou uma parte importante da ficção de Lovecraft: a ideia de uma civilização altamente desenvolvida e aparentemente segura sob as ameaças de todos os tipos de "coisas obscuras". Isso incluía, na visão do autor, pessoas negras.

Tal visão da domesticidade humana requer a negação, na verdade o repúdio, de certos aspectos da natureza humana. O historiador cultural T.J. Jackson Lears diz que a ideologia da classe média sobre proteção e segurança presente nos papéis prescritos às classes e aos gêneros moldou a literatura que se baseava fortemente no sentimentalismo a fim de manter a ficção da família feliz. Ele enxerga nisso o que chama de "processo de evasão", uma relutância em encarar os lados mais sombrios da vida familiar, das relações de gênero e o que significa para as pessoas passarem suas vidas tentando imitar esses papéis.[50]

As mulheres do mundo de Lovecraft traíram os ideais dominantes de sua época. Descobrimos que sua avó Robie, nascida em um momento ainda mais inicial da época vitoriana burguesa, nutria mais interesses em astronomia do que em confeitaria e costura. Ambas as tias de Lovecraft, por motivos distintos, acabaram vivendo da forma mais independente que sua renda limitada permitia.

E Sarah Susan? Em uma sociedade que glorificava, a cada oportunidade, rapazes bem-sucedidos e doutrinados pela noção do homem que vence na vida por esforço próprio, ela deixou que a imaginação do filho corresse pelas mais selvagens direções, garantindo que tivesse livros, conjuntos de química, telescópios e materiais de teatro que permitiram que sua mente vagasse por cidades antigas e infinitas, pelo tempo e pelo espaço, buscando por paisagens áridas e abismos em locais inauditos. Não teria havido H.P. Lovecraft, nem o mundo que ele criou para nós, sem ela.

Além de tudo isso, tanto Sarah Susan Lovecraft quanto Sonia Haft Greene são pessoas incrivelmente interessantes. Quem poderia culpar um escritor por querer contar a história delas? E por que você não iria querer que a história delas fosse contada?

De forma irônica, o vitorianismo não conheceu maior inimigo do que o homem de colarinho, temperamento gélido e um legado da alta casta de Providence.

Mas, sem a influência de sua mãe, com sua inclinação intelectual, ou de sua esposa, que parece ter lhe ajudado a entender Nietzsche, Lovecraft não teria se comprometido tanto em arrancar o coração ainda pulsante do sentimento vitoriano. Sob a influência delas, e as influências que fluíram para sua vida por causa delas, ele criou uma arte que combinava o niilismo de Nietzsche, deuses do mundo antigo, histórias alternativas e monstros que ninguém sabia que existiam. Isso deu vida a uma forma de arte que constitui, ao menos tanto quanto um grito de agonia em "A Terra Devastada", de Eliot, e um repúdio à esperança e ao inveterado otimismo sobre as possibilidades norte-americanas que surgiam nas formas de prosa experimental de escritores como Dos Passos.

Ele exigia de seu trabalho algo mais visceral do que a poesia e a prosa modernistas, que dependiam de um realismo populista ficcional, com a linguagem das ruas contrastando propositalmente com alusões pedantes à história e a anseios indefinidos. Em uma carta a Frank Belknap Long, chamou T.S. Eliot de "pensador arguto", mas negou-lhe o status de artista. Ele se esquecera do mundo dos sonhos, de que a realidade deve ser vista sob "o luar" e não escavada de trechos aleatórios de conversas e falas em sânscrito (pelo resto de sua vida, se tornou uma piada recorrente Lovecraft ridicularizar o famoso posfácio "Shantih! Shantih! Shantih!" de "A Terra Devastada". "O que significa essa maldita Shantih mesmo?", gracejou para Long).

O horror, contudo, é capaz de destruir os pilares do otimismo, burguês ou utópico, de uma forma que o realismo não seria capaz. Parafraseando Nietzsche, Lovecraft acreditava que um autor deveria escrever ficção com um martelo, realizando a tarefa nietzschiana de buscar a verdade com a mesma força bruta e selvagem. As mulheres que moldaram a vida de Lovecraft ajudaram a colocar o martelo em suas mãos.

Na década de 1940, a Arkham House já vendera volumes o suficiente de seu material para que a obra de Lovecraft atingisse o status de cult, na verdade um status tão crescente que os seus contos chamaram a atenção indesejada de Edmund Wilson. Em uma jogada particularmente brilhante de Derleth, a Arkham despejou Lovecraft nas caçambas de histórias baratas vindas das revistas pulp e publicadas em brochura para serem distribuídas aos soldados norte-americanos.* Lovecraft chegou aos campos de batalha da Europa, do norte da África e no Pacífico, e depois voltou para casa, em cópias surradas de seus contos, prontos para serem descobertos por uma nova geração vasculhando as estantes de seus pais. Em 1945, Derleth conseguiu um acordo com a World Publishing Company para publicar uma compilação de Lovecraft. Em um período de quatro anos, quase oitenta mil edições em capa dura foram vendidas.

Em 1948, Lloyd Briggs, de Altamont, Nova York, escreveu para o *The Providence Journal* para descobrir como entrar em contato com a Arkham House. Ele havia lido "O Horror de Dunwich" e, apesar de ter percebido, aparentemente depois de ler o "tributo" de Winfield Scott, "que o camarada era meio maluco", ele estava certo de que uma coletânea de Lovecraft daria uma boa leitura "aqui no estado de Nova York quando os ventos do inverno soprarem".[51]

Uma base de fãs ainda maior começou a surgir, que ia muito além de uma apreciação pelas histórias de Lovecraft, e que o considerava tudo, menos um maluco. Andrew Clark, da Pensilvânia, se deparou com a obra de Lovecraft quando ainda era um estudante de ensino médio, na década de 1960. Ele se lembra de ficar acordado até tarde da noite "com a única luz sendo aquela sobre a mesa, perto da minha poltrona. Concertos de Bach e partitas para harpa tocavam no fonógrafo para criar a atmosfera". Lovecraft abriu "um novo mundo" para ele.

* De 1943 a 1947, brochuras com todo tipo de literatura foram distribuídas para os soldados norte-americanos em serviço. Títulos que iam de *A Guerra dos Mundos*, de H.G. Wells, a *Country Lawyer*, de Bellamy Partridge, saíram pela Council on Books in Wartime. [NT]

Os primeiros fãs de Lovecraft revelaram o mesmo senso de devoção, uma absorção extrema pelo mundo de Lovecraft que logo transformaria o interesse por seu trabalho na alta gastronomia do mundo geek. Uma amiga de pesquisa sobre terror, Victoria Jackson, foi uma fã adolescente de Lovecraft em 1965. Ela se lembra de caminhar pela praia de Montauk no meio de uma noite de verão e rezar para Cthulhu se erguer no horizonte sombrio. Para nossa sorte, coisa alguma ouviu a prece.

A alegação que tem sido feita ocasionalmente é a de que a obra de Lovecraft se destaca apenas em criar a necessidade para escritores, cineastas e mesmo desenvolvedores de jogos, de se basear em sua mitologia e extrapolá-la. Certamente, até meados do século, apenas o Sherlock Holmes de Arthur Conan Doyle conseguiu obter uma base de fãs ávida o suficiente para querer explorar ainda mais as investigações do detetive de Baker Street, uma exploração que continua hoje em dia na televisão e no cinema.

Não é exatamente verdade, contudo, que Lovecraft é verdadeiramente único na necessidade sentida por fãs talentosos de expandir sua visão sombria. Entretanto, a influência de Lovecraft cresceu de forma mais orgânica que a de outras mitologias que sempre proliferam na modernidade. A Tolkien Estate manteve um controle rígido sobre *O Senhor dos Anéis*, mas isso não evitou a abundância de fantasias épicas que tomam emprestado, às vezes de forma intensa e direta, dos mundos de Tolkien, com jornadas entre elfos, anões, orcs e aquele garoto novo no pedaço na maior parte das fantasias, os humanos. Mais do que isso, os seis filmes de Peter Jackson, particularmente sua versão estendida de *O Hobbit*, apresentam todo tipo de novos elementos dentro da criação original do filólogo de Oxford, e também têm mais de uma dúzia de videogames oficialmente licenciados, que envolvem novos personagens e cenários que nem de longe saíram de qualquer coisa vinda da caneta de Tolkien.

Star Wars oferece outro exemplo. Apesar de George Lucas ter governado a "galáxia muito, muito distante", por muito tempo, ele permitiu o desenvolvimento de uma intricada mitologia em torno da trilogia original e suas adições posteriores. Desde que *Star Wars: Uma Nova*

Esperança surgiu em 1977, uma quantidade insana de séries em quadrinhos, romances, RPGs, jogos de computadores e de consoles emergiu sob a condução da Lucasfilm, com séries animadas de televisão se juntando à mistura nos anos mais recentes e, é claro, uma série completamente nova de filmes dirigidos pela Disney Studios e J.J. Abrams.

Essas são, é óbvio, mitologias intensamente mercantilizadas, sob o forte controle de conglomerados de entretenimento que, nos dias de hoje, detêm as licenças. A Disney pode planejar uma área de *Star Wars* para competir com o mundo de *Harry Potter* da Universal Studio, na Flórida. Os videogames deram aos jogadores a oportunidade de jogar às margens dos eventos da Guerra do Anel. Esses produtos podem ser bons e ruins, divertidos ou sem graça, mas eles alcançarão um sucesso significativo porque se mesclam a um mito popular com os poderes mágicos da propaganda moderna.

A mitologia de Lovecraft cresceu sem a ajuda da maioria dos agentes da cultura de massa. A linguagem usada para descrever esses mundos diferentes da fantasia é impressionante. Os fãs denominaram a obra de Lovecraft de "Mitos", e não como uma franquia aos moldes de *Star Wars, O Senhor dos Anéis* ou *Harry Potter*.

A elaboração da mitologia de Lovecraft começou mesmo antes de sua morte. Robert E. Howard e Clark Ashton Smith pegaram deuses e monstros emprestados do amigo. É importante observar que Lovecraft, por sua vez, usou os tomos míticos e os terríveis Antigos de seus amigos, criando um tipo de ambiente e atmosfera de fantasia sombria que ajudou a transformar a *Weird Tales* em um dos primeiros postos avançados da cultura geek. Por fim, milhões de pessoas participariam do panorama do terror, da ficção científica e de mundos de fantasia, vivenciando-os por meio de fanfics, cosplays e uma conversa contínua que domina porções enormes da Internet. Algo que teve início como uma camaradagem entre os autores da *Weird Tales*, com as cartas da "The Eyrie", criou uma conexão com os fãs que colecionavam a revista, como foi o caso de R.H. Barlow, que também colecionava autógrafos dos autores. Com frequência, como foi o caso de Derleth, Bloch e Barlow, os próprios fãs se tornaram autores.

Smith, talvez o correspondente mais próximo que Lovecraft jamais conheceu pessoalmente, decidiu tentar a sorte na ficção muito pela influência de Lovecraft. O poeta, artista e escultor viu na obra de Lovecraft a possibilidade de criar um novo tipo de arte por meio do conto weird. Se ele conseguiu realizar isso ou não é uma questão que permanece aberta. Uma de suas melhores histórias, "The Vaults of Yoh-Vombis", toma emprestado diretamente da ideia básica da trama de *Nas Montanhas da Loucura*, que Smith lera em forma de manuscrito no início do verão de 1931, antes de escrever sua própria história no começo do outono daquele ano. De forma notável, ele é bem-sucedido em criar um terror verdadeiramente visceral, apresentando criaturas semelhantes a morcegos que cravam suas garras na mente de suas vítimas desafortunadas. A história falha em despertar qualquer sentido significativo de terror cósmico ou pânico acerca da falta de sentido da experiência humana em um universo indiferente e ocasionalmente hostil, algo que Lovecraft invocava com excelência.

Empreitadas no escuro, como os estéticos de Smith, tornaram possível a expansão da influência de Lovecraft. As tentativas de Derleth de intimidar e aterrorizar qualquer um que tentasse publicar qualquer coisa relacionada a Lovecraft supostamente ajudaram a estrangular um vestígio de fama que poderia ter atingido seu ápice bem mais cedo. O que torna isso tudo ainda mais desafortunado é que Derleth nunca teve uma reivindicação significativa dos direitos autorais sobre a obra de Lovecraft. Em 1947, Derleth havia adquirido, ou ao menos acreditava ter adquirido, os direitos das histórias de Lovecraft diretamente com a *Weird Tales*. Entretanto, no início de 1926 (o ano em que Lovecraft começou a escrever os trabalhos mais tarde reconhecidos como canônicos), Lovecraft, com sabedoria, começou a reservar para si mesmo os direitos de uma segunda impressão. Portanto, é questionável se a *Weird Tales* poderia ter vendido de maneira legal os direitos das histórias para Derleth.

Já em 1969 e 1970, quando um ano antes de sua morte ele escreveu um ensaio comemorativo sobre as primeiras três décadas da Arkham House, Derleth conseguiu exalar uma malícia contínua na direção daqueles de quem suspeitava. Ao que parece, ele destaca, filosoficamente, que a inveja constitui "a mais basilar das emoções de que o homem é capaz" e, em seguida, lança uma diatribe contra "os fãs egoístas que querem imprimir sem custo ou qualquer proteção de direitos autorais o material de Lovecraft". Ele alegava que alguns desses "fãs egoístas" tentaram, à época, "enfraquecer a confiança" na Arkham House.

A cultura popular norte-americana deixou Derleth para trás especialmente nos anos 1960. Ele dizia que a Arkham House tinha "muitos imitadores" que "despejam vários livros de pouco ou nenhum mérito, entulhando um mercado limitado". Na verdade, o terror e a fantasia provaram, rapidamente, ter um mercado ilimitado em uma América que se modificava depressa.

No fim dos anos 1960, uma contracultura vibrante e exploratória alterou o centro da gravidade cultural da vida norte-americana. Grupos de estudantes como o de Todd Gitlin, *Students for a Democratic Society* (SDS), buscavam conscientemente romper com as amarras da neodomesticação dos anos 1950 lançadas sobre suas próprias vidas, enquanto confrontavam as realidades aterrorizantes da política externa norte-americana que resultara nas aventuras militares na América Latina e no Sudeste da Ásia, e que caminhavam para uma corrida armamentista apocalíptica com a União Soviética.

Os afro-americanos, cansados das decisões judiciais que pareciam mudar muito pouco as coisas, tomaram o slogan do "Black Power". Organizações mais antigas, como a SNCC (Student Nonviolent Coordinating Committee, ou Comitê de Coordenação Estudantil Não-violenta, em tradução literal), começaram a exigir poder social e econômico que ia além dos direitos de utilizar os mesmos bebedouros e frequentar as mesmas lanchonetes que os brancos. O Partido dos Panteras Negras, desde seus primórdios modestos em Oakland, na Califórnia, cresceu até se tornar um movimento de massa que J. Edgar Hoover chamou de o maior perigo "para a segurança interna do país", uma afirmação extraordinária a se fazer durante a Guerra do Vietnã.

Lovecraft teria achado esse mundo novo desconcertante. Seu conservadorismo pomposo passara por uma mudança radical por volta de

1930. Vendo a si mesmo mais como um *Tory*[*] do século XVIII do que como um republicano do século XX, ele parecia estar revoltado com a corrupção e as falhas de governo que marcaram as administrações de Harding, Coolidge e Hoover nos anos 1920. A chegada da Grande Depressão e a situação minguante de suas próprias finanças o forçaram a se tornar um apoiador fervoroso de Franklin D. Roosevelt e a defender pontos de vista levemente à esquerda da maioria das políticas do *New Deal*. Alguns de seus jovens *protégés*, particularmente Barlow e Frank Belknap Long, foram radicalmente para a esquerda durante a "década vermelha" dos anos 1930 e se declaravam comunistas. O próprio Lovecraft nunca conseguiu abraçar o que ele chamava simplesmente de "bolchevismo", mas começou a se descrever abertamente como socialista nos anos anteriores à sua morte.

Essa virada política brusca, entretanto, não o teria preparado para os anos 1960, e é fácil imaginá-lo dando outra guinada para a direita se tivesse vivido até os setenta anos ou mais. Ele estimava a estabilidade e a ordem acima de tudo, e os aspectos revolucionários da década de 1960, da revolução sexual ao sucesso da integração e o surgimento do movimento Black Power na última parte da década, o teriam lançado a paroxismos de uma ira reacionária e racista maiores do que se ouviu dele em seus dias de Nova York.

A despeito do que pudesse pensar sobre a contracultura, seus adeptos, especialmente os estudantes universitários brancos, passaram a amar o terror e a fantasia e, por fim, também passaram a amar Lovecraft de uma forma que parece surpreendente, talvez a princípio até contraditória, dado o programa político que defendiam. A natureza moderna dos quadrinhos da Marvel, chegando a pôsteres do Homem-Aranha e do Quarteto Fantástico decorando muitos quartos dos dormitórios universitários, parece um pouco fora de sintonia com os debates com muita erva sobre a escalada da guerra no Sudeste Asiático nas mãos de Johnson, ou os novos e revolucionários movimentos pela

* Um Tory é um membro do partido conservador inglês. [NT]

liberdade de expressão que varreram os campi por todo o país. Não há dúvida de que o amor da contracultura por fantasia tinha elementos de escapismo, a crítica perene ao gênero da ficção. Mas havia mais em ação do que uma interpretação tão simplista sugere.

Antes de Lovecraft se tornar adorado pela contracultura, ela encontrou a obra bastante diferente de J.R.R. Tolkien. *O Hobbit* e a trilogia *O Senhor dos Anéis* de Tolkien se tornaram, como diz um ensaio intitulado "Hippies and Hobbits", escrito por Jane Ciabattari, "uma leitura obrigatória para a contracultura nascente". Grafites proclamando "Frodo vive!" e "Gandalf para presidente!" começaram a aparecer em prédios abandonados e nos trens do metrô.

Qual o apelo de alguém que parecia tão antiquado como Tolkien? Os romances, ainda que escritos por um católico conservador, sugerem uma mensagem nostálgica e bucólica, em que a máquina de guerra industrial de Mordor busca destruir os prazeres naturais da Terra-Média. Nixon facilmente pareceria Sauron para a geração antiguerra.

Talvez de maneira mais prática, as histórias de Tolkien celebravam os benefícios alucinógenos e saudáveis da "erva dos pequeninos", que tanto Gandalf quanto os habitantes do Condado, um paraíso pré-moderno que parecia um sonho ambientalista, apreciavam. De fato, circularam rumores, como também aconteceu com Lovecraft, de que Tolkien escrevera suas histórias sob a influência de alucinógenos. Ambos os boatos são quase certamente falsos, mas eu não me surpreenderia se descobrisse que um dos dois experimentou algumas das possibilidades químicas que suas épocas ofereciam como um caminho para as fronteiras da imaginação que eles tanto buscavam.

O rock, a verdadeira trilha sonora dos descolados, deu muita atenção a Tolkien. Rumores muito bem atestados sugerem que os Beatles consideraram e, depois, em uma decisão provavelmente boa para todos os envolvidos, abandonaram a ideia, de uma ópera rock baseada em *O Senhor dos Anéis*. Led Zeppelin aludia constantemente ao imaginário de Tolkien, sendo as músicas mais famosas "Misty Mountain Hop" e "The Battle of Evermore". Ciabattari conclui que o "erudito" professor de Oxford "foi, ao mesmo tempo, tão quadrado quanto descolado".

Lovecraft, ao que parece, oferecia um desafio muito maior para os gostos da contracultura. No mundo de Tolkien, uma divisão clara, absurdamente clara, existia entre o bem e o mal. Essa ideia, de forma irônica, atraía membros da contracultura tanto quanto a seus pais, apesar das sérias diferenças de opinião sobre qual lado era o quê. Lovecraft, é claro, não se utiliza de noções de bem e mal. Ele nos aterroriza com seu "indiferentismo cósmico" que não conduz a nenhuma política particular, já que questões tão terrenas são insignificantes contra o pano de fundo de seu universo inóspito de entidades malignas que, se tivermos sorte, simplesmente vão nos deixar em paz.

A obra de Lovecraft pode não ter inspirado a ação política (e ele certamente teria ficado horrorizado se isso ocorresse), mas são suas visões deformadas da realidade, em que "os ângulos estão todos errados" e de uma "geometria não euclidiana" abrem portais para outras dimensões, que atraem o lado psicodélico da contracultura quase da mesma forma que as visões e jornadas oníricas alucinógenas às vezes horríveis de William Burroughs abriram as portas da percepção para uma geração experimental. De fato, a obra de Lovecraft começou a se disseminar lentamente para além dos limites do leitor da Arkham House assim que os famosos "testes de ácido" de São Francisco começaram.

A troca cultural entre Lovecraft e a contracultura deu uma guinada ainda mais estranha. Tolkien pode ter recebido uma homenagem de uma das bandas mais importantes do fim da década de 1960 e início da década de 1970, mas uma banda foi batizada em homenagem a Lovecraft e desenvolveu porções de seu setlist em sua homenagem, intitulando seu álbum mais amplamente distribuído em tributo a uma de suas histórias mais obscuras. Um grupo de músicos liderado por George Edwards, muito influenciados pelo blues de Chicago e pela cena folk, se reuniu em 1967 com a produção de George Badonsky — tão aficionado por Lovecraft que batizou seu Yorkshire Terrier de Yuggoth. Antes de decidirem adotar o nome de H.P. Lovecraft, a banda foi pedir autorização para o já idoso August Derleth, provavelmente por terem ouvido falar sobre a frequência com que ele ameaçava processar os outros. Talvez por não ter ficado de todo claro para ele por qual razão eles estavam pedindo a sua permissão, Derleth concordou (não se sabe se exigiu algum pagamento).

Apesar de o grupo ter se separado por desacordos internos, abuso de substâncias e uma mistura de ambos, seu álbum *The White Ship* inclui a canção homônima que prestava homenagem ao conto alegórico pouco conhecido de Lovecraft, escrito em 1919, uma história que representava algo como um primeiro rascunho prático de sua novela *A Busca Onírica por Kadath* e, em certo grau, para o misticismo sombrio de "A Chave de Prata". Harmonias soturnas, microfonias, trechos de cravo tocados pelo tecladista de formação erudita David Michaels, e até mesmo o dobrar gentil de um sino marítimo de 1811 formam o palco para uma viagem psicodélica que, na verdade, funciona como uma paisagem sonora perfeita para a história.

Um segundo álbum, de 1968, chamado simplesmente de *H.P. Lovecraft II*, apresenta um tributo alucinante a *Nas Montanhas da Loucura*, que um crítico musical chamou de "uma das melhores aproximações musicais de uma lâmpada de lava". Os ritmos serpenteiam e atemorizam de formas muito mais sinistras que qualquer lâmpada de lava que já vi e, talvez pelo aumento do seu uso de drogas, o ritmo da banda toma uma virada sombria, menos sugestiva do que a música estilo *flower power* que o grupo fazia em seu início, e muito mais alinhada ao rock progressivo mais soturno do Pink Floyd. Em outras palavras, como *The White Ship*, o álbum reúne algo do sentimento da história que lhe inspirou o nome.

A tenebrosa sombra de Lovecraft pairou sobre outra cultura musical emergente de que ele provavelmente teria desdenhado. Por volta dos anos 1970, os adolescentes da classe operária inglesa se voltaram cada vez mais para o heavy metal, cujas músicas eram construídas a partir de dissonâncias raivosas que ecoavam os sons industriais de suas infâncias contra a paisagem hostil do desemprego e do desastre econômico.

Em 1968, Birmingham, na Inglaterra, decaiu para uma cidadela cujos problemas econômicos não apenas resultaram em fábricas e prédios abandonados, mas em quarteirões inteiros de entulhos e detritos enquanto hipotecas colapsavam e casas e negócios eram abandonados.

Ela também se tornou o lar de uma banda chamada Earth, que tocava um blues áspero e pesado que incorporava a morbidez do trítono, considerado desde a Idade Média como "o intervalo do diabo", por seu som soturno capaz de induzir ao pavor.

A formação original da Earth — Ozzy Osbourne, Geezer Butler, Tony Iommi e Bill Ward — precisava de algo novo, mesmo quando eles se tornaram mais populares no circuito de pubs. Eles queriam se diferenciar dos sons psicodélicos dos hippies, e, de fato, outra banda de pub popular na Inglaterra já se chamava Earth. O interesse de Geezer Butler por filmes de terror e pelo ocultismo inspiraram sua nova direção e eles adotaram o nome Black Sabbath quando o cinema do outro lado da rua de seu local de ensaios reviveu o filme de 1963, com Boris Karloff, de mesmo nome.

O seu primeiro e autointitulado álbum apresenta um tributo a "Beyond the Wall of Sleep", um título retirado de um conto de Lovecraft, de 1919, com o mesmo nome. As letras em si têm pouco a ver com a história. Gary Hill, que escreveu muito sobre músicas inspiradas por Lovecraft em *The Strange Sound of Cthulhu*, perguntou a Butler sobre isso, mas recebeu um tipo de resposta um tanto confusa em que o baixista declarou que se lembrava pouco das circunstâncias da criação da música, apesar de deixar claro que o que ele sabia sobre Lovecraft vinha, principalmente, do popular escritor britânico de ocultismo, Dennis Wheatley. Não custa lembrar, contudo, que as memórias de Butler são, com frequência, um pouco confusas em relação àqueles dias. Ele é, de fato, incapaz de se lembrar da mulher que aparece como a figura famosa vestida de preto na capa do primeiro álbum do Black Sabbath.

O heavy metal chegou aos Estados Unidos nos anos 1970 e criou uma subcultura enorme dos chamados *headbangers*, ou simplesmente *bangers*. O estilo também despertou uma onda de experimentações com o som que Sabbath criou.

A banda de *speed metal* Metallica, cujo estilo se tornou conhecido como *thrash metal*, se tornou o maior dos gigantes musicais a deixar seu fascínio por Lovecraft adentrar sua obra. O álbum de 1984, *Ride the Lightning*, apresenta uma música chamada "Call of Ktulu", com riffs de guitarra que giram espasmódicos até que o ouvinte se sinta engolfado por uma nuvem acústica a uma altura atordoante. Em suma, a canção é a paisagem sonora perfeita para se contemplar "a cidade cadáver de R'lyeh" e seu habitante, que apesar de morto, ainda sonha.

Desde a década de 1980, o chamado metal extremo, *death metal* ou *black metal*, tem feito uso frequente de Lovecraft e seus temas. Joseph Norman examinou de perto esse fenômeno e encontrou não menos que 227 grupos por todo o mundo que se utilizaram de Lovecraft ou de elementos lovecraftianos em suas músicas. Ele se deparou com bandas chamadas Yog-Sothoth, Azathoth, Dagon, Arkham e outras mais que não puderam resistir e se batizaram simplesmente como Necronomicon.

* Desde a década de 1980, o chamado metal extremo, death metal ou black metal, tem feito uso frequente de Lovecraft e seus temas. Joseph Norman examinou de perto esse fenômeno e encontrou não menos que 227 grupos por todo o mundo que se utilizaram de Lovecraft

Cradle of Filth, a banda de *black metal* mais conhecida do Reino Unido no início do século XXI, incorporou tanto a obra de Lovecraft quanto a do moderno autor e cineasta de terror Clive Barker em um universo mitológico pavoroso que estrutura seus álbuns. Seu álbum de 2000, *Midian*, e o de 2004, *Nymphetamine*, fazem menções frequentes a Cthulhu e ao apocalipse. Em sua interessante visão, Cthulhu é fêmea e representa todas as deusas sedutoras e sombrias das mitologias humanas, com a diferença que tem um corpo mais molenga.

Lovecraft odiava barulho e gostou muito de uma breve perda de audição que experimentou durante a juventude. A cacofonia das multidões constituía parte do que lhe incomodava em seus dias de Nova York. É improvável que um homem cujo gosto musical nunca foi muito além das melodias populares do início do século e dos musicais de Gilbert e Sullivan se sujeitasse a Cradle of Filth.

Ou, pelo menos, não teria se sujeitado mais de uma vez. No nível de arte da estranheza, ele teria compreendido o que essas bandas fazem. Afinal de contas, foi ele quem imaginou, em "Nyarlathotep", um cosmos pavoroso que ressoa com "a batida abafada e enlouquecedora de tambores e o sibilar agudo e monótono de flautas blasfemas advindo de câmaras inconcebíveis e escuras além do Tempo". Os asseclas de Cthulhu "se lançavam às alturas demoníacas através de uivos e um guinchar de êxtase que se espalhavam e reverberavam por aquelas matas noturnas, como tempestades pestilentas vindas dos golfos do inferno".

Mesmo o mais conservador dos devotos de Lovecraft tem que admitir que tais passagens são, inegavelmente, a cara do metal.

H.P. Lovecraft teria detestado Hollywood. Em primeiro lugar, não há antiguidades para visitar, a menos que se considere a lenta viagem feita sob um sol escaldante saindo do centro de Los Angeles e que o leva para as missões espanholas como San Gabriel Archangel, ou as placas na cidade que avisam onde as coisas costumavam estar localizadas.

Alguns dos "monumentos históricos" da cidade, na verdade, datam da própria época de Lovecraft, e é inconcebível que ele os teria considerado históricos se tivesse vivido por mais alguns anos. Assim, eu o imagino dando uma caminhada no entorno da Los Angeles contemporânea e consigo ouvi-lo resmungando sobre aquele lugar que não tem nenhum passado significativo, que existe tão somente em um presente vasta e pesadamente mercantilizado, onde o novo restaurante Chick-fil-A na Sunset — do qual se desprende um cheiro que deveria ser atraente, e não nauseante — tornou-se um estranho marco contemporâneo. Essa é, afinal de contas, uma cidade em que o Teatro Chinês de Grauman, que data de 1920 (inaugurado no ano em que Lovecraft fez 30 anos) conta como histórico, em um mundo onde as construções de assentamentos humanos permanentes datam de quatorze mil anos atrás.

Mais do que isso, para um pedestre comprometido do calibre de Lovecraft, a Cidade dos Anjos se provaria mais do que inconveniente. Na verdade, ele não poderia conhecê-la muito bem se utilizando de seu meio de transporte preferido. Vejo-o caminhando pela extensão de West

Hollywood, a única parte da cidade em que um dedicado caminhante urbano concebivelmente trotaria. Mas ele a odiaria. Ela tem tudo de moderno que ele odiava.

Ainda mais impossível é imaginar Lovecraft, de colarinho justo como um banqueiro da década de 1890, arrastando sua silhueta esguia pela Sunset Strip, transitando pela Viper Room, dando uma bisbilhotada em uma Book Soup em busca das novas edições críticas de Dryden e Pope e passando — sem dúvida, vermelho de raiva — pela fila de adolescentes esperando do lado de fora do clube Whisky a Go Go para ouvir uma banda cover de Mastodon; é uma imagem que faz um tipo bizarro de sentido. Ele não teria amado a cidade, e, como sugeri pouco antes, poderia ter concordado com aqueles escritores pós-modernos da moda que falam dos Estados Unidos contemporâneos e de Los Angeles, em particular, como um "deserto do real".* Mas a cidade não retribuiu essa aversão.

De fato, mesmo se Lovecraft detestasse Hollywood, a fábrica de sonhos o amou. Desde 1960, sua obra inspira a maioria dos filmes modernos de terror, direta ou indiretamente. Na verdade, é impossível imaginar o terror moderno sem seu pequeno conjunto de obras, que um dia foi tão pouco amado.

A grande contribuição de Lovecraft para o cinema moderno de terror não veio nem de adaptações de suas histórias nem de referências diretas, apesar de existir um monte de cada. Sua influência sobre uma geração de diretores de cinema de terror parece mais interessante em relação ao que esses filmes começaram a fazer conosco. O "novo terror" que emergiu no fim dos anos 1960 (com projetos como *A Noite dos Mortos-Vivos*, de George Romero) teve a rejeição dos valores humanos do conforto e da felicidade pessoal como objetivo de sua narrativa. Esses filmes não se importavam conosco. Eles queriam nos fazer sofrer.

* Como Jean Baudrillard em *América, Simulacros e Simulação, As Estratégias Fatais* e outros livros. A frase ficou famosa no primeiro dos filmes da trilogia *Matrix*, tão fortemente inspirada por Baudrillard que uma edição de *Simulacros e Simulação* aparece no filme. [NT]

Mas são assustadores? É o que a maioria dos espectadores quer saber sobre um filme de terror. A proliferação de cada subgênero imaginável de terror, e a lucratividade incrível disponível para diretores dispostos a produzir pilhas de lixo pelo fato de que um filme de terror barato está quase predestinado a gerar dinheiro, faria com que o gênero parecesse um playground para adolescentes. É perdoável que se pense em filmes de terror como a diversão barata absoluta, situada em algum lugar entre a montanha-russa e o circo na categoria de fenômenos culturais importantes.

Mas está errado. Algumas das grandes conquistas do cinema do fim do século XX vieram de uma geração de diretores que cresceu com a contracultura e produziu seus melhores trabalhos em meio à Renascença de Lovecraft da mesma época. *O Bebê de Rosemary* e *O Exorcista* iniciaram a loucura por filmes de possessão, com o último sendo chamado pelo historiador de cinema Tony Williams de "um dos maiores documentos estéticos do século XX". O filme de 1968 de George Romero, *A Noite dos Mortos-Vivos*, pode ter tido sua estreia no circuito de cinemas *drive-in*, mas desde então é reconhecido como uma obra-prima. Alunos de escolas de cinema estudam de perto a história claustrofóbica e inóspita que representa o começo da onda moderna de zumbis.

O falecido Wes Craven provou que era possível usar o gênero de terror para fazer um filme profundamente político, cheio de fúria contra a classe média, com seu *Aniversário Macabro* de 1972. Em seguida, ele trouxe pesadelos para as ruas tranquilas da "manhã nos Estados Unidos" de Reagan com Freddy Krueger, um demônio do sonho que, suspeito, Lovecraft teria visto como um de seus muitos *ghouls* e *ghasts* de suas sombrias terras dos sonhos, talvez Nyarlathotep, o Caos Rastejante, em um de seus muitos disfarces. Craven, antes do fim, reinventou novamente o terror em *Pânico*, o autorreflexivo filme de terror sobre o horror que atemoriza com sua convicção suprema acerca dos dispositivos e desejos de nossos corações.

Dado o interesse de Lovecraft e Craven por aquilo que espreita nos sonhos, é natural que o famoso escritor/diretor/produtor tenha buscado inspiração no primeiro mestre do terror do século XX. Perto de sua morte, em 2015, Craven começou a colaborar com o diretor Daniel Knauf em um filme chamado *Sleepers*. Os detalhes são muito vagos, mas parece que eles tinham em mente uma série de contos escritos por Knauf inspirados na novela de Lovecraft, *A Busca Onírica por Kadath*, uma das muitas histórias de Lovecraft rotuladas como "infilmáveis" ao longo dos anos. Quem sabe o que poderia ter sido? Mas para os fãs de Craven e de Lovecraft, o mundo é certamente um lugar mais pobre sem a visão do cineasta de uma das mais estranhas fantasias do escritor.

Litros de tinta foram derramados por pensadores tão diversos quanto Immanuel Kant, Edmund Burke e Freud tentando atribuir sentido ao terror. Por que precisamos sentir medo e o que volta nossas mentes para diretores que querem nos machucar, em certo sentido, mesmo que eles nos entretenham enquanto levam embora nosso dinheiro? Por que decidimos nos expor àquilo que, no contexto da narrativa, poderia nos destruir?

A verdade é que a maioria dos que pararam para pensar sobre isso diz que essas histórias não podem, de fato, nos destruir. Essa é a questão. Amamos a emoção proporcionada pelo terror, mas até o ponto em que ela se mantém a uma distância segura. Filmes de terror e contos weird não têm como objetivo gerar o horror. Almejam controlar o horror, canalizá-lo, passar a sensação de felicidade por aquilo não estar acontecendo conosco.

Mas não está? Talvez o conto de terror não passasse disso sem Lovecraft. Suas histórias rompem com essas regras e seus discípulos cineastas fizeram o mesmo. John Carpenter, mais do que qualquer outro diretor deste "novo horror", fala com frequência sobre sua dívida para com a obra de Lovecraft. Seu pai foi quem o apresentou a Lovecraft com "Os Ratos nas Paredes", a homenagem de Lovecraft ao conto gótico com uma espécie de "heroína" masculina que se vê presa com segredos familiares em um castelo em ruínas na Inglaterra. Carpenter se lembra de se deliciar com a busca desse personagem por câmaras ocultas sob o castelo, uma malfadada jornada que se torna uma espécie de involução da personalidade do protagonista, um descascar das camadas da civilização até um confronto terrível com a ancestralidade, uma noção que deixava Lovecraft tanto obcecado quanto aterrorizado.

Os próprios filmes de Carpenter têm questionado as fronteiras entre a civilização e a selvageria, fazendo uso de muitos dos temas de Lovecraft sobre a crueldade inevitável, o poder atrativo e fatal do passado, e um profundo sentimento de alienação entre os seres humanos e o universo que eles habitam. Carpenter descreveu seu trabalho como, em parte, uma tentativa de explorar a ideia do "Temido Outro", escrevendo que, durante essas explorações, ele encontrou "as pegadas de alguém que trilhara o mesmo percurso antes de mim — as pegadas de Howard Phillips Lovecraft".[52]

Ainda que seu primeiro filme de sucesso, *Halloween,* de 1978, seja mais um slasher seminal e simplista do que uma incursão no horror lovecraftiano, a indiferença aterrorizante de Michael Myers (chamado de "A Forma" no roteiro) replica o desdém absoluto pelos valores e pela vida humana que todos os monstros de Lovecraft exibem. Mais do que isso, a inabilidade de se matar "A Forma", sua natureza implacável, sugere que estamos lidando com Algo além de um simples serial killer. Até mesmo o fato de que — diferente da refilmagem dirigida por Rob Zombie em 2007 — Carpenter tenha escolhido manter ambíguas a verdadeira natureza e motivação da Forma revela um toque de Lovecraft.

O Enigma de Outro Mundo, que Carpenter lançou em 1982, ainda que ostensivamente uma refilmagem do clássico de 1951 *O Monstro do Ártico*, de Howard Hawks, revela também uma forte influência de Lovecraft. O próprio Hawks tinha baseado o roteiro do filme de 1951 em uma novela de 1938 intitulada *Who Goes There?*, de John W. Campbell, editor de longa data da *Astounding Science Fiction*. O livro de Campbell pega várias ideias de *Nas Montanhas da Loucura*, de Lovecraft, de uma maneira tão flagrante que poderíamos chamá-lo de plágio não fosse pela qualidade deplorável da escrita.

A interpretação de Carpenter para o filme de Hawks nos traz uma paisagem antártica inumana, perfeitamente afinada com uma trilha sonora esparsa, e oferece certa sensação do que seria uma adaptação cinematográfica de *Nas Montanhas da Loucura*. Por todo o filme impera uma mensagem sombria de que a humanidade jaz à mercê de coisas indescritíveis que vêm de algum lugar fora daqui, e de que os valores humanos básicos de civilidade e compaixão se rompem em face de tal horror.

Carpenter, que fez um comentário em tom de quase brincadeira sobre Lovecraft, dizendo que "poucos autores merecem a distinção de se tornar um adjetivo", usou "A Sombra Sobre Innsmouth" como uma inspiração atmosférica para seu filme clássico de 1980, *A Bruma Assassina*. Seu filme de 1994, *À Beira da Loucura*, faz referências diretas aos Antigos, e o desafortunado autor no coração do conto escreve romances que se referem diretamente aos títulos de Lovecraft, incluindo *The Thing in the Basement* (em vez de "on the Doorstep") e *The Whisperer of the Dark* (em vez de "in darkness"). O mais importante é que Carpenter usou o filme para brincar com a ideia do conhecimento terrível, obtido em livros, que nos conduz à loucura.

O que Lovecraft expôs, de que tumores sua obra fez biópsia na vida norte-americana do século XX? O que tornou possível que diretores como John Carpenter trouxessem os monstros para tão perto, para nossas casas, nossos sonhos, nossas camas e nossos corpos?

A literatura gótica do século XVIII surgiu das sombras de uma literatura de segredos. Autores escreveram sobre cômodos arruinados de fortalezas desmoronadas que escondiam manuscritos virando pó com o passar do tempo. Os romances contavam histórias sobre loucura e caos, o segredo nas paredes do castelo, a história que ninguém queria saber, ou, pelo menos, contar. Poe tomou as convenções sensacionalistas do gótico em obras como "A Queda da Casa de Usher" e as transformou em arte. Lovecraft foi ainda mais além.

Ele revelou o segredo, não o segredo sobre covas, mas sobre a cova coletiva da humanidade. O início dos contos de terror do século XVIII brincou com essa ideia, às vezes racionalizada. Em um dos romances mais famosos do início do período gótico, *Os Mistérios de Udolfo*, de Anne Radcliffe, surgem cadáveres que não são de fato cadáveres. As pessoas pareciam morrer, mas depois descobríamos que estavam vivas o tempo todo e que estava tudo bem. O leitor mantém sua distância do horror final. De fato, muitos escritores que exploraram o sobrenatural antes de Lovecraft parecem ter tentado preservar seus leitores do segredo, ou transformar a revelação final em algo menos macabro do que eles esperavam no início.

Lovecraft entendia que nossa própria extinção final é a história que não contaremos. A coisa mais verdadeira — que vamos morrer — é algo que evitamos, ou ignoramos, ou — como qualquer bom espectador de filmes de terror — fingimos estar a uma distância segura de sua realidade. Lovecraft se recusou a parar de encarar esse horror, interrogando-o, tornando-o a coisa mais próxima que ele já teve de uma amante.

Guillermo del Toro, o maior gênio estético na criação de filmes fantásticos da atualidade, compreende Lovecraft e compreende o horror como um sentimento sobre a morte. Seu primeiro filme, *Cronos*, de 1993, nos oferece uma película de vampiro que, eu garanto, brinca com o gênero de formas que você nunca viu antes. Escaravelhos entremeados a relógios, objetos ocultos proibidos vindos de um passado distante e uma visão do vampirismo como um desejo ao mesmo tempo esmagador e niilista, tudo isso vem diretamente de seu envolvimento duradouro com os contos de Lovecraft.

Desde o surpreendente sucesso de *Cronos*, durante o qual Del Toro se tornou uma sensação em Cannes, ele manteve uma agenda de trabalho aparentemente impossível, que vai de empreitadas independentes como uma história de fantasmas na Guerra Civil Espanhola a produções de grande orçamento como sua série de duas partes, *Hellboy*. *O Labirinto do Fauno* revela a influência de Lovecraft em seu uso de monstros horríveis que vêm até nós nas fronteiras de mundos oníricos, mundos que estão mais para portais dimensionais do que simples véus entre a vigília e o sono. Mais do que isso, esses monstros se intercalam com o realismo característico de Lovecraft, surgindo na vida de uma jovem garota cercada pela violência da guerra moderna e do militarismo totalitário.

Hellboy, baseado em um personagem de uma agora lendária série de quadrinhos de Mike Mignola, atraiu Del Toro por suas raízes no horror lovecraftiano. Mignola tinha dito que Hellboy veio diretamente de sua descoberta de Lovecraft, contando para um auditório no Festival do Livro de West Hollywood que ele queria criar um herói que lutasse não em um mundo de bem *versus* mal, mas em um em que "uma humanidade ignorante encarava um enorme cosmos alienígena".[53]

Ambas as adaptações de Guillermo del Toro para *Hellboy* fizeram de tudo, menos tornar Cthulhu um personagem principal em seu uso do universo de Lovecraft. No primeiro filme, um Rasputin ressurreto usa uma mistura de tecnologia da virada do século com ocultismo (algo que homenageia o conto "Do Além", de Lovecraft) para abrir um portal para Coisas terríveis vindas do espaço exterior. Tais criaturas, os "Ogdru-Jahad" ou "Os Sete Deuses do Caos", são enormes Coisas tentaculares esperando por uma chance de voltar à Terra e destruir a raça humana. O filme começa com uma epígrafe tirada diretamente da ficção lovecraftiana, uma citação fabricada do livro proibido fictício de Robert Bloch, *Mistérios do Verme*.

Em *Hellboy II: O Exército Dourado*, uma raça ancestral que data de antes de toda a consciência humana ameaça se erguer de seu sono em uma antiga cidade facilmente reconhecível pelos fãs de Lovecraft como uma réplica da Cidade da Grande Raça, ou da terrível "Cidade sem nome" onde, logo no início da carreira de Lovecraft, um de seus muitos personagens desafortunados descobre Coisas terríveis à espreita.

Lovecraft, racista e profundamente xenofóbico, nunca poderia ter imaginado que seu trabalho se tornaria uma obsessão para um talentoso escritor, artista e cineasta latino que cresceu no México. Um Del Toro de 12 anos descobriu Lovecraft em um dia quente de verão em Guadalajara, enquanto folheava o livro didático de literatura de seu irmão mais velho, em um passeio com a família. Derleth teria se deliciado com o fato de que "O Proscrito", traduzido para o espanhol, tenha sido a introdução de Guillermo del Toro a Lovecraft. De fato, Del Toro ficou tão fascinado com o que ele chama de "prosa maneirista e convulsiva" de Lovecraft que, depois que sua família chegou a seu destino, ele continuou sentado no banco de trás, no calor insuportável que fazia dentro do carro, para poder terminar o conto que alguns têm visto como uma história de zumbi escrita por Lovecraft, um de seus primeiros contos de fadas sombrios das grotescas terras dos sonhos, ou ainda apenas sua pior imitação de Poe.

Quaisquer que fossem os méritos daquele primeiro conto, ele se tornou a chave de prata de um novo mundo de maravilhas terríveis para Del Toro. "A partir daquela tarde e pelo resto da minha vida", escreveu

Del Toro mais tarde, "devotei mais tempo a Lovecraft do que a praticamente qualquer outro autor do gênero." Descobrindo *Nas Montanhas da Loucura* durante a adolescência, ele ficou profundamente encantado com o que ele enxerga como a visão absoluta de Lovecraft sobre a "fria indiferença do cosmos". Desde que leu a última frase do conto desorientador, os berros de um homem levado à loucura pela Coisa que ele viu entre as ruínas da cidadela dos Antigos, Del Toro tornou seu objetivo de vida filmar a história.

Ele escreveu o primeiro rascunho do roteiro logo após o sucesso de *Cronos*, uma versão que ambienta a história no meio da conquista do Novo Mundo pela Espanha. Fragmentos de seus livros de notas, publicados em 2013, sugerem que as versões mais recentes se aproximam mais da visão original de Lovecraft de uma expedição científica.

Del Toro continua a explorar as ideias de Lovecraft, mesmo que ainda esteja no aguardo da chance de fazer uma adaptação direta de sua obra. Sua série de televisão *The Strain*, baseada em seus romances de mesmo nome, se passa em um familiar universo lovecraftiano em que os humanos são devastados por um "Antigo" vampiresco. Fãs de Lovecraft são agraciados com vários ovos de Páscoa, incluindo um ponto da trama que gira em torno da busca por um tomo proibido, e grande parte da ação da segunda temporada se dá em Red Hook, no Brooklyn — uma homenagem a "O Horror em Red Hook".

"Saiba, ó príncipe, que entre os anos em que os mares tragaram Atlântida e as cidades reluzentes... Para lá foi Conan, o cimério, de cabeleira preta, olhar taciturno, espada em punho, ladrão, mercenário, assassino, de gigantesca melancolia e gigantesca alegria, para depor sob as sandálias de seus pés os adornados tronos da Terra."

Robert E. Howard escreveu essas palavras em 1932 como parte de suas ficcionais "Crônicas Nemedianas", que surgiram em uma de suas primeiras histórias de Conan na *Weird Tales*, "A Fênix na Espada". Ao contrário de Lovecraft, com quem se correspondia com frequência, Howard passou uma quantidade significativa de tempo criando uma história de fundo, na verdade construindo o mundo para uma nova história da raça humana, a fim de conferir a seu fictício Conan, o Bárbaro, um senso de profundo realismo e uma ampla mitologia. As invenções de alguns deuses, cidades fictícias e uma história muito breve de seu jocoso *Necronomicon* por Lovecraft ficam parecendo esforços atrofiados ao lado da "Era Hiboriana" de Howard, um longo ensaio sobre a falsa história do período e o esforço para traçar mapas detalhados da geografia de seu mundo de dez mil anos antes de Cristo — o que, mais tarde, ele chamou de "uma 'História', como um guia para todas as outras histórias que escrevi nesta série".

Mas eu e a maior parte da minha geração não conhecemos Conan, o Bárbaro, nas histórias de Robert Howard. De fato, a primeira vez que li o parágrafo citado acima foi na edição de outubro de 1978 de *A Espada Selvagem de Conan*, da Marvel Comics, uma revista em preto e branco que seguiu o enorme sucesso dos quadrinhos em cores do personagem pela Marvel. Eu devia ser jovem demais para Conan em 1978, então suspeito que, de alguma forma, convenci minha mãe, provavelmente muito desconfiada, a comprar a revista em um mercado de pulgas em algum momento do início dos anos 1980.

A capa da revista mostra o bárbaro musculoso empunhando uma gigantesca espada fálica contra uma serpente pavorosa e igualmente fálica. Atrás de Conan se esconde uma beldade nórdica, aparentemente nua e sem dúvida enregelada, já que está estirada sobre a neve. Infelizmente, para o olho de um garoto adolescente heterossexual, os artistas cobriram estrategicamente as partes mais interessantes com um longo e esvoaçante cabelo ruivo. Conan deveria enfrentar "o covil do verme de gelo" prometido na capa escabrosa.

A Espada Selvagem de Conan afetou — geralmente de forma ruim — um estilo literário autoconsciente que, às vezes, tomava emprestado diretamente de fragmentos das tramas de Howard e, outras vezes, se afastava significativamente deles para fabricar novos contos de Conan. De fato, nas páginas de crédito, Robert E. Howard é destacado como "alma e inspiração" para a série, não exatamente a descrição que se espera do criador do personagem e do ethos por trás dele. Na verdade, muitos dos contos, incluindo "O Covil do Verme de Gelo", vêm das histórias de Conan escritas por L. Sprague de Camp e Lin Carter, uma versão das "colaborações póstumas" de August Derleth.

As adaptações de Conan feitas pela Marvel seguem, substancialmente, o espírito das contribuições de Howard para a *Weird Tales*. Isso foi um tanto fácil de se alcançar, já que poucas histórias de Conan publicadas no início da década de 1930 se afastam de uma fórmula básica. Conan enfrenta uma ameaça que combina monstruosidade, degeneração racial e feitiçaria, derrotando-a com uma combinação de astúcia natural e força bruta, o epítome do bárbaro ariano na visão de mundo de Howard. Ele é acompanhado por uma parceira feminina em roupas minúsculas, que é com frequência descrita como uma espadachim habilidosa, mas cujo atributo primário parece ser o de entrar em apuros dos quais somente Conan é capaz de resgatá-la, enquanto suas peças de roupa vão caindo durante o combate.

Infelizmente, foi o último conto escrito por Howard que se tornou o paradigma das histórias do Conan. Mesclando seu interesse na história pré-colombiana da parte mexicana do Texas e uma visita recente ao sítio da Guerra do Condado de Lincoln, sua história do Conan, "Unhas Vermelhas", foi publicada em outubro de 1936, depois de Robert E. Howard ter cometido suicídio, pouco depois da longa doença e rápida aproximação da morte de sua mãe.

Li essa história há muitos anos, mas tive a chance de relê-la recentemente com um grupo de pesquisadores interessados em horror e fantasia. O encontro incluía um cruzamento interessante de formações e especialidades, com conhecimentos que iam de história da medicina, passando pela história das revistas pulp e chegando na literatura russa, em uma abordagem das discussões teóricas mais recentes sobre gênero e sexualidade.

Eles tinham pouco interesse ou admiração por Howard. Não sei, de verdade, quem poderia culpá-los, considerando algumas das frases presentes em "Unhas Vermelhas", como a que introduz a heroína supostamente capaz, uma antiga pirata de sucesso, que nos diz que ela era "alta, de seios fartos, com braços largos e ombros compactos. Toda a sua figura refletia uma força incomum, sem descuidar da feminilidade de sua aparência. Ela era toda mulher, a despeito de seu porte e seus trajes".

A personagem de Howard, Valeria, também recebe uma "secada" quando conhece Conan, "cujos ferozes olhos azuis" predam sua "magnífica figura, detendo-se sobre o volume de seus esplêndidos seios sob a camisa leve, e nas alvas panturrilhas expostas entre as calças curtas e as botas".

Quase sempre, Howard é visto como o criador do gênero "espada e feitiçaria" e, talvez, ao lado de nomes menos conhecidos entre os escritores da *Weird Tales*, ele mereça o crédito. Mas, isso posto, qualquer observador objetivo da subcultura geek tem que admitir que é um gênero que atingiu o fim da linha com muita rapidez. Não tem como tantos guerreiros bárbaros de sunga se engalfinharem com vários magos e criaturas vindas do oblívio antes que a fórmula se torne depressivamente tediosa. É um gênero de sonho molhado de adolescente e é provável que teria desaparecido sem duas coisas: uma pesada transfusão do DNA cultural da fantasia épica ao estilo de Tolkien e seus vários imitadores e o aterrorizante horror cósmico de Lovecraft.

O gênero espada e feitiçaria, em sua forma mais radical, produziu apenas um punhado de filmes nos anos 1980, incluindo dois filmes do Conan que se tornaram cults favoritos de muitas pessoas. Chegando aos anos 1990, o gênero tinha se tornado uma autoparódia, com coletâneas de histórias sendo publicadas com títulos como *Chicks in Chainmail* (Garotas em cotas de malha). Uma tentativa de reboot dos filmes do Conan falhou nas bilheterias em 2011.

Howard e Lovecraft viraram correspondentes improváveis, já que eles diferiam muito em suas concepções de ficção e partilhavam poucos interesses. Ambos escreveram para a *Weird Tales*, embora a velocidade de produção de Howard, tanto para essa quanto para outras publicações, superasse em muito a de Lovecraft. Sua correspondência teve início quando Howard escreveu para Lovecraft em 1930 sobre a citação em gaélico usada em "Os Ratos nas Paredes". Lovecraft respondeu à sua pergunta, e a troca de cartas começou, frequentemente se demorando em tópicos longos e pedantes como aquele que deu início a ela.

Howard escreveu para Lovecraft de um jeito um tanto bajulador no início de sua relação. Dizia a Lovecraft como se sentia "honrado em alta conta" ao receber uma carta "de alguém cujos trabalhos admiro profundamente". Depois, ele contou a um Lovecraft talvez extasiado que havia feito um "estudo meticuloso" sobre as obras de Poe e Arthur Machen e concluído que nenhum deles havia "atingido as alturas do horror cósmico" alcançadas por Lovecraft.

De início, eu me embrenhei nessa correspondência esperando que as cartas que iam e vinham entre Providence, Rhode Island, e Cross Plains, Texas, transbordassem com um conhecimento perspicaz sobre a construção da moderna cultura popular norte-americana. Aqui temos o decano do horror e um mestre original dos heróis magos e espadachins trocando cartas de enorme extensão. Fiquei amargamente decepcionado.

Por vezes, um deles trazia alguma compreensão arguta sobre o seu trabalho. Lovecraft escreve em uma carta a Howard no início de 1930 que "a base de todo o horror cósmico verdadeiro é a violação da ordem da natureza, e as violações mais profundas são as menos concretas e descritíveis". Talvez essa seja a melhor descrição curta já escrita dos arrepios que Lovecraft causava em seus leitores. Descobrimos em um breve parêntesis de Howard que um guerreiro, um personagem completamente desconhecido na cultura pop atual chamado Gottfried von Kalmbach, na verdade pode ter sido o personagem que ele mais amava, mesmo sendo Conan quem lhe trouxesse mais retorno financeiro.

É lamentável que a maioria dessas cartas sejam tão enfadonhas. Ambos não toleravam imigrantes e afro-americanos e despejavam em suas missivas indignações peçonhentas sobre as "hordas de mestiços" que supostamente inundavam os Estados Unidos. Para piorar, Howard considerava a erudição autodidata de Lovecraft intimidadora. Isso conduzia a um tipo estranho de competição, que Robert Howard sentia estar sempre perdendo, para recriar as dissertações pseudoeruditas sobre a origem de várias "linhagens raciais" que muitos teriam visto como reacionárias até mesmo para a década de 1930, dados os recentes avanços na genética e na antropologia.

Então, em vez de ouvir sobre a arte, a filosofia e as possibilidades estéticas dos gêneros de espada e feitiçaria e do conto weird, vemos na sua correspondência discussões dolorosamente detalhadas sobre o momento histórico em que os judeus ficaram, de forma categórica, "para trás de outras raças" devido à sua incapacidade de prosperar sem subterfúgios e fraudes... teria sido talvez no período fenício ou quando os "egípcios nativos expulsaram os hicsos" que os judeus se tornaram uma raça escravizada? Lovecraft se questiona por que os eslavos e italianos chafurdaram na degenerescência, dado seu passado "ariano", ao mesmo tempo que insistia, no que deveria supostamente representar um argumento histórico, que os judeus claramente eram incapazes de superar "sua irritabilidade ofensiva".

Os dois nunca se tornaram amigos próximos o bastante para Lovecraft compartilhar detalhes de sua vida pessoal. Howard, ao que parece, nunca soube que seu correspondente fora casado com uma judia de ascendência ucraniana apenas dois anos antes de sua correspondência regular ter começado. Esse não era um fato que se adequava à imagem que Lovecraft queria passar para seu colega escritor da *Weird Tales*.

Em 29 de junho de 1936, Lovecraft recebeu uma carta de I.M. Howard, o pai de Robert. "É pouco provável", começava a carta, "que por alguma outra fonte você tenha ficado sabendo da morte de meu filho, Robert E. Howard." Apesar de bem perturbado no decorrer da longa missiva, ele escreve com uma precisão quase forense que "na manhã de 11 de junho de 1936, por volta das oito horas, ele [Howard] saiu da casa, entrou em seu carro que estava estacionado em frente à garagem, fechou as janelas e disparou um tiro que atravessou o cérebro". Sua mãe tinha adoecido gravemente e entrado em seu coma irreversível quando Howard atirou em si mesmo. O pai de Howard explicou a Lovecraft que o filho havia deixado claro que não desejava viver mais que a mãe. Não o fez, mesmo tendo permanecido inconsciente por cerca de oito horas. Sua mãe sobreviveu sem saber da morte de Howard por mais 36 horas.

Lovecraft escreveu um laudatório, ainda que um tanto impessoal, de Howard para a edição de agosto de 1936 da *The Phantagraph*. Essa nova geração de revistas pulp trazia histórias, mas também marcou o início da base de fãs de horror, ficção científica e fantasia ao criar um meio de discussão sobre contos desses gêneros e sobre as pessoas que os escreviam.

"Um enorme golpe" se abateu sobre "o mundo da fantasia" com a morte de Howard, escreveu Lovecraft. Ele detalha a criação de Howard como um "mundo pré-histórico" e sublinha "o memorável herói, Conan, o cimério". Lovecraft chamou a morte de Howard de "uma perda incalculável", apesar de ele parecer estar descrevendo a perda do vigoroso estilo de Howard mais do que o próprio sentimento de perda pelo amigo e parceiro de embates que ele nunca conheceu pessoalmente.

Em carta a James Morton logo após saber da notícia, Lovecraft disse que foi "um tremendo de um baque", mas reservou a maior parte de suas condolências para o pai de Howard. Ao se referir à sua correspondência com Howard, não usava os termos afetuosos que empregava com frequência com seus amigos homens, mas como "nosso longo debate de seis anos".

É impossível não imaginar como Lovecraft deve ter se sentido ao descobrir que seu amigo havia feito aquilo que ele contemplara com tanta frequência. Também é impossível, se não injusto com o falecido e seus segredos, não pensar na reação de Lovecraft à morte de sua própria e tão adorada mãe, o desespero que levou seu coração e intelecto a se abrir, ainda que tão pouco, para o mundo, e não a se voltar para dentro e se deixar ruir como a decrépita Casa de Usher.

Por que Howard e suas histórias do Conan não receberam o mesmo tipo de crítica que Lovecraft pelas afirmações racistas em sua obra? Howard celebra Conan como uma espécie de Super-Homem ariano, massacrando montanhas de inimigos que, com regularidade, tal como em "Unhas Vermelhas", são retratados como racialmente inferiores.

Certamente, a mera popularidade de Lovecraft levou seus críticos e estudiosos a desenterrarem seus preconceitos mais vis até encontrá-los, bastante reconhecíveis, em alguns de seus melhores e em alguns de seus piores contos.

De forma irônica, Robert E. Howard produziu uma visão de um herói aparentemente invencível em combate mortal com raças degeneradas que se aproxima bem mais dos ideais fascistas dos anos 1930. No cosmos de Lovecraft, seres humanos fracos, muitos deles de boa linhagem da Nova Inglaterra, são levados à loucura ou mortos ou mesmo se descobrem como monstros pelas forças ctônicas que enfrentam. As forças do universo, como Lovecraft enfatiza repetidas vezes em suas cartas, são absolutamente indiferentes às noções humanas de civilização e, de fato, até mesmo de raça. Somos todos comida para Cthulhu. Essa é uma espécie de igualdade entre os homens.

Os contos de Howard, por outro lado, imaginam um mundo em que um poderoso bárbaro musculoso e de olhos azuis, que vem do Norte, pode subjugar várias bizarrices sobrenaturais e raciais. É difícil não ver na sua mais famosa criação uma espécie de oficial nazista genocida de tanguinha, depondo os ornados reinos da Terra sob seus coturnos.

Um arqueólogo abre uma tumba emanando ondas de poder cósmico. Uma entidade ancestral desperta, uma Criatura de éons chamada Nabu, que exala tal poder extradimensional capaz de matar o inadvertido pesquisador. Nabu, lamentando o que ocorreu com o explorador, toma o filho órfão do arqueólogo e o cria como seu, instruindo-o nos poderes da feitiçaria e das artes das trevas, já antigas quando a raça humana era jovem.

Isso não é um conto de imitação com uma reviravolta escrito para as revistas pulp por um dos muitos admiradores de Lovecraft. Essa história foi publicada pela DC Comics como a origem de 1940 do Senhor Destino, em sua encarnação original, uma espécie de super-herói que não vingou e que, no fim das contas, ofereceu pouca concorrência para o Batman ou o Super-Homem. Senhor Destino, o garoto órfão que aprendeu as artes das trevas, utiliza esses poderes para proteger a humanidade de uma porção de ameaças lovecraftianas. Gardner Fox, um colaborador da *Weird Tales*, criou o Senhor Destino por conta de sua admiração por Lovecraft.

O Senhor Destino, em essência, combate as ameaças de "A Sombra Sobre Innsmouth" na edição 65 de uma série da DC chamada *More Fun Comics*. O feiticeiro de outros mundos encara os "Homens-Peixe de Nyarl-Amen", o título sugerindo Nyarlathotep, o Caos Rastejante, criado por Lovecraft. O Senhor Destino também encarou "uma entidade do leito do Nilo", uma criatura octópode que lembra vagamente Cthulhu. Em sua luta contra os Nyarl-Amen, a ameaça representada é o ressurgir de uma antiga cidade, com tons tanto de R'lyeh quanto da ilha que se ergue do fundo do oceano em "Dagon". Em outra alusão ao conto "A Sombra Sobre Innsmouth", a ação se concentra em um ataque a uma base da marinha norte-americana, uma descrição um tanto quanto invertida da marinha torpedeando o "Recife do Diabo" nas cercanias de Innsmouth.

* No cosmos de Lovecraft, seres humanos fracos, muitos deles de boa linhagem da Nova Inglaterra, são levados à loucura ou mortos ou mesmo se descobrem como monstros pelas forças ctônicas que enfrentam (...) Somos todos comida para Cthulhu

Apesar de nunca ter sido um dos heróis do primeiro escalão da DC, o Senhor Destino tem sido um personagem recorrente, que morre com frequência e é substituído por uma nova versão. Esses Senhores Destinos reimaginados se afastaram, subsequentemente, de suas raízes lovecraftianas, e um deles, na verdade, chega a se aliar ao panteão padrão de benfeitores da DC na Liga da Justiça.

Ele (às vezes uma "ela" assume o manto — de modo literal — de "Senhor Destino") ainda representa um ponto de partida significativo, talvez tão significativo quanto a fundação da Arkham House, para a influência de Lovecraft na cultura popular norte-americana. Os quadrinhos, uma mídia que certamente teria deleitado o jovem Howard Lovecraft, se tornaram um condutor primário para temas lovecraftianos na cultura popular.

Os quadrinhos nem sempre foram tratados com o respeito cultural que atingiram nos dias de hoje. Certa vez perguntei a S.T. Joshi se ele já havia lido a verdadeira pilha de séries de quadrinhos e graphic novels diretamente inspiradas na obra de Lovecraft. De forma um tanto ríspida ele me respondeu que não, já que, como os RPGs de mesa inspirados em seu escritor favorito, esses quadrinhos lhe parecem "grosseiros e juvenis". Ele confessou, contudo, que chegou a perceber a vasta influência que eles tiveram e compreendeu que, para muitos, eles foram uma porta de entrada para os escritos do mestre em pessoa.

A mudança de opinião de Joshi sobre a influência dos quadrinhos reflete as enormes mudanças ocorridas em sua importância. Desde a década de 1980, mais e mais críticos passaram a ver as graphic novels como uma forma de arte literária merecedora de considerável respeito. *MAUS*, de Art Spiegelman, publicado em 1991, tornou-se quase um texto padrão em muitas disciplinas universitárias que discutem o Holocausto. Duas graphic novels recentes, os primeiros dois volumes de uma trilogia intitulada *March*, serviram para aumentar o interesse pela luta pelos direitos civis em Selma, no Alabama.

Quadrinhos recebendo resenhas entusiasmadas na *New York Review of Books* seria algo inimaginável nos anos 1950, quando artistas adaptaram um pequeno número de contos de Lovecraft para uma editora controversa chamada EC (uma abreviação para "Entertaining Comics", mas em geral conhecida apenas pelas iniciais). A EC, conduzida pelo editor William Gaines, acreditava que os quadrinhos poderiam achar um público no mercado adulto se eles fossem para além dos super-heróis e suas lutas simplistas entre o bem e o mal. A linha de quadrinhos de horror e mistério da editora, principalmente a *Tales from the Crypt*, se tornou bastante popular e polêmica nos Estados Unidos do pós-Segunda Guerra Mundial.

A EC adaptou "O Proscrito", de Lovecraft, para a edição 23 de *Tales from the Crypt*, em 1951, apesar de trazer o título "Reflection of Death" e romper com o enredo em essência. Al Feldstein, o aficionado por

Lovecraft na editora que escreveu a adaptação, também retrabalhou "Herbert West: Reanimator" e deu-lhe o título involuntariamente hilário de "*Experiment... in Death*". Feldstein também adaptou "Ar Frio", de Lovecraft, para uma história da *Vault of Horror*, da EC, intitulada "Baby It's Cold Inside".

Feldstein também seria o responsável por uma história de 1950 chamada "The Black Arts" que, apesar de não fazer referência a nenhuma história específica de Lovecraft, tornou-se uma das primeiras produções da cultura pop — fora os romances e contos escritos pelo círculo do mestre — merecedora do adjetivo "lovecraftiana". A história trata de "segredos roubados de eras de trevas" e mortais desafortunados que tentam conter o poder de forças cósmicas sombrias fazendo uso de "um tomo repulsivo" que as páginas finais revelam ser o *Necronomicon*. A natureza reveladora dos quadros finais mostra que Feldstein presumia que os seus leitores já conheciam esse livro. O fato de que Feldstein pudesse oferecer uma reviravolta no final para os leitores da EC, revelando que o livro era o pavoroso manuscrito de Lovecraft, ilustra como o conhecimento sobre o seu trabalho já havia, em 1950, começado a penetrar na subcultura dos norte-americanos interessados em horror, fantasia e ficção científica.

A EC e a mídia de quadrinhos como um todo atraíram muita atenção indesejada durante os nervosos anos 1950. Os Estados Unidos passavam por um renascimento neodoméstico no período do pós-guerra, após várias décadas de rápidas mudanças culturais. A publicidade, as publicações oficiais do governo, os filmes, a comunidade médica e os líderes políticos e religiosos exigiam que a classe média branca norte-americana amontoasse seus filhos na segurança dos lares suburbanos, possivelmente construindo um abrigo antinuclear que replicasse alguns dos confortos e valores da doméstica classe média.

O ideal imaginário dos anos 1950 recebeu críticas diretas durante a própria década e representou mais uma aspiração do que uma realidade social. Por exemplo, foi a primeira década na história do trabalho norte-americano em que o número de mulheres casadas que trabalhavam fora de casa se equiparou, de modo significativo, com o de jovens solteiras empregadas. Ainda assim, a criação da imagem importava bastante para os Estados Unidos da era atômica, que se viam sob cerco da ameaça comunista, uma ameaça que muitos acreditavam ver em um país enfraquecido pela "delinquência juvenil" ou, ainda, por qualquer evidência de alienação social.

A obra de Lovecraft, ou adaptações dela, supostamente possuíam pouco oxigênio cultural para respirar em uma era em que até mesmo os quadrinhos e a visão de que eram uma ameaça aos jovens se tornou uma obsessão cultural. Os quadrinhos de terror, a expressão absoluta da alienação social aos olhos dos censores, passaram por especial criticismo. O livro mais vendido do psiquiatra Fredric Wertham, *Seduction of the Innocent*, propôs que os quadrinhos entorpeciam a mente dos jovens para todas as formas de depravação e até mesmo contribuíam para a delinquência. A EC basicamente parou de produzir seus quadrinhos de terror depois que a indústria adotou um código para os quadrinhos sob a pressão de audiências do Congresso no ano de 1954. O código, em grande medida criado pelas concorrentes da EC, não permitia qualquer menção a horror sobrenatural.

Os anos 1980 se tornaram, devido a um punhado de criadores, um renascimento dos quadrinhos para adultos e, frequentemente, apenas para adultos. Frank Miller abriu o caminho ao colocar os heróis tradicionais em um mundo mais sombrio, incluindo uma releitura brutal do Batman em *O Cavaleiro das Trevas* que exerceu enorme influência sobre a visão cinematográfica de Christopher Nolan sobre o personagem. Alan Moore mudou os quadrinhos para sempre, no ano de 1986, com *Watchmen*, uma série que representa a perene obsessão de Moore em desconstruir o gênero de super-heróis.

Moore também possui uma fascinação longeva por Lovecraft, que aparece até mesmo em *Watchmen*, com seu uso peculiar da monstruosidade cheia de tentáculos de aparência familiar. Na última década, ele produziu uma série de metaficções sobre as monstruosidades de Lovecraft e até mesmo sobre o fenômeno Lovecraft. Ele leu o bastante da obra lovecraftiana para trazer, de forma hábil e às vezes selvagem, o subtexto das histórias e a biografia de Lovecraft para a linha de frente.

A série *Neonomicon* de Moore fez uso de uma droga que permite alguém entender a fala sombria dos Antigos e explorar os temas sexuais que, com frequência, formavam o elemento "indizível" dos contos de Lovecraft. A série se baseia mais diretamente em "A Sombra Sobre Innsmouth", levando ideias como A Ordem de Dagon, um culto construído em torno da noção de humanos acasalando com anfíbios, seres das profundezas, à sua conclusão lógica. Uma cruel sequência que retrata um estupro forma o núcleo da história, talvez o conjunto mais angustiante de painéis em uma história em quadrinhos que muitos leitores tenham suportado.

Em 2015, Moore se lançou em uma exploração muito mais abrangente e com certeza mais esquisita de Lovecraft, sua arte e do significado do horror enquanto uma estética que entrelaça o sofrimento humano e os terrores da história factual com o senso do horror na cultura popular.

Na série, um tanto quanto misteriosamente intitulada *Providence*, já que ela não nos leva à cidade natal de Lovecraft nem mesmo menciona seu nome nas primeiras edições, seguimos as explorações do jornalista gay, judeu e aspirante a romancista, Robert Black, o que sugere o nome do infeliz protagonista de "O que Assombra nas Trevas".

Moore não apenas cria um mundo lovecraftiano ficcional, ele subverte a forma dos quadrinhos de maneiras empolgantes. Cada volumosa edição de *Providence* termina com páginas e mais páginas de texto, muitas vezes páginas do diário de Black e outras com materiais de pesquisa que ele coletou pelo caminho. Enquanto escrevo este livro, a série permanece incompleta, então é uma questão em aberto se algum dia encontraremos o Lovecraft que vive nesse mundo em que as suas ficções ganham horrível vida.* A despeito disso, Moore teve sucesso em fazer com que o mundo conservador do jovem rapaz, e as história que ele escreveu nele, se abrissem para novas e fantásticas possibilidades, jogando de forma hábil e sagaz com as próprias chagas psicológicas de Lovecraft relacionadas à sexualidade e raça. Ainda que não seja, em absoluto, uma

* A publicação de *Providence* foi concluída em 2017, com a edição de número 12. No Brasil, a série foi publicada em três volumes. [NT]

adaptação das histórias de Lovecraft, é a conquista mais atordoante que já vi em um esforço contínuo de conferir sentido ao sombrio e problemático príncipe de Providence.

Moore tem produzido algumas das mais interessantes combinações com Lovecraft, especialmente se você estiver interessado no conflito de valores sobre sexo, raça e arte que aparecem em seu trabalho. Mas, tão interessante em sua própria maneira, tem sido a quantidade de quadrinhos e graphic novels que transformam o próprio Lovecraft em um personagem. Tais histórias têm pouco a ver com o que podemos chamar de "Lovecraft histórico", mas são reveladoras no que diz respeito à obsessão perene com o homem que criou as histórias tanto quanto com as próprias histórias. Percebi que Arthur Conan Doyle também merece crédito por ter criado um ciclo de histórias que sobreviveu a ele. Não sei se as tatuagens de Sherlock Holmes são muito populares nos dias de hoje, desde que Benedict Cumberbatch emprestou seus traços peculiares e estranhamente sedutores ao personagem. Mas duvido que os fãs de Holmes estejam fazendo tatuagens de Doyle ou usando camisetas estampadas com o rosto dele.

Essa tendência de transformar o próprio Lovecraft em um personagem começou com uma história publicada por Frank Belknap Long em seu conto de 1928, "The Space Eaters", em que um avatar reconhecível com facilidade de seu mentor se torna o protagonista. Outro jovem *protégé*, Robert Bloch, se utilizou dele em uma contribuição para a *Weird Tales* intitulada "The Shambler from the Stars". Derleth também usou Lovecraft como um personagem nos contos de seus Mitos, listando-o com outros pesquisadores que teriam morrido misteriosamente enquanto investigavam tomos antigos e os feitos dos Grandes Antigos. Mais tarde, numerosos autores se mostraram incapazes de permanecer longe de Lovecraft enquanto personagem cintilante, cuja peculiar biografia detém todo tipo de possibilidades ficcionais.

Os romances tradicionais iniciaram essa tendência bem antes dos quadrinhos. A Arkham House, na verdade, lidou com alguns dos elementos mais sombrios da biografia de Lovecraft ao publicar, em 1985, *Lovecraft's Book*, um romance escrito por Richard A. Lupoff que conta uma história alternativa sobre arroubos racistas e fascistas de Lovecraft que surgiram em sua correspondência. Lupoff elabora uma lorota divertida em que uma organização de fascistas, disposta a criar uma revolução norte-americana de camisas-pardas,* contata Lovecraft com a promessa de que arranjariam a publicação de um livro de contos seus se ele concordasse em escrever uma espécie de *Mein Kampf* norte-americano que seria estopim para a contrarrevolução tão desejada.

Para sorte desse Lovecraft ficcional, seus bons amigos, que incluíam Clark Ashton Smith, a sua ex-esposa Sonia Greene e até mesmo "Hardeen, o Grande", irmão do falecido Houdini, o ajudaram a ver o erro de suas ações em se misturar com esses extremistas de direita, uma galeria comum de vilões dos anos 1920 que incluía agentes nazistas, agentes do Il Duce,** o "Grande Mago" da KKK, e um tsarista vingativo casado com a princesa de um dos maiores clãs de ladrões dos Estados Unidos. De início, Lovecraft se torna uma espécie de agente duplo em um conto que consegue trazer uma aventura de aviação estrelada por Hardeen e Lovecraft observando uma base submarina ser construída pelos alemães na costa de Marblehead, Massachusetts (esse era, inexplicavelmente, parte de um plano nazista em uma Alemanha onde Hitler ainda demoraria cinco anos para chegar ao poder).

A coisa mais peculiar sobre esse romance, além de sua recriação óbvia do mundo de Lovecraft em um bem mais emocionante do que ele jamais quis ou vivenciou, é o esforço óbvio para tentar redimi-lo de maneira ficcional de seus sentimentos racistas de extrema direita que a publicação de suas cartas selecionadas pela Arkham House trouxe ao conhecimento do mundo. Publicado quase quinze anos após a morte de Derleth, que esperava mitigar as opiniões detestáveis de Lovecraft, o romance sugere que a Arkham House ainda tinha esperanças de ao menos uma revisão ficcional das concepções de mundo cruamente racistas de seu sombrio santo padroeiro.

* Os camisas-pardas eram membros da milícia nazista quando de sua fundação na década de 1920. Imitavam os camisas-negras de Mussolini. [NT]

** "O líder", título assumido por Mussolini. [NT]

Artistas de quadrinhos fascinados pelas peculiaridades de Lovecraft deram saltos extraordinários de imaginação criando uma história alternativa para a vida do autor. Talvez a série mais estranha e criativa nesse sentido tenha surgido nos quadrinhos da Action Lab, dos criadores independentes John Reilly (escritor) com Tom Rogers e Dexter Weeks (arte). *Herald: Lovecraft & Tesla* apresenta Nikola Tesla, que decide usar suas invenções, incluindo várias armas de energia a-históricas, para procurar Amelia Earhart. Ele acaba formando uma parceria com o mago Lovecraft, que havia se associado com Harry Houdini em algo que os quadrinhos pintam como uma amizade muito mais próxima do que a que existiu na vida real do autor.

A fascinação por Lovecraft no exterior, em especial na América Latina e na Espanha, se mostrou importante para alguns dos esforços mais experimentais de tentar dar um sentido tanto para a obra quanto para a personalidade de Lovecraft. Na década de 1970, o argentino Alberto Breccia usou um estilo surrealista para retratar os Grandes Antigos. Seus efeitos de colagem se tornaram um tanto comuns nos quadrinhos da última década. Quarenta anos atrás, contudo, eles afetaram profundamente os leitores que confrontaram os terrores de Lovecraft rastejando para fora dos redemoinhos de tinta do criativo uso dos quadrinhos de Breccia, criaturas que emergem no interior de contrastes alucinógenos e nos caprichos terríveis de sua arte.

Sua interpretação revela as ligações entre Lovecraft e os estilos modernos que a persona do velho *Tory* rabugento que ele tentou criar em sua correspondência alegava desprezar. Breccia nos dá Lovecraft como Marx Ernst ou Dalí poderiam ter desenhado seus monstros: um redemoinho iluminado de escuridão, às vezes sutil e às vezes com um brilho de caótico *chiaroscuro*.

Breccia escolheu o seu estilo com sabedoria. A ambiguidade da aparência das bizarrices do além e do aquém de Lovecraft faz com que uma reprodução literal de seus horrores muitas vezes seja decepcionante. Até mesmo o Grande Cthulhu, talvez o mais Antigo terror do qual o autor tenha fornecido uma descrição física mais próxima, tem sido reproduzido com tal frequência que acabou perdendo um pouco do poder que domina o leitor quando ele se depara com o conto original pela primeira vez.

Breccia, contudo, capturou a habilidade de sua inspiração para criar aquele momento de suspensão entre o ver e o não ver no horror cósmico. Em uma edição especial de 1979 dedicada a Lovecraft, da revista de fantasia adulta *Heavy Metal*, Breccia desenhou uma adaptação de "O Horror de Dunwich" que conseguiu captar a hediondez física do horror de muitas caudas, a monstruosidade de cabeça serpentina que nasceu de Yog-Sothoth e Lavinia Whateley. Ainda assim, ele também impõe aos olhos a estonteante falta de solidez que Lovecraft sugeria a respeito da criatura, um terror que se retorce em nossas mentes, ao mesmo tempo viscoso e insubstancial, uma perversão das leis naturais que Breccia faz rastejar por sua paisagem mental como lesmas invisíveis.

O filho de Alberto, Enrique, continuou e expandiu a obsessão do pai pelo autor. *Lovecraft*, de Enrique Breccia, escrito por Hans Rodionoff e publicado pela Vertigo Comics em 2003, ecoa os sonhos febris do velho Breccia com os monstros de Lovecraft. Talvez o mais interessante, contudo, seja o fato de o jovem Breccia ter apresentado seu trabalho como uma biografia alternativa do escritor de Providence, que — ao contrário de outras tentativas nesse subgênero — se assemelha notavelmente à história real. Entretanto, ela explica alguns dos aspectos mais trágicos de sua vida, alegando que ele, em tenra idade, teria entrado em contato com as Coisas Anciãs e seus servos que moldaram sua ficção posterior. Segundo essa narrativa, por exemplo, o pai de Lovecraft ficou louco quando, em seu quarto de hotel em Chicago, a bela mulher com quem ele dormia se transformou em uma massa viscosa de tentáculos. Guillermo del Toro e Clive Barker louvaram o *Lovecraft* do jovem Breccia, e John Carpenter escreveu a introdução da obra.

El Joven Lovecraft, uma série de graphic novels hilariante que começou como uma tira de quadrinhos on-line pelas mãos de José Oliver e Bartolo Torres, imagina a infância de um Lovecraft que aprende as artes das trevas para ter ajuda com o dever de casa, além de evocar antigas deidades egípcias que o irritam e, não muito diferente do verdadeiro escritor, tem uma obsessão por *As Mil e Uma Noites* que o leva a se vestir como Abdul Alhazred. Tem um *ghoul* como animal de estimação, mas consegue convencer todo mundo de que ele é um cachorro de aparência estranha que apenas por acaso pinta símbolos ocultos com seu xixi sobrenatural pelas ruas de Providence.

O jovem "Howie", apesar de muito oprimido pelos valentões e por suas próprias ansiedades, é capaz de encontrar um tipo de alma gêmea feminina, uma garota punk descolada chamada Siouxsie. Oliver admite na introdução que ele sabia sobre a chamada "assexualidade" de Lovecraft e de sua "misantropia generalizada", mas que pretendia dar a ele alguns amigos para "equilibrar seu temperamento" e fazer dele um personagem mais amável para os leitores. Um pedaço do verdadeiro Lovecraft também aparece, inclusive em uma tira em que Siouxsie chega em sua sala de aula pela primeira vez e podemos ler no balão de pensamento de um nervoso Howie, enquanto ele olha para uma cadeira vazia ao seu lado: "Por favor, Deus, não a deixe se sentar aqui!". Ela se senta, é claro, e ele fala consigo mesmo "É por isso que eu sou ateu desde os 7 anos".

A amizade entre Siouxsie e Howie tem certo páthos. O amor de Siouxsie por Poe e coisas macabras faz dela o tipo exato de amiga que ele poderia ter tido em outra época, uma época em que ele poderia ter sido uma pessoa diferente.

A enorme influência de Lovecraft sobre artistas atraídos pelo terror ao longo de várias gerações explica, ainda que em partes, os inúmeros saltos imaginativos feitos para se contar a história de Lovecraft. Decerto, alguém que reimaginou o mundo da fantasia completamente deve ser mais do que um tapado excêntrico que vive com suas tias e brinca de ser um cavalheiro do século XVIII.

The Strange Adventures of H.P. Lovecraft, uma série em quadrinhos que surgiu em 2009, imaginava Lovecraft encontrando "formas e entidades de fora do universo conhecido" em seus sonhos; em suma, uma descrição em nada empobrecida de como o verdadeiro Lovecraft nutria suas visões sombrias. Muito menos baseada na biografia de Lovecraft do que a obra de Breccia, Mac Carter e Tony Salmons, os criadores da série, adicionam um assassinato misterioso e um belo amor da alta sociedade na figura da heroína pulp Sylvia St. Claire.

O desejo de criar um culto à personalidade do autor realmente não tem precedentes em nenhum outro escritor de ficção weird, com a possível exceção de Poe. Mesmo com Poe, entretanto, é mais fácil encontrar adaptações de sua obra do que vê-lo transformado em um personagem que vive em seu próprio mundo alternativo. O que é mais notável sobre o volume crescente de quadrinhos e graphic novels dedicados a Lovecraft é certamente a ideia recorrente de que o autor fazia mais do que escrever ficção. A maioria das graphic novels que reimaginam a biografia de Lovecraft, ou mesmo apenas a sua infância, imaginam-no como um tipo de mago que, não muito diferente de alguns de seus personagens, consciente ou inconscientemente abriu portais para dimensões pavorosas.

Um livro de 2015 intitulado *Carter & Lovecraft* representa o uso mais recente dessa fórmula. Dan Carter, um ex-detetive de polícia que se tornou um detetive particular após um encontro traumático com um serial killer bizarro batizado em homenagem ao vilão de "O Horror em Red Hook", se junta a uma descendente de Lovecraft para combater um conjunto de forças malignas que os ancestrais dos dois acreditavam ter selado para fora do mundo na década de 1930. As alusões aos contos do autor são abundantes, e é ainda outro sinal de notoriedade de Lovecraft que, para aproveitar a história, é preciso que se tenha ao menos um conhecimento básico da sua obra. O livro também faz de Emily Lovecraft uma mulher afro-americana, um fato que nunca é explicado claramente, mas também um esforço bastante transparente de usar da ironia para encerrar a questão sobre o racismo de Lovecraft.

Esses escritores e artistas estão usando mais do que suas imaginações férteis para moldar essa história alternativa de Lovecraft e seu mundo. A crença de que Howard Phillips Lovecraft havia estendido o braço na direção da escuridão e sentido algo antigo, escabroso e maligno tocando-o de volta começou quando ele ainda estava vivo.

"Em relação ao terrível Necronomicon do árabe louco Abdul Alhazred – devo confessar que tanto o maligno volume quanto o seu amaldiçoado autor são criações fictícias de minha autoria."

Lovecraft explicou isso em resposta a uma série de perguntas de William Frederick Anger em uma troca de cartas de 1934. Curiosamente, ele diz a Anger que não só não deveria se preocupar em tentar encontrar o *Necronomicon* em sua biblioteca local, mas que suas "entidades malignas", tais como Azathoth e Yog-Sothoth, não passam de "invenções." Mais adiante, ele lhe assegura que os outros volumes terríveis que aparecem em sua obra, tais como o *Livro de Eibon*, são apenas criações de Clark Ashton Smith, enquanto outro livro de terror, o *Unaussprechlichen Kulten*, veio da imaginação de Robert E. Howard.

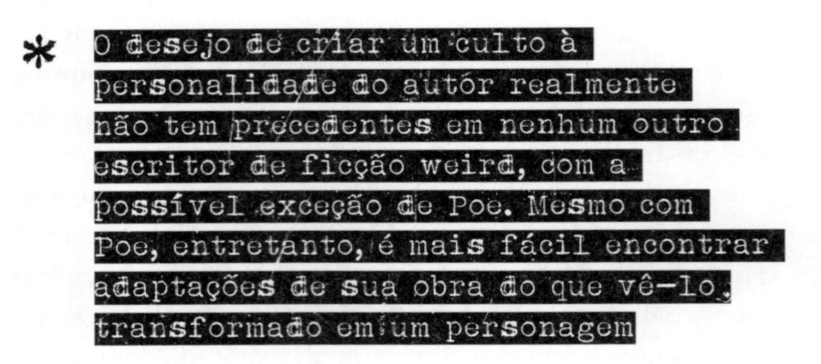

Anger, para ser justo, era um fã da *Weird Tales* de 14 anos de idade à época em que fez essas perguntas. Além disso, a explicação de Lovecraft sobre o grimório aterrorizante que Smith, Howard e ele criaram e tomaram emprestado uns dos outros não sugere que a carta de Anger sinalizava uma crença real no sobrenatural. Lovecraft conta ao jovem fã que ele e seus colegas escritores criaram um "folclore sintético" e trocaram "demônios de estimação" com o objetivo de conferir ao seu mundo uma "pseudoautoridade". Ele não viu necessidade de explicar a Anger, como costumava fazer, todas as razões pelas quais os temas espirituais e sobrenaturais são improváveis.[54]

Sem querer, Lovecraft piorou uma confusão de várias gerações de fãs quando escreveu uma história fictícia de seu livro ficcional no ano de 1927. O tom erudito da curta nota parece autoritário o bastante para aqueles que querem ser enganados. Lovecraft situa a origem do livro por volta de "700 d.C.", escrito por Abdul Alhazred, sobre cujo repulsivo destino "muitas coisas terríveis e conflitantes são ditas". Durante a Idade Média, tanto a igreja bizantina quanto a romana buscaram destruir todas as cópias do perigoso tomo, mas Lovecraft traça, de forma convincente, sua história de supressão e tradução para o grego, o latim e, finalmente, para o inglês. Ele afirma que mesmo as autoridades modernas tentaram suprimir o livro, mas cópias sobreviveram no Museu Britânico, na Bibliothèque Nationale, na biblioteca da Universidade de Buenos Aires, na Biblioteca Widener, em Harvard, e, como seus contos destacam com frequência, trancados a sete chaves na fictícia Universidade Miskatonic. Ele observa, sombrio, que "numerosas outras cópias provavelmente resistem em segredo".

Lovecraft nunca planejou publicar "A História do Necronomicon" e pretendia usá-la apenas como guia de referência para sua própria escrita. Abdul Alhazred, um nome que começou a aparecer na ficção de Lovecraft no ano de 1921, é uma alcunha sem sentido que soa convincente em inglês, mas que não faz sentido algum em árabe. Isso é perfeitamente adequado, já que Lovecraft o inventou como o nome de um personagem que ele encenava durante suas brincadeiras de infância, com sua fascinação por *As Mil e Uma Noites*. Lovecraft também alude a suas próprias histórias nessa narrativa, mencionando que uma edição grega do livro proibido pertenceu à família Pickman, de Salem, apesar de o próprio Upton Pickman ter desaparecido em 1926, ano em que Lovecraft escreveu "O Modelo de Pickman".

Mas mesmo os fãs mais antigos acreditavam que Lovecraft não estava revelando tudo, e que, na verdade, ele poderia estar até mesmo ocultando algumas verdades terríveis sob o disfarce da ficção. Ao menos um membro daquele primeiro e diminuto grupo de aficionados por Lovecraft se recusou a acreditar que seu autor favorito da *Weird Tales* não havia canalizado realidades sombrias com seu trabalho, e que talvez Lovecraft fosse inteiramente consciente disso e se recusava a admitir.

Stuart M. Boland, um admirador do escritor e, mais genericamente, de ficção weird, era da costa oeste e trabalhava como bibliotecário para a filial da Ocean View da Biblioteca Pública de São Francisco. Ele explorou uma variedade de interesses eruditos e, na década de 1950, escreveu ao menos um artigo para um periódico de estudos islâmicos. Aparentemente, ele também tinha um lado delirante em seu intelecto erudito, insistindo para Lovecraft que ele, de fato, havia visto uma cópia do terrível *Necronomicon* durante suas extensas viagens.

Boland escreveu suas cartas perto da época da morte de Lovecraft, de modo que a correspondência entre eles nunca chegou a florescer. Boland, ao que parece, de fato viajara muito e enviou para Lovecraft uma série de fotografias de ruínas astecas próximas da Cidade do México. Lovecraft contou a Morton sobre ele em uma de suas últimas cartas, descrevendo-o de forma um tanto depreciativa, como "uma espécie de bibliotecário" que "parece ter inclinações para o oculto".

Boland se tornou o primeiro de muitos a acreditar, ou a querer que outros acreditassem, que Lovecraft havia descoberto verdadeiras dimensões de horror. A crescente popularidade da obra de Lovecraft nos anos 1960 gerou uma estranha combinação de entusiasmo de fãs e notícias falsas. Leitores devotos de Lovecraft plantavam registros falsos no catálogo de fichas de várias bibliotecas universitárias. Relatos que não consegui confirmar dizem que tanto Yale quanto a Universidade de Berkeley já tiveram o *Necronomicon* listado em seus registros, uma "pegadinha" relativamente fácil de se pregar naqueles dias anteriores à digitalização.

Na década de 1970, a linha que separava o fã, a falta de bom senso e a devoção quase religiosa se esmaeceu de tal forma que Lovecraft teria visto tudo com um cinismo impiedoso e, possivelmente, com certo horror. Ou talvez ele só teria se valido disso tudo para exibir a insistência da humanidade em se enganar por todos os meios necessários.

L. Sprague de Camp foi quem começou com a prática bizarra de criar falsos *Necronomicon*. Três anos antes da publicação de sua biografia de Lovecraft, De Camp trabalhou com a Owlswick Press e um artista chamado Robert Dill para criar o *Al Azif*, uma frase que Lovecraft havia usado em sua própria história falsa do *Necronomicon* como o título original da obra.

O livro, produzido em uma edição limitada de apenas 348 exemplares, apresentava uma caligrafia estilizada de forma a lembrar um antigo texto árabe. De Camp e a editora não tiveram que se preocupar com ninguém traduzindo o texto, já que ele não foi escrito em um idioma real. Na boa tradição lovecraftiana, apropriada para uma versão falsa de um livro que nunca existiu, ele é escrito em "Duriac", um sobrenome bastante comum na França, mas não um dialeto real falado em uma ilha isolada do Iraque como alega o "prefácio" de Sprague de Camp.

Lovecraft, e posteriormente De Camp, utilizam o termo *Al Azif* para evocar uma frase um tanto arrepiante em árabe. Uma colega que pesquisa a história do Oriente Médio me disse que a frase "*azif al-jinn*" se refere ao som feito pelos gênios na noite do deserto. Os gênios são criaturas poderosas feitas de uma chama sem fumaça de acordo com o folclore do Oriente Médio, criaturas que se enquadram muito bem na concepção lovecraftiana dos Antigos e seus inúmeros servos.

De Camp, e talvez, de uma forma cínica, o próprio Lovecraft, teriam se deleitado ao saber que a notícia falsa, originada quarenta anos antes, continuou a causar consternação mesmo em 2014. Várias avaliações de compradores recentes no site da Amazon reclamam que o texto que eles adquiriram estava todo em "árabe". Entretanto, pelo menos um deles afirmou, em letras garrafais, que "NÃO É FALSO", ao mesmo tempo que insistia na autenticidade não apenas do *Al Azif*, mas de pelo menos um dos inúmeros outros *Necronomicon* ficcionais que apareceram desde os anos 1970. O comprador baseou essa avaliação na alegação de que "ele realmente funciona com mágica" e exortou os céticos a "acender uma única vela preta em um ponto seguro do quarto em que você dorme, meditar sobre ela um pouco, depois colocar o *Al Azif* sob o travesseiro e ir dormir". O comprador zombou dos incrédulos, dizendo que eles saberão que a farsa de Sprague de Camp não é falsa quando tiverem "uma noite insana com sonhos incríveis".

Depois do sucesso notável da pegadinha de Sprague de Camp, vários *Necronomicon* ficcionais apareceram com certa regularidade. Um grupo de aficionados de Lovecraft na Grã-Bretanha organizou o lançamento de *The Book of Dead Names*, em 1978. "Traduzido" para o inglês a partir de uma suposta compilação de textos do Antigo Oriente guardados na Biblioteca Britânica, é uma teia de falsificações. Apesar disso, como diz De Camp, as mentiras são todas um sinal de afeição por Lovecraft e o desejo de dar substância a seu mundo ficcional.

The Book of Dead Names se parece mais com uma fanfic de Lovecraft do que a maior parte dos *Necronomicon* falsos... embora seja uma fanfic divertida. Parte do primeiro capítulo toma emprestado, com algumas poucas alterações, uma seção inteira de "O Horror de Dunwich". O livro pega imagens e ideias tanto de *O Caso de Charles Dexter Ward* quanto dos escritos do início do século XX do mago/showman Aleister Crowley para criar um ritual convincente de invocação de Yog-Sothoth.

É provável que o mais popular e, para muitos, o mais convincente desses grimórios lovecraftianos tenha vindo da pena do anônimo "Simon", cuja obra, ainda disponível como brochura para o mercado de massa, apareceu pela primeira vez em 1977. Simon alegava ter recebido o manuscrito de um padre "ordenado por métodos não canônicos" que depois desapareceu misteriosamente.

Simon insistia que esse manuscrito, o verdadeiro *Necronomicon*, revelava uma relação entre as histórias de Lovecraft, os escritos de Aleister Crowley e as deidades e estruturas religiosas do Antigo Oriente. Extensos materiais introdutórios, destinados a sugerir a natureza ominosa da obra, contêm uma advertência involuntariamente engraçada de que "não há banimentos efetivos para as forças invocadas pelo próprio *NECRONOMICON*". A seção clama que "pessoas em condições mentais instáveis... não devem ser permitidas, sob nenhuma circunstância, de presenciar esses rituais em andamento".

Uma grande parte do *Necronomicon* de Simon parafraseia um mito bem real, possivelmente um hino, chamado *Enuma Elish*, um poema da Idade do Bronze que situa as origens do mundo e da raça humana em uma enorme teomaquia, ou batalha entre os deuses. Muito do texto restante combina as ideias de Crowley com uma pitada de conhecimento do Antigo Oriente e inúmeras alusões a Lovecraft.

A verdadeira história por trás do *Necronomicon* de Simon foi totalmente organizada por aqueles que, talvez sem muito esforço dado o absurdo da coisa toda, trabalharam para espalhar a notícia falsa. Os autores Dan Clore, Jason Colavito e Alan Cabal relataram que o texto representava em sua maior parte a obra de Peter Levenda, um teórico da conspiração ativo na cena ocultista de Chelsea durante a década de 1970. Apesar de Levenda (gargalhando um pouco) ter negado seu envolvimento com o projeto em uma entrevista de rádio no ano de 2009, o Escritório de Direitos Autorais dos Estados Unidos, de fato, lista-o como o autor, sob o pseudônimo de "Simon".

Levenda criou apenas o mais bem-sucedido dos grimórios falsos de Lovecraft. Criar um *Necronomicon* falso, tanto entre os devotos de Lovecraft quanto entre ocultistas, se tornou uma pequena indústria. Contei 45 livros, filmes e até mesmo interpretações musicais que trazem o título desde 1978. Alguns desses são artefatos importantes da cultura pop, tais como a coleção clássica de pinturas feitas pelo artista conceitual de *Alien* (1979), H.R. Giger, cujas visões aterrorizantes são, de acordo com ele mesmo, bastante influenciadas por Lovecraft. Alguns são referências ou à série de filmes *Uma Noite Alucinante* ou à obra do mestre zumbi George Romero. A maioria alega ser o texto proibido do árabe louco Abdul Alhazred, disponível agora em edições para Kindle por falseadores autopublicados, fãs e pessoas que acreditam nisso de verdade.

A Era de Aquário nos trouxe bem mais do que o primeiro dos *Necronomicons* falsos. Os horrores de Lovecraft encontraram novos lares surpreendentes nessa era de experimentação religiosa, incluindo a muito comentada Igreja de Satã de São Francisco. Fundada em 1966 por um antigo animador de parque de diversões, Anton Szandor LaVey (nome verdadeiro: Howard Stanton Levey), a organização não prega a crença em um Satã literal, mas propagava uma filosofia que parece reunir partes iguais de um Nietzsche mal digerido e uma Ayn Rand requentada. LaVey alegava, no entanto, acreditar que os rituais liberavam energias psicológicas que permitiam aos devotos romperem com sua dependência das formas e mitos cristãos.

O sucesso de vendas de LaVey, *A Bíblia Satânica*, representa uma fórmula realmente moderna; um grimório proibido que não faz alusões a poderes mágicos. Em um manual que se seguiu à *Bíblia Satânica*, voltado para aspirantes a satanistas, intitulado *Os Rituais Satânicos*, LaVey e Michael Aquino fizeram uso de seu longo contato com as obras de H.P. Lovecraft para criar uma série de rituais destinados, se não a invocar forças ocultas reais, a unificar "as facetas construtivas e destrutivas da personalidade humana... a pedra angular do Satanismo".

* A Era de Aquário nos trouxe bem mais do que o primeiro dos Necronomicons falsos. Os horrores de Lovecraft encontraram novos lares surpreendentes nessa era de experimentação religiosa, incluindo a muito comentada Igreja de Satã de São Francisco

Na introdução das duas seções de *Os Rituais Satânicos* que empregam temas lovecraftianos, "The Metaphysics of Lovecraft" e "The Call of Cthulhu", LaVey e Aquino demonstram um conhecimento significativo da verdadeira obra de Lovecraft e de como ela difere de várias de suas edições revisadas. Eles sabiam até mesmo dos esforços de Derleth para criar os "Mitos de Cthulhu", que contam uma história do bem contra o mal e que ocultistas alegam ser a "realidade" por trás das histórias.

LaVey veio a compreender Lovecraft a partir de Fritz Leiber, talvez um dos observadores mais argutos do que seu mentor tentou fazer com sua ficção. Leiber, ao que parece por força da curiosidade, frequentou alguns dos seminários de LaVey na "Casa Negra" em São Francisco durante os anos 1960, um grupo de discussão de onde surgiu a Igreja de Satã.

Alguns grupos levaram os aspectos sobrenaturais dos mitos de Lovecraft bem mais a sério. Kenneth Grant, um discípulo de Aleister Crowley, criou o mais elaborado sistema de conhecimento falso com sabor lovecraftiano. A *New Isis Lodge*, de Grant, teve início em Londres em 1955, adotando mais tarde o nome de Ordem Tifoniana. Grant ensinava uma mistura confusamente elaborada de tradição mágica ocidental, como interpretada por Crowley, com alguns dos simbolismos da tradição cabalística.

A obra de Lovecraft influenciou Grant profundamente e, de fato, os "Chefes Secretos" de Grant são uma espécie de Grandes Antigos de Lovecraft. Grant chegou a afirmar que Lovecraft entrou em contato com esses Seres em sua vida onírica. Escrevendo sob sua influência, o conhecimento limitado de Lovecraft dos "verdadeiros" sistemas mágicos levou a mal-entendidos nos quais os Grandes Antigos — em sua maioria benevolentes, segundo Grant — surgiram para ele como se fossem monstros.

Tais ideias não são limitadas a indivíduos excêntricos. Há um pequeno grupo, nos dias de hoje com mais de três décadas de existência, em Eugene, no Oregon (e que alega possuir templos na "Austrália... e na Europa") que se autoproclama a "Ordem Esotérica de Dagon", liderada pelo "Grão-mestre Fráter Obed Marsh". O site do grupo afirma que são influenciados por Aleister Crowley, pelo trabalho de Kenneth Grant e pelo "grande significado oculto dos escritos de H.P. Lovecraft". Uma seita ainda menor em Londres, que se chama simplesmente de "Krla", se utiliza de uma mistura de rituais de sexo tântrico e tradição lovecraftiana para alcançar a comunhão com os Grandes Antigos.

Os falsos *Necronomicon* e as pequenas novas religiões ligadas a eles começaram a surgir em um momento peculiar da história cultural norte-americana. Durante as décadas de 1970 e 1980, uma onda de irracionalismo que teria chocado e deprimido Lovecraft varreu o país. Depois de mais de três décadas de avistamentos de "discos voadores", termo que veio de um suposto avistamento em Monte Rainier em 1947, a crença em visitas de extraterrestres à Terra se tornou surpreendentemente comum. Durante essas décadas, centenas, talvez milhares, de norte-americanos disseram ter experimentado algum tipo de contato alienígena. O sucesso de vendas de Whitley Strieber, *Communion: A True Story*, de 1987, com suas descrições detalhadas de encontros com alienígenas e uma ilustração de capa que se tornou a representação icônica dos alienígenas acinzentados de cabeça bulbosa e olhos enormes, tornou-se o modelo padrão para uma infinidade de alegações ridículas.

Durante o mesmo período, "mutilações de gado" no oeste dos Estados Unidos e rumores lendários sobre rituais satânicos (ambos perfeitamente explicáveis pela zoologia básica ou pela psicologia humana) viraram uma obsessão cultural. Na década de 1980, a pseudopsicologia das memórias reprimidas e da ansiedade cultural generalizada ajudou a criar o que os historiadores e folcloristas hoje chamam de "o pânico satânico".

A crença generalizada de que os "cultos satânicos" raptavam crianças e as sacrificavam em rituais a Satã passou a ser algo notavelmente comum entre os cristãos evangélicos nos Estados Unidos e entre os grupos sociais que foram influenciados por membros dessas igrejas e associações. De forma irônica, dois relatos fictícios que se representavam como se fossem memórias exerceram sobre os evangélicos um papel similar ao que o grimório falso exerceu sobre os devotos ocultistas. *Michelle Remembers*, de Michelle Smith, publicado em 1980, trazia um relato falsificado do abuso que ela teria sofrido nas mãos de um culto satânico que incluía seus pais e vizinhos, enquanto *The Satan Seller*, de Mike Warnke, publicado em 1972, apresentava uma história, hoje exposta como ficção, da época em que o autor era um "alto sacerdote" de Satã em um desses cultos. Ambos os livros incluíam descrições sensacionalistas e detalhadas de rituais satânicos que criaram pânico no público e estimularam perseguições ao "abuso nos rituais satânicos" sem base em evidências físicas.

Os mitos do pânico satânico nos Estados Unidos eram dotados de um estranho sabor lovecraftiano. Satã e sua multidão de demônios tomaram o lugar dos Antigos tentando encontrar um caminho de volta para o mundo humano. Os asseclas entoavam cânticos para abrir portais, se utilizando de ritos inomináveis. Líderes cristãos evangélicos alertavam sobre os perigos do satanismo e a *Bíblia Satânica* de LaVey deu-lhes um livro proibido para temer.

E mesmo assim, evangélicos como Warnke, Smith e vários outros imitadores produziram tomos com conteúdo verdadeiramente horrível sem a ajuda dos satanistas reais. Histórias de sacrifícios humanos e depravações sexuais apareciam nas prateleiras das livrarias cristãs ao lado de bíblias. Pastores de jovens, pais e evangelistas trocavam entre si livros que eles nunca teriam permitido que seus jovens lessem se não acreditassem realmente naqueles contos da carochinha. Em meados da década de 1980, como as superpotências pareciam estar enganadas no que diz respeito ao inverno nuclear, muitos norte-americanos se preocupavam com os asseclas na esquina, o satanista esperando no beco.

Aos 15 anos de idade, Ramsey Campbell enviou sua primeira coletânea de contos para August Derleth e para a Arkham House em 1961. Nascido quase uma década depois da morte de Lovecraft, Campbell logo caiu sob seus encantos, como muitos escritores jovens e esperançosos antes dele. Muitas de suas primeiras histórias têm lugar no mundo de Lovecraft. A ação em uma das melhores, "The Tower of Yuggoth", se passa em Arkham. Persuadido por Derleth a escrever sobre sua Bretanha nativa em vez da Nova Inglaterra que ele nunca visitara, Campbell recriou o vale do rio Miskatonic em suas cidadelas imaginárias de Severnford, Brichester, Temphill e Cloton, no lugar de Arkham, Dunwich, Kingston e Innsmouth.

Campbell, à medida que foi envelhecendo e saindo da sombra de Derleth, encontrou novas formas de causar frisson que fazem o mais durão dos leitores de ficção weird dormir com as luzes acesas. Mantendo um timbre lovecraftiano em sua voz autoral, Campbell abstraiu a estética de Lovecraft e criou sua própria em um mundo contemporâneo. Seus personagens encontram seu destino em um presente aterrorizante, e não mais nos distantes anos 1920 e 1930.

"Cold Print", uma história escrita quando Campbell ainda estava na casa dos vinte anos, marcou seu caminho sombrio. Sam Strutt, que leva uma vida de desespero inquieto em meio à miséria da Inglaterra pós-industrial, tenta escapar dessa vida de completo horror por meio de fantasias pornográficas violentas. Ele se dirige a Brichester, retratada como uma favela violenta e decadente e uma versão contemporânea da pútrida Innsmouth, para encontrar uma livraria que dizem conter volumes que atenderiam a seu gosto muito específico por erotismo sadomasoquista.

Strutt, tal qual vários personagens de Lovecraft, se sente "abandonado em um mundo tacitamente conspirador e hostil". Campbell nos impele a sentir esse pavor inóspito não apenas ao descrever o estado interior de Strutt, mas ao evocar um mundo de terror em que placas de neon piscam "de forma implacável, como uma dor de dente", e até mesmo as árvores de Natal vistas pelo solitário Strutt através de janelas fuliginosas são dotadas de "luzes que piscam sinistramente". Ele já vive em um mundo de horror antes que o livreiro — que deseja lhe mostrar um volume mais terrível do que qualquer coisa que ele tenha lido antes — se transforme em uma Coisa de sexo e morte, um compêndio do mundo decadente em que Strutt vive.

Campbell retornou a temas de Lovecraft durante toda sua longa carreira. Por mais de quatro décadas, ele trabalhou para produzir sua própria visão única e, também, se tornou um dos vários herdeiros verdadeiros de Lovecraft na ficção weird, um título muito almejado. Sempre experimentando com formas de comunicar seu pavor existencial, fazendo uso de temas sexuais brutais e empregando os filmes como um novo tipo de grimório pavoroso, Campbell continua voltando a suas raízes lovecraftianas. Seu romance de 2003, *The Darkest Part of the Woods*, emprega o tropo da doença mental para reimaginar portais para dimensões horríveis e o regresso de magos malignos que se utilizam de conhecimento proibido. O romance replica, e de certa forma ultrapassa, *O Caso de Charles Dexter Ward*, com seu retorno de um necromante do século XVI para o presente.

Campbell certa vez comentou que sua ambição era "escrever uma única história lovecraftiana bem-sucedida". Deixando de lado sua modéstia habitual, ele escreveu inúmeras histórias bem-sucedidas. Com tristeza, os críticos notaram isso mais do que os leitores. É improvável que você ouça o nome de Campbell ao lado de Stephen King, Peter Straub e outros "mestres do terror" na imprensa popular. Mas, como vimos no caso do recluso de Providence que escreveu contos estonteantemente pavorosos para as revistas pulp, a história tem seu jeito de representar veredítos inesperados sobre a influência e a importância dos autores.

Stephen King nos oferece um contraponto peculiar a Campbell. Ele também é um exemplo esclarecedor da natureza inescapável da influência de Lovecraft. Antes do esforço autoconsciente de escrever uma história inspirada em Lovecraft, com *Revival*, de 2014, King fez inúmeras alusões à obra de seu conterrâneo da Nova Inglaterra. O conto "Jerusalem's Lot", de 1978, tem várias referências a Yog-Sothoth e ao menos um tomo proibido. Seu romance de 1991, *Trocas Macabras*, apresenta um uso inspirado da pichação "Yog-Sothoth é rei" em um muro de tijolos na desafortunada cidade de Castle Rock. Pelo menos

* Campbell certa vez comentou que sua ambição era "escrever uma única história lovecraftiana bem-sucedida". Deixando de lado sua modéstia habitual, ele escreveu inúmeras histórias bem-sucedidas. Com tristeza, os críticos notaram isso mais do que os leitores

um ensaio sólido de crítica literário com que me deparei, escrito por John Langan, foi capaz de me convencer de que o famoso conto de King, "Último Turno", com sua imagem inesquecivelmente grotesca de um mundo subterrâneo pululando com criaturas que encarnaram, durante séculos, a doença e a morte, representa uma tentativa de King para colocar a história de Lovecraft, "Os Ratos nas Paredes", de 1923, em um cenário contemporâneo.

Essas são, é claro, referências muito simples. King é um escritor tão diferente quanto o possível de Lovecraft. O profundo interesse de King por seus personagens, na verdade por histórias que nos fazem nos importar com eles, revela um compromisso com um projeto literário extremamente estranho a Lovecraft. Normalmente, os críticos não veem a preocupação com o desenvolvimento de personagens como uma falha nas construções ficcionais. Entretanto, se estivermos procurando pelo puro suco da visão de mundo lovecraftiana, então King certamente não é o cara que buscamos. De fato, por mais que eu considere seus prolixos romances divertidos, não consigo alocá-los em nenhum lugar significativo dentro da tradição do conto weird que Lovecraft criou, embora me pareça que King quer muito se ver como uma extensão dessa tradição.

Em um sentido, contudo, o sucesso de King é inimaginável sem H.P. Lovecraft. De fato, sua fascinação com o horror e a ficção científica emergiram do mundo dos quadrinhos, das revistas pulp e dos filmes que os admiradores de Lovecraft criaram nos anos que se seguiram à Segunda Guerra Mundial. O próprio King já comentou sobre isso, descrevendo como descobriu a tradição do conto weird por meio de uma cópia de *The Lurking Fear and Other Stories*, da Arkham House, publicada originalmente em 1947, que ele encontrou entre os livros abandonados de seu pai ausente.

King encontrou seu caminho para Lovecraft com um mapa de segunda mão, mediante o pastiche de Derleth. As edições da Arkham House, quaisquer que sejam suas falhas, o levaram a pensar no conto de terror como algo mais sério do que aquilo que você encontraria, como ele mesmo escreveu, "em filmes B". A popularidade do "novo horror" no cinema, moldado por uma geração de diretores calcados em Lovecraft, tornou os anos 1970 muito mais receptivos para a obra de King. *Carrie*, seu primeiro sucesso de vendas, atingiu esse patamar após servir de base para uma adaptação cinematográfica muito bem-sucedida e muito discutida no ano de 1976.

Pode haver uma influência muito direta de Lovecraft nas dezenas de milhares de páginas que King já publicou. O interesse de King em nos situar ao lado de seus personagens, frequentemente dentro da cabeça deles, engana alguns críticos. Muitos já o acusaram de sentimentalismo em relação a seus temas, com certeza um pecado imperdoável para um escritor de terror.

King pode ter aprendido bem mais com Lovecraft do que seu desejo em destacar seus personagens nos levaria a esperar. A influência lovecraftiana de King aparece nas maneiras diversas com que ele destrói aqueles personagens depois de fazer com que nos importemos tanto com eles. O sucesso dos romances e das antologias de King entre o grande público representa uma conquista considerável dada sua tendência de mutilar, matar, desolar e enlouquecer as personalidades que despertaram nossa simpatia por, literalmente, centenas de páginas.

Isso não significa que King crie um senso de horror cósmico com seus contos. Lovecraft, que sempre achou ler sobre experiências humanas algo fatalmente tedioso, não teria se importado com o modelo de carro que os personagens de King dirigem ou com a marca de cereais matinais que eles preferem. Creio, contudo, que a dupla teria mantido uma fascinante e belicosa correspondência.

Vários escritores de best-sellers, ainda que nunca tenham atingido o estrondoso sucesso de vendas de Stephen King, têm usado Lovecraft de maneiras mais interessantes. Não é possível ir muito longe na leitura da ficção especulativa contemporânea, por exemplo, sem dar de cara com as sombrias tecnocracias e distopias steampunk vitorianas de China Miéville. Miéville recebeu uma boa atenção como o principal autor do que tem sido chamado de New Weird, esforços para pegar o conto weird tradicional e transformá-lo com a adição de gêneros correlatos e a alquimia das preocupações contemporâneas, da política, das sexualidades e da ansiedade com a modernidade... e com o que vem depois.

Miéville tem sido bem aberto tanto em relação a suas dívidas para com Lovecraft quanto sobre seu desejo de subverter certas premissas lovecraftianas. Dada sua formação acadêmica em teoria marxista, não surpreende que ele pretenda uma transubstanciação das intenções e direções dos horrores de Lovecraft.

Chamando alguns de seus trabalhos de uma tentativa de "escrever às costas de Lovecraft", Miéville teve bastante sucesso ao reimaginar a terrível "Cidade sem nome", drenando a visão de Lovecraft de seu pânico racista e sua atitude obtusa perante as condições sociais e econômicas. As paisagens urbanas de Miéville são aquilo que teria acontecido se Dickens tivesse encontrado um portal do tempo que lhe permitisse injetar heroína com William S. Burroughs. Sombrias, enormes e aparentemente subterrâneas mesmo à luz do dia, essas paisagens urbanas são o lar de populações oprimidas que precisam racionar sua existência diária sob o olhar ameaçador de elites poderosas e insidiosas. Ao contrário dos habitantes urbanos de Lovecraft, eles sofrem com os horrores da cidade mais do que os encarnam.

A imagética da "ciclópica" cidade de terror de Miéville supera a de Lovecraft em sua concepção, se não na força da linguagem que ele utiliza para descrevê-la. Ele consegue repetidas vezes criar uma cidade gótica muito mais aterrorizante, simplesmente porque suas topografias cicatrizadas e divididas por conflitos se assemelham às realidades urbanas de muitas metrópoles em situação crítica do mundo ocidental e ao surgimento do fenômeno global contemporâneo da ascensão das cidades favelizadas.

O mais recente dos herdeiros de Lovecraft teria chocado profundamente o próprio autor. Victor LaValle encontrou formas novas e empolgantes de falar sobre o horror e a monstruosidade lovecraftianos em seu *A Balada do Black Tom*, de 2016, uma novela que se encaixa com perfeição a uma assombrosa trilha sonora de blues ao fazer de seu personagem principal um músico de rua aposentado e criminoso do Harlem, chamado Tommy Tester. Desde o fim dos anos 1990, LaValle tem produzido explorações lindamente bem apresentadas de assuntos que vão da experiência de ser criado como um jovem negro no Queens, às descrições dos belos e aterrorizantes mundos interiores da esquizofrenia. LaValle, em uma entrevista para o *Fresh Air*, da NPR, explicou que o que o impulsionou a escrever seu romance foi acertar as contas com Lovecraft. O racista do início do século XX sempre foi uma das influências mais importantes de LaValle enquanto escritor, um homem cujas histórias ele descobriu quando era um adolescente afro-americano vivendo no Queens. A dedicatória de *A Balada do Black Tom* diz: "Para H.P. Lovecraft, com todos os meus sentimentos conflitantes".

Victor LaValle enxerga seu trabalho mais recente como uma conversa — ou, em suas próprias palavras, um papo — com Lovecraft e não "escrever às suas costas". *A Balada do Black Tom* fala a um dos contos mais notoriamente racistas de Lovecraft, "O Horror em Red Hook", transformando alguns dos preconceitos patológicos de Lovecraft ao explorar, precisamente, o que os protagonistas brancos de Lovecraft e o próprio autor de fato temiam. O trabalho de LaValle revela o que um escritor pode fazer com Lovecraft quando seu racismo é exposto em toda sua feiura.

É claro, nem todos os trabalhos que se engajam com Lovecraft têm o mesmo mérito. O poder dominante de Lovecraft sobre a imaginação do horrível pode fazer com que o leitor desavisado, como aconteceu comigo às vezes, se veja em meio a uma enxurrada de antologias, coletâneas e homenagens que dizem se basear em suas obras ou pretendem contar novas histórias sobre os Grandes Antigos. Ellen Datlow, há muito tempo a principal curadora norte-americana de contos de terror, lançou em 2014 uma antologia chamada *Lovecraft's Monster* com uma seleção impressionante de autores de terror e fantasia. Só nos meses finais de minha escrita deste livro, duas novas antologias com horrores tentaculares surgiram em resposta ao desejo febril dos leitores por mais obras inspiradas em Lovecraft — uma delas se utilizando do conceito de pedir a vários escritores de terror que cada um contasse uma história baseada nos deuses loucos e indiferentes de Lovecraft.

S.T. Joshi editou três volumes de contos lovecraftianos, antologias com títulos como *The Black Wings of Cthulhu*. Robert M. Price parece ter se dedicado a auxiliar a Chaosium, uma editora de RPG, a publicar volume após volume de ficção inspirada em Lovecraft para alimentar a imaginação de seus jogadores. Ao longo do caminho, Price resgatou diversos artefatos da cultura pop do século XX, incluindo as primeiras imitações que Bloch fez dos mitos de seu mentor, que, de outra forma, estariam perdidos nas pilhas de obras inspiradas em Lovecraft que ameaçam nos soterrar.

Perguntei a Joshi como seus esforços para reunir a melhor ficção inspirada em Lovecraft se diferem das tentativas de Derleth de fazer o mesmo. De fato, será que a logorreia impressa inspirada em Lovecraft não levanta a possibilidade de que cada vez mais fãs lerão cada vez menos Lovecraft enquanto consomem imitações de segunda categoria, bem mais fáceis de se ler?

Joshi defende sua própria empreitada em reunir esses contos. Ele me disse que vários novos escritores de ficção weird começaram a lhe enviar histórias na última década, e ele achou boa parte delas "novas e diferentes". As histórias que ele incorporou, ele insiste, "abordam questões fundamentais da obra de Lovecraft de uma forma vital", ainda que suas histórias sejam usadas pelos autores como "trampolins para que expressem suas próprias visões".

Ainda assim, alguns leitores provavelmente se verão em areia movediça quando a linha que separa o que Lovecraft escreveu e a escrita que ele inspirou promete se tornar excessivamente tênue. É certo que ler Lovecraft oferece a única via para se conhecer Lovecraft. É preciso se perder em sua linguagem extravagante, muitas vezes se sentindo perdido e incerto sobre o que ele está tentando fazer, para descobrir a razão para tanto falatório.

A exceção a essa regra talvez seja a leitura da obra de Thomas Ligotti. Ligotti, mais do que qualquer outro escritor depois de Ramsey Campbell, absorveu, transmutou e ainda assim se manteve firmemente ligado à obra de Lovecraft. Pode-se dizer que Ligotti fez mais do que herdar o manto de Lovecraft. De forma obstinada, ele tem levado em frente a experimentação de Lovecraft através de uma carreira longa e aclamada pela crítica, embora nem sempre comercialmente bem-sucedida.

O primeiro volume de contos de Ligotti apareceu em 1986, durante uma época inadequada para um autor de terror literário sério. King, Straub e seus inúmeros imitadores monopolizavam um mercado em que histórias de true crime, obcecadas com serial killers, borravam a linha entre o fato e a ficção. *Songs of a Dead Dreamer*, de Ligotti, foi lançado por uma diminuta editora chamada Silver Scarab, um livro lindamente ilustrado por Harry O. Morris (que é também o dono da editora) e apresentado por ninguém menos que Ramsey Campbell. A tiragem de trezentas cópias tornou o livro bastante valioso para colecionadores nos dias de hoje, embora apenas *connoisseurs* estivessem inteirados da obra de Ligotti quando uma segunda coleção, *Grimscribe: His Lives and Works*, apareceu, em 1991.

O estilo de escrita alucinante de Ligotti, relutante em situar suas histórias em um lugar e tempo reconhecíveis, a ausência profunda de interesse em um enredo ou narrativa tradicional, e seu ponto de vista irremediavelmente inóspito garantiram que seu trabalho recebesse uma circulação limitada. Enquanto a cortina de ferro vinha ao chão e o *boom* econômico da década de 1990 começava, a escuridão que Ligotti desvelava se provou um anátema para todos, salvo o mais resistente entre os estetas do horror. As edições limitadas de seu trabalho também faziam dele quase impossível de ser encontrado.

*Ainda assim, alguns leitores provavelmente se verão em areia movediça quando a linha que separa o que Lovecraft escreveu e a escrita que ele inspirou promete se tornar excessivamente tênue. É certo que ler Lovecraft oferece a única via para se conhecer Lovecraft

Na última década, os fãs de Lovecraft como eu encontraram seu caminho até ele pelo próprio Lovecraft, apesar de, pelo menos no meu caso, eu também tenha encontrado o caminho para compreender melhor Lovecraft ao lê-lo pelos olhos de Ligotti. Em um conjunto de obra pequeno, mas meticulosamente elaborado, ele destravou a escuridão infinita que Lovecraft continuou a fitar sem piscar até a hora de sua morte, em 1937. O bem-sucedido romance de Ligotti, lançado em 2010, *My Work is Not Yet Done*, representa uma conquista que muitos críticos e pesquisadores da narrativa weird consideravam impossível, já que a ficção weird funciona melhor no formato de conto.

Ligotti começou, por fim, a sair da obscuridade. Uma edição da Penguin de 2015 trouxe suas duas primeiras coletâneas de contos a um grande público. Em 2014, o fenômeno da cultura pop da HBO, *True Detective*, introduziu a visão de mundo de Lovecraft, Robert W. Chambers e, sobretudo, a de Thomas Ligotti, na história de dois detetives profundamente problemáticos vasculhando os detritos dos mundos rurais esquecidos dos Estados Unidos atrás de um serial killer, ou mais de um, que emprega rituais e simbologia ocultista em seus crimes hediondos.

Surgiu uma controvérsia em torno de Nic Pizzolatto, o escritor e *showrunner* de *True Detective*, quando vários aficionados de Lovecraft alegaram que ele havia "plagiado" Ligotti em seu roteiro. Eles se focaram em especial nas ruminações filosóficas de Rust Cohle, cujo sentido cósmico de pessimismo confere uma profundidade particular ao personagem de Matthew McConaughey e fez da própria série algo muito mais sofisticado do que qualquer procedimento policial tem o direito de ser. Um periódico on-line chamado *Lovecraftzine* construiu um extenso caso que prova, certamente, a influência de Ligotti sobre o roteiro.

Um pequeno foco de incêndio no mundo literário também surgiu em torno de Ligotti, ainda que sem sentido em suas particularidades, mas interessante em seu significado para a longa sombra de Lovecraft. Na introdução da edição da Penguin de contos de Ligotti, o autor de best-sellers e crítico renomado Jeff VanderMeer insiste que Edgar Allan Poe e Franz Kafka são as principais influências de Ligotti. Curiosamente, um asterisco aponta para uma nota curta em que VanderMeer chama Lovecraft de "uma influência inicial" de Ligotti. Entretanto, VanderMeer proclama, em uma metáfora bastante forte, que Ligotti "deglutiu Lovecraft e deixou sua casca seca para trás".

Enquanto isso, ao menos alguns estudiosos de Lovecraft têm sido mais do que um pouco reservados em seus elogios a Ligotti. Steven J. Mariconda sugeriu que Lovecraft tem muito mais amplitude e profundidade que Ligotti. Ele escreve que, no século XX, "uma quantidade excessiva de" autores tentou percorrer o caminho pavimentado por Lovecraft, resultando nos Mitos de Cthulhu. Ligotti deixou os Mitos para trás e "também muitas outras coisas, talvez coisas demais". Joshi também tem sido crítico a Ligotti, sugerindo que ele não pode ser comparado a Lovecraft, já que lhe falta o intenso foco na técnica que caracterizava seu modelo literário.

Ao ler tais comentários dos críticos, ou melhor, ao ler o intercâmbio erudito na maioria das disciplinas acadêmicas, parece que se aprende sobre uma batalha em uma guerra da qual nunca se ouviu falar, com alvos que não estão claros, e entre adversários cujas motivações são obscuras. Ainda assim, a necessidade de se posicionar Lovecraft em relação a Ligotti, seja como um padrão para medir seu trabalho ou, em alternativa, como uma figura que garante sua independência em relação a seu mestre original, ressalta como Lovecraft se tornou uma espécie de ímã no discurso erudito bem como na cultura pop. A questão com que os críticos parecem se ocupar é se ele é lovecraftiano ou não.

Minha própria opinião perfunctória sobre Ligotti pode fazer parecer que eu penso que ele é mais lovecraftiano que o próprio Lovecraft. De um leitor para outro, acredito que ele é exatamente isso. Como um historiador da cultura norte-americana, entretanto, fico perplexo com a forma como o fenômeno de Lovecraft continua a ultrapassar a biografia do Lovecraft histórico, como o autor tantas vezes acusado de usar adjetivos demais tenha se tornado, ele mesmo, um adjetivo que conjura imagens delirantes de temas, bases de fãs, mundos fantásticos imaginados e reimaginados, e um tipo particular de medo administrado com um desinteresse supremo por nossa paz de espírito.

Will Hart publicou um fanzine a partir de 1976 chamado *Eldritch Leanings*. Um boletim datilografado com o que ele chamava de *clip-art* "macabra", e a primeira edição descreveu sua própria descoberta das histórias de Lovecraft, incluindo a de um exemplar em brochura de *The Colour Out of Space and Others*, da editora Ballantine, na estante de uma namorada. A primeira edição lista as suas aquisições da Arkham House e se encerra com a letra de "The White Ship", da banda H.P. Lovecraft.

A primeira vez que Hart leu Lovecraft foi em 1971, encontrando em uma estante um exemplar de *The Tomb and Other Tales* (lançado pela primeira vez pela Ballantine Books em 1970) que despertou sua "curiosidade mórbida". Logo, ele descobriu a obra de Ramsey Campbell após ouvir um atendente de loja falar dos "Mitos de Cthulhu". Iniciou um projeto de uma vida inteira colecionando os volumes da Arkham House, os trabalhos de pesquisa sobre Lovecraft, e até mesmo fotos tiradas nas convenções dos escritores da Arkham House e materiais relacionados ao círculo de amizade de Lovecraft.

Entre 1976 e 1981, Hart publicou o boletim como parte da Associação Editorial Amadora da Ordem Esotérica de Dagon, uma alusão tanto ao conto "A Sombra Sobre Innsmouth" quanto ao envolvimento do próprio Lovecraft no movimento do jornalismo amador do início do século XX. Hart fez colaborações e reimprimiu material de outros zines em sua casa, em Anaheim, na Califórnia. As joias durante os cinco anos de atuação de Hart incluem entrevistas com o correspondente de Lovecraft, J. Vernon Shea; uma carta de E. Hoffmann Price — que tanto se correspondeu quanto, em um grau limitado, colaborou com Lovecraft; e diversas fotografias de figuras importantes na base de fãs de Lovecraft, incluindo um registro da indução de Robert Bloch no Hall da Fama da Ficção Científica, Terror e Fantasia. Para uma edição, Hart confeccionou crachás rotulados com "Corpo docente da Universidade Miskatonic" para alguns de seus pesquisadores favoritos de Lovecraft, incluindo S.T. Joshi.

Hart estava longe de ser o único em seu interesse obsessivo por Lovecraft, e não tardou a encontrar, e a ajudar a criar, uma rede de outros fãs e amigos. Hart representa um número crescente de fãs de Lovecraft nos anos 1970 e seu zine — apesar de ser um dos mais longevos e de conteúdo mais consistentemente forte — representava apenas um dos vários boletins no estilo "faça você mesmo" de fãs, com nomes como *Idiot Chaos*, *Night Gaunts*, *Dunwich Dreams* e *Queer Madness*. Ao todo, os membros da Associação Editorial Amadora da Ordem Esotérica de Dagon produziram 31 projetos diferentes nos anos 1970 e 1980.

A base de fãs de Lovecraft surgiu em um momento peculiar nas origens desse fenômeno. As décadas de 1930, 1940 e 1950 podem parecer a era de ouro das comunidades de fãs, já que pequenas associações, a maioria masculina, se reuniram nas primeiras convenções ou "Cons", como, de uma maneira um tanto infeliz, elas passaram a ser conhecidas.

Entretanto, certos elementos da cultura de massa, incluindo as comunidades de fãs que cresceram em torno de *Além da Imaginação* e *Star Trek*, começaram a atrair um número muito maior de adeptos, como foi com a loucura entre as crianças e adolescentes pelos filmes clássicos de monstros nas décadas de 1930, 1940 e 1950.

A base de fãs de Lovecraft foi de uma força peculiar durante esse período de transição. Fora das subculturas emergentes das comunidades nerds, ela produziu um tipo particular de fã pesquisador que, ao longo dos anos, profissionalizou a si mesmo e a seu campo até se transformarem em um corpo envolvente de erudição sobre o objeto de sua obsessão. Joshi representa essa tendência perfeitamente, deixando de escrever ficção inspirada por Lovecraft, como fazia na adolescência, e passando a planejar uma longeva carreira de estudos sobre Lovecraft.

Nesse mundo novo da base de fãs de Lovecraft, às vezes é preciso batalhar para descobrir a linha brilhante entre os fãs e a pesquisa. Um zine iniciado por Robert M. Price, chamado *Crypt of Cthulhu*, incorporava os dois mundos.

Price me contou que ele, na verdade, começou o zine por admiração pelo material acadêmico *Lovecraft Studies*, produzido por Joshi na mesma época. Price logo produziria tanta escrita sobre Lovecraft que estava "ficando demais para que ele [Joshi] pudesse se acomodar" em *Lovecraft Studies*. Mais do que isso, enquanto a publicação de Joshi mantinha o que Price chamava de uma "postura mais careta", ele queria que a *Crypt of Cthulhu* "injetasse um pouco de diversão no estilo de Stan Lee!". O periódico continha tanto ficção quanto crítica acadêmica, algumas das últimas ainda citadas por Joshi nas edições Penguin dos contos de Lovecraft. Price também incluiu, em suas palavras, "sátiras, quebra-cabeças, cartuns e mais diversas coisas". *Crypt of Cthulhu* se tornou especialmente popular entre a geração mais jovem, ainda mais receptiva a Lovecraft do que a contracultura.

O fim dos anos 1970 viu algumas mudanças na base de fãs como, por um breve período, a ideia de o geek ter se tornado em absoluto um anátema em uma década que elegeu um presidente que atuou, em parte, sobre a necessidade de superar o que seus porta-vozes chamavam de

"Síndrome do Vietnã", com um novo americanismo hipertrofiado. Os Estados Unidos almejavam guerreiros de corpos esculturais encenados por Arnold Schwarzenegger e Sylvester Stallone, com o último literalmente lutando de novo, e dessa vez vencendo, a guerra perdida no Sudeste Asiático em *Rambo II*.

Star Wars, de 1977, contudo, popularizou as obsessões com ficção científica e fantasia dos fãs e as tornou mais lucrativas do que nunca. As enormes convenções de quadrinhos tiveram início nos anos 1970.

* A base de fãs de Lovecraft foi de uma força peculiar durante esse período de transição. Fora das subculturas emergentes das comunidades nerds, ela produziu um tipo particular de fã pesquisador que, ao longo dos anos, profissionalizou a si mesmo e a seu campo até se transformarem em um corpo envolvente de erudição sobre o objeto de sua obsessão

A base de fãs de Lovecraft também se expandiu. Sandy Petersen desenvolveu seu RPG de *Call of Cthulhu* no fim da década de 1970, em meio ao que veio a ser a era de ouro dos RPGs de mesa. Petersen foi apresentado a Lovecraft quando garoto, lendo "O Modelo de Pickman" no que ele descreve como uma edição "esculhambada" da obra de Lovecraft destinada aos soldados norte-americanos. Como a maioria dos fãs dessa época sobre os quais eu li ou com quem conversei, ele diz que se tornou "extasiado para sempre".

Em 1981, a Chaosium Games, de Petersen, começou a produzir um jogo de tabuleiro chamado *Call of Cthulhu* que, até 2014, tinha chegado a sete edições de aprimoramento das regras. Um ano antes de a Chaosium criar um mundo de fantasia baseado em Lovecraft, o enorme titã de popularidade dos RPGs, *Dungeons & Dragons*, lançou uma versão de suas regras que permitia o uso dos deuses e monstros de Lovecraft nas aventuras de seus jogadores. O estranho garoto de Providence criou uma mitologia responsável por milhares de encontros movidos a pizza e cerveja, onde jogadores invocavam e combatiam Yog-Sothoth, Shoggoths e Cthulhu com o rolar de um dado de vinte lados.

A Chaosium se expandiu hoje para o licenciamento de complexos jogos de tabuleiros como *Arkham Horror* e de outros um pouco mais simples, como *Eldritch Horror*, que permitem aos jogadores encontrarem os horrores de Lovecraft (e de Derleth, Smith, Bloch e escritores mais recentes dos "Mitos") ao sacar cartas e rolar dados. O set *Arkham Horror* funciona tanto como um conjunto de colecionáveis quanto como um jogo, com uma arte tão evocativa de uma década de 1920 lovecraftiana elegante e glamorosa, que a Chaosium lançou um volume enorme contendo a arte da série. Na atualidade, Petersen atingiu certo sucesso com a série *Cthulhu Wars*, que imagina a Terra dominada pelos Antigos, que agora batalham entre eles mesmos pelo controle do plano terrestre.

Com o tempo, o crescimento da base de fãs de Lovecraft ao redor de jogos o tornou muito menos reservado aos homens do que anteriormente. Personagens femininas fortes e com protagonismo se tornaram uma parte importante dos RPGs da Chaosium. Cientistas, pesquisadoras, autoras e uma melindrosa dos anos 1920 são personagens jogáveis nesses jogos de tabuleiro de enorme popularidade.

Os jogadores atraídos pelas formas mais livres das regras de *Call of Cthulhu* podem escolher personagens masculinos ou femininos, e, de fato, as próprias regras oferecem um número de investigadoras "prontas para jogar", personagens com que os jogadores podem começar jogando sem passar pelo às vezes laborioso processo de rolar os dados para estabelecer os diversos atributos de um personagem. Os personagens já prontos incluem a aventureira "Rachel Hemingway", uma jornalista com significativo conhecimento acerca dos poderes dos Antigos. As edições mais recentes de *Call of Cthulhu* também incluem uma cirurgiã afro-americana e "uma cantora e atriz" ao lado de vários professores e estudiosos ricos e independentes vindos de famílias da Nova Inglaterra, que o próprio Lovecraft sempre preferiu como seus protagonistas.

Call of Cthulhu demanda horas de atenção, a ponto de alguns fãs, de fato, moldarem seu estilo de vida em torno dele. Jogadores com menos tempo disponível podem desfrutar do universo satírico de *Munchkin Cthulhu*, da SJ Games, um jogo de cartas que pode ter partidas curtas, às vezes de apenas meia hora. Recusando-se de propósito a se levar a sério ("munchkin" é uma velha gíria de RPG que se refere aos novatos), os pacotes de expansão de Lovecraft permitem aos jogadores combaterem "The Grape Old Ones" (As uvas antigas) e até mesmo o irrequieto espírito de Derleth ("Aughost Derwraith"* no jogo) enquanto bancam os professores, investigadores, asseclas ou "caça-monstros". A Steven Jackson Games também produziu um jogo de dados rápido chamado *Cthulhu Dice* e um card game para jogadores um pouco (apenas um pouco) mais sérios chamado *The Stars Are Right*.

Os jogos muito divertidos da Steve Jackson Games à parte, o fenômeno dos RPGs de Lovecraft tem sido consideravelmente fiel à atmosfera que o autor tentava passar. Jogadores de *Call of Cthulhu* e *Arkham Horror* encaram a possibilidade de serem devorados pelas monstruosidades de Lovecraft. Até mesmo entrar em contato com elas pode causar a perda de "pontos de sanidade", o que leva seu personagem à loucura.

O sucesso desses jogos destaca as razões para a influência mais generalizada da ficção de Lovecraft. Os jogos, como as histórias, unem um sentido de realismo social com a possibilidade do horror transcendente. Os mundos de Lovecraft são mais envolventes e sedutores do que terras médias ou as galáxias muito, muito distantes precisamente porque recriam um mundo que reconhecemos e sugerem — com frequência de forma ambígua — Coisas se arrastando pelas bordas de nossa realidade diurna. Na fantasia de Lovecraft, encontramos uma hostilidade cósmica que, suspeitamos, pode nos dizer mais do que sabemos, ou queremos saber, sobre o destino de nossa vida.

* Uma espirituosa brincadeira com as palavras *ghost* (fantasma) e *wraith* (aparição). [NT]

Já me descrevi, neste livro, como um fã de Lovecraft. É uma afirmação que passou a significar muitas coisas. A base de fãs nos faz ficar obcecados a tal grau que alguns dos pesquisadores da cultura popular afirmam que nossa devoção aos variados e complexos simbolismos literários e cinemáticos oferecidos traçam elementos de um impulso religioso.

Um grande número de pessoas diz que sua religião é "jedi", e a " Campus Crusade for Cthulhu" (que se iniciou no MIT em uma brincadeira com a "Campus Crusade for Christ", e que pode ser traduzida como "Cruzada Estudantil e Profissional para Cthulhu) tem uma enorme quantidade de seguidores no Facebook. Ainda assim, essas são, claramente, paródias do impulso religioso. Um número relativamente minúsculo de pessoas se une a seitas religiosas inspiradas em Lovecraft ou escolhem se iludir com os *Necronomicon* falsos e ideias estapafúrdias sobre a conexão entre Lovecraft e Aleister Crowley. Mais frequentemente, a base de fãs substitui a religião em vez de oferecer uma com novo formato.

Os fãs, sejam eles quais forem, representam consumidores arquetípicos. Quando ficam sem algo prático para comprar que represente seu amor por um sistema simbólico da cultura pop (camisetas, chaveiros, coleiras), eles começam a colecionar pelo prazer de colecionar, esperando que, de alguma forma, possuam a coisa que tanto amam.

O capitalismo, para parafrasear William Davies, depende de nosso entusiasmo, de nossa boa vontade em nos tornarmos fãs. Esse desvio do impulso religioso tem uma relação especial com o século XX, com a explosão dos bens de consumo que fez parte das contínuas revoluções industriais e tecnológicas. O consumo, nas décadas recentes, se tornou um dever patriótico. Depois do 11 de setembro, George W. Bush, em um pronunciamento contrário ao que se pediu das gerações mais antigas em tempos de crises nacionais, encorajou os norte-americanos a tirarem férias e irem passear no shopping. Agir de outra forma seria "deixar os terroristas vencerem".

Impulsos aquisitivos e de empreendedorismo não são coisas novas para as comunidades de fãs. O desejo de Robert Barlow de possuir uma coleção completa da *Weird Tales* e coletar autógrafos de autores (e de tentar e vender para outros fãs tiragens completas de revistas menos importantes para ele do que a *Weird Tales*) revela-se presente em meio à Grande Depressão. Entretanto, poucos comparariam esse escambo essencialmente pessoal entre os primeiros devotos à produção em massa de action figures adquiridas por colecionadores adultos e mantidas na embalagem. Ou a habilidade de se caminhar por uma loja de departamentos e adentrar a base de fãs de *Star Wars*, *Star Trek* ou do MCU (*Marvel Cinematic Universe*) comprando uma camiseta. Lovecraft, ainda que seguindo uma trajetória distinta, finalmente foi monetizado.

Você e eu estamos envolvidos nesse processo. Hoje, mais tarde, talvez eu jogue uma partida de *Arkham Horror* ou interaja com monstros inspirados por Lovecraft em um dos meus consoles de jogos. Talvez entre na Internet e cogite comprar uma estátua colecionável de Cthulhu, feita de *polystone*, ou algum bonequinho, intencionalmente bem-humorado, da loucura que vem do mar. Talvez use uma camiseta da Universidade Miskatonic. Talvez, antes que o dia acabe, eu até mesmo tire um tempo para de fato ler as histórias do autor de Providence que se preocupava se nossa civilização "mecânica" não substituiria a arte pelo comércio.

A popularidade de Lovecraft continua a crescer e sua reputação literária parece garantida desde sua admissão, em 2005, na Biblioteca da América. Mas aspectos cruciais de sua memória, à medida que ele cresce em estatura, são postos em xeque.

A World Fantasy Convention anunciou em 2015 que seu prestigioso prêmio, há muito tempo conhecido como "Howies", não traria mais a escultura abstrata da cabeça de H.P. Lovecraft.

Uma campanha criada por um número significativo de autores dentro da comunidade de fantasia começou, no ano de 2013, para que a mudança ocorresse. Uma petição para redesenhar a estátua circulou, reunindo cerca de 2.600 assinaturas — apesar de não estar claro se todas as assinaturas vieram de autores — e não atingiu a meta de cinco mil assinaturas no site Change.org.[55]

Daniel José Older, um indicado da WFA na categoria "melhor editor" por sua elegante e idiossincrática coletânea *Long Hidden: Speculative Fiction from the Margins of History* redigiu a petição. A declaração reconhecia a contribuição de Lovecraft para o gênero, mas insistia, de maneira correta, no fato de o autor ter sido um "racista declarado" e, tendenciosamente, "um terrível artífice da palavra". Mais adiante, a petição requer que o prêmio, em uma ação simbólica, substitua o busto de Lovecraft pelo de Octavia Butler, uma escritora afro-americana que qualquer observador imparcial descreveria como uma das maiores escritoras de fantasia e terror do século XX, e cuja obra, em vários aspectos, extrapola as fronteiras do gênero.

* A popularidade de Lovecraft continua a crescer e sua reputação literária parece garantida desde sua admissão, em 2005, na Biblioteca da América. Mas aspectos cruciais de sua memória, à medida que ele cresce em estatura, são postos em xeque

A controvérsia ganhou uma faceta pública já em 2011. Naquele ano, Nnedi Okorafor ganhou um Howie muito merecido por seu romance *Quem Teme a Morte*, que oferece aos leitores uma história dolorosamente bela ambientada em uma África futurista, uma África alternativa que ainda ressoa com a história multifacetada daquele continente gigantesco e diverso. Depois que ela recebeu o prêmio, um amigo de Okorafor mostrou-lhe algumas das poesias racistas que Lovecraft escreveu quando tinha vinte e poucos anos de idade. Ela confessou em uma postagem em seu blog, em dezembro de 2011, que "sabia das questões raciais e do antissemitismo de Lovecraft etc.", mas não sabia que as crenças dele tinham sido tão "focadas e específicas".

De forma interessante, o cerne da postagem se relaciona com o entusiasmo racista não apenas de Lovecraft, mas de muitos dos mestres anteriores do gênero. Ela se diz "dividida" e descreve como, reiteradamente, se viu lutando contra uma variedade de heranças racistas em alguns de seus autores e diretores favoritos, sendo forçada a confrontar o horror de que "muitos dos anciões que honramos e com quem precisamos aprender nos odeiam". Na época dessa postagem, em dezembro de 2011, Okorafor não pediu por uma mudança no prêmio. Em vez disso, ela insistiu que deve haver um discurso consciente sobre a imagem e o significado de Lovecraft, "o racista talentoso", dentro da comunidade de escritores de fantasia.

Sofia Samatar venceu o Howie de 2014 por seu romance, *A Stranger in Olondria*. Samatar levantou a questão em seu discurso ao receber o prêmio em 2014, chamando-a de "o elefante na sala". Ela agradeceu ao conselho do prêmio por levar a controvérsia a sério, pois "é estranho aceitar o prêmio sendo uma autora negra". Ela deixou claro em comentários posteriores, assim como muitos dos outros autores que acreditavam que o prêmio deveria ser alterado, que ela de forma alguma acha que a obra de Lovecraft deveria ser censurada. De fato, ela leciona sobre Lovecraft para seus alunos, em um seminário que muitos de nós sonharíamos em participar.

A confusão sobre "censura" e o significado da mudança no prêmio foi abundante. No Twitter, as pessoas ficaram bastante divididas depois do anúncio, e percebi que não foram poucos os fãs mais jovens de Lovecraft que se sentiram traídos com a notícia. Joyce Carol Oates manifestou seu apoio à mudança e recebeu uma resposta, vinda de um rapaz que era fã tanto do trabalho dela quanto do de Lovecraft, com um lembrete de que ela havia editado uma coletânea com histórias dele. Oates certamente não precisava ser lembrada disso, e o *non sequitur*[*] do fã enfatiza a incapacidade de muitos entusiastas de discernir entre fazer uma leitura crítica de um autor e torcer por ele como se fosse seu time esportivo preferido. Essa última atitude tem o condão de transformar a arte em uma "marca", ironicamente, um dos aspectos da modernidade que Lovecraft desprezava.

* O *non sequitur* (do latim, "não segue") é um vício argumentativo, uma falácia lógica, que surge quando, em uma discussão, um dos interlocutores se utiliza de um argumento que não pode ser inferido das premissas em debate. É uma inferência ao arrepio da lógica. No caso acima, o fã "conclui" que Oates não pode criticar o racismo de Lovecraft por ter editado uma coletânea de seus contos. [NT]

S.T. Joshi apareceu, retoricamente de armas em punho, em resposta à notícia. Ele devolveu os seus dois prêmios da World Fantasy Award em protesto. Em uma carta para o copresidente da World Fantasy Convention Award, Joshi chamou a decisão de "uma rendição covarde ao pior tipo de correição política". Joshi feriu de forma mortal seu próprio argumento em seu blog pessoal ao se utilizar de uma frase associada mais a *Gamergaters*** privilegiados e rabugentos do que a uma discussão séria. Ele chamou os que queriam a mudança do prêmio de "justiceiros sociais", um termo pejorativo inexplicável usado por homens que acham que o mundo geek é sua própria casinha na árvore, com uma placa de "proibido garotas" ainda pendurada do lado de fora. O insulto "justiceiros sociais" (ou "lacradores" presente nas inflamadas guerras on-line e em discussões sobre assédio sexual) falha, de modo terrível, em compreender o que os ideais de justiça social significaram para a história norte-americana e para a história mundial. A maioria dos que conhecem essa história, a dos justiceiros sociais, que vão desde feministas como Victoria Woodhull a ativistas que lutaram pelos direitos dos trabalhadores, como César Chavez, espera ser um "justiceiro social" também.[56]

Em seus momentos mais calmos, e às vezes mesmo quando está irritado, Joshi, contudo, fez algumas considerações importantes. Grandes prêmios de horror e ficção científica também são dados com os nomes de Bram Stoker e John W. Campbell, ambos escritores piores que Lovecraft e com uma influência infinitamente menor para os rumos da narrativa weird moderna. Campbell, cuja fama vem, em partes, de sua versão simplificada de *Nas Montanhas da Loucura*, fez carreira dentro do ativismo de extrema direita e se opôs ativamente ao Movimento pelos

** O GameGate (batizado assim em referência ao escândalo de corrupção de Watergate) teve início com denúncias contra uma desenvolvedora de jogos independentes que teria feito sexo com jornalistas da imprensa especializada para obter boas resenhas para seu jogo. A denúncia foi feita por um ex-namorado. O que poderia ter sido uma discussão sobre a ética jornalística e o papel da imprensa na indústria de jogos se revelou uma oportunidade para ataques em redes sociais contra mulheres e minorias. Os Gamergaters, como ficaram conhecidos, cunharam o termo "Social Justice Warrior" (justiceiros sociais) para insultar qualquer pessoa que levantasse questões sobre igualdade e respeito nas redes sociais. Com o tempo, os Gamergaters deixaram de atacar o que chamavam de "politicamente correto" para destilar ameaças de morte e estupro nas redes sociais e em fóruns da internet. [NT]

Direitos Civis. Joshi ainda destaca, com bastante razão, que as obras de Edgar Allan Poe são bem maculadas pelo racismo, em especial "O Escaravelho de Ouro".

Joshi aponta em seu blog pessoal que, por muitos anos, ele foi uma das únicas pessoas não brancas a trabalhar nas pesquisas sobre Lovecraft e um dos mais importantes pesquisadores a fazer isso. Mesmo se declarando constantemente uma pessoa de esquerda, ao longo dos anos ele foi chamado de "racista de direita". Em seus artigos e publicações, ele nunca foi reservado ao tratar das atitudes racistas de Lovecraft, ainda que, às vezes, ele as subestimasse com o infeliz argumento de que o autor "era um produto de seu tempo".

Por mais que o argumento "ele foi um produto do seu tempo" falhe em mapear inteiramente a história da luta antirracista, que foi uma parte muito importante daquela época, aqueles que se confessaram chocados com as atitudes de Lovecraft não pensaram muito, em sentido histórico, sobre o assunto. Muitos daqueles horrorizados com o racismo virulento de Lovecraft provavelmente se veriam igualmente horrorizados com as atitudes racistas manifestadas de forma menos exuberante por Lincoln e pelo amor autodeclarado de Mark Twain pelo espetáculo de menestréis.*

Quando começamos a chamar figuras históricas de racistas sem nos dispormos a investigar a estrutura histórica do racismo, quando devemos parar? Quantos dos preconceitos variados dos indivíduos de antes do século XX precisam ser catalogados antes de nos convencermos de que, em um tipo estranhamente invertido da típica história de vida após a morte, nós estamos nos vingando de fantasmas?

A falta de disposição para se engajar de todo com as fontes e o significado do racismo de Lovecraft merece a culpa pela controvérsia. Se os estudiosos dele não tivessem tentado encobrir as discussões sobre

* O "espetáculo de menestréis" ou "cantorias" era uma espécie de apresentação musical itinerante com forte base nas piores ideias racistas dos Estados Unidos do século XIX. A primeira apresentação do estilo ocorreu em 1830. Os personagens negros nesses espetáculos eram representados por atores brancos com os rostos pintados, as infames blackfaces. As "cantorias" foram muito influentes na cultura popular do início do século XX, aparecendo no cinema, em animações e até mesmo em livros infantis. [NT]

o seu sistema de crenças racista e como isso exerceu um papel em alguns de seus mais importantes contos, um discurso crítico sobre o assunto poderia ter surgido. Em vez disso, a afirmação muitas vezes simplista e juvenil de que "Lovecraft é um racista" ameaça, de forma irônica, evitar explorações mais profundas de como o racismo estruturava sua visão de mundo e do que devemos combater das visões de supremacia branca de sua época, e — como a história da humanidade sempre faz — demonstrar como as raízes de novas formas de racismo são cultivadas pelas antigas.

É revelador que ao menos alguns entre esses que condenam Lovecraft por suas atitudes raciais, em particular aqueles que o condenam sem reconhecer sua influência inescapável, estejam usando conceitos que não examinaram. Eles nos dizem que ele é racista sem qualquer disposição em se ocupar criticamente com o conceito de raça e com o que isso significa nos Estados Unidos, ou para falar de modo mais claro sobre como a raça continua a estruturar a vida econômica e social mesmo quando os símbolos do racismo desaparecem.

Olhar para os sombrios fantasmas do passado nos auxilia a compreender Lovecraft e as raízes das estruturas racistas do poder contemporâneo. Durante sua vida, a supremacia branca estruturou a lei, a política, o espaço público e mesmo a ciência e a medicina. Dezenas de milhares de membros da Ku Klux Klan marcharam pelas ruas de Washington, D.C., alguns dos cidadãos mais preeminentes do país expressaram seu desprezo público por negros, judeus e por qualquer um que não professasse a fé protestante. A maior parte dos Estados Unidos, com suas práticas no Sul, mas em teoria em quase todo o restante do país, foi extremamente segregada por um sistema legal que apoiava a totalidade da prática, como mostra a decisão da Suprema Corte no caso *Plessy v. Ferguson*, em 1896.**

** A decisão da Corte reconheceu a constitucionalidade das políticas de segregação racial adotadas pelos estados, estabelecendo a doutrina do "separados, mas iguais". A revisão dessa doutrina só viria a ocorrer em 1954, no caso Brown v. Board Education. [NT]

Os preconceitos de Lovecraft permanecem característicos para que ele seja avaliado, embora também sejam algo um tanto misterioso. Ele se casou com uma judia, uma das, se não a mais, brilhante contadora de histórias que ele já conheceu. Seu grande amigo James Morton dedicou a vida como aliado branco na luta pelos direitos dos negros nas décadas de 1910 e 1920.

O máximo que podemos dizer é que o racismo estruturava completamente a visão de mundo da classe branca dominante — mesmo na sua parte pé-rapada, como era o caso de Lovecraft, derrotado em sua luta contra os Estados Unidos industriais — que um homem que seria brilhante em outras circunstâncias veio a sucumbir às lisonjas da retórica fascista. Ele pedia por um "socialismo fascista" e por um país governado pelas elites, mesmo depois de se converter em apoiador de Roosevelt e do *New Deal* em seus anos finais.

Mudar a mobília da casa grande não é, obviamente, o mesmo que botá-la abaixo. A reputação literária de Lovecraft, e decerto seu lugar invicto na cultura popular, permanecem tão garantidos quanto os de muitos racistas brancos que escreveram antes e depois dele.

Em 1997, alguém tentou exumar H.P. Lovecraft. A edição de 4 de dezembro do *The Providence Journal* relatou que o ressurreicionista amador cavou quase um metro no túmulo da família antes de desistir. Obviamente, exumar uma sepultura se mostrou mais difícil do que "Herbert West: Reanimator" fez parecer.

A devoção a Lovecraft se manifesta no Cemitério de Swan Point de formas menos macabras, mas certamente mais intensas. Os moradores de Providence reclamaram comigo que os turistas perguntam com mais frequência pela localização da sepultura de Lovecraft do que por qualquer outro dos vários pontos turísticos da cidade. Um fã de Lovecraft, que me pediu para não ser identificado, mas que mora perto do cemitério, afirma que a sepultura recebe cerca de dez visitantes por dia.

No dia em que fiz minha visita ao túmulo de Lovecraft, um casal paramentado com camisetas de Cthulhu tinha acabado de prestar suas homenagens, e a sepultura ostentava oferendas não apenas de flores, mas de artes dos fãs, velas queimadas, uma edição de contos de Poe, já encharcada àquela altura, e uma edição igualmente vítima das intempéries do *Necronomicon* de Simon. Um fã informado deixou sobre os restos mortais de Lovecraft uma foto de seus gatos, anotando no verso que um dos felinos pretos trazia o nome de Ulthar, enquanto o outro havia sido batizado de Howie.

Tamanha devoção e afeição por esse homem estranho vêm da consciência de que ele tinha mais a dizer do que suas histórias à primeira vista sugerem. Ele se tornou uma das figuras mais importantes da cultura norte-americana ao ser considerado um sábio sombrio que nos oferece algo que nossas máquinas de entretenimento e influência não conseguem dar.

Neil Gaiman disse certa vez que o final típico de um conto de Lovecraft traz o protagonista berrando seu último fiapo de sanidade enquanto uma elipse traz para perto a sua existência. A conclusão desses contos atua como uma advertência para o leitor do que o espera. Os narradores condenados nos exortam a destruir o manuscrito em nossas mãos, para que não compartilhemos com o mundo o conhecimento que obtivemos, sob pena de libertar a idiota sapiência da descoberta da verdade.

Na opinião de Lovecraft, o horror, o verdadeiro horror cósmico, significava, em suas próprias palavras, "uma profunda sensação de pavor", uma espécie de "pânico cósmico". O horror puro e estridente recusa as lisonjas do mundo moderno. Ignora a política porque a política ou afirma uma arte pragmática do possível ou tem sonhos utópicos de direita ou esquerda. O horror exige o caos, evoca o primitivo, demanda que reconheçamos que muito daquilo que acreditamos sobre o progresso e as possibilidades da experiência humana não passa de mentiras.

Howard Phillips Lovecraft construiu essa casa mal-assombrada. É uma das muitas ironias do homem e de sua influência que o cavalheiro de Rhode Island, que desejava se passar por um homem do Iluminismo, tenha criado uma arte da irracionalidade, algo que André Breton e seus surrealistas nunca conseguiram alcançar.

Ele fez algo que nem mesmo Poe fez. Poe podia passear pelos limites da loucura humana e sugerir a possibilidade de que nossas insanidades correspondiam ao coração frio e morto do universo. Ele pronunciou o terror absoluto do horror cósmico, a possibilidade de que a raça humana simplesmente flutua no redemoinho do atavismo.

Lovecraft, por sua vez, sonhava com monstros que encarnavam nosso Id, mas muito mais além. Eles são o desejo, a morte, a imolação, a miséria, o sofrimento, o problema do mal, a impossibilidade do pensamento nobre, o fim da razão.

* Olhar para os sombrios fantasmas do passado nos auxilia a compreender Lovecraft e as raízes das estruturas racistas do poder contemporâneo. Durante sua vida, a supremacia branca estruturou a lei, a política, o espaço público e mesmo a ciência e a medicina

A obsessão de Lovecraft com o século XVIII parece peculiar depois de passarmos tanto tempo em sua ficção. Diderot e Voltaire, Pope e Dryden, sonharam para nós os sonhos de uma razão desenfreada, com a raça humana liberta da história, a arte como a expressão mais elevada da contemplação de um universo mecanicista. Lovecraft, morto quando as maiores catástrofes do século XX começaram a se revelar, desmanchou esses sonhos, pois sabia que o século XX só poderia ser uma cidade assombrada por cadáveres que aguardavam a ascensão da derradeira revelação, o último mal, o grande Cthulhu, seja qual for a verdadeira forma que nossa perdição vai tomar.

Essa imagem, a Coisa cheia de tentáculos se erguendo do mar, consegue representar com exatidão o que algumas de minhas entrevistas com fãs de Lovecraft sugerem... algo divertido para se desenhar, uma ótima tatuagem, uma boa história que nos leva a lugares mais estranhos a que outros escritores de terror não ousam nos levar, um monstro digno de nosso tempo em uma era de filmes de terror reciclados dos anos 1980.

Mas quanto mais você se embrenha no mundo de Lovecraft, mais você descobre que há algo mais sinistro por detrás do terror tentacular. Lovecraft trouxe à vida o horror derradeiro, a coisa que jaz atrás das várias, várias ficções apocalípticas de nossa cultura.

H.P. Lovecraft assustava a si mesmo? Sabemos de seu medo dos terrores noturnos, de que ele algumas vezes escreveu sobre os terrores inumanos que o aguardavam do outro lado das muralhas do sono. Certa feita, Lovecraft descreveu um exercício significativo no horror como "o trabalho de alguém arrepiando a si mesmo". O que ele temia e o que ele esperava que fosse nos apavorar em suas histórias?

Em 1992, Francis Fukuyama declarou o fim da história em um livro muito debatido. Sejam quais forem as reservas dos pesquisadores mais cautelosos, Fukuyama capturou perfeitamente um *Zeitgeist* que acreditava que a democracia liberal e os mercados livres haviam encerrado os tradicionais conflitos da história. A experiência histórica tinha dado lugar a um interesse pessoal esclarecido. O passado havia desaparecido, e o futuro, brilhante com as novas comodidades desfrutadas democraticamente, desfraldava um horizonte amplo à nossa frente.

Talvez, como o historiador Paul Buhle uma vez sugeriu, seja esse o verdadeiro horror norte-americano que espreita nas histórias de Lovecraft, um horror que tentamos ignorar a todo custo. Somente um neoconservador norte-americano poderia declarar o fim da história com otimismo. O terror na obra de Lovecraft, o terror que nos perseguiu durante o último século, diz respeito precisamente à possibilidade de perder a história, de a história cair, desamparada, em um vazio faminto e nos levar, aos gritos, com ela.

Violar a cova de Lovecraft engatilha em nós o terror que ele viu espreitando no canto de cada história de terror. Nossas mentes podem viajar até seus vilarejos assombrados por bruxas e ler os livros proibidos. Podemos imaginar os tipos de monstros que ele em geral detestava descrever em detalhes, monstros tão inumanos e ininteligíveis que rompem com nossa racionalidade.

Então tentamos controlá-los. Lutamos pelo lugar de Lovecraft no panteão literário ou lemos quadrinhos inspirados em Lovecraft. Jogamos *Arkham Horror* ou passamos décadas escavando por suas influências literárias. Tentamos até mesmo cooptá-lo para sistemas filosóficos da moda que tentam nos enganar fazendo-nos pensar que estamos no controle de um cosmos enlouquecido. Fazemos o possível para conter sua visão maligna e terrível.

Essas coisas, essas novas e estranhas coisas que ele criou, ajudam a explicar o apelo lovecraftiano. Mas é somente ao se ver nas linhas finais de suas histórias que se pode explicar Lovecraft.

Lovecraft revelou o segredo, o segredo sobre nós mesmos e o universo que habitamos temporariamente. O segredo é a morte.

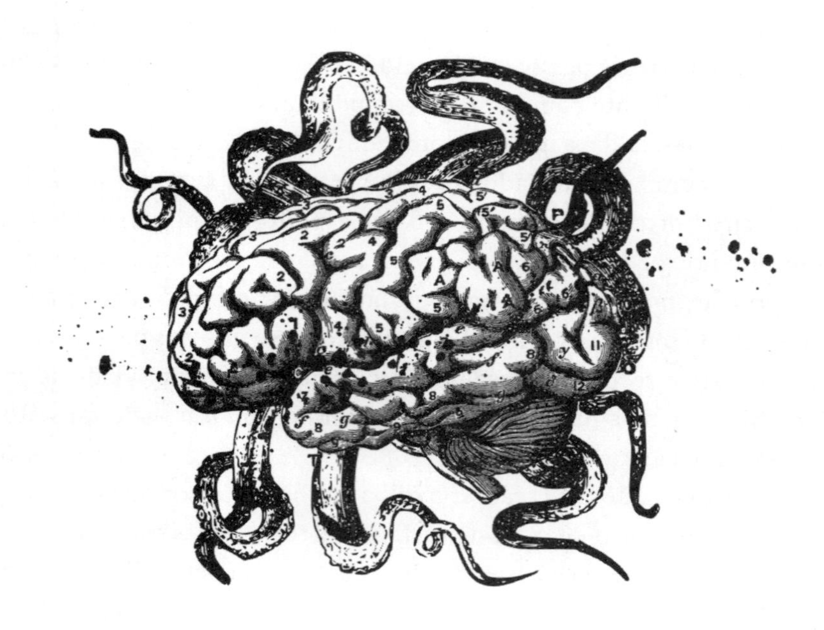

Notas fundamentais sobre as fontes

Minha interpretação de Lovecraft se baseia em uma quantidade gigantesca de material coletado por um grupo profundamente dedicado de pesquisadores de Lovecraft liderados pelo inimitável S.T. Joshi. Entretanto, devo observar que em minha troca de e-mails com Joshi, o formidável pesquisador deixou perfeitamente claro que não iria, de forma alguma, endossar opiniões depreciativas ao legado de Lovecraft. Apesar de discordar dele em relação ao que pode ser considerado depreciativo, sei que estas páginas contêm ideias que ele não apoia e, portanto, sinto-me no dever de deixar claro que meu uso de seu trabalho e de suas conversas não o implicam nessas interpretações. Minha própria ênfase em certos aspectos da personalidade de Lovecraft é apenas isso, minha.

Meu trabalho busca, em parte, situar Lovecraft e os fãs de Lovecraft, em um contexto histórico. Diversos livros de historiadores do século XX se mostraram úteis, e sua compreensão de tudo, da era vitoriana até os Estados Unidos contemporâneos, é facilmente reconhecível. Gostaria de destacar, especialmente, *The Modern Temper: American Culture and Society in the 1920s* de Lynn Dumenil (Nova York: Hill and Wang, 1995); *No Place of Grace: Antimodernism and the Transformation of American Culture, 1880-1920*, de T. J. Jackson Lear (Nova York: Pantheon Books,

1981); *Modernism: The Lure of Heresy* de Peter Gay (Nova York: W.W. Norton & Company, 2008); *Disorderly Conduct: Visions of Gender in Victorian America* de Carroll Smith-Rosenberg (Nova York: Oxford University Press, 1985); *A Consumer's Republic: The Politics of Mass Consumption in Postwar America* de Lizabeth Cohen (Nova York: Vintage Books, 2003); e *The End of Victory Culture: Cold War America and the Disillusioning of a Generation* de Tom Engelhardt (Amherst: University of Massachusetts Press, 2007).

Todas as citações da obra de Lovecraft são da edição de seus contos em três volumes da Penguin (1999-2004), editada por S.T. Joshi, que deixou inúmeras notas de rodapé. Também empreguei a belamente conceitualizada e executada obra *The New Annotated H.P. Lovecraft* de Leslie Klinger (Nova York: W.W. Norton & Company, 2014). Achei as notas de cada um deles bastante informativas e fiz um especial uso delas ao recriar a cronologia e o contexto dos contos. Entretanto, as interpretações e possíveis erros na discussão são de minha exclusiva autoria.

A única exceção ao meu uso das edições de Joshi e Klinger vem do ensaio crítico de Lovecraft "O Horror Sobrenatural na Literatura", em que cito uma edição inglesa do material de Lovecraft, *Eldritch Tales: a Miscellany of the Macabre*, publicada em 2011 pela Gollancz Press em Londres.

Os leitores reconhecerão automaticamente que recorri a *I Am Providence: The Life and Times of H.P. Lovecraft Vol. I and II* (Nova York: Hippocampus Press, 2010) para várias pistas biográficas, detalhes e inúmeras anedotas reveladoras. Confio que eles acharão minha própria leitura desse material bem diferente. Também achei *The Curious Case of H.P. Lovecraft* (Londres: Plexus Publishing, 2014), de Paul Roland, muito útil, sobretudo em sua disposição em abordar alguns dos aspectos mais controversos da personalidade de Lovecraft.

The Selected Letters: H.P. Lovecraft, da Arkham House (editado por Donald Wandrei e August Derleth, 1965-1971), forneceu muitas citações pouco conhecidas. Entretanto, dependi — como dependerei em todos os trabalhos futuros sobre Lovecraft — das edições mais cuidadosamente preparadas das cartas da Hippocampus Press, reunidas primeiro por S.T. Joshi e David E. Schultz. A maioria das citações das correspondências que não vieram das *Selected Letters* podem ser encontradas em *Letters to Alfred Galpin* (2003), *Letters to James F. Morton* (2011), *A Means to Freedom: The Letters of H.P. Lovecraft and Robert E. Howard* (2 volumes, 2009) e *Essential Solitude: The Letters of H.P. Lovecraft and August Derleth* (2 volumes, 2013). S.T. Joshi e David E. Schultz também editaram as cartas de Lovecraft e Barlow em um volume intitulado *O Fortunate Floridian: H.P. Lovecraft's Letter to R.H. Barlow* (Tampa, FL: University of Tampa Press, 2007). Esse volume inclui também as memórias de Barlow de seu período com Lovecraft, bem como uma reveladora nota autobiográfica.

Lovecraft Remembered, editado por Peter Cannon (Sauk City, WI: Arkham House, 1998), oferece um baú de tesouro de memórias daqueles que conheciam Lovecraft muito bem e daqueles que mal o conheciam. Muitas das memórias de seus colegas de escola são retiradas dessa coleção.

Entrevistas com fãs individuais e experiências e impressões que recebi deles são, por sua própria natureza, informais. Eu entrevistei S.T. Joshi e Robert M. Price por e-mail, tendo assim um tipo de transcrição automática de nossa discussão. Entrevistei Christopher Geissler pessoalmente sobre sua experiência como curador das coletâneas de Lovecraft na Biblioteca John Hay e fiz uma gravação, depois transcrita, dessa entrevista. Entrevistas com Lauren Patton e Andrew Clarke foram conduzidas pessoalmente e via e-mail. As transcrições estão disponíveis mediante solicitação.

A própria Biblioteca John Hay, como se poderia esperar de tal arquivo misteriosamente lovecraftiano, rendeu várias informações. Deparei-me com alguns fatos sobre Lovecraft que outros escritores deixaram passar e que lançaram nova luz sobre seus relacionamentos e atitudes. A coleção Sonia e Nathaniel Davis, oito caixas enormes, ofereceram material tão esclarecedor quanto a de Barlow. A Sociedade Histórica de Rhode Island permitiu-me aprender um pouco mais sobre o movimento sufragista durante a vida de Sarah Susan. Eles também mantêm um arquivo com recortes contemporâneos sobre Lovecraft cujo conteúdo está refletido em meu texto.

Eu me embrenhei, de forma seletiva, na imensa erudição da crítica literária sobre Lovecraft. Um dos volumes mais úteis, citado várias vezes no texto, é *An Epicure in the Terrible: A Centennial Anthology of Essays in Honor of H.P. Lovecraft*, editado por David E. Schultz e S.T. Joshi (Nova York: Hippocampus Press, 2011). Duas outras antologias se revelaram úteis em situar Lovecraft na cultura popular e me utilizei delas livremente. Tais são *New Critical Essays on H.P. Lovecraft*, editada por David Simmons (Nova York: Palgrave, 2013), e *Lovecraft and Influence: His Predecessors and Successors*, editada por Robert H. Waugh (Lanham, MD: The Scarecrow Press, 2013). Desses volumes, gostaria de destacar, em particular, os ensaios de Kenneth W. Faig, Gina Wisker, Sara Williams, Chris Murray e Kevin Corstorphine, Joseph Norman, Michael Cisco e John Langan.

Meu trabalho sobre os *Necronomicon* falseados veio de meu olhar sobre os próprios textos, apesar de minha interpretação ser claramente influenciada pelo excelente livro *The Cult of Alien Gods: H.P. Lovecraft and Extraterrestrial Pop Culture* (Amherst, NY: Prometheus Books, 2005), de Jason Colavito, e *H.P. Lovecraft and the Black Magickal Tradition: The Master of Horror's Influence on Modern Occultism* (São Francisco: Weiser Books, 2015), de John L. Steadman.

Dois livros se mostraram formidáveis parceiros de embate. Sou um devoto de *Lovecraft: A Study in the Fantastic* (Detroit: Wayne State University Press, 1988), de Maurice Levy, uma tradução do original em francês. Suas ideias valiosas são, apenas em alguns momentos, maculadas por um apego à noção dos "Mitos de Cthulhu". O controverso Michel Houellebecq vê em Lovecraft uma espécie de companheiro de viagem na guerra contra a modernidade. Isso faz de seu trabalho *H.P. Lovecraft: Against the World, Against Life* (Londres: Gollancz, 2008) uma leitura obrigatória por suas afirmações argutas, combativas e, por vezes, irritantes.

A Look Behind the Derleth Mythos: Origins of the Cthulhu Mythos (sem dados sobre o local de publicação; Cimerian Press, 2014), de John D. Haefele, fornece uma história detalhada da Arkham House e uma tentativa de defender Derleth do consenso dos estudiosos de Lovecraft. Ele estabelece um bom argumento de que existe "uma indústria dos Mitos de Cthulhu", apesar de ele certamente falhar em demonstrar que Lovecraft teria o mínimo de interesse nisso para além do escárnio curioso. O enorme volume deve ser lido por alguns de seus contra-argumentos interessantes a apontamentos feitos neste livro. Haefele macula seu livro, infelizmente, com o que quase pode ser descrito como ataques pessoais obsessivos contra S.T. Joshi. Joshi escorraçou o livro com muita convicção.

Escolhi colocar brevemente o texto em nota de rodapé, dando preferência aos itens que vi nos manuscritos da Biblioteca John Hay ou às citações que usei ao fazer novas afirmações sobre Lovecraft, em especial aquelas que poderiam parecer controversas ou tendenciosas.

*NOTES// H.P.L

NOTAS FINAIS

Guia das abreviações nas notas

- **ES:** *Essential Solitude: The Letters of H.P. Lovecraft and August Derleth: 1926-1931 and 1931-1937* (Nova York: Hippocampus Press, 2013).
- **IAP:** S.T. Joshi, *I Am Providence, Vol. I and II* (Nova York: Hippocampus Press, 2013).
- **LAB:** L. Sprague de Camp, *Lovecraft: A Biography* (Nova York: Doubleday and Company, 1975).
- **LR:** *Lovecraft Remembered.* Editado por Peter Cannon (Sauk City, WI: Arkham House, 1998).
- **SL:** *Selected Letters: H.P. Lovecraft Vol. I -V.* Editado por Donald Wandrei e August Derleth (Sauk City, WI: Arkham House, 1965 — 1971).

1 SL, 1:46.

2 Uma citação do conto "A Cor que Caiu do Espaço", de Lovecraft, escrito em 1927.

3 Ver www.cthulhuforamerica.com; acesso em: 18 de janeiro de 2024.

4 Alguns dos exemplos mais horríveis de Lovecraft elogiando o fascismo aparecem em cartas sobre Mussolini para James Morton, relacionadas a como ele [Lovecraft] e Galpin enxergavam a democracia. Ver *H.P. Lovecraft Letters to James F. Morton*. Editado por David E. Schultz e S.T. Joshi (Nova York: Hippocampus Press, 2011, 22-24). Ele abordou elementos da agenda nazista em 1933, e também defendeu o programa geral de Hitler para Morton. Ver 322-326.

5 Uma reportagem singular sobre as linhas de frente do conflito (que, mesmo à época, era muito ignorado) foi publicada no periódico *Stars and Stripes*: "Ianques ainda lutam em

meio ao frio intenso na Rússia". *Stars and Stripes* (Paris, França), 28 de março de 1919, vol. 2, no. 8, Biblioteca do Congresso.

6 IAP, Vol. II, 1034.

7 Ibid., 1036.

8 Chamado de "Cats and Dogs", Lovecraft escreveu o texto em 1926 como um gracejo para circulação limitada entre seus amigos de Nova York. É maravilhoso, até mesmo para um fã de cachorros como eu. Lovecraft, ao menos como um meio-chiste, aponta que os cães apelam "ao povo superficial, sentimental, emotivo e democrata". Ah, bom...

9 IAP, Vol. I, 24.

10 SL, 1:33.

11 "Carta a J. Vernon Shea", julho de 1931, manuscrito presente na Biblioteca John Hay.

12 SL, 4:172.

13 LR, 175.

14 LAB, 93.

15 Joshi cita o poema na íntegra; IAP¸ Vol. I, 16.

16 Citada em LAB, 54.

17 Kenneth W. Faig em *An Epicure in the Terrible: A Centennial Anthology of Essays in Honor of H.P. Lovecraft*, editado por David E. Schultz e S.T. Joshi (Nova York: Hippocampus Press, 2011), 65, 69; IAP, Vol. I, 341; Derleth em LR, 36.

18 LAB, 61, 66.

19 Ibid., 54; LR, 175; LAB, 318.

20 Ver *Conan, The Wanderer*, de Robert E. Howard, L. Sprague de Camp e Lin Carter (Nova York: Ace Books, 1968), 100.

21 LR, 23.

22 LR, 29.

23 Carroll Smith-Rosenberg, *Disorderly Conduct: Visions of Gender in Victorian America* (Nova York: Oxford University Press, 1985), 197-216.

24 LR, 50.

25 Arquivo 1, "A Brief History of Women's Suffrage in Rhode Island", Rhode Island Historical Society.

26 IAP, Vol. I, 301.

27 ES, Vol. I, 75.

28 Maurice Levy, *Lovecraft: A Study in the Fantastic* (Detroit, MI: Wayne State University Press, 1988), 64.

29 A crítica de Wilson, atualmente considerada infame, aparece em "Tales of the Marvellous and Ridiculous" em *The New Yorker* (novembro de 1945); reimpressa na íntegra em *H.P. Lovecraft: Four Decades of Criticism*, editado por S.T. Joshi (Athens: Ohio University Press, 1980), 46-49.

30 LAB, 194.

31 Uma discussão completa aparece em George Chauncey, *Gay New York: Gender, Urban Culture and the Making of the Gay Male World*, 1890-1940 (Nova York: Basic Books, 1994), ver especialmente páginas 12-23 para uma discussão sobre a nomenclatura.

32 IAP, Vol. I, 66.

33 "RE HPL" Box 1:31a, Sonia and Nathaniel Davis Collection, manuscrito, Biblioteca John Hay.

34 SL, 2:116.

35 SL, 1:351-2.

36 Reinhardt Kleiner, "Bards and Bibliophiles" em *Lovecraft's New York Circle: The Kalem Club, 1924-1927*, editado por Mara Kirk Hart e S.T. Joshi (Nova York: Hippocampus Press, 2006), 226.

37 SL, 1:348.

38 SL, 2:28.

39 Wilfred B. Talman, *The Normal Lovecraft: 1890-1937* (publicado em uma tiragem limitada em Saddle River, Nova Jersey; coleção do autor; 1973).

40 ES, 28, 140-1.

41 ES, 51.

42 Cartas a James F. Morton, 252.

43 Carta de Bloch, de 12 de junho de 1935, manuscrito da Biblioteca John Hay.

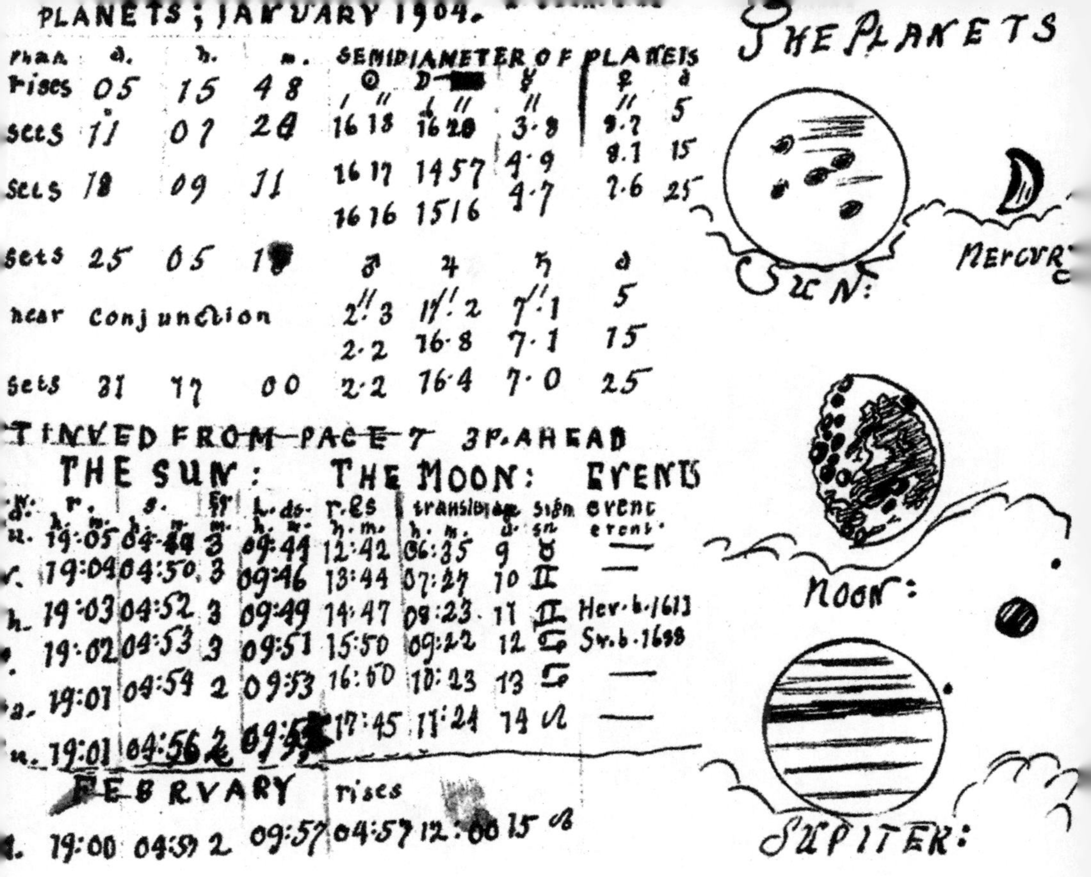

44 Correspondência de Brobst, manuscrito na Biblioteca John Hay.

45 IAP, Vol. II, 1041.

46 Correspondência entre R.H. Barlow e Harris e "Arquivos de Correspondência da Brown University", Coleção Lovecraft, Biblioteca John Hay.

47 Carta de Barlow, 30 de junho de 1946, Biblioteca John Hay.

48 Papéis de Greene e Davis, Caixa 1:27 e Caixa Seis, Biblioteca John Hay.

49 LAB, 308.

50 T.J. Jackson Lears, *No Place of Grace: Antimodernism and the Transformation of American Culture, 1880-1920* (Nova York: Pantheon Books, 1981), 17.

51 Carta de Lloyd Briggs para Winfield Scott, Biblioteca John Hay.

52 Carpenter é citado na "Introdução" a *Lovecraft* de Hans Rodionoff, Enrique Breccia e Keith Griffen (Nova York: DC Comics, 2003).

53 "H.P. Lovecraft and the Horror of Comics"; em www.cbr.com/h-p-lovecraft-and-the-horror-of-comics/; acesso em: 18 de janeiro de 2024.

54 SL, 5:16.

55 Texto da petição em www.change.org/p/the-world-fantasy-award-make-octavia-butler-the-wfa-statue-instead-of-lovecraft; acesso em: 18 de janeiro de 2024.

56 Alison Flood, "H.P. Lovecraft Biographer Rages Against the Ditching of the Author as Fantasy Prize Emblem", *Guardian*, 11 de novembro de 2015; ver a postagem no blog de Joshi em 10 de novembro de 2015 em www.stjoshi.org/news2015.html; acesso em: 18 de janeiro de 2024.

Cronologia dos Contos de Lovecraft

O que se segue oferece ao leitor uma lista cronológica, com algumas notas, das histórias de H.P. Lovecraft na ordem em que ele as escreveu. Eu também incluí informações sobre várias das histórias que ele revisou. Algumas delas parecem ter sido reescritas tão integralmente que merecem, pelo menos, o crédito de concepções secundárias de Lovecraft. As datas de escrita e publicação foram baseadas, em grande parte, na volumosa pesquisa realizada por estudiosos como S.T. Joshi e David E. Schultz.

A data em que Lovecraft escreveu cada uma das histórias acompanha o título. As notas listam, então, a data em que elas foram publicadas profissionalmente durante sua vida, destacando, também, se a *Weird Tales* veio a publicá-las postumamente. Muitas das histórias foram publicadas na revista pulp pela primeira vez, entre 1937-1941, quando os leitores exigiam mais Lovecraft depois de sua morte.

Três agrupamentos de histórias com a intenção de oferecer um direcionamento para novos leitores acompanham a lista cronológica. Reuni essas descrições de acordo com minha própria visão do que os leitores, em estágios diferentes de seu contato com Lovecraft, têm maior probabilidade de gostar. Também destaquei contos visando o que os leitores devem absorver para encarar Lovecraft de verdade.

Então, leia Lovecraft. Depois, leia um pouco mais de Lovecraft. O uso de camisetas da Universidade Miskatonic durante a leitura é opcional.

1917

"A Tumba" ("The Tomb") • Publicado pela *Weird Tales* em 1926. O cemitério de Swan Point, o local de seu próprio descanso final, serviu de inspiração.

1917

"Dagon" ("Dagon") • A primeira história de Lovecraft aceita pela *Weird Tales* em 1923. (Consta em *Medo Clássico: H.P. Lovecraft Volume 1*, publicado pela DarkSide Books.)

1918

"Polaris" ("Polaris") • Não foi publicado profissionalmente durante a vida de Lovecraft. Foi publicado pela *Weird Tales* após sua morte, em 1937. Às vezes, é vista como uma história profundamente influenciada por Lord Dunsany, mas, na verdade, foi escrita antes de Lovecraft ler o autor anglo-irlandês.

1919

"Beyond the Wall of Sleep" • Publicado pela *Fantasy Fan*, em 1934, e depois pela *Weird Tales* em 1938, após a morte de Lovecraft. O título serviu de inspiração para uma canção do primeiro disco do Black Sabbath.

1919

"O Depoimento de Randolph Carter" ("The Statement of Randolph Carter") • Publicado pela *Weird Tales* em 1925. A primeira das cinco aventuras de Carter. (Consta em *Medo Clássico: H.P. Lovecraft Volume 1*, publicado pela DarkSide Books.)

1919

"Memory" • Não foi publicado profissionalmente durante a vida de Lovecraft. Destaca-se como um dos primeiros esforços do autor em usar a ficção para explorar a indiferença do universo para com a humanidade.

1919

"A Danação que Acometeu Sarnath" ("The Doom that Came to Sarnath") • Publicado em 1935 por um periódico escocês chamado *Marvel Tales*. Publicado pela *Weird Tales* em 1938. (Consta em *Medo Clássico: H.P. Lovecraft Volume 2*, publicado pela DarkSide Books.)

1919

"A Transição de Juan Romero" ("The Transition of Juan Romero") • Não foi publicado em um periódico profissional ou amador durante a sua vida. Aparentemente, ele só veio a mostrá-lo a Barlow em 1932.

1919

"O Navio Branco" ("The White Ship") • Publicado pela *Weird Tales* em 1927. O místico faroleiro desse conto reaparece em *A Busca Onírica por Kadath*.

1920

"The Terrible Old Man" • Publicado pela *Weird Tales* em 1926. O mais curto dos contos weird completos de Lovecraft, ao lado do poema em prosa "Nyarlathotep".

1920

"The Tree" • Não foi publicado profissionalmente durante a vida de Lovecraft. Publicado pela *Weird Tales* em 1938. O único de seus contos ambientado em um mundo de mitos clássicos.

1920

"Os Gatos de Ulthar" ("The Cats of Ulthar") • Publicado duas vezes pela *Weird Tales* em 1926 e 1933. Barlow fez como um presente para Lovecraft um pequeno livreto com o conto, usando sua prensa pessoal, em 1935, devido a seu amor mútuo por gatos. (Consta em *Medo Clássico: H.P. Lovecraft Volume 2*, publicado pela DarkSide Books.)

1920

"Do Além" ("From Beyond") • Publicado pela *Fantasy Fan* em 1934 e reimpresso pela *Weird Tales* em 1938. Stuart Gordon adaptou-o para seu filme homônimo em 1986. (Consta em *Medo Clássico: H.P. Lovecraft Volume 2*, publicado pela DarkSide Books.)

1920

"O Templo" ("The Temple") • Publicado duas vezes pela *Weird Tales*, em 1925 e em 1936. Um dos dois contos de Lovecraft a fazer uso de um submarino alemão na Primeira Guerra Mundial.

1920

"Celephaïs" • Uma estranha história de publicação, já que foi publicado pelo periódico amador de Sonia H. Greene em 1922 e depois pela *Marvel Tales* em 1934. Só então se tornou uma das reimpressões póstumas feitas pela *Weird Tales* para suprir a demanda por mais Lovecraft em 1939. (Consta em *Medo Clássico: H.P. Lovecraft Volume 2*, publicado pela DarkSide Books.)

1920

"Nyarlathotep" • Não foi publicado em um periódico profissional. Pronto para ser redescoberto, revela a veia modernista de Lovecraft. (Consta em *Medo Clássico: H.P. Lovecraft Volume 2*, publicado pela DarkSide Books.)

1920

"A Imagem na Casa" ("The Picture in the House") • A *Weird Tales* publicou-o em 1924. Contém a primeira menção ao Vale do Rio Miskatonic.

1920
1921

"A Verdade sobre o Falecido Arthur Jermyn e sua Família" ("Facts Concerning the Late Arthur Jermyn and His Family") • Publicado pela *Weird Tales* em 1924 sob o título mais pulp de "The White Ape" que Lovecraft desprezava. Foi reimpresso pela *Weird Tales* em 1935 simplesmente como "Arthur Jermyn".

1921

"O Proscrito" ("The Outsider") • Publicado pela *Weird Tales* em 1926. Às vezes, é mencionado como um "conto de zumbi" de Lovecraft. Talvez tenha recebido mais atenção do que de fato merece, devido ao amor de August Derleth pela história. (Consta em *Medo Clássico: H.P. Lovecraft Volume 2*, publicado pela DarkSide Books.)

1921

"A Busca de Iranon" ("The Quest of Iranon") • Publicado pela *Weird Tales* postumamente em 1939.

1921

"A Cidade sem Nome" ("The Nameless City") • Não foi publicado por nenhum periódico profissional, e a *Weird Tales* rejeitou a história duas vezes. Uma espécie de rascunho para *Nas Montanhas da Loucura*. (Consta em *Medo Clássico: H.P. Lovecraft Volume 1*, publicado pela DarkSide Books.)

1921

"O Pântano da Lua" ("The Moon-Bog") • Publicado pela *Weird Tales* em 1926. Preparado, originalmente, para um encontro de escritores amadores em uma celebração do dia de São Patrício. Às vezes visto como uma história de fantasmas de Lovecraft, contudo, o seu protagonista se depara com algo bem mais antigo e assustador do que simples fantasmas.

1921

"Os Outros Deuses" ("The Other Gods") • Só foi publicado pela *Weird Tales* (1938) após a morte de Lovecraft. Traz a primeira menção a "Kadath", um local importante na geografia das terras dos sonhos do autor.

1921

"A Música de Erich Zann" ("The Music of Erich Zann") • Publicado pela *Weird Tales* em 1925 e em 1934. Uma famosa citação de Lovecraft surgiu em relação a essa história. Supostamente, ele teria dito que descreveu o cenário parisiense tão bem porque o visitara "em sonho, com Poe". A citação é falsa, e a descrição de Paris na história nem é tão vívida assim. (Consta em *Medo Clássico: H.P. Lovecraft Volume 2*, publicado pela DarkSide Books.)

1921
1922

"Herbert West: Reanimator" • Publicação seriada na *Home Brew*¸ uma revista humorística. Famoso por ter servido de inspiração para o filme cult de horror da década de 1980 de mesmo nome. Lovecraft recebeu cinco dólares para cada parte. (Consta em *Medo Clássico: H.P. Lovecraft Volume 1*, publicado pela DarkSide Books.)

1922

"Hipnos" ("Hypnos") • Não foi publicado profissionalmente durante a vida de Lovecraft nem impresso pela *Weird Tales*. Traz alusões a Sigmund Freud, Albert Einstein e Poe.

1922

"O Medo à Espreita" ("The Lurking Fear") • Publicação seriada pela *Home Brew* entre janeiro e abril de 1923, a segunda série escrita por Lovecraft.

1922

"The Horror at Martin's Beach" • Publicado pela *Weird Tales*, em 1923, como "The Invisible Monster" e sob autoria de Sonia Greene. A história parece ser uma colaboração entre Greene e Lovecraft.

1922

"O Cão de Caça" ("The Hound") • Publicado duas vezes pela *Weird Tales* em 1924 e em 1929. Traz a primeira menção ao *Necronomicon* e o primeiro uso de Lovecraft dos antropofágicos carniçais (*ghouls*) que, nessa concepção, tinham certo aspecto canino. (Consta em *Medo Clássico: H.P. Lovecraft Volume 1*, publicado pela DarkSide Books.)

1923

"Os Ratos nas Paredes" ("The Rats in the Walls") • Publicado pela *Weird Tales* em 1924. Lovecraft dizia que o conto lhe ocorreu depois de ouvir o papel de parede estalando no meio da noite.

1923

"O Inominável" ("The Unnamable") • Publicado pela *Weird Tales* em 1925. A segunda parte das aventuras de Randolph Carter e um conto de horror que apresenta uma discussão estética entre os personagens, inspirada em uma disputa contínua entre Lovecraft e seu amigo Maurice W. Moe (o último perde a disputa no conto, mas Lovecraft o deixa vivo).

1923

"O Festival" ("The Festival") • Publicado pela *Weird Tales* em 1925. Primeiro dos contos baseados em sua adoção da tese de Margaret Murray em *The Witch-Cult in Western Europe*.

1919
1923

"The Loved Dead" • Publicado pela *Weird Tales* em 1924 por C.M. Eddy, mas pesadamente revisado a ponto de Lovecraft precisar reescrevê-lo no ano anterior. A história, que sugere necrofilia, fez com que a edição da *Weird Tales* fosse retirada das prateleiras em alguns locais, especialmente no Meio-Oeste.

1924

"Sob as Pirâmides" ("Under the Pyramids") • Uma história escrita para Houdini e publicada sob o título de "Imprisoned with the Pharaohs" na *Weird Tales* em 1924 e 1939.

1924

"A Casa Temida" ("The Shunned House") • Publicado pela *Weird Tales* após a morte de Lovecraft em 1937. R.H. Barlow imprimiu alguns livretos com o conto. Lovecraft baseou a casa em uma que ele havia visto em Elizabeth, New Jersey, mas mesclou-a a uma do número 135, da Benefit Street, em Providence, onde ele situa a história.

1925

"O Horror em Red Hook" ("The Horror at Red Hook") • Publicado pela *Weird Tales* em 1927. Sonia Greene acreditava que os elementos raciais da história vinham da experiência de Lovecraft se deparando com "homens rudes e desordeiros" enquanto jantava com os Kalem.

1925

"Fechado na Catacumba" ("In the Vault") • De início rejeitado pela *Weird Tales*, foi publicado mais tarde, em 1923, quando August Derleth tomou para si a tarefa de enviar novamente o conto.

1925

"Ele" ("He") • Publicado pela *Weird Tales* em 1926. Aparentemente escrito durante uma noite, entre 10 e 11 de agosto.

1926

"A Estranha Casa Suspensa na Névoa" ("The Strange High House in the Mist") • De início, rejeitado pela *Weird Tales*; aceito e publicado posteriormente em 1931.

1926

"Ar Frio" ("Cool Air") • Rejeitado pela *Weird Tales*, mais tarde publicado pela *Tales of Mystery and Magic* em 1928. Um dos contos de Lovecraft mais filmados, tanto para curtas cinematográficos quanto para a televisão (uma versão dele apareceu na série *Night Gallery* em 1971).

1926

"O Chamado de Cthulhu" ("The Call of Cthulhu") • Rejeitado pela *Weird Tales*, mas aceito posteriormente (sem alterações) e publicado em 1928. Certamente, o conto e o monstro mais famosos de Lovecraft. (Consta em *Medo Clássico: H.P. Lovecraft Volume 1*, publicado pela DarkSide Books.)

1926

"O Modelo de Pickman" ("Pickman's Model") • Publicado pela *Weird Tales* em 1927 e 1936. Descobrimos mais sobre o personagem do título e seu interessante destino em *A Busca Onírica por Kadath*. (Consta em *Medo Clássico: H.P. Lovecraft Volume 2*, publicado pela DarkSide Books.)

1926

A Busca Onírica por Kadath (The Dream--Quest of Unknown Kadath) • Não foi publicado durante a vida de Lovecraft. Uma noveleta descrevendo as aventuras de Randolph Carter nas terras dos sonhos. Traz alusões a numerosos outros contos de Lovecraft, incluindo "Polaris", "Os Gatos de Ulthar", "Os Outros Deuses", "Celephaïs", "O Navio Branco", "A Danação que Acometeu Sarnath", "Nyarlathotep" e "O Modelo de Pickman".

1926

"A Chave de Prata" ("The Silver Key") • Rejeitado em 1927 pela *Weird Tales*, mas aceito mais tarde, em 1929. Uma das histórias de Randolph Carter, escrita enquanto Lovecraft trabalhava em *A Busca Onírica por Kadath*.

1927

O Caso de Charles Dexter Ward (The Case of Charles Dexter Ward) • Uma versão abreviada foi publicada pela *Weird Tales* em 1941, quase cinco anos após a morte de Lovecraft.

1927

"A Cor que Caiu do Espaço" ("The Color Out of Space") • Publicado pela *Amazing Stories*, em 1927, a emblemática revista pulp de ficção científica. Lovecraft recebeu apenas 25 dólares pela publicação. (Consta em *Medo Clássico: H.P. Lovecraft Volume 2*, publicado pela DarkSide Books.)

1928

"A Maldição de Yig" ("The Curse of Yig") • Publicado pela *Weird Tales* em 1929, com crédito autoral dado a Zealia Brown-Reed Bishop. A concepção da história foi, em partes, dela, mas evidências internas, e sua própria correspondência, sugerem que Lovecraft escreveu e não apenas revisou a história.

1928

"O Horror em Dunwich" ("The Dunwich Horror") • Publicado pela *Weird Tales* em 1929. Estranhamente, um dos poucos contos em que Lovecraft faz uso do folclore nativo da sua Nova Inglaterra; no caso, a crença de que os noitibós-cantores são anunciadores da morte. A história juntou-se a "O Chamado de Cthulhu" em popularidade e tem sido uma das mais frequentes em antologias. (Consta em *Medo Clássico: H.P. Lovecraft Volume 2*, publicado pela DarkSide Books.)

1929
1930

"Os Fungos de Yuggoth" ("The Fungi from Yuggoth") • Publicado em segmentos pela *Fantasy Fan*, *Driftwind*, *Weird Tales* e pela Arkham House de 1934 a 1943. Uma série de sonetos estranhos, é o ponto alto da poesia em geral ilegível de Lovecraft.

1930

"Sussurros na Escuridão" ("The Whisperer in Darkness") • Publicado pela *Weird Tales* em 1931. Lovecraft se utilizou da descoberta recente de Plutão como inspiração para "Yuggoth", a pavorosa dimensão de onde surgem os Fungos que louvam Nyarlathotep.

1931

Nas Montanhas da Loucura (At the Mountains of Madness) • Um romance de publicação serializada em três partes, na *Astounding Stories*, em 1936. (Consta em *Medo Clássico: H.P. Lovecraft Volume 1*, publicado pela DarkSide Books.)

1931

"A Sombra Sobre Innsmouth" ("The Shadow over Innsmouth") • Rejeitado pela *Weird Tales*. Foi publicado como livreto em 1936 pela Visionary Press. Extremamente influente na cultura pop e a inspiração para filmes de Roger Corman e Stuart Gordon. Adaptada como jogo de videogame para o primeiro Xbox, em 2005, mas com o título mais reconhecível de *Call of Cthulhu: Dark Corners of the Earth.** (Consta em *Medo Clássico: H.P. Lovecraft Volume 2*, publicado pela DarkSide Books.)

1932

"Os Sonhos na Casa da Bruxa" ("The Dreams in the Witch House") • August Derleth enviou o conto à *Weird Tales* sem o conhecimento de Lovecraft, e ele foi publicado em 1933.

1932
1933

"Through the Gates of the Silver Key" • Publicado pela *Weird Tales* em 1934. Uma versão havia sido escrita pelo colega de *Weird Tales*, E. Hoffmann Price, a quem Lovecraft visitara em New Orleans, no ano de 1932. Lovecraft não gostou da versão de Hoffmann e praticamente rescreveu a história inteira.

* Innsmouth também serviu de inspiração para um dos cenários da DLC The Old Hunters, do jogo *Bloodborne*, exclusivo do PS4 e profundamente inspirado no universo de Lovecraft, lançado em 2015. [NT]

1933

"A Coisa na Soleira da Porta" ("The Thing on the Doorstep") • Publicado pela *Weird Tales* um pouco antes da morte de Lovecraft em 1937. Lovecraft não se importava com a história e só a enviou para a *Weird Tales* depois que um agente literário pediu que o fizesse.

1934 1935

"A Sombra Vinda do Tempo" ("The Shadow Out of Time") • Datilografado por R.H. Barlow (com inúmeros erros), foi publicado pela *Astounding Stories* em 1936 — porém, foi Donald Wandrei, e não Lovecraft, quem o enviou. (Consta em *Medo Clássico: H.P. Lovecraft Volume 1*, publicado pela DarkSide Books.)

1935

"O que Assombra nas Trevas" ("The Haunter of the Dark") • Publicado pela *Weird Tales* em 1936. Um conto de Lovecraft inspirado por uma história de Robert Bloch em que um personagem parecido com Lovecraft morre. Lovecraft devolveu o favor e matou um avatar de seu jovem *protégé*. (Consta em *Medo Clássico: H.P. Lovecraft Volume 2*, publicado pela DarkSide Books.)

1936

"Entre as Paredes de Eryx" ("In the Walls of Eryx") • Publicado pela primeira vez na *Weird Tales* em 1939. A história e muito do enredo básico vieram de Kenneth Sterling. Entretanto, o próprio Sterling diz que Lovecraft adicionou cerca de quatro mil palavras à versão final.

Explorando Lovecraft

Para noobs, para os iniciados, para aqueles levados a gritar loucuras por coisas vindas do além...

NEÓFITOS

"O Chamado de Cthulhu" permanece o lugar para começar, com "A Sombra Sobre Innsmouth" em um segundo lugar bem próximo. Ambos com certeza vão atraí-lo cada vez mais para o interior de Lovecraft, enquanto também oferecem uma boa demonstração da atmosfera e dos pressupostos de suas histórias. Vários textos curtos apresentam seus trabalhos iniciais e mais enxutos. Eu começaria com "Dagon", "Hipnos" e "A Cidade sem Nome", com esse último ecoando o tema das "antigas cidades", tão importantes para alguns de seus trabalhos mais desafiadores. E também é assustador. Finalmente, muitos fãs de Lovecraft com quem conversei me disseram que "O Modelo de Pickman" e "O Proscrito" foram o início de seu caso de amor com o autor. Diminua as luzes, saboreie alguns petiscos e leia "O Navio Branco" enquanto curte o tributo musical alucinante da banda H.P. Lovecraft.

ADEPTOS

"A Cor que Caiu do Espaço" e "Sussurros na Escuridão" são leituras mais longas e um tanto mais desafiadoras do que outras obras de Lovecraft, contudo, também são duas das suas melhores produções. "Herbert West: Reanimator" pode não ter a mesma qualidade, mas é uma mudança de ritmo hilária para aqueles que adentraram a sinistra escuridão. "O Horror em Dunwich" permanece bem popular, mas eu sugiro cautela, já que elementos da história não estão, de fato, tão alinhados com a estética geral do restante de sua obra (porém, a cena na Biblioteca Miskatonic pode ser o melhor horror físico que sua obra tem a oferecer). "A Coisa na Soleira da Porta" oferece aos leitores mais dedicados um conjunto de horrores que vai deixá-los paralisados. "Os Sonhos na Casa da Bruxa" não recebe a admiração que merece por alguns fãs de Lovecraft, e eu acho que você vai gostar; é, na realidade, a inspiração para um álbum muito divertido de ópera rock produzido pela Sociedade Histórica H.P. Lovecraft.

ACÓLITOS

Você está pronto para isso tudo. Mas certifique-se de começar pelos longos, mas recompensadores *Nas Montanhas da Loucura* e "A Sombra Vinda do Tempo". Um cronograma de leitura que o guie pelas estranhas aventuras de Randolph Carter também pode estar na ordem do dia, nessa fase, incluindo a noveleta *A Busca Onírica por Kadath*. Você também está pronto para o horror modernista de peças curtas como "A Chave de Prata" e "Nyarlathotep", talvez até mesmo para o terror antiquário da novela *O Caso de Charles Dexter Ward*. Também não é uma má hora para se ler "O Horror em Dunwich" (apesar de você, provavelmente, já ter lido) para que veja como é diferente do restante das obras do autor. E, é claro, você deveria se iniciar nos mistérios do pavoroso *Necronomicon* com sua "A História do Necronomicon".

Eu invejo você se está prestes a descobrir tudo isso pela primeira vez.

MARS:
SATURN
NECRONOMICON
VERDADES E MENTIRAS
Ilustrações raras de
Robert
Bloch
MILWAUKEE
JUL 31
4 PM
1935
WIS.
BUY U.S. SAVIN
BONDS
ASK YOUR POSTMAS
WASHINGTON
Mr H.P. Lovecraft
care of R. H. Barlow,
De Land,
Florida

Escritores pulp dos anos 1920 e 1930, muitos deles amigos e discípulos de Lovecraft, criaram antigos livros proibidos do mal. Eles amavam a ideia, sugerida em um fragmento de Hawthorne, mas explorada em sua inteireza em *O Rei de Amarelo*, de Robert W. Chambers, de um livro que não apenas oferece conhecimento proibido, mas na verdade também oferece um portal para *mundos* proibidos.

O *Necronomicon* de Lovecraft, mencionado pela primeira vez em seu conto de 1922, "O Cão de Caça", se tornou o modelo para esses grimórios fictícios e a inspiração por trás do hobby peculiar de se criar versões forjadas do volume assustador.

Dentro do universo literário de Lovecraft, o *Necronomicon* tornou-se um ícone, representando um tomo proibido que continha conhecimentos arcanos e horrores cósmicos. Sua presença estendeu-se para além das páginas dos contos de Lovecraft, influenciando a cultura pop e o imaginário coletivo.

A misteriosa aura em torno do *Necronomicon* inspirou este capítulo especial com uma lista comentada das mentiras mais notórias nos textos de magia cerimonial, disseminando-se como um elemento central em seus mitos. Essas interpretações e versões falsas do livro de horror de Lovecraft alimentaram a imaginação de muitos, destacando como sua criação transcendeu as fronteiras da literatura e se tornou uma peça crucial na mitologia do horror contemporâneo.

Divirta-se com todos os registros históricos deste objeto tão nefasto.

Ilustrações raras de
Robert Bloch

A origem de um mito

O original. "A História do Necronomicon", por H.P. Lovecraft. Escrito em 1927, esse texto curto oferece uma história fictícia do *Necronomicon*, desde sua origem em 700 d.C., pela pena de "Abdul Alhazred, um poeta louco de Sanaá" até várias traduções em latim, grego e inglês. Ele faz alusão tanto ao romance O Caso de Charles Dexter Ward quanto à história "O Modelo de Pickman". Vários fãs, incluindo Robert E. Howard, sugeriram mais tarde que ele escrevesse um *Necronomicon* completo. Lovecraft se recusou. Além da publicação neste livro, na seção a seguir, o texto aparece em *Medo Clássico: H.P. Lovecraft Volume 1*, publicado pela DarkSide Books em 2017.

Mentiras de WOLLHEIM

Em 1936, Donald A. Wollheim, mais tarde o fundador da gigante editora de ficção científica e fantasia DAW Books, escreveu uma "resenha" de uma tradução do *Necronomicon* para um pequeno jornal de Connecticut.

Trago o livro amado em 24 horas

A *Publishers Weekly* tinha o *Necronomicon* à venda. A edição de 7 de julho de 1945 trazia um anúncio jocoso da Livraria Grove Street procurando por cópias do *Necronomicon,* junto a diversos outros tomos proibidos criados pelo círculo de Lovecraft.

BIBLIOTECAS FANTÁSTICAS

Tem mas acabou

Referências macabras na década de 1960. Vários criadores de notícias falsas colocaram citações ao *Necronomicon* nas fichas de várias das bibliotecas das grandes universidades (não confirmado).

CONDENADO & MALIGNO

Em *O Altar do Diabo* (1970), filme produzido por Roger Corman, Wilbur Whateley (Dean Stockwell), um belo membro da contracultura, tenta colocar as mãos no *Necronomicon*, mas, em vez disso, termina seduzindo uma estudante (Sandra Dee) da Universidade Miskatonic. Os Antigos que são invocados são um pouco como velhos hippies em uma sequência psicodélica que envolve monólitos antigos, LSD e uma tentativa de erotismo oculto usando o *Necronomicon* como recurso de cena.

FAKE NEWS

tiragem limitada

O Al Azif, de Sprague de Camp, foi impresso em uma tiragem limitada pela Owlswick Press, em 1973, o primeiro de uma floresta de falsos *Necronomicon*. O editor precisou escrever a uma universidade avisando que um de seus graduandos havia caído na notícia mentirosa.

FEITICEIROS

do Século XVIII

The Book of Dead Names, de Colin Wilson em 1978, foi notável por sua alegação de que Lovecraft teria herdado seu conhecimento do *Necronomicon* do próprio pai. De acordo com Wilson, o pai de Lovecraft teria sido um maçom que aprendera os mistérios de Cagliostro, o feiticeiro do século XVIII. Não fica muito claro se Wilson estava falando sério.

Um Necronomicon de ideias e histórias

O *Necronomicon* de Simon, de 1977, foi a mais popular entre as notícias falsas e ainda assim uma perene brochura de venda massiva. Um velho compêndio de histórias de Lovecraft e ideias da época sobre o cenário ocultista de Nova York nos anos 1970, mesclados a trechos e mais trechos de um antigo mito do Antigo Oriente. O texto inclui feitiços do amor que teriam chamado pouca atenção dos frios e indiferentes Antigos de Lovecraft: "Para conquistar o amor de uma mulher, entoe o que se segue três vezes sobre uma maçã ou romã; dê a fruta para a mulher para que ela beba do suco, e ela certamente virá até você". De forma útil, o encantamento seguinte permite ao usuário "Recuperar sua Potência".

TEXTO MAGAN

Uma seção chamada "o texto Magan" oferece uma paráfrase grosseira de um poema épico babilônio real, o Enuma Elish — que data do século VII antes de Cristo. É importante notar que Lovecraft nunca mencionou os mitos do Antigo Oriente em sua obra e que ele pareça ter pouco conhecimento sobre eles.

RELATOS PECULIARES

O Necronomicon Al-Raschid, de 1989, foi supostamente descoberto por uma ocultista inglesa chamada Elizabeth Ann Saint George (provavelmente um pseudônimo). Junto às alegações de que ela perseguia agentes da KGB com a ajuda de poderes psíquicos e seu cachorro, o autor insistia que ela havia encontrado o *Necronomicon* em uma coleção particular no Peru durante os anos 1960. Não fica clara a razão de ela ter mudado o nome do autor criado por Lovecraft, de "Abdul Alhazred" para "Al-Raschid", mas há várias coisas peculiares acerca desse panfleto, incluindo avisos para mulheres grávidas e uma descrição de como a irrigação chegou ao Antigo Oriente.

NECROPOP NA CABANA

A trilogia *Uma Noite Alucinante* (1983-1993), dirigida por Sam Raimi, apresenta tanto um "Livro dos Mortos" quanto um *Necronomicon* que abre portais do tempo. De maneira interessante, os filmes pescam algumas das conexões "sumérias" do *Necronomicon* de Simon. Em *Uma Noite Alucinante II*, Ash (Bruce Campbell), o herói do filme cult, explica o livro como "uma passagem para mundos malignos". A série televisiva *Ash vs. Evil Dead* (2015-2018) já nos apresentou a Dark One que alega ter escrito o *Necronomicon*.

LOS ANGELES MÁGICA DE 1940

Em *Feitiço Mortal*, de 1991, acompanhamos uma Los Angeles alternativa dos anos 1940 onde a magia e seu uso se tornaram muito comuns. Um detetive chamado H. Phillip Lovecraft, um personagem no estilo de Sam Spade misturado com o ocultismo noir, deve ir em busca do *Necronomicon* ao estilo do Falcão Maltês. Ouvimos partes lidas do texto que são tiradas de "O Horror em Dunwich" e de "Sussurros na Escuridão".

H.P.Lovecraft,
66 College St.

STATE OF NEW YORK.

CERTIFICATE AND RECORD OF MARRI

OF

Howard Phillips Lovecraft and Sonia Haf

Groom's Residence	598 Angell St. - Providence R.I.	Bride's Residence	25 Parks
Age	33	Age	40
Color	White	Color	White
Single, Widowed or Divorced	Single	Single, Widowed or Divorced	Widow
Occupation	Writer	Maiden Name, if a Widow	Sonia
Birthplace	Providence R.I.	Birthplace	Cherno
Father's Name	Winfield S.	Father's Name	Simion

O CAMINHO MARDUKIANO E ALÉM

O *Necronomicon* editado por Joshua Free (antigo Merlyn Stone) em 2009, foi reimpresso em 2014. Free, em seu site, diz ter começado sua "missão planetária" aos 12 anos quando se tornou um iniciado na tradição mágica druida. Seu último *Necronomicon* faz um uso extensivo de uma mistura de ideias do Antigo Oriente que chama de "caminho Mardukiano". Ele alude a Lovecraft na introdução dizendo, simplesmente, que o *Necronomicon* é "mais do que um livro imaginado por um escritor de fantasia de horror". A túrgida leitura se estende por 243 páginas de uma fonte minúscula e mistura rituais mágicos cerimoniais com referências a vários deuses orientais e ideias da tradição gnóstica.

O mistério de Merlyn Stone

O livro de Stone, *The Necronomicon: A Compendium of Ceremonial Magick*. 1999, de "Merlyn Stone" (nome verdadeiro: Joshua Free; não confundir com a autora Merlin Stone, que propôs uma controversa visão do feminismo centrada na adoração da "Deusa" na década de 1980), pega emprestados elementos da Cabala e do *Necronomicon* de Simon. Faz a alegação de que Aleister Crowley descobriu o *Necronomicon* original "com datação de carbono em 6.000 a.C.", mas não fica claro se ele pensa, ou quer que o leitor pense, que sua própria publicação representa uma tradução desse texto.

DESVENDANDO O ENIGMA DE DEE

Um PDF tem circulado on-line há vários anos alegando ser "O Necronomicon: não é uma ficção!" e se apresenta como uma tradução de 1586, feita por John Dee, remetendo à história falsa do próprio Lovecraft (apesar de Lovecraft ter escrito que a tradução de Dee nunca foi impressa... imagino que isso se deu porque tinha que esperar pela digitalização). Eu o vi mencionado em um site gamer como inspiração para o popular videogame de 1990, *Quake*, que, de fato, buscou inspiração na obra de Lovecraft, de uma forma mais geral.

H. P. LOVECRAFT 66 COLLEGE ST.
PROVIDENCE, R. I.

H.P.Lovecraft,
66 College St.,
Providence, R.I.

ABDUL NO KINDLE

Em julho de 2015, um autor usando o pseudônimo de “Abdul Alhazred” começou a vender uma edição ebook do que Lovecraft descrevera como “um livro rigidamente suprimido pelas autoridades de vários países, e por todos os ramos da igreja organizada”, já que “a leitura leva a terríveis consequências”.

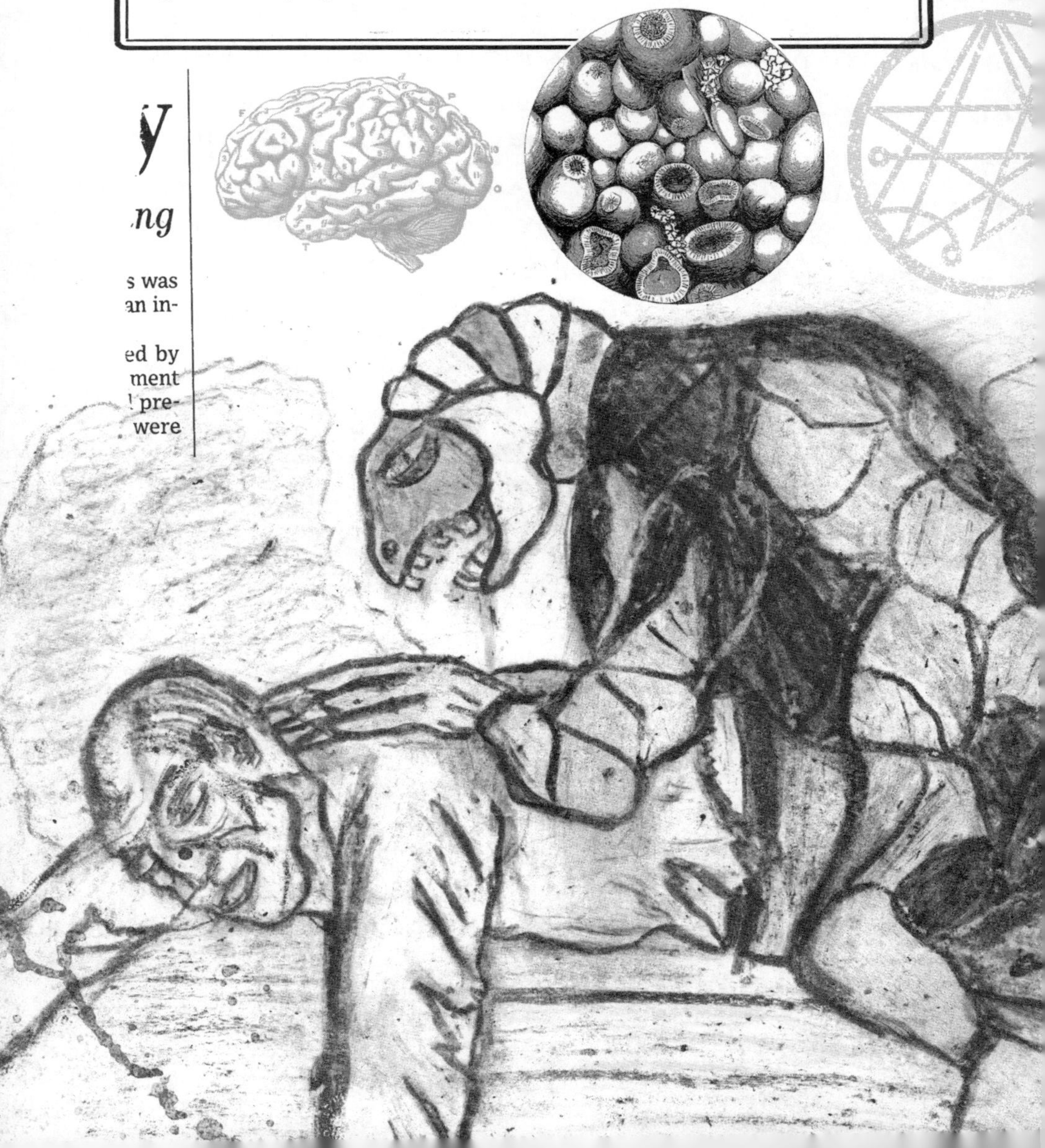

History of the Necronomicon

Original title *Al Azif* — *azif* being the word u
Arabs to designate that nocturnal sound (made by insects)
be the howling of daemons.

Composed by Abdul Alhazred, a mad poet of Sanaá
who is said to have flourished during the period of the Ommiad
circa 700 A.D. He visited the ruins of Babylon & the su
secrets of Memphis
& spent ten years alone in the great southern desert of Ara
the Roba El Khaliyeh or "Empty Space" of the ancients — & "Dah
"Crimson" desert of the modern Arabs, which is held to be
by protective evil spirits & monsters of death. Of this deser
strange & unbelievable marvels are told by those who pr
have penetrated it. In his last years Alhazred dwelt in
where the Necronomicon (Al Azif) was written, & of his
disappearance (738 A.D.) many terrible & conflicting things are told
is said by Ebn Khallikan (12th cent. biographer) to have be
by an invisible monster in broad daylight & devoured horri
a large number of fright-frozen witnesses. Of his madne
things are told. He claimed to have seen the fabulous
City of Pillars, & to have found beneath the ruins of
a certain nameless desert town the shocking annals & secrets
race older than mankind. He was only an indiffer
Moslem, worshipping unknown entities whom he called
Yog-Sothoth & Cthulhu.

In A.D. 950 the *Azif*, which had gained a consi
tho' surreptitious circulation amongst the philosophers of t
was secretly translated into Greek by Theodorus Philetas of Consta
under the title *Necronomicon*. For a century it impelle
experimenters to terrible attempts, when it was suppre
by the patriarch Michael. After this it is only heard of
but ★(1228) Olaus Wormius made a Latin translation
the Middle Ages, & the Latin text was printed twice — once
15th century \\ evidently in Germany) & once in the 17th — (prob. Span

By H. P. Lovecraft

A história do Necronomicon

H.P. Lovecraft • 1927

O título original é *Al Azif* — sendo *azif** a palavra usada pelos árabes para designar o som noturno (produzido por insetos) que supostamente seria o uivo de demônios.**

Composto por Abdul Alhazred, um poeta louco de Sanaá, no Iêmen, cidade que teria florescido durante o período do Califado Omíada, por volta de 700 d.C. Alhazred visitou as ruínas da Babilônia e os segredos subterrâneos de Mênfis e passou dez anos sozinho no grande deserto ao sul da Arábia — o Roba el Khaliyeh ou "Espaço Vazio" dos antigos —, e "Dahna" ou deserto "Carmim" dos árabes modernos, que é conhecido por ser habitado por maléficos espíritos protetores e monstros da morte. Desse deserto, muitas maravilhas estranhas e inacreditáveis são contadas por aqueles que fingem tê-lo penetrado. Em seus últimos anos

* A referência para esse nome vem da novela *A História do Califa Vathek*, escrita em francês pelo aristocrata inglês William Beckford (1760-1844) e publicada em 1782. Em 1786, Samuel Henley traduziu a história para o inglês e adicionou diversas notas. Em carta para Clark Ashton Smith, Lovecraft diz que retirou o termo *azif* dessas notas. A tradução de Herbert Grimsditch também afirma que o nome era uma referência ao som de insetos noturnos. Há um trecho da história que diz o seguinte: "Os bons muçulmanos imaginaram ouvir o sombrio zumbido dos insetos noturnos que anunciam a desgraça e suplicaram a Vathek que cuidasse de sua sagrada pessoa" (cf. William Beckford, Vathek, trad. Henrique de Araújo Mesquita. 3. ed. Porto Alegre: L&PM, 2007, p. 56). Vathek era uma das histórias favoritas de Lovecraft, por sua inspiração orientalista em *As Mil e Uma Noites* e pelo estilo gótico da narrativa. Outro grande nome da literatura, o argentino Jorge Luis Borges, também tinha a novela em alta conta e escreveu dois famosos prólogos para o texto. No segundo deles, publicado em 1984, ele diz que o inferno descrito em Vathek é "o primeiro inferno realmente atroz da literatura". [NT]

** Este pequeno ensaio compõe uma carta de Lovecraft endereçada ao amigo Clark Ashton Smith. A missiva data de 1927. A primeira publicação do ensaio se deu em 1938, editada como um panfleto pela Rebel Press. [NT]

Alhazred residiu em Damasco, onde o *Necronomicon* (*Al Azif*) foi escrito, e de sua morte ou desaparecimento (em 738 d.C.) muitas coisas terríveis e conflitantes são ditas. Diz Ebn Khallikan (biógrafo do século XII) que ele teria sido dominado por um monstro invisível em plena luz do dia e devorado horrivelmente diante de um grande número de testemunhas congeladas de pavor. De sua loucura muito se conta. Ele dizia ter visto a fabulosa Irem, a Cidade dos Pilares, tendo encontrado sob as ruínas de certa cidade inominável do deserto os chocantes registros e segredos de uma raça mais antiga que a humanidade. Ele era apenas um muçulmano indiferente que adorava entidades desconhecidas as quais denominava Yog-Sothoth e Cthulhu.

Em 950 d.C., o Azif, que obtivera uma circulação considerável, embora supersticiosa, entre os filósofos da época, foi traduzido secretamente para o grego por Theodorus Philetas de Constantinopla sob o título de *Necronomicon*. Por um século, a obra impelira certos experimentadores a provas terríveis, até ser suprimida e queimada pelo patriarca Miguel. Depois disso, ouviu-se dela apenas furtivamente, mas (em 1228) Olaus Wormius fez uma tradução para o latim na Idade Média tardia, e o texto latino foi impresso duas vezes — uma no século XV em letras góticas (evidentemente na Alemanha) e outra no XVII (provavelmente na Espanha) — ambas as edições sem marcas de identificação, e com suas épocas e locais de impressão percebíveis apenas pelas evidências tipográficas internas. A obra, na versão latina e na grega, foi banida pelo papa Gregório IX em 1232, logo após a tradução para o latim, que chamara sua atenção. O original árabe foi perdido no início da época de Wormius, conforme indicado por uma nota de seu prefaciador; e nenhum sinal da cópia grega — que foi impressa na Itália entre 1500 e 1550 — foi reportado desde o incêndio ocorrido na biblioteca de um certo homem em Salem, no ano de 1692. Uma tradução inglesa feita pelo dr. Dee nunca foi impressa, e figura apenas em fragmentos resgatados do manuscrito original. Dos textos latinos, atualmente há um (Século XV) que se sabe estar trancado no Museu Britânico, enquanto outro (século XVII) se encontra na Bibliothèque Nationale em Paris. Uma edição do século XVII pode ser encontrada na Biblioteca de Widener, em Harvard, e outra na Biblioteca da Universidade

Miskatonic, em Arkham. Há outra ainda na Biblioteca da Universidade de Buenos Aires. Numerosas outras cópias provavelmente resistem em segredo, e há um rumor persistente de que uma cópia do século XV faz parte da coleção de um famoso milionário norte-americano. Um rumor ainda mais vago credita a preservação de um texto grego do século XVI à família Pickman, de Salem; mas, se este foi preservado, esvaiu-se com o artista R.U. Pickman, que desapareceu no início de 1926. O livro é rigidamente proibido pelas autoridades da maioria dos países e por todas as vertentes eclesiásticas organizadas. A leitura conduz a consequências terríveis. Foi a partir dos rumores sobre esse livro (conhecido por uma parcela relativamente pequena do público geral) que se diz que R.W. Chambers derivou a ideia de sua primeira novela, *O Rei de Amarelo*.*

* Texto que compõe uma coletânea homônima de contos escritos por Robert W. Chambers (1865-1933), publicada pela primeira vez em 1894. Os quatro primeiros contos do livro são ligados por uma espécie de peça de teatro, chamada justamente *O Rei de Amarelo*, que transforma radicalmente a vida de quem a lê. Em seu ensaio “O Horror Sobrenatural em Literatura”, Lovecraft é bastante elogioso ao livro de Chambers, afirmando que a obra “atinge alturas notáveis de medo cósmico”. [NT]

Cronologia

Al Azif foi escrito por volta de 730 d.C.,
em Damasco, por Abdul Alhazred.

Traduzido para o grego em 950 d.C. como
Necronomicon por Theodorus Philetas.

Queimado pelo patriarca Miguel, 1050
(isto é, o texto grego). O texto árabe se perde.

Olaus traduz do grego para o latim em 1228.

1232: as edições em latim e grego são proibidas pelo papa Gregório IX.

14—: Edição impressa em letra gótica (Alemanha).

15—: Texto grego impresso na Itália.

16—: Reimpressão espanhola do texto latino.*

* Em novembro de 1927, Lovecraft escreve outra carta para Smith em que trata novamente do *Necronomicon* contando a história acima relatada. "Não tive chance de produzir novo material neste outono, além de notas de classificação e sinopses para alguns contos monstruosos que estão por vir. Em particular, tracei alguns dados sobre o celebrado e indizível *Necronomicon*, do árabe louco Abdul Alhazred! Parece que essa blasfêmia chocante foi produzida por um nativo de Sanaá, no Iêmen, que floresceu por volta de 700 d.C. e fez muitas peregrinações misteriosas para as ruínas babilônicas, às catacumbas de Mênfis e às vastidões assombradas por demônios e intocadas pelo homem dos grandes desertos ao sul da Arábia — o Roba el Khaliyeh, onde ele diz ter encontrado registros de coisas mais antigas que a humanidade e descoberto o culto de Yog-Sothoth e Cthulhu. O livro era um produto da velhice de Abdul, passada em Damasco, e seu título original era *Al Azif* — azif (ver as notas de Henley para Vathek) é o nome que se dá aqueles estranhos ruídos (de insetos) que os árabes atribuem ao uivar de demônios. Alhazred morreu — ou desapareceu — sob circunstâncias terríveis no ano de 738. Em 950 Al Azif foi traduzido para o grego pelo bizantino Theodorus Philetas sob o título de *Necronomicon*, e um século mais tarde foi queimado por ordem de Miguel, patriarca de Constantinopla. Foi traduzido para o latim por Olaus em 1228, mas colocado no *Index Expurgatorius* pelo papa Gregório IX em 1232. O original árabe foi perdido na época de Olaus e a última cópia grega conhecida desapareceu em Salém no ano de 1692. A obra foi impressa nos séculos XV, XVI e XVII, mas poucas cópias sobraram. Caso existam, estão guardadas cuidadosamente para o bem da felicidade e da sanidade do mundo. Uma vez um homem leu a cópia da biblioteca da Universidade Miskatonic, em Arkham — leu e fugiu com um olhar louco para as montanhas... mas essa é uma outra história!". Em 1936, em uma carta para James Blish e William Miller, Lovecraft brinca sobre o livro, com datas de publicação diferentes daquelas apresentadas para Clark Ashton Smith: "Vocês têm a sorte de conseguir cópias do infernal e aberrante *Necronomicon*. São elas os textos latinos impressos na Alemanha no século XV, a versão grega impressa na Itália em 1567, ou a tradução espanhola de 1623? Ou essas cópias seriam textos diferentes?". [NT]

Editions being without identifying marks, & located
& place by internal typographical evidence only.) The A
was lost as early as Wormius' time, as indicated b
prefatory note; & no sight of the Greek copy (—which was printed in It has
since the burning of a certain Salem man's library i
A translation made by Dr. Dee was never printed, & exists only in fragments re
Of the Latin texts now existing one (15th cent.) is
the British Museum under lock & key, while another (17th
the Bibliotheque
Paris. A 17th cent. e
the Widener Library at
The library of Mis
Univer

(both Latin & Gr.)

The work was banned by Pope Gregory IX in 1232, ~~the Pope~~ shortly after its Latin translation, which called attention to it.

A
in
of
B
N
co
ex
&
ov
pe
re
fa

CHRONOLOGY

Al Azif written circa 730 A.D. at Damascus by Abdul Alhazred
Tr. to Greek 950 A.D. as Necronomicon by Theodorus Philetas
Burnt by Patriarch Michael 1050 (i.e. Greek text)
Arabic text now lost
Olaus translates Gr. to Latin 1228
1232 Latin ed. (& Gr.) suppr. by Pope Gregory IX
14.... black-letter edition (Germany)
15.... Gr. text printed in Italy
16.... Spanish translation of Latin text

the collection of a celebrated American millionai
vague rumour credits the preservation of a 16th c
text in the Salem family of Pickman; but if it
preserved, it vanished with the artist R.U. Pickman, w
early in 1926. The book is rigidly suppressed by the
most countries, & by all branches of organised Ecclesi
Reading leads to terrible consequences. It was from
of this book (of which relatively few of the general p
that RW Chambers is said to have derived the idea
novel "The King in Yellow."

H.P. Lovecraft

April 27, 1927

Mr. H. P. Lovecraft
10 Barn Street
Providence, Rhode Island

My Dear Mr. Lovecraft:

I have inclosed your questionnaire with the letter to Dr. Fisher of Brown University with a request that he fill it out and return it to me. As soon as I get it I will send it on to you.

Dr. Fisher no doubt has all the information you wish as he told me he has been visiting most of the localities and knows far more about them than I do as yet. I have only lived here two years and have not had a chance to see many of the outcrops.

With kind regards

Yours very truly,

William L. Bryant
Director of the Museum.

ERS · CITY OF PROVIDENCE · WILLIAM L. BRYANT, Director
Chairman
AM
M
PARK MUSEUM
ROGER WILLIAMS PARK
PROVIDENCE, R. I.

Agradecimentos Cósmicos

Estudar um suposto recluso me levou a explorar o mundo bem mais do que eu esperava. Os protagonistas dos contos de Lovecraft frequentemente perseguem seus terríveis segredos sozinhos. Devido à sua enorme popularidade, é impossível reunir sua história sozinho.

Meus alunos, com suas perguntas e ideias, sempre exerceram um papel importante na minha escrita. Isso nunca foi tão verdadeiro quanto nesse projeto. Ministrei cursos sobre a história do horror nos Estados Unidos e muitos dos meus alunos queriam conversar sobre Lovecraft, me falar de seus contos favoritos, ou, por simples curiosidade, se sentar em meu escritório e me perguntar sobre que histórias eles deveriam ler e por quê. Um deles até mesmo me usou como um NPC (*non-player character*, um personagem não jogável) em seu grupo de RPG de *Call of Cthulhu*, em uma história de um professor que ensina sobre monstros, mas duvida da existência dos Grandes Antigos e desaparece envolto em mistérios. Ao que parece, eles tentaram de maneira valente resgatar-me de meu destino, mas acólitos deram o infeliz professor Poole de comida para um ou outro horror lovecraftiano. Fiquei tremendamente lisonjeado. Cthulhu vai nos pegar a todos mesmo um dia desses. Também agradeço aos alunos que, sem receberem pontos extras, participaram de um grupo de leituras de Lovecraft comigo. As ideias e o interesse de Laura Rashley somaram muito ao grupo e a como eu escrevi sobre alguns dos contos.

Um agradecimento especial a Christopher Geissler, da Biblioteca John Hay, e seu trabalho importante e inovador na manutenção daquele arquivo fascinante e gigantesco. Ele me mostrou inúmeros materiais com os quais eu não teria me deparado sozinho, e também tirou um tempo extra para me mostrar os desenhos espetaculares de Robert Bloch.

Tenho muito a agradecer à Counterpoint Press e, em especial, a Dan Smetanka. Suas habilidades de leitor e editor se comparam apenas a seu entusiasmo por seus autores e seus trabalhos. Também gostei e sentirei falta de trabalhar com Sharon Wu, uma publicitária muito talentosa que deixou a Counterpoint para fazer pós-graduação. Megan Fishmann e Bethany Onsgard, ambas extremamente atentas e encorajadoras, respondendo pronta e atenciosamente aos e-mails ansiosos do autor. Eu amo de verdade a minha editora e as pessoas que trabalham lá.

Rodadas de preparação de texto se tornaram bem menos cansativas devido ao talento e à atenção de Matthew Hoover. Irene Barnard fez um trabalho espetacular como preparadora de texto externa e agradeço muito ao trabalho de Diane Turso nas provas finais. Eles ficam com os créditos por fazerem deste um volume coeso, e todo e qualquer equívoco aqui é de minha, e apenas minha, responsabilidade.

Minha agente, Deirdre Mullane, merece um reconhecimento especial por este projeto. Ela me levou a ver o significado de reunir meu próprio fanatismo por Lovecraft a uma leitura histórico-crítica de sua importância. Seu encorajamento e direcionamento infalíveis ajudaram a moldar a minha escrita e, na verdade, como eu penso sobre o sentido de escrever. Muito obrigado, Deirdre.

Devo mencionar que, apesar de só tê-los conhecido recentemente, Victor LaValle e Grady Hendrix se tornaram fontes de sabedoria literária e uma enorme inspiração. Li seus trabalhos por anos e fico feliz por este projeto ter me permitido conversar com eles.

Meus colegas na Charleston me ofereceram seu interesse e muita ajuda direta em minha busca pela escrita. Gostaria de agradecer a todo o Departamento de História por me conceder o tempo e os fundos necessários para a pesquisa deste livro. Agradeço, em especial, à minha colega, dra. Rana Mikati, por dispor de seu tempo para responder a minhas estranhas questões sobre o "Al-Azif" e confirmar que "Duriac" é, de fato, um dialeto falso. O dr. Richard Bodek ajudou-me a pensar sobre a natureza das revistas pulp como indústria e mercadoria. Estou animado para ler seu vindouro trabalho sobre aquele mundo fascinante de ideias previsíveis e estranhas correntes ideológicas. A catedrática de meu departamento, Phyllis Jestice, torceu por nós todos e tem minha gratidão por isso e por sua amizade.

A família e os amigos se dispuseram a suportar meus interesses macabros por vários anos. Gostaria de agradecer a meus pais, Clarence e Joan

Poole, por sempre perguntarem sobre meu trabalho, e a Ruth Vandiver por ser minha avó e ter se disponibilizado a me levar para assistir a *Star Wars* em 1977, apesar do quanto ela, inexplicavelmente, odiava os filmes.

Heather Richardson Hayton leu as provas, mesmo que, pelos melhores motivos, Lovecraft não seja seu estilo. Só ela sabe, de verdade, o quanto nossas conversas e nosso tempo juntos contribuíram para minha escrita e minha vida, e espero que seja assim por muitos mais anos, quarenta e além, uma contínua conversa na biblioteca infinita. Alan Richard e Honor Sachs sempre me encorajaram de longe. Tenho muita sorte de ter duas das pessoas mais interessantes que conheci como meus compatriotas, já que éramos três, no caso de Alan. Tammy Ingram é uma das minhas escritoras favoritas e uma das minhas melhores amigas, e ela bebe comigo. E, é claro, é essencial que escritores façam isso juntos. Devo muito a ela, muito mais do que ela imagina. Leah Worthington leu grandes partes do primeiro manuscrito e apontou diversos erros, assim como me colocou no caminho certo em vários momentos. Mais do que isso, sua amizade foi crucial em momentos-chave do projeto. Hannah Conway partilha meu entusiasmo por Lovecraft e é responsável por muitas das minhas conceitualizações iniciais dos problemas com os quais precisei lidar neste livro.

O apoio de Beth Phillips sempre foi inabalável, e mesmo não sendo uma fã de Lovecraft, ela suportou isso tudo com boa vontade. Ouviu mais anedotas sobre Lovecraft do que deveria. Sua força e bondades fundamentais me inspiram, ainda que eu não seja capaz de imitá-la. Espero que ela saiba como sou grato por sua preocupação e amor, e pela frequência com que ela coloca de lado suas próprias necessidades para atender às minhas. Isso significa mais para mim do que eu posso, efetivamente, colocar em palavras.

A influência de minha brilhante amiga Emily Owen Farrier Fahl neste livro pode ser menos aparente para ela do que em meus trabalhos anteriores. Entretanto, nossas conversas sobre tudo que vive e se move sob o sol (feminismo, filmes de terror, bodes, colecionáveis de *Star Wars*, a obra de Margaret Atwood, jujubas gourmet, gim *versus* bourbon, Asheville, Gustav Klimt, *Buffy, a Caça-Vampiros* etc.) molda muito da minha vida de escritor de formas obscuramente secretas, mas transparentes para qualquer um que a conheça e tenha lido o meu trabalho. Ao longo dos anos e mais de três mil quilômetros, E&S floresceu. Este livro é dedicado a ela.

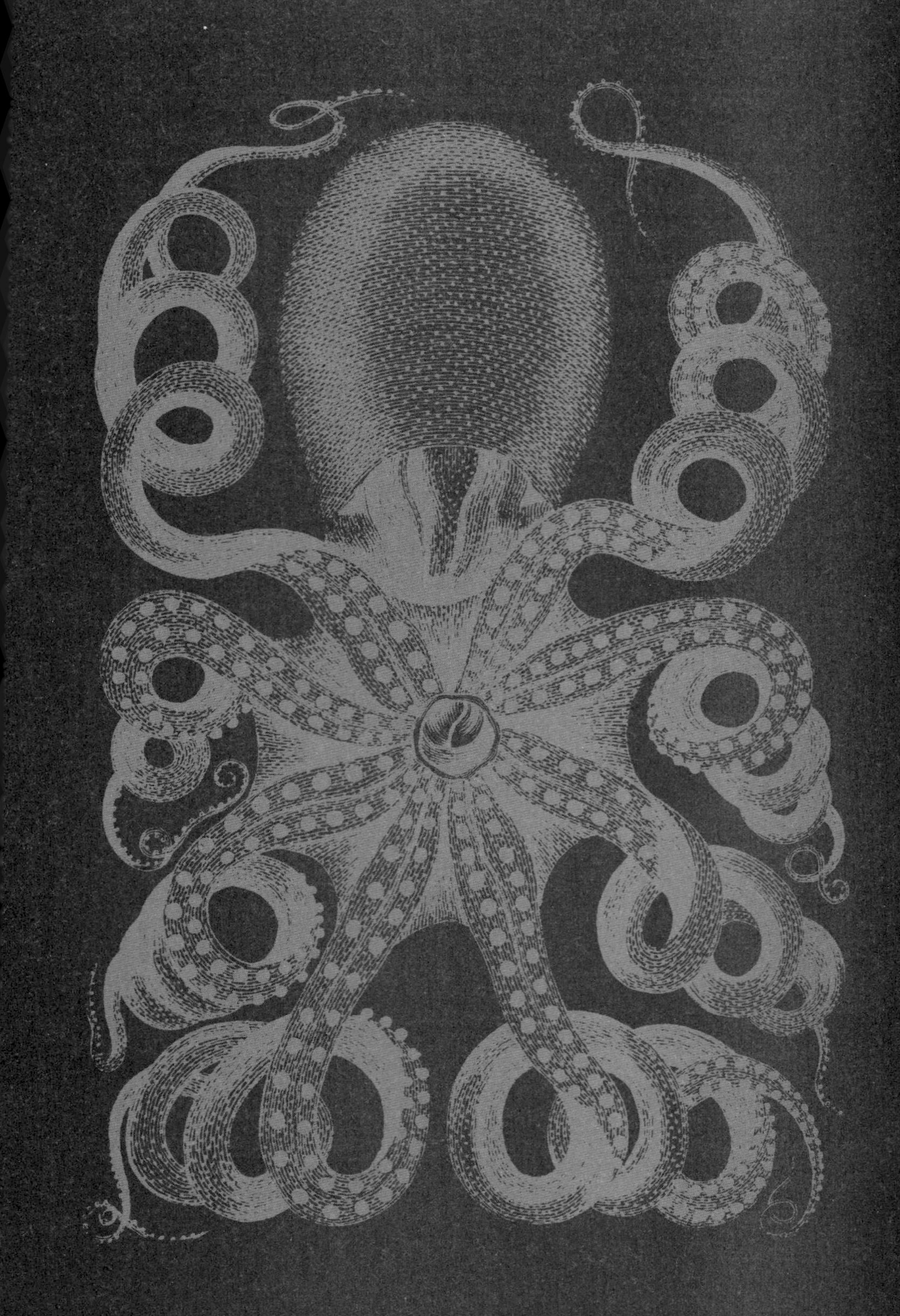

W. Scott Poole é professor de história no College of Charleston, na Carolina do Sul (EUA), onde leciona e pesquisa sobre horror e cultura popular. Tem diversos livros publicados sobre o tema, incluindo *Monsters in America: Our Historical Obsession with the Hideous and the Haunting* (que ganhou o prêmio John Cawelti de melhor livro didático sobre a cultura popular) e *Wasteland: The Great War and the Origins of Modern Horror* (que analisa a vida de diretores, artistas e escritores que criaram coletivamente a cultura do terror contemporâneo e foi escolhido para as principais listas literárias de veículos como *The New York Post*, *The Toronto Free Star* e *Indie Booksellers*). Esta biografia que você acabou de ler é um dos seus principais trabalhos sobre Lovecraft e foi finalista do prêmio Bram Stoker. O autor também contribuiu com a introdução do segundo volume de *Medo Clássico: H.P. Lovecraft*, publicado pela DarkSide Books.

MACABRA™

DARKSIDE